双语版石黑一雄作品

莫失莫忘

Never Let Me Go

〔英〕石黑一雄——著

张坤——译

上海译文出版社

图书在版编目（CIP）数据
莫失莫忘：汉、英／（英）石黑一雄
（Kazuo Ishiguro）著；张坤译．— 上海：上海译文出
版社，2019.4
（双语版石黑一雄作品）
书名原文：Never Let Me Go
ISBN 978-7-5327-8081-5

Ⅰ.①莫… Ⅱ.①石… ②张… Ⅲ.①长篇小说—英
国—现代—汉、英 Ⅳ.①I561.45

中国版本图书馆 CIP 数据核字（2019）第 039524 号

图字：09-2015-431 号

莫失莫忘（双语版）
［英］石黑一雄／著　张坤／译
责任编辑／宋玲　装帧设计／张志全工作室

上海译文出版社有限公司出版、发行
网址：www.yiwen.com.cn
200001　上海福建中路 193 号
杭州恒力通印务有限公司印刷

开本 890 × 1240　1/32　印张 17.5　插页 6　字数 390,000
2019 年 4 月第 1 版　2019 年 4 月第 1 次印刷
印数：0,001—8,000 册

ISBN 978-7-5327-8081-5/I・4969
定价：96.00 元

总目录

莫失莫忘

献给洛娜和内奥米 *

* 洛娜和内奥米是作者的妻女。

英格兰，一九九〇年代末期

第一部

第一章

我的名字叫凯西·H，三十一岁，我做护理员已经有十一年了。听起来这时间很长，我知道，但实际上，他们还想让我再干八个月，直到今年年底。到那时我就总共干了差不多正好十二年了。我知道，我做护理员这么久倒不一定是因为他们觉得我做这工作做得太好。有些非常好的护理员，才干了两三年就奉命停止了。我也知道至少有一个护理员，根本就是白占地方，可是足足干满了十四年。因此我不是自我吹嘘。可我知道，事实上他们对我的工作很满意，总的来说，我自己也很满意。我的捐献者总是能比预计要好很多。他们恢复时间相当不错，即便是第四次捐献之前，他们中也极少有人被归到“不安”类别中。好吧，也许我的确是在自我吹嘘。但这对我很重要，能够做好分内的工作，尤其是涉及我的捐献者“平静”这一点。跟捐献者在一起的时候，我已经形成了一种本能反应。我知道何时应该待在他们身边，安抚他们，何时应该退后，让他们自己待着；何时倾听他们所有的心里话，何时仅是耸肩让他们闭嘴。

总之，我不是为自己邀功请赏。我认识一些护理员，现在正在工作的，他们干得跟我一样好，可是没有得到哪怕一半的功劳。如果你就是其中之一，我能理解你为什么会心怀怨恨——对我的起居室，我的汽车，尤其是我能够挑选和指定护理对象这件事。何况我是黑尔舍姆的学生——有时候仅这一点，就足以让人看不顺眼了。他们说凯西·H可以挑挑拣拣，说她总是挑选跟她一样的人：黑尔舍姆的人，或者别的那些特权机构的人。难怪她的记录特别好。这种话我听得够多了，也许其中不无道理。但我不是第一个获准挑选指定护理对象的人，我怀疑也不会是最后一个。不管怎么说，我照顾过各种地方长大的捐献者，做得够多了。须知道等我完结的时候，我将已经做这件事做满十二年了，只是到了后面六年他们才允许我挑选。

何况他们为什么不让呢？护理员又不是机器。你尽力对每个捐献者做到最好，但到头来，这会让你筋疲力尽。你没有无穷无尽的耐心和精力。所以当你有机会挑选的时候，当然你会挑跟自己一样的人。这是自然而然的。如果我不是步步都替我的捐献者着想，我也不可能一直做这么久。总而言之，如果我一直没开始挑选，过了这么多年，我怎么还会有机会再跟露丝和汤米走得这么近呢？

当然，现如今我记得的捐献者越来越少了，因此实际操作中，我也没有太挑挑拣拣。正如我说过的，如果不是你跟捐献者之间有深层的联系，这份工作会难做很多，而且，虽然我会想念做护理员的生活，但到年底就结束这一切，感觉也挺对。

碰巧露丝就是我得以挑选的第三或者第四名捐献者。当时已经有个护理员分配给她了，我记得自己需要鼓起勇气才要到她的。但最终我成功了，我再次看到她的时候，在多佛的康复中心，突然间我们所有的分歧——尽管并没有完全消失——跟另外那些事相比起来，仿佛都变得无关紧要：比如我们一起在黑尔舍姆长大，我们知道并且记得一些没有别人知道的事。我猜我就是从那个时候开始，有意寻找过去跟我有关系的捐献者，只要有可能，首选黑尔舍姆的人。

这些年里曾有过许多次，我对自己说，不应该总是盯着过去，我曾试着将黑尔舍姆抛到脑后。后来我终于放弃了抗拒。这跟我做护理员第三年的时候碰到的一个捐献者有关。当我说到我是黑尔舍姆来的时候，他的反应让我很受触动。他刚刚经过了第三次捐献，情况不太好，他一定知道自己撑不下去了。他几乎无法呼吸，但他望着我说：“黑尔舍姆。我猜那地方一定很美。”后来第二天早上，我有意找些话题将他的念头转开，于是问他是在哪里长大的，他提到多塞特的一个什么地方，这时他那长满疹斑的脸上出现了一种从来没流露出的古怪神情。这时我才明白，他是无论如何都不愿意想起那地方。他宁愿想听听黑尔舍姆。

于是接下来的五六天里，他想知道什么我都告诉他了，他就躺在那里，身上接着各种仪器，面上却是温柔的笑容。他事无巨细都问到我。关于我们的导师，我们每个人都有收藏自己物品的箱子，放在床下面，足球，棒球，主楼外面那条环绕一圈的小径，绕过所有那些躲藏的小去处、小缝隙，有鸭子的池塘，那里的食物，有雾的早晨从艺术室向外望，看到田野的景色。有时候他会让我把同样的事说了一遍又一遍；我前一天刚刚跟他讲过的事，他又会像从没听我说起一样，又来问我。“你们有运动馆么？”“哪位导师你最喜欢？”开始的时候我以为这只是药物的作用，但后来我发现，其实他的意识很明白。他想要的不仅仅是听到黑尔舍姆的故事，而是要记住黑尔舍姆，当作他自己的童年一样。他知道自己接近完结，因此这就是他要做的：让我将一切为他描绘出来，让这些沉入他的记忆，也许在那些无眠的夜里，在药物、病痛和疲惫的共同作用之下，我的和他自己的记忆之间，界限会变得模糊。这时我才理解，真正地认识到，我们曾是多么幸运——汤米、露丝、我，所有我们这些人。

现在当我开着车子穿行在乡间时，仍会看到一些情景，令我想起黑尔舍姆。我可能途经一片雾蒙蒙的田野，从边角路过，或是沿着山谷下坡，依稀看到远处一所大房子，甚至当我看到山坡上一片白杨树排列的方式与众不同时，我都会想：“也许就是这里！我找到了！这真的就是黑尔舍姆！”然后我却发现这不可能是，于是我继续驾车前行，思绪又飘散到了别的地方。尤其是那些运动馆。我在全国哪里都能看得到它们，总是建在操场边上比较偏僻的一侧，预制板构造的小白建筑，一排排窗户设计得特别高，几乎就塞在屋檐底下。我猜在五六十年代他们大概盖了很多这样的房子，我们那幢可能就是那时候建的。如果我开车路过一幢，我总是尽量久地凝望，总有一天我会为此遭遇撞车事故，可我还是不能自已。不久之前，我开车路过伍斯特郡一片延绵的空地，发现一侧有个板球场，跟我们在黑尔舍姆的非常相像，我真的就调转车头开了回去，重新再看一遍。

我们喜爱我们的运动馆，也许是因为它让我们想起小时候总在图画书里看到的那些人们居住的农舍小屋。我还记得我们读小学的时候，曾跟导师央求，下一堂课要去运动馆上，而不要在一般的教室。后来，等到我们读中学二年级的时候——十二岁，十三岁不到——运动馆已经变成了你想要避开黑尔舍姆的一切时、跟好朋友一起躲起来的地方。

运动馆很大，足以容纳两个不同的群体，互不干扰——夏天里，还可以有第三群人在阳台上活动。但最理想的情况是，你跟三五好友可以独占运动馆，因此时常会有要手腕、斗嘴的事情发生。导师总是教我们要文明有雅量，但实际情况是，你所在的团队中必须有人性格强悍，才有机会在休息或者空当时间得到运动馆。我本人虽不算是个孱头，但我想，其实是因为有了露丝，我们才能够经常占据运动馆。

通常我们只是散坐在长椅或座位上——我们一共五个人，如果珍妮·B也来就是六个——痛痛快快讲八卦。有种对话，只有在你们躲起来，在运动馆里的时候才会发生。我们可能讨论一些自己担心的事，可能会以尖声大笑告终，或是愤怒吵闹。总之就是找到一个方式，跟最亲密的朋友一起，释放压力，舒缓片刻。

那个特别的下午，我现在想到，我们都站在凳子上、长椅上，围着高窗挤在一起。那样我们可以清楚地看到北操场上，我们年级和中学三年级共十二个左右的男孩子，正在一起踢球。阳光明亮，但当天早些时候想必下过雨，因为我还记得阳光照在草地泥水上闪闪发亮的样子。

有人说我们不应该这么明目张胆地偷看，可几乎没人往后挪。然后露丝说："他根本毫无察觉。看看他。真的，他毫无察觉。"

她说这话的时候，我望着她，想找找看对于那些男孩要对汤米做的事，她有没有任何不赞同的表示。但是下一秒露丝就轻轻笑了，她说："那傻瓜！"

这时我意识到，无论那些男孩子选择做些什么，对于露丝和其他人来说，都是跟我们遥不可及的事；我们是否赞成完全不相干。我们在这个时刻聚集在一个个窗口，并不是因为很期待看到汤米再次受辱，而只是因为我们听说了最新的计划，隐约感到好奇，想亲眼看到这事发生。那些日子里，对于男孩子们彼此之间的事，我的想法也深不到哪里去。对于露丝和其他人来说，事情与己无关，很可能对于我来说也是一样。

再不然，也许我记错了。也许即便在当时，我看到汤米绕场奔跑，毫不掩饰地满脸欣喜，因为终于再次被群体接纳，得以回归，可以玩他非常擅长的游戏，也许我当时就感到一丝心痛。我清楚记得的是，我留意到汤米当时穿着上个月拍卖会上买的一件浅蓝色POLO衫——那件衣服他可得意了。我记得曾心想："他真傻，居然穿这衣服踢球。衣服肯定要毁了，那时他会是什么感觉？"我说出声来，却没有冲着任何特定对象："汤米穿着衬衫呢。他最喜欢的POLO衫。"

我觉得谁都没听见我的话，因为他们都在笑话劳拉——我们群体里的搞笑明星——正在模仿汤米一边跑动、挥手、叫喊和铲球时，脸上一边不停变换的表情。其他的男孩子在场内故意懒洋洋地跑动，就像热身活动那样，但汤米很兴奋，仿佛已经准备好全力出击。我开口了，这次比较大声："如果他弄脏了衬衫一定会大发脾气。”这次露丝听到了我的话，但她一定以为我是在开玩笑，因为她漫不经心地笑了笑，接着又说了句嘲弄的话。

后来男孩子们就不再将球到处踢了，而是大家一起在泥巴地里站着，胸膛轻轻地起伏着，等着开始选队员分组。出来的两个队长都是三年级的，虽然大家都知道汤米比他们年级任何人踢得都要好。他们抽签决定谁先挑人，随后赢的那个朝大家望去。

“看看他呀，”我身后有人说道，“他真以为第一个就会选中他呢。看看他那样子！”

那一刻，汤米的确有点滑稽，有点什么让你觉得，唉，是啊，如果他真这么蠢，那接下来怎么都是他活该。别的男孩子都假装无视挑人程序，假装他们不介意谁先被选中。有的在轻轻交头接耳，有的在重新系鞋带，其他人只是低头看着自己踩在泥巴里的双脚。但是汤米急切地望着那个三年级的男孩，仿佛已经听到喊他的名字一般。

分组挑人的全程，劳拉都在坚持表演，把汤米脸上展现的表情挨个表现一遍：开始时明媚急切的样子；四轮过后仍然没有人选他时困惑又担忧的样子；等他终于开始明白怎么回事时，受伤和惊恐的样子。可我并没有随时去看劳拉的表演，因为我在看着汤米；我只是听到其他人的笑声和怂恿她继续的声音。后来当其他男孩都开始窃笑，只剩汤米一个人站着的时候，我听到露丝说：

“来了。预备。七秒。七、六、五……”

没等她数完，汤米就爆发出雷鸣般的怒吼，那些男孩子们肆无忌惮地大笑起来，开始朝南操场跑去。汤米跟在他们后面跑了几步——很难说他是凭本能愤怒地追上去，还是因为单独落下而惊恐不安。不管怎么说，他很快就停下了脚步，站在那里，怒火中烧地盯着他们的背影，脸憋得通红。然后他开始尖叫、大喊、吐出一连串没有意义的脏话和辱骂。

这时候我们都已经看够了汤米发脾气的样子，于是我们从凳子上下来，在房间里四散开来。我们试图开始讲点别的，说个新话题，但汤米大吵大闹不肯罢休的声音依然在背景中继续，尽管一开始我们只是翻个白眼，尽量无视这声音，但到了后来——可能从我们刚离开算起，足足十分钟之后——我们又爬上了窗口。

其他的男孩子都完全不见了踪影，汤米的怒骂已经没有具体的朝向。他只是在发火，甩着四肢，朝天空、朝风里、朝着最近的篱笆桩子。劳拉说他可能在"排练莎士比亚"。另外一个人说每当他喊出句什么的时候，就会将一只脚抬起来，朝外伸出去，"就像狗狗撒尿一样"。事实上，我也留意到了同样的脚部动作，但我感受最深的却是每次当他重新将脚跺到泥巴上的时候，泥点溅起，都撒在他小腿上。我再次想到他那件宝贝衬衫，但他离得太远，我看不清他是不是粘了很多泥在上面。

"我觉得这有点太狠了，"露丝说，"他们总是这样捉弄他。可这都是他自己的错。如果他学着沉住气，他们就不会抓住他不放了。"

"他们还是会作弄他的，"汉娜说，"格雷厄姆·K 的脾气也一样坏，可是他们只是更加小心对待。他们这么针对汤米是因为他太懒。"

这时所有人都开始七嘴八舌讲了起来，说汤米一点创意都没有，根本不动脑筋，春季交换活动的时候，他什么东西都拿不出来。我猜实际上到了这个时候，我们每个人都悄悄希望能有个导师从屋里出来将他带走。尽管我们没有亲自参与过最近这次激怒汤米的计划，但却兴致勃勃地坐到前排观看，我们开始感到愧疚了。可是一直没有导师出现，于是我们就只能你一言我一语，指出各种理由，解释为什么汤米遭受这一切都是活该。后来，露丝看了一眼她的手表说虽然还有时间，但我们还是应该回到主楼去，没有人反对。

我们从运动馆出来的时候，汤米还在气头上。主楼在我们左侧远处，因为汤米就站在我们正前方的草坪上，我们完全不需要靠近他。更何况他正面朝相反的方向，根本没有意识到我们的存在。尽管如此，当我的朋友们沿着草地边缘出发的时候，我开始慢慢朝他身边靠近。我知道这样做会让其他人觉得奇怪，可我还是继续前行——哪怕我听到露丝急切地悄声喊我快回来。

我猜汤米大概不习惯在发脾气的时候被人打断，因为当我走到他面前的时候，他的第一个反应是瞪着我看了一秒钟，然后又继续发作。他的确很像在排演莎士比亚，而我却在他表演当中走上了舞台。即便我说“汤米，你的漂亮衬衫。你会把衣服弄脏”的时候，也完全没有迹象表明他听到了我的话。

于是我向前去，伸出一只手去摸他的手臂。后来，其他人认为他是故意的，但我很肯定他不是有意的。他的双臂依然在四处乱打，他并不知道我要伸出手去。总之当他挥动手臂的时候，将我的手打到了一边，然后打到了我的侧脸。完全没有打痛我，但我惊叫了一声，我身后大多数的女孩子也都惊得叫出了声。

直到这时，汤米似乎才终于留意到我、其他人、还有他自己，留意到他原来在这里，在这片草坪上，有这样的举止行为，他有点呆傻地望着我。

“汤米，”我颇严厉地说，“你衣服上到处都是泥巴。”

“那又怎样？”他嘟囔道。可是即便他在说这话的时候，还是低头留意到了那些褐色的泥点，惊得差点没忍住喊出声。这时我看到他脸上流露出惊讶的表情，奇怪我居然会知道他对这件 POLO 衫的感受。

“这没什么好担心的，”趁沉默还没有让他太难堪，我赶紧说，“会洗掉的。如果你自己洗不掉，就拿去交给朱迪小姐。”

他继续检视自己的一身，然后使性子说：“反正跟你没关系。”

最后这句话仿佛刚一出口他就后悔了，他怯生生地看着我，好像期望我回答他一句安慰的话。但这时候我已经受够了他，加上还有好多女孩子看着——据我所知，主楼的窗口还不知有多少人看着呢。于是我耸耸肩调头走开，回到我的朋友们中间去了。

我们走开的时候，露丝伸出手臂揽住了我的肩膀。“至少你让他平静下来了，”她说，“你还好吗？这发疯的畜生。”

第二章

这一切都是很久以前的事了，因此我可能记错某些事；但我对此的记忆就是这样，我主动去接近汤米的那个下午，当时我正处于这样一种心路历程，不断强迫自己应对各种挑战——几天之后，汤米拦住我的时候，我已经多多少少把这事忘掉了。

我不知道你们那儿是个什么情况，但在黑尔舍姆，我们几乎每个星期都得接受健康检查——通常都是在主楼顶楼的十八号教室——是个严厉的护士特丽莎，我们管她叫乌鸦脸的，来检查我们。那是个阳光明媚的早上，我们一群人正沿着中央楼梯上楼去体检，另外一群人刚刚被护士检查完正在下楼。因此楼梯间充满了各种噪音和回声，我跟着前面人的脚后跟，闷头正爬楼呢，突然附近一个声音喊道："凯丝[①]！"

汤米就在下楼的人流中，冷不丁在楼梯上停下了脚步，咧开大嘴笑得特别开心，我一看就来气。也许几年以前，如果我们碰到个很高兴遇见的人，可能会流露出这样的表情。但当时我们已经十三岁了，况且这是个男孩子，在很公开的场合碰上一个姑娘。我很想说："汤米，你怎么就不能成熟点呢？"可我忍住了，说道："汤米，你挡住大家的路了。我也是。"

他朝上看了一眼，果然上面的楼梯上人群已经被迫停下了脚步。有那么一秒钟他看起来很慌，随后他挤到我身边，贴着墙站住了脚，勉强刚够其他人擦肩而过。然后他说：

"凯丝，我到处找你。我想跟你道歉。我真的非常非常抱歉。

那天我真的不是有意打你的。我做梦都不会想去打女孩子，况且即便我想打，也绝对不会打你。我真的非常非常抱歉。”

“没事。是意外而已啦。”我朝他点点头，就想走开。可是汤米开心地说：

“衬衫已经没事了。都洗掉了。”

“那敢情好。”

“没打疼你吧？疼不疼，我打的？”

“疼着呢。头部骨折，脑震荡，诸如此类。连乌鸦脸都可能会发现的，要是我还能走到顶楼看到她的话。”

“可是说实在的，凯丝。别生我气，好吗？我太对不起了。真的，真心的。”

最终我对他笑了笑，不带讽刺地说：“你瞧，汤米，那是个意外，现在已经百分百忘掉了。我一点都不记恨你。”

他还是看起来很没把握，可是现在有些高年级的学生在身后推他，喊他快点走。他匆匆对我一笑，拍了拍我肩膀，就像对年纪较小的男孩子那样，然后就挤回了人流中。随后，我开始爬楼梯的时候，听到他从下方朝我大喊：“再见，凯丝！”

我觉得整件事稍微有点难为情，可是这事并没有引来其他人的取笑，也没人八卦；可我必须得承认，要不是那次楼梯上的偶遇，接下来的几个星期，我也不会对汤米的问题产生那么大的兴趣。

我自己曾见过几次这些状况。但多数是听别人讲的。听到的时候我总是问人各种问题，直到把事情来龙去脉全搞清楚。很多时候是他发脾气，比如有一次据说汤米在十四号教室掀翻了两张课桌，将里面所有东西都丢到地板上，班里其他人都躲到了楼梯间，堵上了房门，以防他出来。还有一次，克里斯托弗先生不得不把他双臂绑到身后，防止他在足球训练中攻击雷吉·D。还有，人人都看得

① 凯丝是凯西的名字将尾音吞掉，作为昵称。

出，当中学二年级的男生们出去跑步的时候，只有汤米一个人没有同伴。他跑得很快，要不了多久就能跟其他人拉开十到十五码[1]的距离，也许是觉得这样就可以掩盖没人愿意跟他同跑的事实。还有，几乎每天都有流言，说他又遭受什么捉弄了。很多时候都是那些常见的把戏——床上有怪东西，麦片里有虫——可是有一些就显得特别恶意，毫无道理：比如有一次，不知什么人用他的牙刷刷了厕所，刷毛上粘着屎摆在那里等着他。他的块头和力气——我猜还有他那个脾气——使得没人敢当面去欺负他，但是就我的记忆而言，至少在两三个月中，这些恶作剧层出不穷。我以为迟早会有人站出来说做得太过分了，可是情况依然继续，没有人开口。

有一次我试着自己挑起话头，在宿舍里，熄灯之后。到中学之后，我们每间宿舍的人数减少到了六人，因此只剩下我们这个小群体。我们常常在入睡之前，躺在黑暗中，说一些最最亲密的话题。可能会说起一些做梦都想不到要在其他任何地方讲的事，哪怕在运动馆里也不行。于是有天晚上，我提起了汤米。我没有多说，只是概括讲了他的这些遭遇，说这其实很不公平。我讲完之后，黑暗中出现了一阵古怪的沉默，我意识到大家都在等着露丝的反应——通常任何有点为难的情况出现时，大家总是这样。我等待着，然后听到房间里露丝那个方向传来一声叹息，她说：

“你说的有道理，凯西。这样不好。可是如果他想要这种事停止，就得改变自己的态度。春季交换活动他什么都没带。下个月的活动他有准备东西么？我觉得肯定也没有。”

这里我应该稍微解释一下我们在黑尔舍姆的交换活动。每年四次——春、夏、秋、冬——我们都会举办一个大型展销会，卖过去的三个月中我们创作的东西。油画、素描、陶器以及随便当天喜欢什么素材，就拿来做的雕塑——可能是砸坏的铁盒，插进

① 一码约等于零点九一米。

硬纸板的酒瓶把儿什么的。你每放一件东西进去，可以得到交换币——由导师判定你的某件杰作价值几何——然后到了交换日当天，你就拿着你的交换币，去“买”自己喜欢的东西。规则是你只能买跟自己同年的学生作品，可是这样我们还是有很多选择，因为我们大多数人三个月内会很高产的。

现在回望从前，我能明白为什么交换活动对我们那么重要。首先，这是我们除了拍卖会之外——拍卖会是另外一桩事，后面我再讲——唯一能够建立个人收藏的机会。比如说你想装饰自己睡床周围的墙壁，或者想要件物品放在包里，不论走到哪个房间，都可以摆出来放在书桌上，那么你就可以在交换活动中找到这些东西。现在我也终于明白，这种交换活动是如何对我们所有人产生了微妙的影响。仔细想想看，你需要依赖彼此，来制造各种有可能成为属于你的宝贝——这注定会对我们相互之间的关系有一定影响。汤米的事就很典型。很多时候，你在黑尔舍姆的名声、得到的尊重和爱戴，都取决于你多么擅长“创作”。

几年前，我在多佛的康复中心照顾露丝的时候，我们俩常常会不由自主地一起回忆起这些事情来。

“就是这样的事，才让黑尔舍姆显得那么特别，”有一次她说，“我们受到鼓励，要珍惜彼此的作品。”

“的确，”我说，“可是有时候，我现在回想起交换活动的话，时常会觉得有些地方很奇怪。比如诗歌。我记得我们是允许交诗歌的，用来代替素描或者油画。奇怪的是我们都觉得这样很好，我们觉得这很合理。”

“为什么不呢？诗歌是很重要的。”

“可我们那都是些九岁小孩的玩意儿，可笑的几行小诗，拼写错误百出，写在练习册上。我们都愿意把宝贵的交换币拿出来，去交换一本写满这种东西的练习册，而不要别的真正好看的东西，可以贴在床边的。如果我们真的很喜欢一个人的诗作，我们干吗不直接去借来，花上随便哪个下午的工夫自己抄写一遍呢？可你记得当时的情形。到了交换活动的时候，我们就呆呆地站在那里，在苏西·K的诗和杰克做的那些长颈鹿之间犹豫不决，拿不定主意。”

“杰克的长颈鹿，”露丝说完不禁大笑，“做得好美。我有过一个的。”

我们这番对话发生在一个夏日傍晚的美好时分，坐在她康复室的小阳台上。那是她第一次捐献之后的几个月，当时最糟糕的阶段已经过去，我总是精心安排傍晚去看望她的时间，就是为了能跟她一起，在外面度过那半个小时，望着层层的屋顶之外，夕阳慢慢落下。你可以看到许多天线以及卫星接收器，有时候正前方很远的地方，还能看到闪亮的一条，那是大海。我会带去矿泉水和饼干，我们就坐在那里，想到什么聊什么。当时露丝住的那家中心是我最喜欢的之一，如果我最后要在那里完结，我一点都不会介意。康复室很小，但设计很好，很舒适。一切——墙壁和地板——都铺着亮晶晶的白瓷砖，中心把这里打扫得很干净，因此你刚进去的时候，几乎像是进了一间装满镜子的大厅。当然很多时候你并不能真的看到自己的倒影，但你几乎总是感觉能够看到。当你抬起胳膊，或是床上有人坐起的时候，你就能感到这样苍白的、影子似的动作反射在周围的瓷砖上。在那家康复中心里，露丝的房间还有些巨大的玻璃拉门，因此她躺在床上就很容易能够看到外面。哪怕她头倒在枕头上，仍然可以看到一大片天空，而且如果天气够暖，她就可以走出去到阳台上，尽情享受新鲜空气，想要多少有多少。我很喜欢去那里看她，喜欢我们之间那些漫无方向的闲聊，从夏天到初秋，一起坐在那个阳台上，说起黑尔舍姆，后来住过的农舍，以及各种浮上脑海的记忆。

“我想说的是，”我又继续说道，“在我们那个年纪，我们十一岁的时候，其实我们并不是真的对彼此的诗歌有兴趣。可你记得么，像克里斯蒂那样的？克里斯蒂写诗的声望可高了，为此我们都特别敬仰她。甚至是你，露丝，你都不敢随便支派克里斯蒂。就是因为我们都认为她写诗写得很棒。可我们对于诗歌一无所知。我们不懂诗歌。这很奇怪。”

可是露丝没明白我的意思——不然就是她故意逃避。也许她是决心要把我们记成比实际更为成熟的样子。再不然也许她能感觉到我想把谈话带到什么方向，却又不希望我们朝那边聊。总之她长叹一声，又说：

“我们都认为克里斯蒂的诗写得特别好。可我不知道若是拿到现在，我们会觉得如何。真希望现在我还留着一点，我很想知道我们现在会怎么看。”随后她笑了，说：“我倒是还保存着彼得·B 的几首诗。但那是后来的事了，我们上中学四年级的时候。我一定是喜欢过他。除此之外我想不出还有什么理由我会买他的诗。那些诗写得愚不可及，太自以为是了。但是克里斯蒂是真好，我记得她的诗很好。有趣的是，她一开始画画就完全放弃了诗歌。可她画画绝对没有写诗那么好。”

可是让我回到汤米的话题。当时在我们的宿舍里，熄灯之后露丝所说的那些，汤米如何自己招来麻烦的话，大概也是当时黑尔舍姆大多数人的想法。但是当她说起自己那些往事的时候，我躺在那里，才想到他这样有意不努力的态度，早在小学时就已经开始不断产生影响了。这时我才带着一丝寒意想明白，汤米遭受着他所遭受的这种待遇，已经不是几周或几个月的事，而是几年来一直如此。

我和汤米不久之前还谈过此事，他讲起自己这些麻烦的开始，也验证了我那天晚上的想法。据他说，事情开始是一个下午，在杰拉尔丁小姐的美术课上。汤米告诉我说，那天之前他还一直很喜欢画画。但那天在杰拉尔丁小姐的课堂上，汤米画了一张水彩画——是一只大象站在很高的草丛里——所有的事都是从这幅画开始的。他声称这幅画是个玩笑。那时候我问了他很多问题，我疑心真相跟那个时代的许多事一样：你没有任何明确的理由，就只是这么做了。你这么做是因为你觉得可能会赢得笑声，或者你想看看能否引起一点骚动。而过后当别人要你解释的时候，事情似乎毫无道理可言。我们都做过这样的事。汤米并没有像这样说，但我敢肯定事情就是这样。

总之，他画了幅大象，这正是一个比我们小三岁的孩子可能会画出来的那种作品。他统共前后只用了二十分钟，当然博得大家一笑，但却不完全是他所期望的那种回应。即便如此，这本来可能不会产生任何影响——这是个大大的讽刺，我觉得——如果当天上课的老师不是杰拉尔丁小姐的话。

在我们那个年纪，杰拉尔丁小姐是所有人都最喜欢的导师。她很温柔，讲话和软，你需要安慰的时候她总能安慰你，哪怕你做了坏事，或者被其他导师批评了。如果她本人不得不批评你，那么接下来的几天里，她都会对你多加注意，仿佛她欠了你什么。汤米运气不好，那天是杰拉尔丁小姐上艺术课，而不是比如罗伯特先生，或者艾米丽小姐亲自来——她是校长，经常上艺术课。如果上课的老师是这两人中的任何一位，汤米可能会受到一点批评，他可能会报之以鬼脸假笑，其他人最坏也只会把这事当成是个没意思的笑话。甚至可能会有些学生觉得他挺滑稽，像个小丑。可是杰拉尔丁小姐就是杰拉尔丁小姐，事情没有这样发展。相反，她尽可能地怀着善意和理解去观看这幅画。也许她猜测汤米可能会遭到其他同学的责备，她就尽量找补，做得有些过分了，甚至找理由来称赞他，还指给全班看。敌意就是这样开始的。

“我们离开教室之后，”汤米记得，“那时我第一次听到他们讲怪话。他们根本不在乎我听得到。”

我猜想，早在他画那幅大象之前，就已经觉得自己有些跟不上——尤其他画的画，就像是比他低好几年级的孩子的水平——于是他就尽可能地遮掩，故意画一些幼稚的作品。但是在那幅大象画之后，一切都摆到桌面上来了，如今大家都看着他，下一步会怎么做。有一段时间他似乎的确是很努力，但是每当他开始做点什么，周围就会充满讥笑和嘲讽。实际上，他越是努力，做出的成果就越好笑。因此过了不久汤米就退回了最初的抵御策略，画一些故意显得幼稚的画作，这些作品明摆着说他完全不在乎。从那开始，情形越陷越深。

一度他只是在艺术课上需要忍受——可这也够受的，因为我们小学时代艺术课很多。但后来越搞越大。玩游戏的时候他落单，吃晚餐的时候男孩子们拒绝挨着他坐，或者在宿舍里，熄灯之后他讲话的时候，别人假装没听到。开始还没有那么残酷。可能会有几个月都平安无事，他都以为整件事已经完全过去了，然后他做了什么——不然就是他的对头之一，比如亚瑟·H 做了什么——又会让一切重新开始。

我不确定他的脾气大发作是从何时开始的。在我自己的记忆中，汤米一直就是出了名的脾气大，从婴幼儿时代就是，但他告诉我说，只是在那些作弄变得很糟糕的时候，他的脾气才开始发作。总之，恰恰是他这种脾气大发作，才真的让人们变本加厉使劲整他，到了我说的这段时间——就是我们中学二年级的夏天，我们十三岁的时候——这种迫害达到了顶峰。

然后一切就停止了，虽不是一夜之间，但也是很快的变换。就像我所说的，这时候我一直认真观察着整个局面，因此我在大多数人发现之前就看到了迹象。开始是有个阶段的——可能有一个月，也许更久——这些恶作剧仍在持续稳定发生，但汤米没有发脾气。有时候我看得出他马上要发火了，但他还是设法控制住了自己；还有些时候，他只是心平气和地耸耸肩，或是做出一副完全没注意到的样子。一开始他的这些反应让人失望，也许人们甚至心怀怨恨，因为他没让这些人得逞。后来渐渐地人们自己也厌倦了，这些恶作剧都不用心了，直到有一天我突然发现，已经一个多星期没有任何作弄他的活动了。

这事本身可能也没有那么重要，但我还发现了其他的变化。一些小事，比如亚历山大·J和彼得·N跟他一起穿过院子朝操场走去，三个人很自然地聊着天；还有人们提到他名字的时候，声音里那种微妙却又明确的改变。后来有一次，下午的休息时间快结束时，我们一群人坐在离南操场很近的草坪上，男孩子们跟往常一样在踢球。我跟着大家在聊天，但目光一直留意着汤米，我发现他正是赛场上的核心人物。有一次他被别倒了，于是站起身，将球放到地面，他来踢任意球。男孩们散开来准备接球，这时我看到亚瑟·H——是折磨汤米最起劲的人之一——就站在汤米背后几码远，开始模仿他，故意摆出个蠢样子，学汤米脚踩着球，双手扶胯的样子。我认真观察，但其他人完全没有接亚瑟的茬儿。他们一定都看到了，因为所有人的眼睛都望着汤米，等着他开球，而亚瑟就在他正后方——可是没人感兴趣。汤米一脚将球飞过草坪，比赛继续，亚瑟·H也没有再兴风作浪。

这种发展变化让我感到高兴，同时也感到奇妙。汤米的水平并没有真正的变化——他的“创作”声誉一如既往的低。我看得出，他不再发脾气这点确实起了很大作用，但造成这种变化的关键因素到底是什么，似乎很难摸清。跟汤米本人有关系——他行为举止的样子，讲话时望着别人的眼睛，坦然大方、友好善意——都跟从前不一样，这也反过来影响了周围人们对待他的方式。然而所有这些改变是什么造成的，却模糊不清。

我很好奇，决定下次我们有机会私下交谈的时候，要跟他深入了解一下。不久机会就来了，我在排队打午饭的时候，发现他就在同一个队列中往前几位站着。

我猜这听起来大概有点古怪，但是在黑尔舍姆，午餐排队恰恰是私下聊天的好时机。这跟大厅的声音效果有关系；周围的各种嘈杂和高高的天花板就意味着只要你压低声音，靠近站立，确保旁边的人也全心投入自己的聊天，你就有很高的机会不被别人偷听。不管怎么说，我们其实没有太多选择。“安静的”地方通常最糟糕，因为总是可能会有人路过，距离近得刚好能听到。何况，一旦当你看起来像是要溜出去讲悄悄话，几分钟之内全屋的人似乎都能感觉得到，你就没机会了。

因此当我看到汤米在我前面隔着几位的时候，我就挥手招呼他过来——规矩是不能往前插队，主动退后几位则没问题。他面带愉快的笑容过来了，我们在一起站了一会儿，没说什么——倒不是出于尴尬，而是因为我们要等一等，让汤米退后所引起的兴趣消退再说。然后我对他说：

“这些天你好像心情好多了，汤米。你好像情况好多了。”

“你什么都看在眼里，是不是，凯丝？”他说这话完全没有讽刺的意味，“没错，一切都很好。我过得还不错。”

“到底发生了什么事？你是找到上帝了还是怎么了？”

“上帝？”汤米似乎呆了一秒钟。随后他笑道：“噢，我明白了。你是说我没有……那么生气了。”

“不光是这个，汤米。你为自己扭转了局面。我一直在观察。所以我才这样问你。”

汤米耸耸肩。“我长大了一点吧，我猜。也许其他人也是。不能总是搞老一套，会厌烦的。”

我没说什么，只是径直不转眼地望着他，直到他再次轻笑起来，说道：“凯丝，你真是穷追不舍。好吧，我猜的确有点缘故。确实发生了一件事。如果你想知道，我就告诉你。”

“好啊，那你接着说。”

“我会告诉你的，凯丝，但你一定不能说出去，可不可以？几个月之前，我跟露西小姐谈过一次话。那之后我感觉好了很多。这很难解释。但她说了些什么，让我感觉好多了。”

“她到底说了什么？”

“这个……其实说来可能有点怪。开始我觉得有点怪。她当时说，如果我不想去创作，如果我真的不喜欢，那也完全可以。一点问题都没有，她说。”

“她就这样告诉你的？”

汤米点头，但我已经要转身离开了。

“这是胡说，汤米。如果你要跟我玩这种傻花样，我恕不奉陪。”

我真心感到愤怒，因为我觉得他是在跟我撒谎，而我本该值得他信任。我看到身后隔几位有个我认识的姑娘，于是走到她旁边去了，把汤米一个人落在当地。我看得出他很困惑，垂头丧气，可是我为他担心了好几个月之后，这时的感觉是遭到了背叛，我才不管他什么感受呢。我跟朋友聊了一会儿——我想那是玛蒂尔达——尽量表现得兴高采烈，站队等待的剩余时间里，我几乎不再朝他的方向看了。

但是，当我拿着餐盘朝桌旁走去的时候，汤米来到我身后，很快地说：

“凯丝，我不是逗你玩的，如果你是这样想的话。事情就是这样。如果你给我哪怕半点机会，我都会告诉你的。”

“不要胡说，汤米。”

“凯丝，我讲给你听。午餐之后我要去池塘边。如果你来我就告诉你。”

我有些嫌弃地看了他一眼，没有答话就走开了，但我猜几乎立刻我就开始设想，关于露西小姐的那些话也许并不是他瞎编的。等到我跟朋友们一起坐下来的时候，我已经在努力设法，看之后如何能够趁大家不注意，溜到池塘边去。

第三章

池塘在主楼的南面。要去那边得先从后门出去，然后沿着蜿蜒小径，从蕨类丛生的灌木丛中穿过，此时虽已是初秋时节，这些植物还是阻挡着道路。或者，如果没有导师在场的话，你还可以抄近道，从种着大黄的菜地里穿过去。总之，一旦你出来到了池塘边，就会发现面前的气氛变得非常宁静，周遭围绕着水鸭、芦苇还有各种水边杂草。可这里不是一个讲私房话的好地方——跟午餐排队的时候根本没得比。首先，从主楼里能清楚看到你。还有声音在水上传播的方式难以预料；倘或有人想要偷听也是最容易不过，只需要从外面小径走过来，蹲在池塘另一边的灌木丛里即可。但是既然在午餐排队的时候是我中止了对话，我想我得尽量弥补。当时已经是十月份，但那天有太阳，于是我决定就假装自己在这里漫无目的地散步，偶遇汤米。

也许是因为我太专心要营造这种形象——虽然我根本不知道是否真有人在盯着我们——当我终于找到他，见他坐在水边不远处一块大平石头上时，我完全没想要坐下来。当时想必是星期五或者周末，因为我记得我们穿的是自己的衣服。我记不清楚汤米当时穿着什么——很可能是件变形了的足球衫，哪怕天冷了他还是总穿这种汗衫——可我一定是穿着那件绛红的运动服上衣，拉链一直拉上来的那件，我是中学一年级的时候在拍卖会上买的。我绕到他身前，背朝池水站着，面朝着主楼，这样的话一旦大家开始在窗口聚集，我就能看到。随后的几分钟里，我们没有讲什么特别的，仿佛午餐排队时的事情根本没有发生过。我不知是出于为汤米考虑，还是担心旁观者的看法，但特意警惕地保持着不经意路过的样子，一度还作势要继续往前溜达呢。这时我看到汤米脸上浮现出一种恐慌，立刻就感到很抱歉，虽然我不是有心，却也作弄了他。于是我记得自己当时说道：

“这个，你之前怎么说的来着？露西小姐跟你说什么了？”

“哦……”汤米的视线越过我落到池塘里，也在假装这个话题他已经忘到九霄云外了。“露西小姐。哦，那个啊。”

在黑尔舍姆，露西小姐是导师中最擅长运动的一个，可你从她外表不大容易猜到这点。她体型矮胖，几乎像头斗牛犬，一头黑发很古怪，长的方向朝上，因此永远无法覆盖她的耳朵，还有短脖子。但其实她很结实，很健康，即便是我们长大些以后，我们中大多数人——连男生在内——在操场跑步的时候都跟不上她的速度。她曲棍球打得特别棒，足球场上能跟中学的男生抗衡。我记得有一次看到她带球过人，詹姆斯·B试图铲倒她，可是倒地飞出的却是他本人。我们读小学的时候，她从来不属于杰拉尔丁小姐那种、你情绪低落的时候会去找她的人。实际上，我们小一点的时候，她不大跟我们讲话。真的，只有进了中学之后，我们才开始欣赏她那种轻灵的风格。

“你当时说了什么，”我对汤米说，“关于露西小姐跟你讲，不擅长创作也没关系。”

“她的确是说过这样的话。她说我不用担心，不用介意其他人怎么说。那是大概两个月之前的事了，也许更久。”

在远处的主楼里，几个小学生在楼上的窗边停下了脚步，望着我们。但我这时在汤米前方蹲了下来，完全不再假装什么了。

“汤米，她这么说很滑稽。你确定她真是这样说的？”

“当然我确定。”他的声音突然沉了下去，“她并不是只说了那一次。我们在她的房间里，关于这一点，她跟我说了好多。”

当艺术欣赏课后，她第一次请他去她书房的时候，汤米解释说，他以为又要挨一顿训，教他要更加努力——这种话他应该从不同的导师那里听过多次，包括艾米丽小姐本人。但是当他们从主楼朝导师居住区所在的橘园走去时，汤米开始感到这次聊天会不一样。后来，当他刚刚在露西小姐的安乐椅上坐下——她仍是靠床边站着——她就请汤米将事情的来龙去脉都说出来，实事求是地说，他都经受了些什么事。于是汤米开始从头讲起。但还没等他说到一半时，她突然打断他，自己开始说了起来。她认识很多的学生，她说，很长时间里，他们都很难有创作能力：画画、素描、诗歌，好几年里哪一样都不灵。然后某一天他们翻过一个坎儿，就盛放了。很可能汤米也是这群人中的一个。

所有这些汤米之前就曾听过，但是露西小姐的姿态方式让他继续专心往下听。

“我能看出，”他对我说，“她要讲到些什么，不一样的东西。”

当然，很快她就开始说一些汤米无法理解的话。但她不断重复，直到他终于开始明白。如果汤米真诚地努力过，她当时说，可就是没办法创作出什么，那就完全没问题，他不需要为此担心。无论导师还是学生，任何人要是为此惩罚他，或是以其他方式向他施加压力，那都是错误的。这根本不是他的错。然后，汤米反驳说露西小姐说的容易，可是其他人都认为是他的错，这时她叹了口气，朝窗外望去。然后她说：

“可能这对你也没有太大帮助。但你只要记住，在黑尔舍姆这里，至少有一个人想法跟他们不同。至少有一个人相信你是个很好的学生，跟她以往碰到的学生一样好，甭管你有没有创意。”

“她不是在钓你上钩吧？”我问汤米，“这是不是要变着法子批评你呢？”

“绝对不是那种意思。总之……”他似乎头一次感到担心有人会偷听，回头朝主楼的方向看了看。窗口的小学生已经失了兴致走开了；我们年级的几个女生正在朝运动馆走来，但她们距离这边还很远。汤米朝我转回身，几乎耳语道：

“反正，她说这些的时候，浑身都在发抖。”

“你什么意思，发抖？”

“是发抖。愤怒的颤抖。我看得到她。她怒火中烧，但是那种埋得很深的怒火。”

“气谁呢？”

“我说不准。总之不是对我，这点最重要！”他笑了起来，随即又严肃起来，“我不知道她生谁的气。但她真的是在生气。”

我再次站起身，因为我小腿肚都酸了。“这很奇怪啊，汤米。”

“有趣的是，这次跟她的谈话确实有帮助。帮助很大。早先你说过的，我现在状态好像好些了。其实都是因为那件事。因为从那以后，想到她所说的那些话，我明白了她说得对，事情的确不是我的错。好吧，我处理得不好。但是归根到底这不是我的错。这点带来了大不同。每当我感到困难的时候，我会看到她走来走去，或者我上她的课，她并不会说起那天的谈话，但我会望着她，有时候她会看到我，朝我轻轻点头。这就是我所需要的一切。你前面问有没有发生过什么。喏，这就是发生的一切。可是凯丝，你听我说，不要跟任何人讲起这件事，好吗？”

我点头，但是问道：“她要你保证不讲吗？”

“不，没有，她没让我做任何保证。但你不许外传。你真的得保证。”

“好吧。”几个朝运动馆走来的女生已经看到了我，正在挥手、喊我。我挥手作答，然后对汤米说：“我得走了。我们迟些再继续聊这件事。”

可是汤米不理会我的话。“还有别的，”他继续说道，“她还说了别的话，我听不大明白。我想问问你来的。她说我们学得很不够，诸如此类的。”

“学得不够？你是说她认为我们应该更努力学习吗？”

“不，我觉得她不是那个意思。她说的是，你知道的，关于我们。将来我们会怎么样。捐献啊什么的。”

“可是所有这一切我们已经学过了，”我说，“奇怪，她到底什么意思。她是不是认为还有些事情我们不知道？”

汤米想了一会儿，随后摇头。“我想她不是这个意思。她只是认为关于这些，教给我们的很不够。因为她说她很想亲自跟我们讲讲这个。”

“到底讲什么呢？”

“我说不准。也许我完全是会错了意，凯丝，我不知道。也许她说的根本是另外的意思，别的意思，关于我没有创意的事。我真的不明白。”

汤米望着我，仿佛期待我给他一个答案。我认真想了几秒钟，然后说：

“汤米，好好回想一下。你说她生气……”

“对，看上去就是这样。她很安静，但她在发抖。”

“好吧，管他呢。我们就当她是生气。她是生气了才开始说这些另外的事么？说关于捐献等等，我们知道得还不够什么的？”

“我猜是吧……”

“哎，汤米，好好想想。她为什么提起这个？本来是说你，还有你不肯创作。然后突然她就开始说这些另外的事。其中的关联是什么？为什么她会说起捐献？这跟你的创意有什么关系？”

“我不知道。我猜其中一定有缘故。也许一桩事联想到另一桩。凯丝你现在对这事也太起劲了吧。”

我笑了，因为他说得对：我眉头紧皱，陷入沉思。事实上，我的大脑同时在朝好几个不同的方向开动。汤米讲的他跟露西小姐的谈话让我想起了一些事情，可能有一系列的事情，跟露西小姐有关的、过去的事，当时就曾让我感到迷惑。

“只不过是……”我停下来，叹了口气，“我说不好，自己都想不明白。但是所有这些，你说的这一切，好像跟别的一些令人迷惑的事接上茬了。我一直在想所有这些事。比如为什么夫人要来拿走我们最好的画。到底是为了什么？”

“是为了艺廊。”

“可她那艺廊到底是干吗的？她总是到这里来，把我们最好的作品拿走。到现在她一定已经攒了一大堆了。我曾经问过杰拉尔丁小姐一次，夫人到这里来有多久了，她说自从有了黑尔舍姆她就来了。这艺廊到底是干吗的？她为什么要搞个艺廊，收我们的作品？”

“也许她拿去卖。外面，就外面，他们什么都卖。”

我摇摇头。“不可能。这和露西小姐跟你说的话有关系。关于我们，总有一天我们要开始捐献。我不知道为什么，但一段时间以来，我都有这种感觉，一切都是相关联的，可我想不清楚是如何关联的。我得走了，汤米。关于我们说的这些，先不要告诉任何人。”

“好的。还有你不要跟任何人讲露西小姐的事。”

“可是如果她再跟你说起任何像这样的话，你都告诉我好吗？”

汤米点点头，随后再次环顾四周。“你说的对，你得走了，凯丝。很快就有人会听到我们讲话了。”

我和汤米讨论到的这个艺廊，在我们所有人的成长过程中都一直存在。人人说起来都好像真的有这么个艺廊一样，然而实际上，我们谁也拿不准这艺廊是否真的存在。我无法记清第一次听说艺廊是什么时候、什么情况，但我敢肯定，我这样是很典型的。显然不可能是从导师们那里，因为有个不成文的规矩，我们决不能当着他们的面说起这个话题。

现在我猜想，这可能是黑尔舍姆的学生们一代又一代传下来的。我记得在我才只有五六岁的时候，有一次，我跟阿曼达·C一起坐在矮桌旁，两人手上都沾满了雕塑黏土。我不记得当时有没有其他小孩跟我们一起，也不记得有没有导师负责。我只记得阿曼达·C——她比我大一岁——看着我在做的东西，惊叫道："真的很棒，很棒呀，凯西！做得太棒了！我敢说一定会进艺廊！"

那时候我一定已经知道了艺廊的存在，因为我记得她说那话的时候，那种兴奋和自豪感——还有接下来的一刻，我自己心里的念头："这太荒唐了。我们谁都还没有到能够进艺廊的水平。"

随着我们长大，大家仍然在谈论着艺廊。如果你想要称赞某人的作品，就会说："都够得上进艺廊了。"等到我们发现了反讽这种修辞手段之后，每当我们看到差劲到好笑的作品，就会说："对，没错！这件可以直达艺廊了！"

可是我们是不是真的相信艺廊的存在呢？如今我不确定了。正如我前面所说，我们从来不对导师提起艺廊，回顾往事，这不成文的规矩可能是我们自己强加给自己的，同样也可能是导师的决定。我还记得在我们十一岁左右的时候有件事。那是一个冬日上午，阳光明媚，我们在七号教室里。我们刚刚上完了罗杰先生的课，我们少数几个人留下来跟他闲聊。我们都坐在课桌上，我记不清楚当时说了些什么，但罗杰先生跟往常一样，逗得我们笑了又笑。这时卡罗尔·H趁着咯咯笑的间隙说了一句："可能还能选中你进艺廊呢！"说完她立刻抬手捂住嘴，"哎哟"了一声，气氛依然轻松愉快；但连罗杰先生在内，我们都知道她犯了个错误。倒不是什么弥天大错；程度差不多相当于我们中有谁不小心骂了个脏字儿，或者当着导师的面说到了他的绰号。罗杰先生宠溺地面带笑容，仿佛是说："说过就算了，我们假装你没说过这话，"随后我们又嬉笑如常。

如果对我们来说，艺廊始终是个含混不清的存在，那么清楚明了的事实是，夫人通常每年两次——有时三到四次，来挑选我们最好的作品。我们称呼她"夫人"因为她是法国人，或者比利时人——具体是哪国有些争议——还有导师们一直都这么称呼她。她是个高个子、身材瘦削的女子，头发很短，也许还很年轻，可当时我们谁也不会往那个方面去想她。她总是穿着一身硬朗的灰色套装，跟园丁和送供给物资来的司机——跟其他所有从外面来的人——都不一样，她不跟我们讲话，冷着一张面孔让我们敬而远之。很多年里，我们都认为她“目中无人”，但后来，在我们大约八岁的时候一天晚上，露丝想出了一个另外的理论。

“她怕我们，”她声称。

我们躺在宿舍里，黑着灯。小学的时候，我们一间宿舍睡十五个人，因此那时候不大有后来我们在中学宿舍里这种漫长亲密的谈话。但后来那些成为我们小“团体”的人，那时候就睡床挨得很近了，我们已经逐渐形成了深夜长谈的习惯。

“你什么意思，怕我们？”有人问，“她怎么可能害怕我们？我们能怎么着她？”

“我不知道，”露丝说，“我不知道，但我肯定她是怕。我原来以为她就是目中无人，但不对，有别的缘故。我现在确信了。夫人是害怕我们。”

我们断断续续就此争论了几天。大多数人都不同意露丝的意见，但这样一来，她更是下定了决心要证明自己正确。于是到最后，我们决定要做个计划，等下次夫人来黑尔舍姆的时候，我们要检验一下她的理论。

虽然说夫人的来访从来不会公开宣布，但到她该来的时候，迹象总是非常明显。为了她到来的准备工作提前几个星期就开始了，导师们把我们的作品筛选一遍——我们的油画、素描、陶塑，所有的作文和诗歌。这项工作要持续至少两个星期，到最后小学和中学部每个年级都会有四五件作品被选进台球室。这期间台球室是关闭的，但是如果你站在外面露台的矮墙上，就能透过窗户看到选中的作品越堆越多。一旦导师们开始将作品整齐地摆开，摆到桌上、画架上，就像一场小型的我们那种交换活动，这时你就知道夫人一两天内就到。

在我所讲的那个秋天，我们不仅需要知道夫人来的日子，还要知道她出现的准确时间，因为她通常只会待一两个钟头。因此当我们一看到作品在台球室展示出来，就决定轮番守望。

这个任务因为我们这里地形的关系，变得非常容易。黑尔舍姆建在一个平滑的山谷中，周围都是坡地。这就意味着从主楼的几乎任何一间教室的窗口里——甚至从运动馆里——都可以清楚看到那条蜿蜒细长的小路从田地间穿过，直到大门口。大门到校区还有相当一段距离，所有的车辆都得从碎石铺的车道上驶过，穿过灌木和花圃，最终才能达到主楼前面的院子。有时候好几天我们都看不到任何一辆车从那条窄路上开进来，而来的车辆多半是货车或者运输车，送来物资、园丁或者工人。小汽车很罕见，有时候远远看到一辆就足以在课堂上引起一阵骚动。

看到夫人的小车沿着小路穿过田野开来的那天下午，风很大，阳光很好，有几块雨云正在开始聚集。我们在九号教室——就在主楼前方的二层——当我们交头接耳传递消息的时候，可怜的弗兰克先生正在教我们拼写，他搞不懂为什么我们突然之间会变得这么躁动不安。

我们想出的验证露丝理论的计划很简单：我们——一共有六个人——要悄悄埋伏在某处等着夫人，然后“拥出来”一下子围在她身边。我们会举止合度，然后继续往前走，但是如果我们时间掌握得恰好，堵她个猝不及防，我们就能看出——露丝坚持道——她真的是害怕我们。

我们主要的担心在于可能没办法在她待在黑尔舍姆的短暂时间内抓到机会。但是，当弗兰克先生的课程结束之后，我们分明看到夫人就在下面的院子里，正在停车。我们在楼梯间匆忙开了个小会，然后就跟班上其他同学一起走下楼梯，然后在主楼的门廊上晃荡。我们朝外能看到明亮的院子，夫人依然坐在车里，翻她的公文包。终于她从车中出来，朝我们走来，穿着平时那身灰色套装，双手紧紧抱着公文包。露丝发出讯号，我们就慢慢溜达着，径直朝她走去，但就像梦游一样。只是等到她僵直地站住了之后，我们才各自轻声说："抱歉，小姐。"然后分开了。

我永远无法忘记接下来的刹那我们身上发生的那种奇怪的变化。直到那一刻，关于夫人的这件事虽然算不上笑话，也只是我们私下说说，小圈子解决而已。我们从未想过夫人本人，或是其他人会受到何种影响。我的意思是说，直到那时，这还是件轻松的事儿，包含着一点大冒险游戏的因素在里面。倒不是说夫人做出了什么我们意料之外的反应：她只是定定地站住，等着我们经过。她没有尖叫，甚至没有出声。但我们都在集中精神观察她的反应，也许正因为如此，这事才会对我们有这么大的影响。当她突然停下脚步的时候，我快速扫视她的脸——其他人也一样，我敢肯定。我至今都能栩栩如生地看到，她似乎在拼命压抑住周身的颤抖，那种真正的恐惧，怕我们中的哪一个会不小心碰到她。虽然说我们继续往前走，但我们都感受到了；仿佛我们从阳光中一下子迈进了寒冷的阴处。露丝说得对：夫人确实怕我们。但她害怕我们就像是有的人害怕蜘蛛一样。对此我们毫无准备。我们从来没有想到，我们要怎么想这件事，我们自己会是什么感受，被人那样看待，当成蜘蛛。

等到我们穿过院子，到了草坪上的时候，已经变成了完全不同的一群人，跟当初兴奋地站在那里等待夫人从车里出来的时候换了个人。甚至露丝都显得大受打击。这时我们中的一个——我想是劳拉——说道：

"如果她不喜欢我们，那为什么要我们的作品？干吗要干涉我们？再说了，有谁请她来这里了？"

没有人答话，我们继续走到了运动馆，一路都再没有讲起刚刚发生的事。

如今回想起来，我看得出在当时那个年纪，我们对自己有所了解——我们是谁，我们跟导师、和外面的人有何不同——但还没有真正理解所有这些的意义。我敢说，在你的童年时代，也曾有过像我们这样的经历；哪怕具体细节未必相似，但究其内里和感受一定有过类似的体会。但是无论你的导师多么认真地帮你做好准备：所有那些谈话、录像、讨论、警告，所有的一切都无法解释到位。当你只有八岁的时候，大家一起在黑尔舍姆这样一个地方，如果你有像我们那样的导师，园丁和送货员跟你们说笑，喊你“甜心”，你就不可能理解。

然而，终究有些事必须得接受进来。必须得进来，因为等到这样一个时刻终于到来的时候，有一部分的你早就在等待了。也许早在你才五六岁的时候，脑袋后面有个轻轻的声音在絮语：“总有一天，也许要不了多久，你就得知道这是个什么滋味。”于是你就等着，哪怕你仍是懵懵懂懂，却已在等待着那一刻的到来，你终于明白自己跟他们真的不同；明白外面有些人就像夫人那样，他们不恨你也不想伤害你，但是一想到你还是会打冷战——想到你是如何、为了什么，才被带到这个世界上——想到你的手可能会跟他们触碰，他们就感到惧怕。当你第一次透过这样一个人的眼睛看到自己的时候，这一刻寒意刺骨。就好像经过一面你这辈子每天都路过的镜子，突然间里面映出了完全不同的东西，古怪，令人不安的东西。

第四章

到今年底我就不再做护理员了，虽然这中间我收获良多，可是也得承认，我会很高兴有机会能够休息——停下来想想心事，回忆往事。我觉得至少部分与此有关，为了准备改变节奏，所以我一直有冲动，想要将过去的回忆整理顺当。我猜我真正想做的，是将我们长大并且离开黑尔舍姆之后，我和汤米、露丝之间所发生的事想想清楚。但是我现在明白了，后来发生的诸多种种都源自我们在黑尔舍姆的时光，因此我才想首先要认真整理这些早期的记忆。比如说对于夫人的这些好奇。某种层面上，这只是我们小孩闹着玩。但另一方面，你也看得出这是一个开始，接下来的许多年里这件事变得越来越大，直到最终占据了我们的生活。

那天之后，夫人虽然没有变成我们中间禁止提及的话题，却也很少说起。这现象很快从我们这个小群体开始，渐渐弥散到了我们整个年级的学生。就像我说的，我们对她依然充满好奇，但都感觉到，如果继续深入探查下去——关于她如何处理我们的作品，是否真的有艺廊——将会把我们引入尚未准备好进入的领域。

可是关于艺廊这个话题，还是会时不时有人提起，因此几年之后，当汤米在池塘边开始告诉我他跟露西小姐之间的古怪谈话时，我想到了脑海中埋藏已久的往事。我将他一个人扔下坐在岩石上，自己朝草坪匆匆跑去跟朋友们汇合，那之后，往事才浮上心头。

那是一次上课的时候，露西小姐对我们说过的话。我之所以一直记得，是因为当时感到迷惑不解，也是因为那是仅有的少数几次当着导师的面，特地提到艺廊这回事。

我们当时遭遇了后来起名为“交换币之争”的问题。几年前我跟汤米讨论过交换币之争，开始我们无法就事情何时发生这一点取得一致意见。我说我们当时十岁；他认为是十岁之后，但最终转过弯来，同意了我的说法。我很有把握没记错：我们当时小学四年级——夫人那件事发生之后又过了一段时间，但过了三年之后，才有了我们在池塘边的那次谈话。

我认为，交换币之争实际上是跟我们渐渐长大，变得越来越贪心有关系。几年以来——我想我前面说过——我们都认为自己的作品入选进入台球室就是个巨大的胜利，更不要说被夫人挑走了。但等我们十岁的时候，对此事我们的态度有了两面性。交换活动以交换币作为代币的模式，让我们培养了犀利的眼光，一眼就能看出怎样的作品可以换出高价。我们都热衷于换取 T 恤衫，装饰床边墙，还有个性化书桌。当然，我们还要考虑自己的“收藏”。

我不知道你们那里有没有“收藏”这回事。你要是碰到黑尔舍姆出来的学生，迟早会发现他们会对自己的收藏念念不忘。而在当时，我们把一切都视为理所当然。我们每个人有个木箱子，放在自己床下面，装满了属于自己的东西——你在拍卖会或者交换活动上得到的东西。我记得有一两个学生对自己的收藏品不大用心，但我们大多数人都非常在意，会挑选物品拿出来展示，将其他东西小心收好。

问题在于等到我们十岁左右的时候，“作品被夫人选中是个巨大的荣誉”这种观念跟我们会失去自己最有市场价值的作品的感受发生了冲突。最终这矛盾发展成了交换币之争。

开始是几个学生，主要是男孩，抱怨说对于夫人拿走的作品，我们应该得到交换币作为补偿。许多学生同意这种观点，但另外一些人却对此感到愤慨。争论在我们之间持续了一段时间，直到有一天，罗伊·J——他比我们高一年，已经有多件作品被夫人选走了——决定要去找艾米丽小姐当面说这件事。

艾米丽小姐是我们的校长，比其他导师都年长。她不是特别高，但举止动作器宇不凡，总是头抬得高高的，让人觉得她很高。她满头银发都朝后梳，但是碎头发总是挣脱出来，围着她飘飞不停。换我的话肯定烦得要命，但艾米丽小姐总是无视这点问题，仿佛这点麻烦不值一哂。到傍晚时分，她看起来多半很古怪，因为懒得理会满脸碎发飘舞，伴随着跟人讲话的时候那种平静而刻意的语调。我们都挺怕她的，对她的态度跟其他导师也很不一样。但我们认为她很公道，也尊重她的决定；早在小学阶段，我们就认识到，尽管她的存在令人生畏，却正是我们在黑尔舍姆感到安全的原因所在。

不经传唤主动去见她是需要些勇气的；像罗伊那样带着要求去找她，在我们看来简直跟自杀无二。但罗伊并没有像我们预料的那样惨遭批评，接下来的几天里，还听说导师们在讨论——甚至争论——交换币的问题。最终公布的结果是我们会得到交换币，但不多，因为有作品被夫人选中是“至高无上的荣誉”。这个结果让双边阵营都不太满意，于是争论的声音持续不断。

就是在这样的背景之下，一天上午波丽·T问了露西小姐一个问题。当时我们在图书馆里，围绕着那张大橡木桌子坐了一圈。我记得当时壁炉里有木柴在燃烧，我们当时在读剧本。突然剧本里碰到一句台词引得劳拉说了句俏皮话，讲到了交换币的事，我们都笑了起来，露西小姐也笑了。然后露西小姐说既然在黑尔舍姆大家除了这事什么都不谈了，那么我们不如忘了读剧本的事，把课堂剩下的时间用来讨论下大家对交换币的各种观点。就是在我们讨论的过程中，波丽冷不丁问了一句：“小姐，为什么夫人要把我们的东西拿走呢？”

我们都沉默不语。露西小姐不经常发脾气，但是如果她生气了，你肯定能看得出来，有一刹那，我们都觉得波丽惹露西小姐生气了。但随后我们发现露西小姐没有生气，只是陷入了沉思。我记得自己当时特别生波丽的气，觉得她真蠢，居然违反了大家心照不宣的约定，但同时又很兴奋，想看看露西小姐如何作答。显然并不是只有我一个人心怀着这些矛盾念头：几乎每个人都是先恶狠狠地瞪波丽一眼，然后急切地转向露西小姐——这样其实对可怜的波丽挺不公道的，我想。似乎过了很长时间之后，露西小姐才开口：

“今天我可以告诉你们她的目的是好的，我只能说到这里。是为了一个非常重要的目的。但是如果我现在跟你们解释，我觉得你们理解不了。我希望有一天可以向你们解释清楚。”

我们没有追问她。围绕着桌边的气氛变得非常令人尴尬，虽然我们很好奇，想了解更多，但更希望赶紧离开这个烫手的话题。于是下一刻我们就很放松地重新围绕着交换币——也许有点虚张声势地——继续争论下去。但露西小姐的话令我迷惑不解，接下来的几天里，我时不时想起她的说法。正因为有过这件事，所以那天下午在池塘边，当汤米跟我讲到他跟露西小姐的谈话，她如何告诉他关于某些方面给我们“教得不够”时，那天在图书馆的记忆才会浮上心头——连同一两件与之相类的小事一起。

既然我们说到了交换币的事，我还想略微讲讲我们的拍卖活动，虽然前面我已经提过几次了。拍卖活动之所以对我们那么重要，是因为只有在这里，我们才能获得外来的东西。比如汤米的 POLO 衫，就是拍卖会上得来的。我们的衣服、玩具，所有那些并非其他学生手作的特别的玩意儿，都是从这里来的。

每个月一次，一辆白色大货车会沿着长路而来，整座楼里、所有的活动场上，你都能感受到那种兴奋。等车子终于在院子里停下来的时候，那里已经围了一群人在等——主要是小学生，因为一旦你过了十二三岁的年纪，那样肆无忌惮的兴奋就不大合适了。但其实我们都一样。

现在回想起来，一场拍卖能让我们那样激动，其实挺可笑，因为通常拍卖会都会让人大失所望。稍微特别一点的东西都没有，我们只是花交换币去换掉那些用旧或者用坏的东西，总是大同小异。但我猜关键在于我们每个人都曾在过去的拍卖会上找到过什么，这东西变得很特别：一件外套、一只手表、一把做手工的剪刀，虽然从来不用，却把它骄傲地摆在床头。曾几何时我们都找到过像这样的东西，因此无论我们如何假装不在乎，还是无法摆脱过去那种满怀希望和欢欣雀跃的感觉。

实际上，在货车卸货的时候，在附近转转还是有意义的。你要做的是——如果你是那群小学生之一的话——跟着那两个穿工作服扛着纸箱子在储藏室和车辆之间来回往返的人，问他们里面有什么。通常他们会回答说“很多好东西，甜心”。如果你咬住接着问，“算大丰收吗？”他们迟早会面露微笑，回答说：“嗯，我觉得算，甜心。真正的大丰收。”这会激起一片兴奋的欢呼声。

箱子通常是从上面敞开的，因此你可以瞥见各种东西，有时候，虽然不应该，但工人会纵容你拨开几件东西翻看。正因为如此，等到一周左右过去，真正的拍卖会要开始的时候，会有各种各样的流言，也许有一件特别的运动服，或者音乐磁带，如果发生矛盾，那么多半是有几个学生同时看上了一件东西。

拍卖会跟交换活动上那种严肃的气氛对比鲜明。举办地点是在餐厅，熙熙攘攘很是闹腾。实际上，挤来挤去、大声嚷嚷正是乐趣之一，绝大部分时候都还是友好愉快的。除非正如我说过的，偶尔情况有点失控，学生们开始争抢拉扯，有时候还会打起来。这时班长们就站出来威胁说要把活动全部停掉，然后我们所有人在第二天一早的集会上都要被艾米丽小姐批评一顿。

在黑尔舍姆，一天的开始总是集会，通常很短——宣布公告，也许由一个学生朗读一首诗。艾米丽小姐通常不多说；她常常只是在主席台上坐得笔直，无论说到什么，她都点头认可，偶尔人群中有交头接耳的，立刻会被她冷峻的目光一眼扫过。但是一场喧闹的拍卖会过后的第二天，一切都不同了。她会命令我们都在地板上坐下——通常集会时我们是站着的——这时既没有公告，也没有表演，只有艾米丽小姐对我们讲话，持续二三十分钟，有时甚至更久。她极少抬高声音，但在这种场合她会流露出强硬的一面，我们所有人，哪怕是中学五年级的那些学生，也不敢出声。

大家共同的感受是，如果让艾米丽小姐失望，我们会真切地感到难过，可是虽然很努力，我们却也不能真正理解她的教诲。部分是因为她的用词。“不配享受优待”还有“虚掷大好机会”：这两套说辞反复出现，这是我和露丝在多佛的康复中心她的房间里，我们回忆往事的时候想起来的。她总体的讲话主旨很清楚：我们黑尔舍姆的学生每一个都很特别，因此当我们行为失当的时候，就更加令人失望。可是此外的一切就成了一团迷雾。有时候她会讲得很激烈，然后说完一句话突然停下来，比如：“是什么？是什么？到底是什么阻碍了我们？”然后她就站在原地，闭上眼睛，皱起眉头，仿佛在努力破解这个问题的答案。虽然我们感到迷惑不解又尴尬莫名，却依然坐在原地，期待着她继续思考，直到寻找到头脑中她要找的那个不知道什么新发现。也许她会轻叹一声然后重新开始——这意味着她要宽恕我们了——再不然，她同样可能会从沉默中爆发：“但我决不妥协！不，绝不！黑尔舍姆也不会！”

当我们回忆起这些长篇讲话的时候，露丝提到艾米丽小姐讲得这样云山雾罩很古怪，因为在课堂上她讲得可清楚了。当我说到我曾偶尔见到校长像梦游一样在黑尔舍姆四处漫步，一边自言自语时，露丝生气了，她说：

“她从来没有那样！如果负责人这么不中用，黑尔舍姆怎么会是这样？艾米丽小姐的头脑锋利得可以用来切木头。”

我没有反驳。当然，艾米丽小姐有时候的确是目光如炬。如果，比如说你出现在了主楼或者操场某个不该出现的地方，如果听到有导师走近，总可以找地方躲一躲。黑尔舍姆到处都有藏身之处：橱柜里、墙洞里、树丛里、篱笆下。但是如果你看到艾米丽小姐过来，心就会咯噔一下，因为她总能知道你躲着呢。就好像她感觉更多、更敏锐。你可以躲进柜子，紧紧关上门，周身每一块肌肉都静止不动，依然清楚地知道艾米丽小姐的脚步会在外面停下来，她的话音响起："好了。你出来吧。"

有一次在三楼的楼梯上，希尔薇·C就遭遇了这样的事，那一次艾米丽小姐难得的大发雷霆。你惹她生气的时候，她从来不会像露西小姐等导师那样大喊大叫，可是艾米丽小姐发火只有更可怕。她会眯起眼睛，愤怒地轻声自言自语，仿佛跟一位看不见的同事讨论怎样惩罚你才够严厉。她那种样子让你一方面迫不及待想听到结果，另一方面又完全不想面对。但是艾米丽小姐通常不会对我们太严厉。她很少让学生课后留下，布置杂务或者免除学生优待。可是你依然会感到特别难受，哪怕是仅仅因为知道她对你的评价有所降低，于是你立刻就想去做点什么，尽力为自己挽回。

可问题是艾米丽小姐是不可预料的。希尔薇那次可能遭到了足量的惩戒，但是当劳拉在大黄田里乱跑被捉到的时候，艾米丽小姐只是说了句："姑娘，你不该在这里。快走开。"然后就继续往前走了。

后来有一次，我以为我惹毛了艾米丽小姐，要倒霉了。主楼背后的一条小步道是我真心最喜欢的地方。沿路会经过所有的墙洞和附属建筑，你得从灌木丛中挤过，从两个长满常青藤的拱门下经过，还会穿过一扇生锈的大门。整个路途中你都可以从窗口瞥见室内，一间接一间地路过。我猜我那么喜欢这条小路有一部分原因在于我一直拿不准这里到底是不是禁区。当然，有课的时候你不应该从外面经过。但周末还有傍晚的时候——这里一直没有明确是否禁入。大多数学生总归是绕开这里走，也许这种躲开所有人的感觉也是这地方的吸引力之一。

总之，一个斜阳朗照的傍晚，我就走在这条小路上。我想那是中学三年级的事。我跟往常一样，路过的时候目光瞥进一个又一个空房间，突然我看到艾米丽小姐在一间教室里。她一个人正在慢慢地踱步，一面喃喃自语，动作姿态仿佛是对着房间里一位看不见的听众。我猜想她大概是在备课，或者排演她在集会上的讲话内容，我刚想要赶紧过去，可她已经看到了我，但就在这时她却转过身来，目光直视着我。我呆立着，心想我这下撞到枪口上了，可是随后我注意到，她仪态如常，只不过现在讲话的对象成了我。随后，她又无比自然地转身，将视线转移到了房间其他位置另外某个想象中的学生身上。我沿着小路悄悄溜走了，接下来的几天里都特别怕艾米丽小姐看到我会有话说。可她根本没有提起过。

但这其实不是我刚才想说的事。现在我想做的，是记下几件关于露丝的事，我们如何相遇，交上了朋友，关于我们早年共同度过的那些岁月。因为这些天来，当我在漫长的午后时光里驱车穿过田野，或是在某个公路休息站的大窗户前啜饮咖啡的时候，我发现自己越来越经常地想起她。

她并不是一开始就跟我是朋友。我记得，大约五六岁的时候，我跟汉娜和劳拉在搞什么，但没有露丝。那段我们早期的生活记忆里，我对露丝只有一点模糊的印象。

我在一个沙坑里玩。里面还有另外三个人跟我在一起，坑里太挤了，我们彼此都有些火气。我们在户外，阳光很温暖，因此很可能那是在幼儿游戏区的沙坑，也有可能是在北操场尽头跳远赛道头上的那堆沙。总之天很热，我觉得口渴，我不高兴沙坑里有那么多人。这时露丝出现了，站在那里，她没有在沙坑里跟我们一起，而是隔着几英尺远。她不知为什么很生我身后两个女孩的气，一定是为了早先发生的什么事。她就站在那里死盯着她们。我猜当时我跟露丝不怎么熟。但她想必已经在我心上留下了某种印象，因为我记得自己当时在沙子里忙着继续自己之前的游戏，非常害怕她会调转目光盯上我。我什么也没说，但我非常想让她明白，我跟背后那两个女孩不是一起的，不管她们怎么得罪了她，我都完全没有参与。

我早年对露丝的记忆就只有这么一点。我们同年，因此我们一定曾碰到过彼此，但除了那次在沙坑里的遭遇，我完全不记得任何跟她有关的事，直到几年之后我们读小学的时候，那时我们七岁，不到八岁。

南操场是小学生用得最多的，就是在那里，在杨树下的角落，有天午饭时间露丝朝我走来，上下打量了我一番，然后说道：

"你想要骑我的马吗？"

我当时正在跟另外两三个孩子玩，但显然露丝只是对我一个人说话。这让我非常开心，但我故意显得思忖了一下她的话之后才作答。

"好呀，你的马叫什么名字？"

露丝上前一步。"我最好的马，"她说，"叫雷电。我不能让你骑他。他太危险了。但你可以骑布蓝堡，只要你不用鞭子打他。再不然你要是喜欢，别的随便哪匹你都可以骑。"她又说了另外几个名字，我现在已经记不起来了。然后她问道："你自己有马吗？"

我看了看她，认真想了想才回答："不，我没有马。"

"一匹马都没有么？"

"没有。"

"那好。你可以骑布蓝堡，如果你喜欢，就送给你好了。但你不能用鞭子抽他。你现在就得来。"

反正我那几个朋友已经转身离开，继续他们之前在做的事了。于是我耸耸肩，跟着露丝走了。

操场上满是玩耍的小孩，有些比我们大很多，但露丝理直气壮地从中间穿过，总是领先我一两步。当我们马上要走到跟花园相连的铁丝网边界上时，她转过身说：

"好吧，我们就在这里骑马。你来牵布蓝堡。"

我接过了她手里握着的一根看不见的缰绳，于是我们就开始沿着篱笆来回骑行，有时漫步，有时跳跃。我告诉露丝我没有马这个决定很正确，因为我骑了一会儿布蓝堡之后，她让我一匹接一匹试骑她其他的马，还喊出各种指示，教我如何应对每只动物的小弱点。

"我不是告诉你了嘛！你骑水仙得靠后坐直！再靠后！除非你靠后坐，不然她不喜欢！"

我想必是做得不错，因为最后她让我骑一下雷电，她最喜欢的一匹马。我不知道那天我们玩她的马玩了多久；感觉时间相当长，我想当时我们俩都完全地沉浸在游戏之中。可是突然，我完全看不出什么缘故，露丝就结束了整个游戏，她指责我是故意跑累她的马，我得把每一匹马都带回马厩去。她指着篱笆的某一片，于是我开始将马牵过去，与此同时，露丝越看我越不爽，说我每件事都做得不对。然后她问：

"你喜欢杰拉尔丁小姐吗？"

很可能这是第一次我想这个问题，我喜不喜欢某位导师。最终我说："当然，我喜欢她。"

"但你是真心喜欢她吗？感觉她很特别？你最喜欢的？"

"是，没错。她是我最喜欢的导师。"

露丝继续盯着我看了好一会儿。最后她终于说道："那好。既然这样，我就让你成为她秘密警卫的一员。"

这时我们开始朝主楼走去，我等着她解释这是什么意思，可她没有。在接下来的几天里，我才弄明白。

第五章

我不确定“秘密警卫”这件事总共持续了多久。当我在多佛照顾她的时候，我跟露丝讨论过这事，她号称前后不过才两三周时间——但这几乎一定是错的。很可能她感到不好意思，因此整件事在她的记忆中就缩减了。我的猜测是持续了大概九个月，甚至有一年之久，当时我们大约七岁，八岁不到。

我始终拿不准到底是不是露丝本人发明了这个秘密警卫团，但无疑她是其中的领导人物。我们有六到十人，当露丝放新人进来，或是驱逐某人的时候，人数就会有变化。我们相信杰拉尔丁小姐是黑尔舍姆最好的导师，我们要一起准备送她的礼物——我想到的是一张大纸，上面粘着干花标本。但当然，我们存在的主要原因是要保护她。

到我加入到警卫团中的时候，露丝和其他成员老早就已经知道了要绑架杰拉尔丁小姐的阴谋。我们始终不确定背后主使是谁。有时候我们怀疑是某几个中学的男生，有时是我们同年的几个。有一个导师我们都不大喜欢——有位艾琳小姐——我们一度认为她可能是幕后黑手。我们不知道绑架何时会发生，但有一点我们都确信，那就是树林一定会与此有关。

那片树林远在黑尔舍姆建筑后方的山顶上。我们所能看到的其实只是一片深色的树木的剪影，但在我那个年纪，绝对不止我一个人日夜都在感受着它们的存在。糟糕的时候，仿佛它们将整个黑尔舍姆都笼罩在阴影之中；你只需转过头或是朝窗口靠近，它们就在那里，若隐若现在远处。主楼的前面是最安全的，因为从任何一个窗口都看不到它们。即便如此，实际上你始终无法真正摆脱它们。

关于树林有各种可怕的故事。一次，就在我们这些人进到黑尔舍姆之前不久，一个男孩子跟朋友们大吵一架之后，就跑出了黑尔舍姆的边界。两天之后有人发现他的尸体在树林里被绑在了树上，手脚都被砍掉了。另外还有传言说有个女孩子的鬼魂始终在树林中徘徊。她曾是黑尔舍姆的学生，后来有一天她翻过一道围墙，只是为了看看外面什么样。这是在我们之前很久的事了，那时候导师们远比现在要严厉，甚至残忍，当她想要回来的时候，他们不允许。她就一直在围墙附近游荡，哀求着放她进来，但是没有人应允。最终她在外面逃到了什么地方，出了什么事，然后她就死掉了。但她的鬼魂一直在树林间徘徊，注视着黑尔舍姆，渴望着被接纳进来。

导师们总是坚称这些故事都是无稽之谈。可是那些年长的学生会跟我们说，当初他们小的时候，导师们正是这样告诉他们的，很快我们就会得知可怕的真相，正如他们所经历的一样。

树林激发我们想象最多的，是入夜以后，在我们宿舍里大家试图入睡的时候。这时候你仿佛感到能听到风穿过枝叶的沙沙声，而讲出来只会让情况更糟糕。我记得有一天夜里，我们都非常生玛琪·K的气，白天她做了件什么事，让我们深感尴尬——我们选择的惩罚方式就是将她从床上拖下来，把她的脸贴在窗玻璃上，命令她抬头看着树林。开始她死命闭着眼睛，但我们拧住她的胳膊，硬将她眼睑扒开，逼她看着远处月光照亮的夜空里树林的剪影，这就足以保证让她整夜在恐惧中啜泣。

我倒不是说在那个年龄，我们所有的时间都用于对树林担惊受怕。比如我自己，就可能有好几个星期完全不去想到它，甚至有时候一阵叛逆的勇气袭上心头，我会心想："我们怎么会相信这种胡说八道?"然而只需要一点小事——有人复述某一个故事，某本书里一个吓人的章节，甚至只是偶然的一句话，让你想到树林——就意味着又有一段时间要笼罩在阴影之中。因此，我们认为树林在绑架杰拉尔丁小姐的阴谋中占据核心位置，一点都不奇怪。

可是具体到这事本身，我却记不起太多保卫杰拉尔丁小姐的实际措施；我们的活动总是围绕着收集越来越多的跟阴谋相关的证据。不知为何，我们都满意地认为这样可以阻止任何迫在眉睫的危险发生。

我们的“证据”大多来自见证密谋者的工作。比如有天上午，我们从一间三楼的教室窗口看到，艾琳小姐和罗杰先生在下面的院子里跟杰拉尔丁小姐讲话。过了一会儿杰拉尔丁小姐道别朝橘园走去，但我们继续观察，发现艾琳小姐和罗杰先生头靠得很近，鬼鬼祟祟地讨论着什么，同时目光凝视着杰拉尔丁小姐逐渐远去的背影。

“罗杰先生，”这时候露丝叹息着，摇着头，“谁能猜得到他也是其中之一？”

就这样，我们建立了一个我们认定的阴谋者名单——有导师，也有学生，我们宣誓这些人跟我们势不两立，是我们的死敌。然而整个过程中，我猜，这个幻想的故事之基础如此不堪一击，这一点我们其实是有概念的，因为我们总是避免对质冲突。在激烈的讨论之后，我们可以认定某一个学生是阴谋者之一，但这时，我们总是能找到理由，暂时不去当面质问他——要等到“我们拿到全部证据”。同样，我们一致认为我们查出来的情况，杰拉尔丁小姐本人一句也不该听到，因为那只会让她担惊受怕，没有益处。

在我们的成长自然超越了这个阶段之后，要说是露丝凭一己之力将秘密警卫的故事延续了很久，也不那么容易。当然，警卫故事对她而言很重要。她知道那个阴谋远远早于我们其他人，这给了她巨大的权威；只需暗示说真正的证据都来自我这样的人加入之前——有些情况哪怕是对我们她也还没有透露——她就可以为所有那些代表我们群体所做的决定辩解。比如说，如果她决定要开除某个人，又感到有反对意见，她只需要拐弯抹角地隐约透露一点她“从前”知道的情况。毫无疑问露丝很努力要让整件事一直持续下去，但实际上，我们几个跟她也变得越来越密切，每个人都尽了自己一份力，保护着这个幻想游戏，尽量长久地让它继续下去。那次国际象棋所引发的争吵之后发生的事，充分证明了我的观点。

我一直认为露丝是个国际象棋的高手，她可以教我下棋。这也不是什么荒唐的念头：在靠窗的座位上，或是草坡上，我们曾偶遇高年级的学生埋头对弈，露丝经常会停下来，研究一会儿棋局。当我们重新开步走掉之后，她会告诉我一些她发现对弈双方都没看出来的走法。“笨得不可思议，”她总是摇着头絮语道。这些都让我很着迷，很快我就渴望着自己也能沉浸在这些漂亮的棋子游戏中。于是，当我在拍卖会上发现了一套国际象棋的时候，就决定买下来——虽然这花了我很多的交换币——我拿得准露丝会帮我。

可是接下来的几天里，我一说到这个话题她就叹气，要么就假装自己有很急的事必须得马上做。有个下雨的午后，我终于逮到她，我们在台球室摆开了棋盘，她开始给我摆一局棋，她摆的是国际跳棋的一个模糊的变形玩法。据她说国际象棋的特征在于每个棋子都走 L 形——我猜她是通过观察马的走步得出这个论点的——而不是像国际跳棋那样蛙跳式走棋。我根本不相信，我真的感到非常失望，但我忍住什么也没说，就这样跟她玩了一会儿。我们花了几分钟时间将彼此的棋子撞倒出局，每次都要走 L 形攻击路线。这样持续了一阵，直到我要吃她的棋子，可她声称这一步不算数，因为我的棋子要走到她那儿，路线太直了。

这时，我站起身收起棋盘走开了。我从未开口指出说她根本不会下棋——虽然我很失望，却也清楚不能做得太过分——但我想，这样愤而离开对她来说就已经是种表态了。

大概是第二天，我到了顶楼的二十号教室，乔治先生在上诗歌课。我不记得是课前还是课后了，也不记得教室有多少人。我记得手上有书，当我朝露丝和其他人在讲话的地方走去的时候，他们坐的那片课桌盖笼罩在一片很强的日光里。

从他们脑袋凑在一起的那种样子我就看得出，他们是在讨论秘密警卫的事，虽然正如我说的，我跟露丝吵架才过去一天，可是不知为什么，我就心无旁骛地径直朝他们走去。就在我真的马上走到他们面前的时候——也许他们交换了一个眼神——我突然明白了会发生什么事。就像是你一脚踏进水坑里的那前一秒钟，你发现那儿有个坑了，然而却已经来不及。甚至还不等他们都闭嘴瞪着我，甚至不等露丝开口说“哎，凯西，你好吗？希望你不要介意，我们刚刚有点事要讨论。我们还有一分钟就结束了，抱歉”，我就已经感到很受伤了。

不等她讲完这句话，我就转身夺门而出，我为自己居然迎头走上去而生气，超过了对露丝和其他人的愤怒。我很恼火，毫无疑问，可我不知道自己到底哭没哭。接下来的几天里，每当我看到秘密警卫们在角落里或者田野上一边散步一边商议的时候，都会感到两颊激动得涨红。

二十号教室的冷遇过去了两天之后，我从主楼的楼梯上走下来，发现莫伊拉·B碰巧在我身后。我们聊了起来——没说什么特别的——而后又一起漫步到了楼外。这大概是午休时间，因为当我们步入院子的时候，那边已经有二十多名学生，三三两两在闲逛聊天。我的目光立刻就转向了院子最远的那边，露丝和三个秘密警卫成员站在一起背对着我们，紧紧盯着南操场的方向。我正要设法弄清楚他们到底在盯着什么，这时我突然意识到身旁的莫伊拉也在看着他们。这时我突然想到，仅仅在一个月之前她也曾是秘密警卫中的一员，后来就被开除了。接下来的几秒钟里，我仿佛感到非常狼狈，因为最近遭受了同样的屈辱，我们俩现在竟然这样肩并肩站在了一起，跟过去一样直面拒绝我们的那张脸。也许莫伊拉也有类似的感受，总之是她打破了沉默，说道：

“这太蠢了，什么秘密警卫这一套。他们怎么会还相信这种玩意？好像还是幼儿班的一样。”

当我听到莫伊拉说这话时周身被如此强烈的情感所占据，哪怕今天想起来我也觉得这令人不解。我转身朝着她，简直出离愤怒：

“关于这你知道些什么呢？你根本什么都不知道，因为你现在已经离开太久了！如果你知道了我们发现的所有事，谅你绝对不敢说出这种蠢话！”

“别胡说八道，”莫伊拉从来不是个很容易让步的人，“这只不过是又一个露丝假造出来的把戏，仅此而已。”

“那我怎么会亲耳听到他们说过呢？听到他们讲要怎么用送奶车把杰拉尔丁小姐带到树林里去？我怎么会亲耳听到他们策划这事呢，这跟露丝或者其他任何人都毫无关系？”

莫伊拉看着我，现在她没那么确信了。“你亲耳听到的？怎么回事？在哪里？”

“我听到他们讲的，清清楚楚，每个字都听到了，他们不知道我在那里。就在池塘边，他们不知道我能听见。这下你明白自己知道多少了吧！”

我推开她走了，穿过人群拥挤的庭院时，我回头瞥了一眼露丝和其他人的身影，他们依然朝南操场的方向盯着看呢，对于我跟莫伊拉之间刚刚发生的事一无所知。这时我留意到我对他们一点都不生气了，只是很生莫伊拉的气。

即便如今，当我行驶在漫长灰沉沉的路上，思绪飘忽，无处着落的时候，有时我发觉自己又在从头开始想这件事。为什么那天我会对本该是我天然盟友的莫伊拉·B那么充满敌意？我想当时莫伊拉是希望我跟她一起跨越某个界限，可我还没准备好。我想我当时大概已经感觉到，一旦越过这条线，等待我们的就会有更艰难、更黑暗的东西，而我不想要面对。我不想，也不想我们任何一个人去面对那些东西。

但还有一些时候，我会觉得那是不对的——这单纯只是我跟露丝之间的事儿，那些日子里，她的确激起了我那样强烈的忠诚度。也许正因为如此，有几次虽然我很想说，却一直没有提起过那天我跟莫伊拉之间的事——就在多佛的康复中心我照顾露丝的那些日子里。

所有这些关于杰拉尔丁小姐的往事让我想起大约三年之后发生的一件事，在秘密警卫的游戏淡去很久之后。

我们在主楼后部底楼的五号教室里等着上课。五号教室是最小的一间，尤其在这样一个冬日的早晨，大暖气开起来，所有的窗户都蒙上一层雾气，教室里真的挺闷。也许我夸张了，但在我的记忆中，要想把全班人都塞进这间教室里，学生真得挤到堆叠起来才可以。

那天早上，露丝坐在一张课桌后的椅子上，我就坐在课桌盖上，身旁还有两三个我们一起的学生或靠或坐。事实上，我想就是在我挤出空间放别人进来坐在我旁边的时候，我才第一次注意到了那个铅笔盒。

我现在还能看到那件文具，仿佛它近在眼前。笔盒亮闪闪的，像一只擦亮的皮鞋；深褐底色上缀满了圆形的红点点。顶上的拉链有个毛毛球拉手。我挪位的时候差一点坐到这个笔盒上，于是露丝马上将它拿走离开我的视线。可我已经看到了，这正是她想要我看的，于是我说：

“哎呀！你从哪里得的？是拍卖会上吗？”

教室里很吵，但几乎所有的女生都听到了，因此立刻就有四五个人羡慕地望着这个铅笔盒。露丝等了几秒钟没说话，仔细地留意着周围的那些脸庞。最后她很刻意地说：

“就这么说好了。咱们都认为我是拍卖会上得的。”说完她对我们所有人露出了一个“你懂得”笑容。

这样的回答可能听起来无伤大雅，但实际上她仿佛是突然起身打了我一巴掌，接下来的一会儿，我同时感到浑身冰冷又滚烫。我清楚地知道她的回答和她的笑容到底是什么意思：她在声称这铅笔盒是来自杰拉尔丁小姐的礼物。

这里绝没有任何误会，因为她已经酝酿积蓄了几个礼拜了。露丝会用一个特定的微笑，一种特别的语调——有时还会伴之以一根手指压在唇上，或是抬起一只手，做出舞台表演式的耳语姿势——来暗示杰拉尔丁小姐对她示好的种种小迹象：杰拉尔丁小姐在非周末的四点之前就允许露丝在台球室播放音乐磁带；杰拉尔丁小姐在田间行走时要求大家安静，但是当露丝走到身边的时候，她却开始跟她讲话了，然后就容许其他人讲话了。都是些诸如此类的小事，从来也不会明白地说出来，她只是用笑容暗示，还有那种“大家心照不宣”的表情。

当然，按照要求导师是不应该对个别学生区别对待的，但在某些范围之内，总是能发现各种微小的偏心表现；露丝所暗示的大部分情况都很符合这些表现。可露丝这种虚张声势还是让我恨得要命。当然，我始终拿不准她到底有没有说实话，但因为她没有实在地“说”出来，而只是暗示，你就永远不可能直接质问她。因此每当发生这样的事，我都只能由她去，咬住嘴唇希望这一刻快点过去。

有时候根据谈话的走向，我能看得出这一刻就要来临了，于是我就强打精神挺住。即便当时，这种事总是会给我很大的冲击，接下来的几分钟内我都无法对周边发生的任何事集中精神。但那个冬日的早晨，在五号教室，这一击凭空而来，打得我毫无防备。哪怕我看到了铅笔盒，想到一个导师竟然送像这样的一件礼物，这件事绝对是远远过界、毫无道理、完全出乎我的意料。因此，当露丝说完她要说的话之后，我跟往常一样，一时不能平复我狂乱的思绪。

我只是瞪着她，一点也没想要掩饰我的愤怒。露丝或许感到了危险，立刻用旁人听得到的音量，作势悄悄对我说："不许说！"然后再次露出了微笑。可我做不到报之以微笑，而是继续怒视她。这时幸好导师进来，开始上课了。

我从来都不是那种连续好几个钟头没完没了想事情的小孩。如今我有点变成这样了，但那是因为我工作的缘故，还因为我要驱车穿过许多空旷的田野，静静行驶很长的时间。比如说，我跟劳拉就很不一样，她一方面搞笑滑稽，另一方面却会为了某人对她说的一点点小事就担心上好几天，甚至几个星期。但那天五号教室的事过后，我却有段时间都精神恍惚。谈话当中我会走神；有时候上完整整一节课我却不知道课上讲的什么。我认定这次绝不能放过露丝，但很长时间里，我并没有对此采取任何建设性举措，就只是在脑海中放映我的幻景：我要揭露她，逼她承认自己瞎编乱造，我甚至有一个模糊的幻想场景是杰拉尔丁小姐本人听说了这件事，当着所有人的面，狠狠地把露丝批评了一顿。

这样过了几天之后，我开始认真考虑实际行动了。如果铅笔盒不是杰拉尔丁小姐送的，那是从哪来的呢？她有可能是从另一个学生那儿得来的，但这很不可能。如果笔盒先是属于别人的，哪怕是比我们高好几年级的学生，一件像这样漂亮的玩意不可能没人注意。若是知道这笔盒已经在黑尔舍姆出现过，露丝绝不会冒险编出这样的故事。几乎能确定她就是在拍卖会上找到的。然而在这里，露丝同样要冒风险，在她买到手之前，其他人可能已经见过。但是如果——虽然这种情况不允许，却也偶尔发生——她提前听说了有这样一个铅笔盒要进来，在拍卖开放之前，提前跟某一个班长预订下来，那样她就可以有相当大的信心，其他人没有见到过这东西。

然而对于露丝来说不幸的是，拍卖会上所有买到的东西都有登记，同时购入者是谁也有记录。虽然说这些记录不太好找——每次拍卖会一结束，班长们就会将登记册交回艾米丽小姐的办公室——

但也绝对算不上绝密材料。只要下一次拍卖会上，我在某个班长身边晃荡一会儿，要想翻翻登记册应该毫无难度。

于是我有了一个大致的计划，我想，我又继续琢磨了几天完善细节什么的，这时我突然想到其实我根本没必要实施所有步骤。只要我想的没错，铅笔盒的确是出自于拍卖会，那么我只需要吓唬她一下就够了。

这就是我和露丝那次屋檐下谈话的来由。那天雾气蒙蒙，下着微雨。我们两人正从宿舍楼往大概是运动馆走，我记不清了。总之，当我们穿过院子的时候，雨突然下大了，因为我们不着急，所以就躲到主楼的屋檐下避雨，就在前门旁边一点的地方。

我们避了一会儿，时不时看到有学生从雾中跑出来，奔进主楼的大门，但雨并没有停歇。我们站在那边的时间越久，我就变得越紧张，因为我觉得，这就是我等待已久的机会。我敢肯定露丝也感觉到了有事要发生。最终，我决定径直讲出来。

“上礼拜二的拍卖会上，”我说，“我碰巧在翻册子。你知道的，就是那本登记的簿子。”

“你干吗要翻登记册？”露丝很快地问道，“你为什么要这样做呢？”

“哦，没什么缘故。克里斯托弗·C是班长之一，我只是碰巧跟他聊了起来。他是中学男生里面人最好的，毫无疑问。我只是随便翻翻登记册的页码，只是想找点事做。”

我能看得出，露丝的头脑在飞速运转，她清楚知道这话是什么意思。可她还是很镇静地说：“这种东西看起来很没意思的。”

“才不呢，其实很有趣的。你能看到别人买的每一样东西。”

我说这话的时候，眼睛望着外面的雨。随后我瞥了一眼露丝，结果大受震惊。我不知道自己希望看到什么反应；上个月来我虽然一直在幻想，但却从未认真考虑过像眼下正在发生的真实场景会是什么样子。如今我亲眼看到露丝有多难过；终于有一次她完全无话可说，差一点就要哭出来，只得转开脸。突然我觉得自己的所作所为完全不可理喻。我计划了这么多，努力了这么久，就只是为了让我亲爱的朋友难过。关于这个铅笔盒的来历她编了几句瞎话，那又能怎样？我们所有人难道不是都曾经常会梦想着某个导师为我们做点特别的事，或者因为我们开特例，放宽规定？我们谁不曾期待一个突然的拥抱，一封秘密的来信，一件礼物？露丝所做的无非就是将这些无伤大雅的白日梦向前推进了一步；她甚至都没有提过杰拉尔丁小姐的名字。

如今我感觉很糟糕，我也很困惑。可是，我们站在那里，望着雨雾的时候，我想不出什么办法可以弥补自己造成的伤害。我想我大概说了些很没劲的话，好比是“没事，我也没看到什么”，直到今日这傻话简直言犹在耳。又沉默了几秒钟，露丝走进雨中离开了。

第六章

我想，如果露丝明显跟我过不去，可能我对那天发生的事还会感觉好些。但这一次她似乎就认输了。似乎这件事让她很羞愧——大受打击——甚至发不起火，也无力反击我。那次屋檐下的谈话之后，我头几次见到她的时候，是做好准备她要冲我发脾气的，可是没有，她客客气气，甚至有点泄气。我突然想到她可能是怕我揭露她——当然，那只铅笔盒就此消失不见了——于是我想告诉她不必怕我会说出去。问题在于，因为所有这些事都没有公开地谈论过，所以我也没办法跟她提起。

同时我尽力抓住所有机会，向露丝暗示说，她在杰拉尔丁小姐心目中地位不凡。比如有一次，我们一帮人都很想在课间休息时间出去练习打棒球，因为有帮比我们高一年级的人向我们挑衅。问题是天在下雨，看起来导师们不大可能允许我们外出活动。可我留意到值班的导师之一是杰拉尔丁小姐，于是我说：

“如果露丝去问杰拉尔丁小姐，那我们还有点机会。”

就我记得，这个建议没有得到采纳；也许几乎没人听到，因为我们许多人同时都在讲话。但关键是，我说话的时候就站在露丝身后，我能够看得出她挺高兴。

还有一次，我们几个人跟杰拉尔丁小姐一起离开一间教室，我发现自己凑巧就在杰拉尔丁小姐身后出门，于是我就特地慢了几步，让身后的露丝跟在杰拉尔丁小姐身后出了门。我做得悄无声息，仿佛这样做很自然，很正确，符合杰拉尔丁小姐的愿望——如果我凑巧站到了两个好朋友中间，我就会这么做。那一次我记得有一个刹那露丝看起来有点迷惑，也很意外，随后朝我很快点了点头，然后就过去了。

像这样的小事可能会让露丝高兴，但还是远远无法弥补那个雾天里屋檐下我们俩发生的事，渐渐地我越来越强烈地感觉自己再也没办法处理好这事儿了。我尤其记得有一天晚上，我在运动馆外的一张长椅上坐着，一遍又一遍地想找个出路，同时心中充满了悔恨和挫败感，几乎要落下泪来。如果情况一直这样下去，我不确定会发生什么。也许一切最终会被忘记；再不然，也许我和露丝会逐渐疏远。可这时，突然有机会从天而降，让我得以挽回这件事。

我们当时是在罗杰先生的艺术课上，课上到一半不记得什么原因他出去了。于是我们就在画架之间游荡，聊聊天，欣赏下彼此的作品。这时有个叫米芝·A的女孩子走到我们这边，毫无恶意地问道：

“你的铅笔盒哪去了？多漂亮啊。”

露丝紧张起来，快速巡视四周，看看都有谁在场。当时就是我们平常那帮人，还有两三个外人在附近晃。我跟任何人都没提过拍卖会登记册的事，可我猜露丝大概不知道这点。她用比往常更柔和的声音回答米芝道：

“没在我这里。我放在收藏箱里了。”

“太漂亮了。你哪里得的？”

米芝问得心无芥蒂，现在看来这很明显。但露丝在五号教室第一次拿出那个铅笔盒时在场的我们此时也几乎全都在这里，在观望着。我看到露丝犹豫了。后来，当我在脑海中重演当时的情景时，才真正领会对我而言当时是一个多么完美的机会。而当时我根本想都没想。我只是趁米芝或是其他任何人有机会注意到露丝古怪地面露难色之前，站了出来。

“我们不能说笔盒是哪里来的。”

露丝、米芝、其余的人，他们都望着我，也许略微还有点意外。可我面不改色地继续说，只对着米芝一个人说。

“有很特别的原因，我们不能告诉你笔盒是哪里来的。”

米芝耸耸肩。“所以就是说保密咯。”

“是个大秘密，”我说完，对她微笑，以表明我不是故意对她使坏。

其他人都在点头认可我的说法，可是露丝本人的表情却很含混，仿佛她突然心思转到了完全不相关的事上。米芝又耸耸肩，就我记得事情就这样结束了。要么她走开了，要么她开始聊别的话题。

你瞧，我没办法跟露丝开诚布公地谈拍卖会登记册那件我对不住她的事，出于同样理由，当然她也没办法因为米芝那事我及时站出来向我致谢。但从她对我的态度，不但接下来的几天里，甚至几个礼拜都明显看得出，她很喜欢我。因为近期我也曾处在同样的境地，所以很容易根据各种迹象看出，她在到处找机会，想为我做点事，做点特别贴心的好事。这感觉很好，我记得甚至有一两次曾心想，要是她多年都找不到机会才好呢，这样我们之间美好的感情就可以一直延续下去。然而米芝那件事过了大约一个月之后，她的机会终于来了，那次，我丢失了最喜欢的一盘磁带。

直到最近我还有一盘这个磁带，微雨的天气里，当我开着车行驶在开阔的乡间时，偶尔还是会听听。但如今我车里放卡带的设备太不好用，我都不敢用它播放那盘磁带了。而当我回到睡觉的地方时，却仿佛总也没有时间去放音乐。即便如此，这依然是我最珍贵的财产之一。也许到今年年底，我不做护理员了之后，就可以更经常听听这盒磁带了。

这张专辑叫做《夜曲》，是朱迪·布里奇沃特唱的。我如今手上的这盘磁带并不是当年那盘，我在黑尔舍姆时候的那盘被我弄丢了。这盘是几年之后我和汤米在诺福克找到的——但那是另一个故事了，我稍后再讲。我想讲的是第一盘磁带，就是消失不见的那个。

在继续讲下去之前，我应该先解释一下我们当初对诺福克的那些想象。我们一直维持着这种想象，过了好多年——到最后，我觉得这都成了我们之间的一个笑话——一切的开始只是我们很小的时候上过的某一节课。

关于英国各郡的地理是艾米丽小姐亲自教授。她会将一张很大的地图钉在黑板上，在旁边支起画架。如果她今天讲的是牛津郡，她就在画架上摆一张当地风光的挂历图片。她有很多这种风景画挂历图，大多数郡县我们都是这样认识的。她会用教鞭指到地图上的某个点，然后转向画架，再展开下一幅画面。上面有溪流经过的小村庄，山坡上的白色纪念碑，田野边的老教堂；如果她讲的是一个海边的地方，那画面就是挤满人的海滩，或是海鸥飞起的峭壁。我想她是希望我们了解外面的环境是怎样的，神奇的是，即便是今天，我作为护理员行遍全国各地，脑海中对各个郡县的印象还是来自艾米丽小姐画板上看到的图片。比如当我开车路过德比郡，就会发现自己在刻意寻找某片村中绿野，那里有间仿都铎式的小酒馆，还有座战争纪念碑——这时我才意识到那就是我第一次听说德比郡时，艾米丽小姐展示给我们的图片。

总之关键问题是艾米丽小姐的挂历收藏有个缺口：所有的图册中竟没有一张诺福克的照片。这些课我们重复上了几次，我始终在想，不知道这次她有没有找到诺福克的画面，可是每次都一样。她总是将教鞭挥到地图上的某个地点，仿佛过后才想起来找补一句似的说："这里就是诺福克，很不错的地方。"

于是有那么一次，我记得她停下来陷入了沉思，也许是因为她没有计划好，没了图片下一步应该怎么办。最后，她如梦方醒，又一次敲打着地图。

“你们看，因为此地向东延伸，位于深入大海的一个拱角，所以去哪里都不会路过这边。不论走南闯北，”——她将教鞭上下挥动——“人们都会绕开这里。因此，这是英格兰一个安静的角落，非常不错。但同时这也是失落的一角。”

失落的一角。她是这样说的，故事就是这样开始的。因为在黑尔舍姆，在四楼我们有个自己的“失物角”，所有丢失的物品都会存放在这里；如果你丢了什么，或者捡到什么，都会到这里来。有人——我不记得到底是谁——在课后宣称，艾米丽小姐说诺福克是英格兰“失落的一角”，意思是全国的遗失物品都会送到这里。不知为何这说法流传开来，很快就在我们整个年级被当成了广泛接受的事实。

不久之前，我和汤米曾回忆起这一切，他认为我们从来没有认真相信过这种说法，这从一开头就只是个笑话。可我很确定他说的不对。当然，等到我们十二三岁的时候，关于诺福克的这种说法就成了个大笑话。但我记得——露丝跟我记忆是一样的——开始的时候，我们都相信诺福克真的就是这样，就像卡车会定期开到黑尔舍姆，给我们送来食物和拍卖的物品，也有一个类似的工作机制，只不过要大得多，将所有人们落在田野里、丢在火车上的东西都送到这个叫诺福克的地方。我们从来没有见过这地方的画面，倒是徒增其神秘感。

这可能听起来挺傻，但你得记住对我们而言，在人生的这个阶段，黑尔舍姆之外的任何地方都像是幻境一般；对于外面的世界什么样，什么可能什么不可能，我们都只有极为模糊的认识。再说我们从来也没有费心去分析这个诺福克理论的细节问题。正如当初我们在多佛那个铺满瓷砖的房间里，有天傍晚望着外面的夕阳时，露丝说的那样，对我们而言重要的是“当我们弄丢了一样宝贝东西，到处找啊找，可还是找不到，那也用不着太过伤心。我们还有最后一点安慰，想着有一天等我们长大以后，就可以在全国自由旅行，总可以去诺福克把它找回来”。

我确信露丝说的对。诺福克的存在对我们来说是一种安慰，安慰的程度之高，可能远远超过我们当时愿意承认的水平。所以等到我们长得蛮大以后，依然还在谈起诺福克——哪怕只是当作笑话来说。这也是为什么，许多许多年过去以后，那天我和汤米在诺福克的海边小镇上又找到了一盘我丢失的那盒磁带时，我们感觉不只是好笑而已；我们都感到心底深处依然有所触动，那是古早时候的愿望在觉醒，想要再次相信那些曾经贴近我们内心的东西。

可我想说的是那盒磁带，朱迪·布里奇沃特的《夜曲》。我猜最早应该是出的黑胶唱片——录制时间是一九五六年——可我拿到的是卡带，封面图片想必是初版唱片封套的缩小版。朱迪·布里奇沃特身穿一件紫色缎子礼服，是当时流行的露肩款，你可以看到她腰部以上的画面，因为她坐在一个吧台高凳上。我觉得设计的场景应该是南美，因为她身后有棕榈树，还有皮肤黝黑的服务生，穿着白色燕尾服。你看朱迪的角度，恰恰跟酒保为她倒酒时望着她的角度完全一样。她带着一种友好、不会太过性感的神情回望身后，仿佛只是些微有意调笑，三分含情，而你是她很早就认识的老朋友。关于这幅封面图还有一点就是朱迪两个手肘撑在吧台上，手上有根点燃的香烟。就是因为这根香烟，所以让我对磁带小心翼翼，从拍卖会上找到它的那一刻开始，就特别留意保密。

我不知道你们那里是怎么样的，但在黑尔舍姆，导师们对于吸烟非常严厉。我敢肯定，如果能保证我们根本不知道吸烟这种事的存在，他们肯定更高兴；但是既然这不可能，他们就确保每次提及香烟的时候，都要教育我们一遍。哪怕是我们看到一幅著名作家或者世界领袖的人像时，只要此人碰巧手上有根香烟，那整节课就不得不停下来。甚至有流言说有些经典作品——比如福尔摩斯探案——我们的图书馆里都找不到，就是因为其中的主要角色吸烟太多，有时你会碰到某本书或者杂志的插图有缺页，是被撕掉的，那也是因为原来的画面上有人抽烟。还有我们实际上过的那些课程，展示给我们吸烟对人体内部造成的可怕后果。因此那次玛琪·K 问露西小姐问题的时候，我们才会那么震惊。

当时我们刚刚结束了一场小型棒球赛，大家坐在草地上，露西小姐刚刚又给我们讲了一遍关于吸烟的教训，这时玛琪突然问露西小姐她本人有没有抽过烟。露西小姐沉默了几秒钟，然后才说：

“我希望自己可以说没有。但坦白讲，我是抽过一段时间的。大约两年，我年纪比较轻的时候。”

你可以想象得出，这让我们多震惊。在露西小姐答话之前，我们都瞪着玛琪，发自内心地感到愤慨，她竟然会问出这样无礼的问题——在我们看来，她这样的发问，不啻于问露西小姐有没有用斧头攻击过他人。我记得在此后的几天里，我们把玛琪折磨得生不如死；事实上，我之前提过的那件事，那天晚上我们将玛琪的脸贴在宿舍窗户上，逼她看树林，那都是之后发生的事。但在当时，露西小姐一说出她曾做过的事，我们所有人都感到很困惑，根本想不到玛琪了。我猜我们大家就只是怀着无限的惊恐盯着露西小姐，等着看她还会说什么。

等她终于再开口的时候，露西小姐似乎每个字都仔细斟酌过。“我抽过烟，这不是件好事。这对我不好，所以我戒掉了。但你们必须得明白，对于你们每个人来说，吸烟的害处要远远大于对我的害处。”

然后她就停住，再也不说什么了。后来有人说她是白日做梦，神游天外了，但我很确信，露丝也认为，她是在努力想接下来怎么说。最终她说：

“已经有人教过你们这些。你们是学生。你们……很特别。所以你们得保持健康，确保内脏都完全健康，对于你们每个人，这都比对我要更为重要。”

她再次停下，用一种奇怪的眼光看着我们。后来我们讨论此事的时候，我们中有人很确定地说，她当时非常希望有人能问："为什么？为什么对我们来说更糟糕？"可是没有人开口。我常常想起那天，经过了后来的许多事，再回头看时，现在我想清楚了，当时但凡我们开口问，露西小姐一定会知无不言言无不尽。当时所需要的只是再有一个关于吸烟的问题。

那么为什么当天我们都保持了沉默？我猜是因为即便是在当时的年纪——我们九岁，或者十岁——我们已经知道得够多，对这个领域的一切非常敏感。现在很难记清楚我们当时到底知道多少。我们显然知道——尽管并非从深层意义上了解——我们跟导师们是不一样的，跟外面那些正常人也不一样；甚至我们可能知道在遥远的未来，有捐献在等待着我们。可我们并不真正理解这意味着什么。如果我们有意避开某些话题，更有可能是因为我们觉得不好意思。我们特别讨厌的是，一向掌控自如的导师们，每当靠近这个领域时，总会变得非常笨拙，词不达意。我们看到他们这种变化会感到不安。我想这就是为什么我们没有继续追问的缘故，也是为什么我们会那样严厉地惩戒玛琪·K，因为她在那天棒球比赛之后，挑起了这个话题。

总之，这就是为什么我对那盒磁带如此小心保密。我甚至把封面里朝外反过来，这样只有打开外面的塑料盒子才能看到朱迪和那根香烟。但这盒磁带对我来说意义重大，其缘故却跟香烟毫无关系，甚至跟朱迪·布里奇沃特唱歌的方法没有关系——她是属于她那个时代的歌手，鸡尾酒会什么的，跟我们黑尔舍姆的人喜欢的东西格格不入。我之所以觉得这盒磁带有特殊意义，只是因为其中一首歌：专辑第三首歌，《莫失莫忘》。

这歌很慢，充满深夜的韵味，很美国，有一小段反复出现，朱迪唱道："莫失莫忘……哦，宝贝，宝贝……莫失莫忘……"我当时十一岁，没有听过多少音乐，但这一首歌真的打动了我。我总是尽量让磁带转到这首歌，一旦有机会我就可以播放。

别忘了我没有太多机会，过了若干年随身听才开始出现在我们的拍卖会上，台球室里有一台大机器，但我很少在那里播放这盘磁带，因为里面总是人很多。艺术教室里也有一台放音机，但里面同样也总是很吵闹。我唯一可以听音乐的地方很可能就只有在宿舍里。

这时候我们已经搬到了另外的房子里，有六张床的小房间，在我们的房间里，暖气片上面的架子上摆着一台手提式卡带播放机。所以白天一般没有人在的时候，我就会去那里，一遍又一遍地播放我这首歌。

这首歌到底有什么特别之处？其实是这样的，我当时没有好好听明白歌词；我只是等着听那一小段："宝贝，宝贝，莫失莫忘……"在我的想象中，这是一个女人，别人告诉她她不能生孩子，可她一生都真的非常非常想要孩子。后来发生了某种奇迹，她有了一个小宝宝，于是她把宝宝紧紧抱在身边，一边漫步一边唱道："宝贝，莫失莫忘……"一方面是因为她非常喜悦，但另一方面，她又很害怕会发生什么事，宝宝会生病，或者被人带走。即便在当时我也明白这不合理，这种解读跟其余部分的歌词对不上。但我觉得这都不是问题。这歌唱的就是我说的故事，我一个人的时候只要有机会，就会一遍又一遍地听。

大约就是这段时间里，发生了一件奇怪的事，我这就来讲给你听。这事真的令我很不安，虽然直到多年之后我才明白它真正的意义，可即便是在当时，我也能感到事情背后另有深意。

那是一个阳光很好的午后，我回寝室去拿东西。我记得光线非常充足，因为我们房间的窗帘没有拉整齐，可以看到大束的阳光倾泻进来，尘土在空气中飘飞。我本不想放音乐，但因为只有我一个人在，一时冲动之下，我就从收藏品箱子里取出了磁带，放进了播放机。

我不知道最后一个使用放音机的是谁，但可能就是他把音量调高了。播放的声音比我通常用的要响很多，也许这正是我没有及时听到她声音的缘故。再不然也许我当时只是太沉迷。总之，我当时正随着歌声轻摇慢摆，怀中还抱着一个想象中的婴儿。事实更令人尴尬，我当时抱着一个枕头，来代替小宝宝，那也不是我第一次这样做，当时我舞步缓慢，闭着眼睛，每当这几句歌词出现的时候，都会跟着轻声唱：

“哦，宝贝，宝贝，莫失莫忘……”

歌曲快完结的时候，我不知怎的突然发现当时并非只有我一个人，我睁开眼睛，发现夫人就在面前，她的身影正好框在门洞里。

我惊得呆在原地。接下来的一两秒钟，我开始感到一种新的惊恐，因为我看得出，情况有古怪。房门几乎是半开着——我们有这样的规则，除非睡觉，否则宿舍房门不可以关闭——可是夫人并没有走到门口。她在外面走廊上，非常安静地站在那里，头侧到一边，为了看到我在里面的动作。奇怪的是她在哭泣。甚至有可能是她抽泣的声音盖过了歌声，才将我从白日梦中惊醒。

现在当我回想起来，虽然说她不是我们的导师，却也是个成年人，她应该做点什么、说点什么，哪怕是批评我几句呢。那样我就会知道该怎么做了。可她只是呆立在原地，哭个不停，穿过门洞望着我，眼睛里的表情跟平常看我们的时候一样，好像看到什么让她害怕的东西似的。只不过这一次有所不同，她眼神里还有别的东西，我看不懂。

我不知道该怎么做，该说什么，或者接下来会发生什么事。也许她会进到房间里，对我大喊大叫，甚至打我。我毫无概念。可她只是转过身，接下来我只听到她离开宿舍楼的脚步声。我这才发现磁带已经转到了下一首歌，于是我去关掉了播放机，在离我最近的床边坐了下来。这时，透过我眼前的窗户，我看到她的身影匆匆朝主楼走去。她并没有回头，但从她弓着背的样子我能看得出，她还在哭。

几分钟之后我回到朋友们身边，对于刚刚发生的事一个字也没说。有人留意到我不对劲，说了句什么，可我只是耸耸肩，没说什么。我并非感到羞耻：但这次的感受跟之前有所相似，就是夫人从汽车里出来，遭到我们集体伏击的那一次。我最希望的无非是这整件事都没有发生过，我觉得，不再提起这件事，就等于是帮了我自己和其他人一个忙。

可是几年之后，我却跟汤米讲过这件事。那次在池塘边，他第一次跟我吐露心事，讲到露西小姐的那次谈话之后的一段时间里，那段时间——现在在我看来——是我们开始思考，提出各种关于自身的问题的时候。我们在这样的状态中度过了几年。当我告诉了汤米在宿舍里跟夫人遭遇的那件事之后，他提出了一个非常简单的解释。当然，到那时我们都知道了一些当时不知道的事，即我们这些人都不可能生小孩。有可能在我年纪还小的时候，虽然没有完全明白，却不知怎么有了这个印象，所以听这首歌的时候才会对歌词有这样的认识。但当时我完全不可能懂得这些。正如我说的，等到我跟汤米讨论此事的时候，我们都已经了解得相当清楚了。其实我们没有一个人对此特别耿耿于怀，事实上，我还记得有人很高兴，因为我们在性生活中完全不需要担心这些事——虽然在那个阶段，真正意义上的性爱对于我们大多数人还是遥不可及。总之，当我把发生的事告诉汤米之后，他说：

“夫人很可能不是坏人，虽然她神经兮兮的。所以当她看到你那样跳舞的时候，抱着小宝宝的样子，她觉得很难过，因为你不能生小孩。所以她就哭了。”

“可是，汤米，”我指出来，“她怎么会知道这首歌跟生小孩有关系的？她怎么可能知道我抱着的枕头是代表小宝宝？这只是我脑子里的念头啊。”

汤米想了又想，然后半开玩笑地说："也许夫人会读心术。她很古怪的。也许她能一眼看透你的内心。我觉得那也不奇怪。"

这让我们俩都觉得有点怕，虽然一笑置之，却再也没有多说。

跟夫人遭遇的事过了两个月之后，磁带不见了。当时我完全没有将这两件事联系起来，现在也没有任何理由关联这两件事。一天晚上我在宿舍，就在熄灯之前，我在翻自己收藏品的箱子，来消磨等其他人从浴室出来的那段时间。奇怪的是，当我刚刚意识到磁带没在里面的时候，我主要的念头是一定不能让自己内心的惊恐暴露出来。我还记得自己一边继续找，一边故作镇静地哼着歌，装得心不在焉。我想了又想，直到今天依然无法解释这件事：房间里都是我最亲密的好朋友，可我还是不想让她们知道，磁带不见了让我多难过。

我猜有可能是因为这是个秘密，这盘磁带对我来说意义重大。也许黑尔舍姆的每一个人都有这样的小秘密——一些凭空想象出来的小空间，容我们带着自己的恐惧和渴望，一个人躲藏其中。但当时，我们有这种需求本身，我们就认为是不对的——好像我们辜负了自己的朋友。

总之，一旦我确定磁带是不见了，就挨个问宿舍里的每一个人，很随便地问她们有没有看到过。我当时还没有完全慌神，因为还有可能我把它落在台球室了；不然的话，我还希望是有人借走，早上就会还回来。

可是第二天磁带也没有出现，我至今也不知道它的下落。我猜，事实上，黑尔舍姆的盗窃案比我们——或者导师——愿意承认的要多得多。但我现在之所以要说这些，是为了解释露丝和她的反应。你要记得，我丢失磁带是在米芝在艺术课上问起露丝铅笔盒、我挺身相救那件事过了一个月之后。正如我前面说过的，打那之后露丝就一直想方设法要还我的情分，我的磁带消失不见，对她而言简直是机不可失。你甚至可以这么说，直到我的磁带消失不见，我们两人的关系才恢复正常——也许自从那个下雨的早上，在主楼的屋檐下，我向她提及拍卖会登记表以来，这才是第一次我们正常交流。

我第一次留意到磁带不见了的那个晚上，我确保每个人都问到了，当然也包括露丝。回顾往事，我才看出她当时就已经意识到，丢失这盘磁带对我意味着什么，还有低调处理对我而言同样重要。因此那天晚上，她漫不经心地耸肩作答，然后就继续忙自己的事了。但是第二天早上，当我从浴室回来的时候，我听到她——用很随便地口吻，仿佛这不是什么大事——在问汉娜，是不是确定没有见过我的磁带。

然后过了大约两周，我早已接受了现实，知道自己真的弄丢了磁带，她午餐之后休息时间来找我。那是春天里最舒服的好天气刚开始出现的一天，我正坐在草坪上，跟两个年龄较大的女孩子聊天。当露丝走过来问我是否愿意去散个步的时候，很明显她有特别的事要讲。于是我离开了那两个大点的女生，跟着她到了北操场，然后又上了北山，直到我们站在了木栅栏边，俯瞰着下面点缀着三五成群学生的绿地。山顶上风很大，我记得自己很吃惊，因为在下面草地上我没有留意到有风。我们站在那里，看了一会儿下面的操场，随后她拿出一个小包给我。我接过来，能看得出里面是盘磁带，我的心都跳起来了。可是露丝立刻说：

"凯西，不是你那盘。你丢的那盘。我想给你找回来，但真的不见了。"

"是啊，"我说，"去了诺福克。"

我们都笑了。随后我怀着失望的心情把磁带从包里取了出来。我拿不准自己在查看磁带的时候，那失望之情是否还挂在脸上。

我手上是一盘叫做《经典舞曲二十首》的磁带。后来当我播放的时候，发现那是用于舞厅的器乐演奏。当然，她递给我的那个刹那，我并不知道上面是哪种音乐，但我知道绝对无法跟朱迪·布里奇沃特相提并论。可是这时，几乎马上，我就看出来露丝不明白——露丝对音乐一无所知，在她看来这盘磁带很可能足以取代我丢掉的那盘。突然我感到失望之情消退了，取代其位的是一种发自内心的幸福。在黑尔舍姆，我们不作兴搂搂抱抱。可我用双手握住她的手，向她道谢。她说："我上次拍卖会上找到的。我觉得这种东西你会喜欢。"我说没错，我喜欢的就是这种。

这盘磁带仍然在我身边。我不太播放，因为其中的乐曲无关紧要。这是个物件，好比一个胸针或是戒指，尤其是如今露丝已经不在了，这成了我最宝贵的东西之一。

第七章

现在我想往前赶赶，讲讲我们在黑尔舍姆最后一年的事。我说的是我们从十三岁到十六岁离开的这个阶段。在我的记忆中，我在黑尔舍姆的生活分成很明确的两块：后面这个阶段，以及此前所有的一切。早先的那些年——就是我已经跟你讲过的那些——常常会混在一起，共同构成某种黄金时代，当我想到那些年的时候，即便是那些不太美好的记忆，我也不禁感到其光彩和暖意。但最后那几年就不同了。准确说并非是不快——其中我也收获了许多弥足珍贵的记忆——但这段时间更严肃，某些方面而言，也更黑暗。也许是我在头脑中夸大了事实，但我有个印象，在这个阶段事情变化很快，就像白日沉入黑夜。

那次跟汤米在池塘边的谈话：现在我回想起来会将此作为两个阶段的分界点。倒不是说在那之后立刻就开始发生一些重要的事情，但至少对于我来说，那次谈话是个转折点。绝对是从那次开始，我看待一切的方式都不同了。从前那些我认为尴尬要躲开的问题，现在我越来越倾向于提问，哪怕不是问出声，至少自己问自己。

特别是那次的谈话使我换了种眼光来看待露西小姐。只要有机会我就认真观察她，并不是出于好奇，而是我现在将她作为重要线索的最大来源。正因为如此，在接下来的一两年里，我开始留意到她说过或者做过的一些古怪小事，而我的朋友们却都没有注意到。

比如有一次，也许是在池塘边谈话过了几周之后，露西小姐带我们上英语课，我们在学习诗歌，但不知怎么话题走偏了，谈到了二战期间战俘营里的士兵。一个男生问战俘营周围的防护栏是不是通电的，有人接着说生活在这样的地方多奇怪啊，你什么时候要是想自杀，只需碰一下防护栏即可。也许他本来是想认真讨论问题的，可是我们其他人都觉得这很滑稽。大家同时爆发出大笑，开始讲话，这时劳拉——她总是这样——从座位上站了起来，动作夸张地表演了一段伸出手去触电身亡的场景。刹那间大家喧闹无比，所有人都在大喊大叫，模仿着摸电网的样子。

期间我一直在观察露西小姐，我能看出有一秒钟她在望着面前的一班人时，脸上浮现出幽灵般的表情。随后——我继续认真观察——她整理心情，微笑道："幸亏黑尔舍姆的护栏没有通电。有时候会发生很可怕的意外事故。"

她讲得很平静，因为大家还在大喊大叫，她的话音几乎是淹没在其中。可我清清楚楚听到了她的话。"有时候会发生很可怕的意外事故。"什么事故？在哪里？可是没有人接她的话，我们又回头去讨论诗歌了。

类似的小事还有其他，不久我就开始感到露西小姐跟其他导师的种种不同。有可能早在那个时候起，对于她的担忧和难过的根本缘故，我就有所了解了。但也许还不至于，很可能在那个时候，我留意到了这一切，却还不知道应该怎么理解。如果说现在看来这些小事都很重要，连缀起来看有共通的意义，那也许是因为我如今看待往事，已经有了后来经验的启示——尤其是那天我们在运动馆躲避那场瓢泼大雨的时候发生的事。

那时我们十五岁，已经是在黑尔舍姆的最后一年。我们在运动馆为一场小型棒球比赛做准备。这个阶段男生们很"享受"棒球赛，因为可以跟我们调情，所以那天下午我们总共有三十多人在场。我们换衣服的时候大雨开始下起来，我们慢慢都聚在门廊上——在运动馆的屋顶遮蔽之下——等着雨停。可是雨一直下，大家都齐聚在这里的时候，门廊上显得有些拥挤，人人都有点不耐烦地走来走去。我记得劳拉当时向我展示了一种特别恶心的擤鼻涕办法，用于真心想推掉哪个男生的时候。

露西小姐是唯一在场的导师。她在前面，靠在栏杆上，仿佛想要穿透雨幕看到操场尽头一样，朝外望去。那些日子我都是尽量认真地观察她，虽然说我在跟劳拉哈哈大笑，却时不时偷偷瞄一眼露西小姐的背影。我记得自己心想，她这姿势是否有些古怪，脑袋垂得太低，看起来就像一只蹲伏的野兽，等待着发起攻击。而且她那样伏身趴在栏杆上，头顶上的排水管滴下来的水差一点就淋到她了——可她仿佛全不在意。我记得曾在心里说服自己这没什么不正常——她只是着急希望雨快点停——然后又将注意力重新转回去听劳拉讲话。后来，几分钟之后，当我已经将露西小姐抛在脑后，为了不知道什么笑得前仰后合时，突然发现周遭变得安静下来，露西小姐开始讲话了。

她还站在同样的地方，但现在转过身来朝向我们，所以她是后背对着栏杆，身后是下着雨的天空。

“不，不对，很对不起，我必须得打断你们，”她说道，我看到她是在对正前方一张长椅上坐着的两个男生讲话。她的语音倒也没什么奇怪，但她讲得很响亮，就像有事情要对我们大家宣布的那种音量，正因为如此我们才安静了下来。“不行，彼得，我不得不打断你的话。我不能继续保持沉默，听着你讲下去。”

随后她抬起目光，望向我们大家，然后深吸了一口气。“好吧，大家都可以听，我是说给你们所有人的。是时候有人把真相说出来了。”

我们等待着，她仍然望着我们。后来有人说他们以为露西小姐要狠批我们一顿；还有人以为她要宣布一套新的小型棒球规则。但是还没等她再说一个字，我就知道是其他更重要的事。

“小伙子们，请务必原谅我偷听。但是你们就在我后面，所以我没办法听不到。彼得，你何不跟大家讲讲，你刚才跟戈登说的话呢？”

彼得·J看起来很困惑，我看得出他脸上渐渐浮现出无辜受伤的表情。但这时露西小姐又说了一遍，这次温柔了许多：

“彼得，你说呀。请你跟大家讲讲你刚才所说的话。”

彼得耸耸肩。“我们刚刚在说，如果我们当上演员会是什么感受。那种生活是怎么回事。”

“对，”露西小姐说，“你还跟戈登讲，说得去美国，才最有机会。”

彼得·J又耸了耸肩，低声嘟囔道：“是的，露西小姐。”

可是现在露西小姐将目光转向了我们大家。“我知道你没有坏心。但是这种空话说得太多了。我常常听到，没有人阻止，这样是不对的。”我看到更多的雨水从排水管滴下来，落在她肩上，但她根本没有留意。“如果其他人不跟你们讲，”她继续说道，“那我来讲。老师告诉过你们，但你们没有人真正理解，我敢说，有些人还很愿意听之任之。但我不。如果你们想要过上体面正当的生活，那就得知道，什么都得知道。你们谁也去不了美国，谁也成不了电影明星。那天我还听到你们有人打算去超市工作，你们谁也去不了。你们的生活都已经安排好了。你们会长大成人，然后不等你们衰老，甚至不到中年，就将开始捐献身体的各个器官。你们每一个人被创造出来就是为了这个目的。你们跟录像里看到的那些演员都不一样，甚至跟我都不一样。你们是为了特定目的才被带到这个世界上来的，你们的将来，所有的一切，都已经安排好了。因此你们不要再这样说了。你们不久就将离开黑尔舍姆，过不了多久，这天就会到来，你们要准备第一次捐献了。你们需要记住这一点。如果你们想过上正派体面的生活，就得知道自己是谁，未来会怎样，你们每个人都是。”

然后她就不再说话了，但在我的印象里，她脑子里大概还是继续在自言自语，因为有很长一段时间里，她的目光从我们身上飘过，一张一张脸望过去，仿佛她还在继续跟我们讲话。当她终于转身重新朝着操场方向望去的时候，我们都感到如释重负。

“现在雨没那么大了，”她说，其实雨还是跟先前一样匀匀下落，没有变小。“我们出去吧。可能太阳也就出来了。”

我想，她所说的就只有这些了。几年之前在多佛的康复中心，我跟露丝讨论起来的时候，她坚持说露西小姐跟我们讲得比这多很多；她解释说在捐献之前，我们首先会有一段时间担任护理员，还讲了捐献的一般流程；康复中心等等——可我很确信她没有说这么多。好吧，也许她开始讲话的时候，的确曾打算讲到这些。但我猜她一旦开始之后，看到面前那些困惑不解、浑身不自在的面容时，她就认识到，根本不可能做完自己挑起的这件事。

很难讲清楚露西小姐在运动馆的这次情绪爆发到底造成了什么深远影响。话传得很快，但流言大多围绕着露西小姐本人，而不是她试图告诉我们的那些事。有的学生觉得她一时失去了理智；其他人则认为是艾米丽小姐和其他的导师请她告诉我们那些事的；甚至有人当时在现场，却认为露西小姐只是嫌我们在门廊上太喧闹，批评了我们一顿而已。但正如我所说的，极少有人讨论她说的内容。如果有人提起这话题，那么人们也多半会说：“那又怎样呢？我们早就已经知道了呀。”

但这恰恰正是露西小姐讲的核心意义。就像她说的，我们“又知道，又不知道”。几年之前，我和汤米再次回顾这一切的时候，我跟他讲到露西小姐这种“又知道，又不知道”的说法时，他提出了一套理论。

汤米认为有可能在我们居住在黑尔舍姆的许多年里，导师们小心翼翼地设计好何时该告诉我们什么；这样的话，我们总是还小，最新得到的信息不能完全理解。但当然某种程度上我们会接受进来，这样一来不久之后一切就都装进我们脑子里了，尽管我们都没有仔细检视过这些信息。

对我而言，这太像是一种阴谋论——我觉得我们那些导师没有这么阴险狡猾——但是很可能其中有些道理。当然，好像我一直都模糊知道捐献这回事，甚至早在六七岁的时候。等到我们长大了一点，导师们跟我们讲起这些事的时候，说到什么都不会让我们大出意料之外，这点很奇怪。就好像我们早在什么时候已经听过这些事了。

这会儿我突然想到一件事，那是导师们刚刚开始给我们正式讲性教育的话题时，他们总是把这些事跟捐献混在一起来说。在那个年纪——再说一遍，我现在说的是大约十三岁的时候——对于性我们大家都很担忧，同时也很兴奋，自然也就会将其他的信息推到背景中，不大上心。换句话说，有可能导师们往我们脑子里夹带私货，讲了关于我们未来的一些基本事实。

然而说句公道话，可能将这两个话题放到一起来讲是很自然的事。比如说，他们教我们在性行为中要非常小心避免染病，这对于我们比外面的普通人而言，要重要得多，如果不提及这点，就会很古怪。当然，说到此处，自然就会讲到捐献的事。

此外还有所有那些关于不能生小孩的说辞。艾米丽小姐曾经亲自给我们上过许多性方面的课，我记得有一次她从生物教室搬了一套真人规格的骨架来演示性行为过程。我们目瞪口呆惊诧无比地望着她将骨架扭成许多姿态，毫不尴尬地用教鞭指指点点。她一板一眼地将整个过程讲出来，什么器官进到什么地方，有怎样的变化，就像讲地理课一样。这时，当骨架依然以猥亵姿态趴倒在课桌上的时候，她突然转换话题，开始给我们讲要非常小心，跟谁性交。倒不仅仅是因为各种疾病的关系，而是因为，她说："性会以各种你无法预料的方式影响人的情绪。"在外面的世界里，我们对于性行为必须得非常小心，尤其当对象不是其他学生的时候，因为在外面的世界，性包涵各种各样的意义。在外面人们甚至会因为谁跟谁性交而打架，甚至杀人。之所以有这么多的意义——比跳舞、打乒乓要多得多的意义——那是因为外面的人跟我们这些学生不同：他们性交会生出孩子来。所以说谁跟谁性交，这个问题对他们非常重要。尽管说我们都知道，我们中所有人都完全没有可能生小孩，但是在外面我们也得像他们那样行事。我们得尊重他们的规则，将性看做是一件很特别的事。

艾米丽小姐那天讲的课很典型，就是我前面说的那种情况。我们都把焦点集中在性爱上，突然就会有其他的内容混进来。我想这都属于那些“又知道，又不知道”的内容之一。

我认为到头来我们想必还是吸收进了许多的信息，因为我记得就在大约那个年纪，我们对于涉及捐献的一切，态度都有了很大的转变。就像我前面所说的，在那之前，我们曾千方百计绕开这个话题；一旦有迹象表明要进入这个领域，我们就立刻后退，那些不当心的傻瓜——比如玛琪那次——还会遭到严厉的惩罚。但就像我说的，自从我们十三岁的时候，情况开始发生改变。我们仍然不去讨论捐献以及相关的一切；我们仍然觉得这方面的一切都令人尴尬。但我们开始拿这事开玩笑了，就像我们也会拿性来开玩笑一样。现在回顾往事，我得承认，那条不能公开讨论捐献的规则依然存在，跟从前一样严格。但是现在，时不时用玩笑的方式，暗示我们的未来，这不仅仅没关系，几乎成了一种需要。

一个典型例子是那次汤米划伤了胳膊肘之后发生的事。那大概恰好是在我跟他在池塘边散步的事之前；我猜那时汤米还在努力挣脱被人捉弄取笑的阶段。

他的伤不严重，但还是被送到乌鸦脸那边去处置，然后给他胳膊肘上贴了一块方形橡皮膏，差不多立刻就放他回来了。谁也没多想这事，直到过了两天之后，汤米取下橡皮膏，暴露出的伤口还处于将愈未愈的状态。你看得出皮肤刚刚要开始愈合，下面柔软的红色组织略微有点外露。我们当时在吃午饭，因此大家都围了过来，发出惊叹，或表示恶心。这时比我们高一级的克里斯托弗·H板着脸说："很遗憾伤在胳膊肘这里。本来伤在别的随便什么地方都没关系。"

汤米看起来很担忧——那时候，克里斯托弗是他敬仰的人物呢——赶紧问他是什么意思。克里斯托弗一边继续吃饭，一边若无其事地说：

"你不知道么？如果像这样正好伤在胳膊肘，就会脱线。你只要弯胳膊肘的动作快点就会。不是只有这一点点，而是整个肘部，都会像包裹一样完全打开。我还以为你知道呢。"

我听到汤米抱怨，说乌鸦脸怎么没有警告过他这些事，但克里斯托弗耸耸肩说："她以为你早就知道了呢，当然了。大家都知道。"

近旁的几个人喏喏表示赞同。"你得把手臂保持绝对伸直，"另外一个人说，"弯一弯其实就有危险。"

第二天我看到汤米将胳膊笔直地伸着走来走去，面带愁容。大家都在笑他，这让我很生气，但我得承认，这确实有可笑的一面。后来下午快结束的时候，我们正要离开艺术教室，他在走廊里拦住我说："凯丝，能跟你说句话吗？"

这时，距离在操场我走上去提醒他POLO衫要弄脏的那次大概刚刚过了两星期，所以大家都觉得我们俩交情不一般。尽管如此，他这样走上前来要跟我单独谈话，却还是有点尴尬，让我刹那有点不知所措。也许这算是我没有更帮他忙的部分解释吧。

"倒不是我瞎担心什么的，"他一把我拉到旁边就开口说道，"可我想安全第一，仅此而已。对于健康我们绝对不能心存侥幸。我需要帮忙，凯丝。"他解释说，他担心自己睡着时乱动。夜间随便就会弯手臂。"我总是做这种梦，在梦里跟很多罗马士兵作战。"

我稍微问了他几句，很显然各种各样的人——那天午餐时不在场的人——都曾到他面前，重复了克里斯托弗·H的警告。事实上，其中几个人还把笑话向前推进了：有人告诉汤米，曾有个学生，跟他一样手肘受伤，睡了一觉醒来时发现自己的整个上臂和手部骨骼都暴露在外，皮肤翻出来就在旁边，“就像《窈窕淑女》里面那些长手套一样”。

现在汤米要求我帮他在胳膊上绑个夹板，好让他夜间手臂保持伸直。

“其他人我都信不过，”他说着，举起了一根想用做夹板的宽尺子，“他们可能会故意搞坏，夜里让它掉下来。”

他望着我，满脸的无辜，我一时不知该说什么才好。一方面我很想告诉他到底发生了什么，我想我知道，如果我不这么做，那么无论我怎么做，都是背叛了自从我提醒他POLO衫的那一刻起我们之间建立的信任感。如果我真的把他的手臂绑在夹板上，那就意味着我就变成了这个笑话的主谋之一了。我至今感到惭愧当时没有告诉他。但你得记住，我当时年纪还小，而且当时只有几秒钟可以做决定。再说，当别人这样恳切求你帮忙做事的时候，无论如何不能拒绝人家。

我想最主要的原因是我不想让他生气。因为我看得出，他之所以对手肘的伤这么担心，是因为对于所有那些来自周围的说辞，他都信以为真，放在心上。当然我知道他迟早会发现真相，但在那个时刻，我真的没法说出口。我最多只能问一句：

“乌鸦脸让你这么做吗？”

“没有，可你想象下，如果我胳膊肘真的脱出来了，她得多生气。”

我至今仍然觉得不好受，但我当时保证要帮他把胳膊绑好——夜间打铃前半小时，到十四号教室去——然后望着他心怀感激如释重负地离开了。

结果我并不需要经历这一切，因为汤米先发现了真相。那是晚上八点左右，我从主楼梯下楼来，听到底楼的楼梯间爆发出大笑，笑声一直传到楼上。我心里一沉，马上就知道一定跟汤米有关。我在二楼楼梯口停了一下，探头从扶手往下看，正看到汤米从台球室跌跌撞撞冲出来。我记得自己心想："至少他没喊。"他确实没有，他只是跑去衣帽间，拿了自己的东西，然后离开了主楼。在此期间开着的台球室门口一直都有爆笑声传来，有人在大叫，喊的是诸如："你要是发脾气，胳膊肘肯定会爆出来！"

我想了想要不要跟上他，走进夜色中，趁他没到宿舍之前跟他说句话，可随后我想起了自己许诺要帮他手臂绑上夹板过夜的事，就没有动。我只是自己心想："至少他没发火。至少他控制住了火气。"

可我有点跑题了。我之所以提起所有这些是因为这个从汤米的手肘引发出来的身体会"脱线"的梗流传开来，成了我们大家提及捐献时的一个常用段子。说法是这样的，等时机一到，你身体的一小部分就会脱线，比如一个肾脏就会溜出来，你就把它交出去。倒不是我们觉得这事儿本身有多好笑，更多的是用这个段子来败坏对方吃饭的胃口。比如说，你把肝解下来，丢到别人吃饭的盘子里，诸如此类。我记得有个不可思议大胃王同学加里·B，连吃了三份布丁，后来几乎整张桌旁所有人都"解下"了一点自己的器官，统统堆到加里的碗里，可他不为所动，坚持继续吃到饱。

后来这"脱线"梗流传开来之后，汤米一直不大喜欢，可这时候他老被人捉弄的阶段已经过去，大家也不再把这段子跟他联系到一起了。这只是为了博彼此一笑，败坏别人吃东西的兴致——以及我觉得，是对我们将要面对的未来做出一种认可。这才是我的本意。我们的人生到了这个阶段，大家不再像一两年前那样，对捐献这个话题讳莫如深；可我们也没有对此有过非常严肃认真的考量或者讨论。所有这些关于"脱线"的闹剧，都很典型地反映出，在我们十三岁的时候，这个话题对我们造成了怎样的冲击。

因此我觉得两年之后露西小姐说我们“又知道，又不知道”，这话讲得很对。更重要的是，现在思考起来，我觉得那天下午露西小姐对我们说的一番话，让我们的态度发生了真正的转变。就在那天之后，关于捐献的笑话渐渐消散了，我们开始认真考虑这些事。表面的变化就是，捐献重新又变成了一个讳莫如深的话题，但跟我们小时候的避讳不一样。这次不再是因为尴尬或是不好意思，而是因为太严肃，太沉重。

“挺有趣的是，”几年之前我和汤米再次回忆往事的时候，他说，“我们谁都没有停下来想一想她是什么感受，露西小姐她本人。我们从来不担心她因为跟我们说了那些事，会不会碰到麻烦。我们那时候真自私啊。”

“可你不能怪我们，”我说，“我们得到的教育就是要互相为同学考虑，但从来没有替导师考虑。至于导师他们彼此之间也会有不同意见，这点我们从来没想过。”

“可我们已经很大了，”汤米说，“到了那个年龄，我们应该想得到。可我们没有。我们根本没有为可怜的露西小姐着想过。即便是那次之后也没有，你知道，就是你看到她的那次。”

我立刻就明白了他的意思。他说的是我们在黑尔舍姆最后那一年的初夏，有天上午，我在二十二号教室撞上她的那次。现在回想起来，我得承认汤米说的有理。经过了那次之后，即便是我们，也应该看得出露西小姐有多烦恼。但是诚如他所说的，我们从来没有从她的角度去考虑，从来也没有想过要做些什么，或者说些什么，来帮帮她。

第八章

那时我们中的许多人已经满了十六周岁。那是一个阳光明媚的上午，我们刚刚在主楼里上完一堂课出来，正往院子里走，这时我突然想起有东西忘在了教室里。于是我重新回到四楼上，就这样才发生了跟露西小姐的那件事。

那时候，我有个秘密的小游戏。当我发现自己一个人待着的时候，就会停下脚步，找找视角——比如说，朝窗外看，或是穿过一段走廊，望向某个教室——任何一个视角，只要视线范围内没有人就行。我这么做是因为至少在几秒钟的时间里，我可以创造出一种幻觉，仿佛这里并不是到处都是学生，相反，黑尔舍姆是一幢幽静安宁的宅院，只有我和五六个好友住在这里。要想让幻景逼真，你只需将自己沉入某种梦境，将无关的声音和噪音都屏蔽在外。通常还需要格外耐心：比如说，如果你正从某个窗口，凝神望着操场上的某一片地方，可能需要等很久很久，才能让你的取景框中没有人，你才可以等到那样几秒钟的幻象。总之，那天上午我拿回了落在教室的那件东西之后，回到四楼的楼梯平台上时，就在玩这个幻想游戏。

我保持静止不动，站在窗边，望着院子里的某一片区域，就是几分钟之前我刚刚在那边站立过的地方。我的朋友们已经走掉了，院子里人越来越少，因此我就静静等着我的幻想发挥魔力，这时我听到身后传来一种像是蒸汽或者煤气泄漏的紧迫声响。

那是一种嘶嘶声，会一连持续十秒钟左右，暂停一下，然后继续。我倒没有惊慌，只是既然附近只有我一个人，那么我觉得最好去查看一下。

我穿过楼梯间，朝着声音的方向走去，沿着走廊经过了我刚刚进去过的教室，来到了二十二号教室，那是走廊尽头倒数第二间。房门半开着，就在我走上前去的时候，那嘶嘶声又响了起来，比先前更为急迫。当我小心翼翼推开门的时候，我不知道会发现些什么，可是一看到露西小姐在里面，我还是大吃一惊。

二十二号教室很少用来上课，因为那个房间太小，即便是像那样的天气，也难得有光线照进来。导师们有时候会去那里批改我们的作业，或是读会儿书。那天上午房间里比往常更暗，因为百叶窗几乎全都拉了下来。里面有两张桌子拖到一起，好让同学们围坐一圈，可是只有露西小姐一个人坐在紧后面的位置。我看到她面前的桌子上散落着几页纸，页面上很暗，闪着幽光。她本人斜着身体，神情专注，前额压得非常低，双臂铺开在纸面上，正用铅笔往纸页上狂怒地画线。我看到那些浓黑的线条下面，写有整洁的蓝色字迹。就在我的注视之下，她继续用铅笔的笔尖在纸页上反复地画，仿佛完全不在乎会不会将纸穿透。这时，我同时想明白了，这就是那古怪声响的来源，我刚刚看到的桌面上那些幽黑发亮的纸，不久前还是些书写整齐的纸页。

她正全神贯注于自己的事，过了一会儿才发现我在那里。当她受到惊扰抬头望时，我看到她脸红了，但并没有泪水的痕迹。她瞪着我，随即放下了手中的铅笔。

“你好，年轻的女士，”她说着，深吸了一口气，“需要我帮忙吗？”

我想我立刻就转身走开了，那样就不必望着她，或是看着桌上那些纸。我不记得自己有没有说什么——是否解释过那声响的出现，以及我担心那是煤气泄漏。不管怎么说，事情无可弥补：她不希望我在场，我也不想在场。我想我只是道了个歉就出去了，还多少有些期待她会喊我回去。可她没有，现在我只记得自己走下楼梯的时候，心中充满了羞愤。当时我最希望的无过于没有看到刚才发生的一切，然而倘或你要我实在说说到底为什么生气，我也无法解释。正如我所说的，可能跟羞耻感有很大的关系，还有愤怒，可这怒火所针对的倒不完全是露西小姐本人。我感到非常迷惑，也许正因为如此，一直到过去了很久以后，我才对朋友们提起此事。

那个上午之后，我开始觉得，不知道露西小姐有什么糟糕的事要发生，于是我擦亮眼睛竖起耳朵留意着。但是过了几天，我什么也没听到，也没看到。然而当时我所不知道的却是，就在我在二十二号教室碰到她的那次之前几天，的确有件相当重要的事发生——事关露西小姐和汤米，此事过后汤米变得沮丧而不知所措。就在不久之前，倘或发生了这样的事，我和汤米还会立刻向对方报告；但就在那个夏天，发生了许多事，结果就是我们不能再像从前那么自在地谈天了。

所以我才很长时间里都没有听到过此事。过后我简直想踢自己几脚，竟然没有去猜猜看，也没有去找汤米问个明白。但是正如我前面所说的，当时发生了很多事，汤米和露丝的事，还有许许多多其他的事，因此我就把自己留意到他身上发生的那些变化，全都归因于这些了。

如果说那年夏天汤米整个人都方寸大乱，可能有点言过其实，但有几次我是真的有些担心，怕他再次变成几年前那个笨拙尴尬，被人作弄的样子。比如有一次，我们几个人正走在运动馆回宿舍楼的路上，却发现汤米和其他几个男生在我们前方。他们跟我们仅有几步的距离，大家——连汤米在内——看起来都挺开心，有说有笑，推推搡搡闹着玩。事实上，我觉得走在我身边的劳拉，就是被男生们嬉嬉闹闹的劲儿给带起了兴头。其实呢，汤米大概原本坐在地上来着，因为他的橄榄球衫的下背部有块明显的灰泥。显然他完全不知道背后有这块污渍，我想他那几个朋友肯定也没看到，不然他们肯定会拿来打趣。不管怎么说，劳拉就是劳拉，她喊了一声："汤米，你背上有粑粑！你干什么去了？"

她完全是出于善意开玩笑，如果说我们其他人也闹出点动静，也绝不会超出学生们平日开玩笑的尺度。因此，当汤米骤然僵住，猛地转身，目光如炬地盯着劳拉时，我们都很吃惊。我们全都停了下来——男生们看上去跟我们一样，显得迷惑不解——在那几秒钟内，我都以为汤米就要像几年前那样，脾气大发作。可他只是愤而离场，剩下我们面面相觑，无奈耸肩。

我给他看帕特里夏·C的月历那一次，情况也差不多。帕特里夏比我们低两级，但大家都很佩服她画画的本事，在艺术交换活动上，她的作品总是很抢手。我特别喜欢她画的月历，在最后一次交换活动上，我总算抢到了，因为早在几个礼拜之前，就有流言说会有这件作品上拍。她的月历与众不同，跟艾米丽小姐那些轻飘飘的描绘英国各郡县风光的彩色挂历不同，帕特里夏的月历很小巧厚实，每个月都配了一幅令人赞叹的小型铅笔素描，描绘黑尔舍姆的生活场景。真希望这月历现在还在我身边，尤其是因为其中有几幅画——比如六月和九月的两幅——上面的人物能清楚认得出是哪几个同学和导师。我离开农舍的时候丢失了些东西，这是其中之一，当时我心不在焉，并没有太留意自己带走了什么——等我讲到这段时，再另做细谈。我提起这事是想说明帕特里夏的月历真的很受欢迎，我很自豪能拥有，因此就拿给汤米显摆。

我看到他在南操场近旁一棵美国梧桐树边上，站在下午的日光里，那本月历碰巧在我包里——前一节音乐课上，我拿出来显摆过——于是我朝他走了过去。

他正专心看着旁边的球场上一帮低年级的男生的足球比赛，这时他看起来情绪尚可，甚至算得上颇为宁静。见我上前，他露出了微笑，我们先是随意闲聊了几句。然后我说："汤米你瞧我弄到了什么。"我并没有试图掩饰自己话音里面的得意，把月历拿出来递给他的时候，甚至可能还曾口呼“哒哒——”以表炫耀。当他接过月历的时候，脸上还带着一丝笑意，可是当他翻看每一幅画面的时候，我看得出，他内心的某个部分，渐渐关闭了起来。

“那个帕特里夏哦，”我开口说着，仿佛也感到自己的话音都变了，“她真是聪明……”

可是汤米已经将月历递回给我了。随后他一言不发，径直离开我身边，朝主楼走去。

最后这件事应该让我有所警醒。哪怕我用上半边脑子想一想，也该猜到汤米近期的情绪问题，跟露西小姐和他当初“没有创意”的老问题有关。但那时发生了很多事，就像我说的，我始终没有往这方面想。我猜，我一定认为那些从前的老问题都如同我们青春早期的那些年一样，被抛到身后去了。如今只有那些严重的大事才有可能让我们这些人真正上心。

那么到底发生了什么？首先，露丝和汤米关系严重破裂。那时他们已经出双入对有半年了，至少两人公开交往有这么久——出入总是手挽着手，诸如此类。他们俩一对儿能够得到大家的尊重，是因为他们没有招摇。别的人，比如西尔维娅·B和罗杰·D，会搞得人倒胃口，须得大伙儿齐声做呕吐状，才能让他们老实规矩。可是露丝和汤米从来不会当着人做出恶心举动。如果说有时候他们会亲热什么的，旁人也会觉得他们是发自内心，为了彼此，而不是为了引人关注，哗众取宠。

如今回看，我能明白当时对于跟性相关的一切，大家都很困惑。我猜这没什么出人意料，毕竟我们才刚刚十六岁。可是导师他们本身也很困惑——如今我看得比较清楚——这点更加重了我们的困扰。一方面我们接收到像艾米丽小姐那样一套说辞，跟我们讲如何不要为自己的身体感到羞耻，要“尊重我们的身体需求”，说只要双方都是真正想要，那么性爱就是“一件美丽的礼物”。可实际上，导师们做了许多设计和规定，我们很难做爱而不违规。

九点之后我们不能去男生宿舍探望，他们不能来我们这边。晚间教室按规定都是禁入区，棚屋后和运动馆也是一样。而且，即便是天气足够温暖，你也不会愿意在野外做爱，因为过后你一定会发现有观众在主楼里传着望远镜看你们。换句话说，虽然他们嘴上说性如何美好，我们却有明确印象，认定如果真被导师抓到我们在做爱，那我们就有麻烦了。

我话虽这样说，但我个人所了解的真实事例只有一件，珍妮·C和罗伯·D在十四号教室被人撞破了。他们午饭之后做的，就在那里一张课桌上，杰克先生碰巧进来取东西。据珍妮说，杰克先生脸红了，立刻就退了出去，但他们还是受到妨碍停了下来。等他们差不多穿好衣服，杰克先生又进来了，似乎他才刚刚进来，假装被他们吓了一跳，吃了一惊。

“我很清楚你们在做什么，这种行为很不恰当，”他说完就让他们俩去见艾米丽小姐。但是等他们到了艾米丽小姐的办公室，她却跟他们说自己要赶去参加一个重要会议，没有时间跟他们谈话。

“但你们要明白，无论你们做了什么，都是不该做的。我希望你们不要再犯了，”她说完便拿着文件夹匆匆出门去了。

而同性性行为就更加让我们困惑不解了。不知道为什么我们名之为“伞性”，如果你喜欢同性，你就是“一把伞”。我不知道你们那里是怎样的，但在黑尔舍姆，我们对任何同性恋的迹象可是一点都不客气。尤其是男生，他们会干出各种残酷的事来。据露丝说，那是因为他们年龄较小，还不懂事的时候，有的同学彼此曾做过些什么。所以现在他们对这事就不可理喻得紧张。我不知道她说的是不是对，但的确，如果说某人“完全是一把伞”，那结果很可能就会打起来。

当我们讨论这一切的时候——那时候我们没完没了地说这些——我们无法认定，到底导师想不想我们有性生活。有的人认为他们同意，只不过我们总是想在错误的时间做爱。汉娜有个理论，说导师有责任让我们进行性行为，因为要不然的话，我们过后就无法成为好的捐献者。据她说，除非你一直做爱，否则肾和胰腺之类的器官就无法正常使用。还有人说，我们得记住，导师都是“正常人”。所以他们对性爱才这样态度古怪；对他们而言，是为了要生小孩才做爱的，即便他们理性地了解我们是不能生育的，可情感上，对于我们的性行为仍然感到不安，因为他们从内心深处很难相信我们不会搞出宝宝来。

安妮特·B有个不同的理论：我们彼此之间的性爱让导师感到不自在那是因为他们想跟我们做爱。她说，尤其是克里斯先生，他看女生的样子，就是包含了那个意思。劳拉说安妮特的本意是她想要跟克里斯先生做爱。一听到这里我们都笑喷了，因为跟克里斯先生做爱这样的想法实在是太荒唐，而且令人倒胃口。

我认为最靠谱的理论是露丝提出来的。“他们跟我们讲的这些关于性爱的内容，是为了我们离开黑尔舍姆之后，”她说，“他们希望我们能够正确享受性爱，跟自己喜欢的对象，不要染上疾病。但他们真正的意思是要我们离开之后再做爱。他们不想让我们在这里做，因为对他们来说，那样会惹来太多麻烦。”

总之我猜，实际上我们周围发生的性行为没有大家想象的那么多。也许有许多亲热、爱抚；很多情侣暗示他们有正常的性生活。但回望从前，我疑心到底真实的性行为有多少。如果每个号称做过的人都真的有在做，那么你在黑尔舍姆漫步的时候一定会看到——前后左右都有情侣在做爱。

我记得大家都曾心照不宣，互相之间不会详细追问我们所号称做过的事。比如，当你们在谈论其他女生的时候，汉娜翻个白眼，嘟囔一句：“处女吧”——言下之意是：“当然我们都不是了，可她还是个雏儿，你能指望她怎样呢？”——这种时候你绝对不应该问她：“你跟谁做的？什么时候？在哪里？”不，你只能心领神会地点点头。就好像还有一个平行宇宙，我们可以消失在其中，在那里尽情做爱。

那时候我就已经看出来，周围人们号称的那些性生活根本做不得数。尽管如此，随着那年的夏天逐渐靠近，我开始越来越感到格格不入。从某种意义上说，性爱已经跟几年前的“创造性”不无相似。如果你还没有过性经验，那你应该去做，并且尽快。因为有两个跟我最亲近的女生绝对是曾经做过，所以就我而言，整件事更为复杂。劳拉和罗伯·D做过，虽然他们从来不是正式的一对儿。还有露丝和汤米。

所以，我拖延此事已经很久，一直对自己重复艾米丽小姐的教诲——“如果不能找到一个你真心愿意与之分享这一经历的伴侣，那就不要做！”但是到了我现在所讲到那年春天的时候，我开始觉得，我不介意跟男生做爱了。倒不单单是为了明白这到底是怎么回事，也是因为我突然想到，自己需要熟知性爱，最好能够跟一个不太喜欢的男生先练习一下。这样等到后来，如果我跟某个特别的人在一起，就更有可能把每个步骤都做对。我的意思是，如果艾米丽小姐说得对，性爱对人们之间的联系有这么重大的意义，那么等到性爱的成败至关重要的时刻到来之时，我可不希望自己那是第一次做。

因此我看上了哈利·C。我选中他有几个理由。首先，我知道他肯定已经有过性经验，是跟莎朗·D做的。其次，我没有太喜欢他，但也绝对不觉得他倒胃口。还有，他安静而且正派，所以如果这事一败涂地，他也不会到处乱讲。而且他曾暗示过几次，表示想跟我做爱。OK，那时候很多男生都在尽力挑逗，但到了那个时候，男生们惯常的那套把戏跟真正的求爱已经有所分别。

因此我选中了哈利，我之所以拖延了几个月是因为我想确认自己身体状况适合。艾米丽小姐曾经教我们说，如果你还不够湿润，那么性爱可能会很痛，会失败，这是我真正担忧的事之一。并不是下面被撕裂开来，虽然我们经常开这样的玩笑，好多女生私下里也害怕会这样。我一直想，只要我能很快湿润，就不会有问题，因此我一个人做了很多次，以确保无虞。

我明白这样说来可能显得我很偏执，可我记得自己曾花了很多时间反复阅读书里提到人们做爱的章节，一遍又一遍地反复看那些段落，试着找到窍门。问题是，我们在黑尔舍姆的那些书都没什么用。我们有很多十九世纪的书，比如托马斯·哈代之类的作品，基本上毫无帮助。有些现代的书，比如埃德娜·奥布赖恩和玛格丽特·德拉布尔的著作，里面倒是有些性描写，但具体到实际发生的时候就不太清楚了，因为作者总是认为读者早就有过丰富的性经验，没有必要描写细节。因此我那段时间看书觉得很困扰，而录像也好不到哪里去。几年前我们台球室里有个录像放映机，到那年春天为止，已经攒了一个相当不错的影片库。许多片子里面都有性爱场面，但大多数镜头是性爱才刚刚开始就结束了，再不然就是只让你看到他们的脸和后背。如果真有一段有用的镜头，多半也只能一闪而过，因为通常房间里还有二十个人跟你一起看。我们形成了一种制度，用以重放某些深受欢迎的桥段——比如《大逃亡》里那个美国人骑着自行车跃过铁丝网的那一幕。大家会齐声大喊："倒带！倒带！"直到有人拿过遥控器，然后我们就重新再看一遍那个片段，有时候会连看三四遍。但只是为了重新回头去看性爱场景的话，我很难亲自站出来开始喊话。

所以我推迟了一周又一周，同时自己继续准备，一直到夏天来了，我才下定决心，认为我已经准备得很充分了。到那时，我甚至对这事有了相当程度的自信，开始对哈利发出暗示和信号。一切都很顺利，按部就班，可这时露丝和汤米分手了，一切都乱了套。

第九章

事情是这样的，他们分手过了几天之后，我跟另外几个女生一起在画室里画静物。我记得那天很闷，虽然风扇在身后吹着，依然无济于事。我们是用炭笔画的，因为有人把所有的画架都占了，所以我们只好把画板架在大腿上画。我旁边坐的是辛西娅·E，我们刚刚聊了几句，抱怨天气太热。这时有人把话题转到了男生，然后她头也没抬地说：

"还有汤米。我就知道他跟露丝长不了。哎，我猜下一个自然就是你咯。"

她说得好像漫不经心。但辛西娅是个感觉很敏锐的人，因为她不是我们小圈子的一员，所以她的话尤其显得有分量。我不禁想，是否她代表了所有与此事有一定距离的人都会有的看法。毕竟我跟汤米做朋友也有好多年了，谁跟谁一对儿这种事是后来才出现的。完全有可能，在局外人看来，我就像是露丝"自然的继任者"。可我没说什么，反正辛西娅只是随口一说，也没有继续再多说。

后来又过了一两天之后，我跟汉娜一起从运动馆出来，她突然碰碰我，朝北操场上一群男生点了点头。

"看，"她悄声说，"汤米，他一个人坐着。"

我耸耸肩，仿佛说："那又怎样？"于是事情就过去了。但后来我发现自己翻来覆去地在想这件事。也许汉娜只是想指出汤米跟露丝分手之后，看起来有点形单影只。但我觉得这有点说不通；我太了解汉娜了。她碰我的那种方式，还有压低了声音讲话，都很明显地表示出，她也是在表达某种臆测，可能还要到处征询别人的看法，问我是不是“自然而然的继任者”。

正如我所说，所有这些将我带入了一个有些困惑的境地，因为在此之前，我都是一门心思放在跟哈利的计划上。事实上，现在回顾起来，我确信，若是没有这所谓“自然继任”的事儿，我一定会跟哈利做爱的。我都想清楚了，准备工作也进行顺利。现在我仍然认为在我当时的人生阶段，哈利是个好的对象选择。我觉得他一定会体贴温柔，能够理解我从他那里希望得到什么。

几年前，在威尔特郡的一座康复中心，我曾跟哈利有过一面之缘。他是捐献之后被送进来的。我当时情绪不佳，因为我负责的捐献者前一天夜里刚刚完结了。没有人为此指责我什么——手术进行地非常不利索——可我仍然感觉很糟糕。夜里我一直没睡，理清思绪，思考整个过程，当我到前台去准备离开的时候，看到哈利进来。他坐在轮椅上——后来我才知道，那是因为他太虚弱，而不是他不能行走——我上前去跟他打招呼，也搞不清他到底有没有认出我是谁。我猜我没道理在他的记忆中占据一席之地。除了那一次的事之外，我们两人再也没有什么联系。如果他还记得我，那么对他而言，我只是一个神经病女生，来找过他一次，问他要不要做爱，然后又撤回了。他大概属于同龄人里比较成熟的，因为他既没有恼火，也没有到处跟人讲我如何撩拨完了就跑之类的。因此那天当我看到他被人送进来的时候，我依然对他心怀感激，希望自己能做他的护理员。我看了一圈，但不论他的护理员是哪位，反正当时根本不在场。护工们很不耐烦，要尽快送他进房间，因此我没跟他多谈。我只是问声好，祝他尽快好转，他报以疲倦的笑容。当我提到黑尔舍姆的时候，他做了个举双手拇指的动作，可我知道他并没有认出我。也许过后，等他没有那么疲倦的时候，或者药效的强力作用消散了之后，他也许会想想看我是谁，也许会记起。

总之，我说的从前那些事：露丝和汤米分手之后，我所有的计划都乱了套。现在回顾起来，我仍然对哈利感到歉意。前面一周我向他传达了那么多暗示，现在却突然跑来跟他耳语表示拒绝。我猜我大概是认定他迫不及待想做爱，所以我才会特地停下手中在做的事，就为了拖延他的行动。因为不论我什么时候看到他，总是会匆忙说上一句，然后不等他有机会答话，就快快走掉。过了很久之后我再回想此事，才想到他可能根本并不是满脑子想的都是性爱。谁知道呢，他可能乐于将整件事都忘掉不提才好呢，然而每次他看到我，无论在走廊还是操场上，我总要走上前去，低声讲出个什么借口，解释为什么我不能立刻跟他做爱。从他的角度看来，这肯定显得跟神经病一样，要不是他为人这么正派，我老早就成了大家的笑柄。总之，拖延哈利的这段时期大概持续了两个礼拜，接着就是露丝的请求。

那年夏天，直到温暖的天气都过完之前，我们形成了一种在户外听音乐的奇怪方式。自从前一年开始，随身听出现在黑尔舍姆的拍卖会上，到那年夏天为止，至少有六个随身听流传在校园里。当时热门的方式是几个人在草坪上，围绕着一个随身听坐一圈，耳机挨个传递。好吧，听起来这种欣赏音乐的方式很傻，但却创造了一种非常好的感受。你听上大概二十秒，然后摘下耳机，递给下一个人。过上一会儿，只要你们反复播放同一盘磁带，你会惊讶地发现几乎跟自己一个人听完全部曲目一样。正如我说的，那年夏天这种方式非常盛行，午休的时候，你就会看到学生们一群一群地围绕着随身听，躺在草地上。导师们对此不太喜欢，怕我们会传染耳疾，可他们也没有阻止我们。每当回忆起最后的那年夏天，我总是会想起围着随身听的那些午后时光。总会有人晃过来，问一句：“听的什么？”如果听到的答案他也喜欢，那么他就也在草地上坐下来，等到耳机传过来。这种活动气氛总是很好，我记忆中从来没有人被拒绝，不把耳机递给他的。

总之，就在我跟另外几个女生正在这样听音乐的时候，露丝走上前来，问能否跟我谈谈。我看得出是挺重要的事，于是我就离开那几个朋友，跟露丝两个人一路漫步，直走到宿舍楼。等到了我们的房间，我坐在窗边露丝的床上——太阳烘得毯子暖暖的——而她就在靠墙边我的床上坐了下来。房间里有只绿头苍蝇嗡嗡在飞，我们俩花了一分钟工夫轮番拍着玩“苍蝇网球”，将这只傻飞虫在两人之间传来传去。后来苍蝇找到了窗口飞走了，露丝说道：

“我想跟汤米重归于好。凯西，你能帮我么？”然后她又问：“怎么了？”

“没事，我只是有点吃惊，毕竟发生了那么多事。当然我会帮忙的。”

“我还没跟任何人提过想跟汤米和好的事。跟汉娜也没有。我只信任你一个。”

“你希望我做什么？”

“跟他谈谈。你对付他总是很有办法。他会听你的。他会知道你不是乱说，我是当真的。”

有一会儿我们就那么坐着，双脚在床下晃荡。

“你肯跟我说这些，真的非常好，”最终我说，“很可能我是最佳人选。去跟汤米谈话什么的。”

“我希望我们俩能从头开始。现在我们俩差不多扯平了，两人都曾办过蠢事，只是为了互相伤害，但我们都受够了。玛莎·他妈的H，我跟你讲！也许他这么干纯粹是为了给我找乐子。好吧，你跟他说他成功了，现在两人完全扯平了。是时候长大成人，从头开始了。我知道你能跟他讲得通道理，凯西。你能用最佳方案处理这件事。如果他还是不准备讲道理，那我就知道没必要再跟他继续下去了。”

我耸耸肩。“就像你说的，我跟汤米，我们确实一直能谈得来。”

“对，他真心很敬重你。我知道，是因为他常常说起你，说你有胆有识，说到做到。他有次跟我说，如果陷入困境，他宁肯指望你，而不是任何一个男生来帮他。”她匆匆一笑。“这下你得承认，这是真心诚意的恭维。所以你瞧，只有靠你来救我们。我和汤米注定是一对，他会听你的。你会为我们做这事的，对不对，凯西？”

有一会儿我什么也没说。后来我问道：“露丝，你对汤米是认真的吗？我是说，如果我劝说成了，你们俩复合了，你不会再次伤害他吧？”

露丝不耐烦地叹口气。“当然我是认真的。我们现在都是成年人了。很快我们就要离开黑尔舍姆。不再是儿戏了。”

“OK，我去跟他谈。就像你说的，我们很快要离开这里了。我们来不及浪费时间。”

那之后，我记得我们坐在床边上，又聊了一会儿。露丝想要把每件事说上一遍又一遍：他是有多傻，为什么说他们俩是天生一对，他们从头来过要如何改正错误，如何要更加保护隐私，要在更好的地方，更好的时间做爱。我们谈了所有这些，她样样都要听我的意见。后来，当我正望着窗外，瞭望远处群山的时候，突然被露丝惊了一下，她不知何时到了我身边，捏住了我的肩膀。

“凯西，我就知道我们得靠你，”她说，“汤米说得对。要是落入困境就得靠你帮忙。”

事情一桩接一桩，结果接下来的几天里我都没有机会去跟汤米谈话。后来，一天午休的时候，我发现他正在南操场边上练足球。先前他跟另外两个男生在练传球，如今只剩了他一个人，在练颠球。我走过去，坐到他身后的草地上，将后背靠在一根护栏的柱子上。当时距我给他看帕特里夏·C 的月历画，他愤而跑掉的那次应该没过多久，因为我记得两人都还有点无所适从。他仍是继续颠球，专注地皱着眉头——膝，脚，头，脚——而我只是坐在当地，随手摘掉地上长出的苜蓿，眼睛望着远方当初曾经怕得要命的那片树林。最终，我决定打破僵局，我说：

“汤米，我们谈谈吧。有件事我想跟你说说。”

我这话一出口，他就任由球落到一边，走过来在我身边坐了下来。汤米总是这样，每当他知道我愿意跟他聊聊，立刻他所有那些小脾气不开心就踪迹全无；只是满怀感激，一脸恳切，让我想起小学时候，当刚刚批评过我们的导师重又回到正常状态的时候，我们的反应。他略微有点喘息，尽管我知道是因为他刚刚在踢球的缘故，可这又增添了几分他的恳切之态。换句话说，还不等我开口，他已经让我莫名烦躁了。而当我对他说：“汤米，我看得出来。你最近不大开心。”他却说：“你什么意思？我高兴着呢。真的。”说完他粲然一笑，随后索性开怀大笑起来。这下我真着恼了。几年之后，当往事的一星半点时不时浮上脑海，我总归是面露微笑。可在当时，他这样我真的很恼火。如果汤米碰巧对你说“这事真的让我很难过”，他会特地拉长了脸，当场做出垂头丧气的表情，来证明自己的话。我不是说他有意嘲讽。他是真心认为自己这样更有说服力。因此现在，为了证明他很高兴，他又来了，使尽浑身解数证明他心情美好。正如我所说的，将来我回顾往事，会觉得他这样很可爱；但那年夏天，我只看到这证明他还是很幼稚，很容易被人利用。当时，对于黑尔舍姆之外，等待着我们的大千世界，我所知寥寥，但我猜想我们将需要步步留心，所有聪明才智都用上，当汤米像这样行事的时候，我几乎感到恐慌。直到那天下午之前，我总是由他去——好像总是太难跟他解释——但这次我发作了，我说：

“汤米，你看起来很傻，笑成这副样子！如果你要假装开心，那也不要这样！跟我学学好不好，不是像你这样做的！绝对不是！你瞧，你该长大了。你得回到正路上来。最近你表现很失常，我们都知道这是为什么。”

汤米满脸迷惑。当他确信我已经说完之后，才开口说：“你说得对。我确实是很失常。可我不明白你什么意思。凯丝。你说我们都知道，这是什么意思？我不懂，你是怎么知道的。我跟谁都没讲过。”

“显然我并不掌握细节。但我们都知道你跟露丝分手了。”

汤米还是看起来满脸困惑。最终他又稍微一笑，但这次是真的。“我明白你意思了，”他嘟囔了一句，随后停了一会儿，想清楚某件事。“坦白讲，凯丝，”他终于说，“这真的不是我烦恼的原因。其实是因为完全不同的事。我时时刻刻都在想。关于露西小姐。”

我这才听说这件事，关于那年初夏，露西小姐和汤米之间发生的事。后来，当我终于有时间去想清楚的时候，我分析认为，事情发生的时间大概距离我在二十二号教室看到露西小姐在纸上乱画的那天上午过了没几天。正如我所说，我恨不能踢自己一脚，竟然没有早点去找他问清楚。

那是下午，靠近“死钟点”的时候——所有课程都已结束，但要再过一会儿才会开始晚饭。汤米看到露西小姐从主楼里出来，她手里满满地抱着挂图和文件盒，好像随时可能会掉东西的样子，于是汤米就跑上前去帮忙。

“于是她让我帮忙拿几样东西，说我们要把东西都拿回她的书房。虽然我们两人拿，东西还是太多，我路上就掉了两样。后来，当我们走到橘园的时候，她突然停下了脚步，我还以为她也掉了东西。可她却望着我，就像这样，直愣愣地盯着我的脸，非常严肃。随后她说，我们得谈谈，好好谈谈。我说好吧，于是我们走进橘园，到了她的书房，把所有东西都放下。这时她让我坐下，于是我就在上次的地方坐了下来，你知道的，就是三年前那次。我看得出，她也记起了几年前的事，因为她一开口就说那件事，仿佛事情只是发生在昨天。没有解释，什么都没有，她只是没头没尾地说：‘汤米，我犯了个错误，上次我跟你谈话的时候。我早就该找你纠正过来的。’随后她又说，我应该把她从前跟我讲的那些话全部忘掉。说她告诉我，无需担忧缺乏创造力这种事，其实是帮了我很大一个倒忙。说终归还是其他导师说得对，我的艺术创作这么垃圾，无论如何说不过去……”

“等一下，汤米。她真的是说你的艺术创作很垃圾吗？”

“即便不是‘垃圾’这个词儿，也是差不多意思。不值一提。可能是这么说的。再不就是能力不足。倒还不如直接说垃圾的为好。她说她很抱歉上次跟我说了那样的话，因为如果不是她，我可能到现在早就把问题都解决了。”

“这期间你都说了些什么？”

“我不知道说什么好。最终她开口问我了。她说：‘汤米，你在想什么呢？’于是我就说，我也说不准，但不管怎么说她无需为我担心，因为我现在就挺好。她就说，不，我这样不好。我的艺术创作是垃圾，部分原因就是因为她跟我说的那些话。我对她说，可那又有什么关系呢？我现在挺好，也没有人继续为这事取笑我了。可她还是大摇其头，还说：‘有关系的。我不该跟你说那些话。’这时我才想到，她说的是以后，你知道，就是我们离开这里之后的事。于是我说：‘可我不会有事的，老师。我真的做好了准备，我知道怎么照顾自己。等到了捐献的时候，我肯定能做好的。’我说这些话的时候，她开始猛地摇头，她摇得太厉害，我都担心她会头晕。然后她说，‘听我说，汤米，你的创作，这很重要。不仅仅因为这都是证据，更是为了你们自身的缘故。你们会从中获益很多，你们自己获益。’”

“等一下。她是什么意思，‘证据’？”

“我不知道。但她绝对是这么说的。她说我们的创作很重要，说‘不仅仅因为这都是证据’。天知道她是什么意思。我真的还问过她，就在她说那句话的时候。我说我不明白她跟我说的这些话是什么意思，这跟夫人和夫人的艺廊有关系吗？她长叹一口气，然后说：‘夫人的艺廊，是啊，那很重要。比我从前认为的远远更为重要。我现在算是明白了。’然后她又说：‘你瞧，你不懂的事还有很多很多。汤米，我也不能讲给你听。关于黑尔舍姆，关于广大世界中你们所处的位置，各种各样的事。但是也许有一天，你会去努力搞清楚一切。他们不会让你很容易成功的，但如果你真想要，你可能能明白。’她说完，又开始摇头，可没有刚才那么猛烈了。她还说：‘可是凭什么你要有所不同呢？那些从这里离开的学生，他们从来也没弄懂太多。为什么你就不同呢？’我不明白她在说些什么，因此我只是重复说：‘我不会有事的，老师。’她安静了一会儿，然后她突然站起身，弯身靠近我，拥抱了我。不是性感的那种拥抱。更像是我们小的时候他们抱我们的感觉。我只是尽可能地静止不动。然后她退了几步，又说了一遍，很抱歉从前跟我说过那些话。还说现在也不晚，我应该立刻就开始，要弥补从前失去的时光。我想我大概什么都没说，她望着我，我还以为她要再次拥抱我呢，可是没有，她只是说：‘就为了我去努力试试吧，汤米。’我对她说我会尽力，因为在那个时候，我一心只想要离开。我很可能已经涨得满脸通红了，又是被她抱，什么的。我是说，一切都不一样了，现在我们毕竟长大了。”

直到此刻我都深陷在汤米的讲述之中，完全忘记了我要找他谈话的理由。但他一说到我们都“长大了”的话，立刻就提醒我回到了最初的使命。

“你瞧，汤米，”我说，“我们很快再回头好好谈谈这事儿。这很有趣，我能明白为什么这会让你痛苦。但不管怎么说，你还是需要努把力打起精神来。我们今年夏天就要离开这里了。你得重新提振精神，理清思绪，有一件事你立刻就能够理顺。露丝跟我说她想停止争吵，要你回到她身边。我认为这对你是个好机会。不要搞砸了。”

他沉默了几秒钟，然后说：“我不知道，凯丝。太多其他的事我需要想明白。”

“汤米，你只管听我说。你真的很幸运。这里这么多人，露丝却单单喜欢你。等我们离开之后，如果你跟她在一起，我们就无需担心。她是最棒的，你只要跟她在一起就没问题。她说她希望能重新开始。机不可失啊。”

我等待着，但汤米并没有做出反应，又一次，类似惊恐的感觉笼上心头。我倾身向前，说道：“瞧，你这个傻瓜，你不可能有更多机会了。你难道不明白，我们在这里，在一起的时光没剩多少了？”

让我意外的是，当汤米终于有反应的时候，他的回答既冷静，又深思熟虑——在未来的那些年里，汤米的这一面将会越来越多地显现出来。

“这点我知道，凯丝。正因为如此，我才不愿意匆忙跟露丝复合。我们真的必须得认真考虑下一步了。”说完他叹了口气，直视我说，“诚如你所说的，凯丝。我们很快就要离开这里。一切不会继续犹如儿戏。我们得认真考虑。”

突然之间我无言以对，就只是坐在当地，一根接一根地拔地上长的苜蓿草。我能感到他的目光落在我身上，可我没有抬头回望他。我俩像这样本来可能还要持续更久，但被旁人打断了。我猜是先前跟他踢球的几个男生回来，再不然就是有闲逛的学生跟我们坐在了一起。总之，我俩这推心置腹的片刻时光就只得结束，离开的时候我感到自己并没有完成想达到的目的，仿佛我让露丝失望了。

我始终没机会去评估下我跟汤米的谈话到底发生了怎样的作用，因为第二天就爆出了新闻事件。当时是上午活动过半，我们重新回到课堂，再上一节文化简报课。在这些课堂上，我们要扮演外面会遇到的各色人等——咖啡馆里的服务生，警察，诸如此类。这门课总是让我们很兴奋，同时又充满担忧，所以不管怎么说，大家总是很亢奋。就在课程结束，我们鱼贯而出的时候，夏洛特·F冲进了教室，于是露西小姐离开黑尔舍姆的消息立刻就在我们中间流传开来。这堂课的任课老师克里斯先生想必早已知情，还不等我们来得及问他，就满脸愧色匆忙逃跑了。开始我们拿不准，夏洛特是否只是汇报坊间传言，但她越说越多，我们越发明白此事是真的了。上午早些时候，另外一个中学部班级曾经进了十二号教室，等着露西小姐来上音乐欣赏课。可上课的却是艾米丽小姐，她说露西小姐暂时不能来，因此由她来代课。接下来的二十分钟里，情况都很正常。突然——一句话说到半截——艾米丽小姐从贝多芬的话题骤然转离，宣布说露西小姐已经离开黑尔舍姆，不会回来了。那堂课提前几分钟下课——艾米丽小姐若有所思地皱着眉匆匆离去——学生们一出教室，这话就传开了。

我立刻出去找汤米，因为我迫切希望他能第一个从我这里听到这件事。但当我走到院里的时候，我发现已经太晚了。汤米在离我较远的一侧，一帮男生围了一圈，他就在边上，不知他听到旁人说什么，只是频频点头。其余的那群男生都很激动，甚至有点兴奋，但汤米的目光看起来很空洞。就在那天晚上，汤米和露丝复合了，我记得几天之后露丝找到我，特地表示感谢，说我“处理得非常好”。我告诉她很可能我没帮上什么忙，但她根本听不进。这下我算是上了她的贵人榜。情况就像这样持续着，度过了我们在黑尔舍姆的剩余日子。

第二部

第十章

有时我会驱车驶过漫长曲折的公路，经过沼泽地带，或是一畦一畦犁过的田地，天空灰暗而浩大，一英里又一英里过去，丝毫没有变化，我发觉自己在想我的论文，当初住在农舍的时候，我本该写的那篇论文。最后那年的夏天，导师们时不时跟我们谈论文的事，尽力帮我们每个人挑选一个题目，让我们在长达两年的时间内，可以有正事可做。可是不知怎么——也许从导师的仪态中我们能看出些端倪——完全没有人相信论文有任何重要作用，而我们自己也极少讨论这事儿。我记得当我去她办公室，告诉艾米丽小姐我选中的课题是维多利亚时代的小说，可当时关于这方面我并没有太多想法，我也看得出她知道。可她只是像平常那样投给我一个犀利的眼神，并没有再说什么。

可是一旦我们到了农舍，论文就突然被赋予了新的重要意义。我们刚到那边的日子里，对我们中的有些人而言，这段时间持续得还要更久一些，那时我们都紧抱住写论文这件事不放，这是黑尔舍姆布置给我们的最后一份作业，就像是导师送给我们的临别礼物一样。随着时间过去，论文这件事会渐渐淡出我们的脑海，但一段时间内，写论文的工作帮助我们在新的环境里直到适应下来。

今天当我想到自己的论文时，我会从细节着手，回顾一遍：我可能会想出一种全新的切入角度，或者选择完全不同的作家和作品来集中论述。当我在服务站喝着咖啡，透过大窗口看着外面的车道，这时我的论文就会毫无因由地浮上心头。然后我就很享受地坐在那里，再把论文从头过一遍。就最近，我甚至还想过要不要从头再来，重拾论文写作，只要等我不再担任护理员的工作，一有时间我就做。但是最终，我猜其实自己并不是当真想写论文。只是有点怀旧，借此消磨时日。我想到论文的时候，跟想念自己在黑尔舍姆打得特别趁手的一场棒球赛，心情并无二异，或者很久前的一场辩论，我现在倒是想出各种聪明话来反驳了，可惜当时没做到。都是这种白日梦一样的念头。但是正如我前面所说，我们刚刚到农舍的时候，情况完全不同。

那年夏天离开黑尔舍姆之后，我们一共八个人到了农舍。其他人去了威尔士山区的大白楼，或者多塞特的白杨农场。我们当时不知道，所有这些地方跟黑尔舍姆都只有一星半点的关联而已。我们刚刚到农舍的时候，满以为这种地方跟黑尔舍姆差不多，只不过学生的年龄更大一些，我想，一段时间里，我们还是这样认为的。我们极少去想农舍之外的世界跟我们有什么关系，或这地方是谁管理，农舍跟外面更大的世界又是怎样的关系。那时候，我们都不想这些事。

农舍是几年前破产的一个农场遗留下来的。有座旧庄院，周围有谷仓、牲畜棚、外围屋舍，等等，都被改造成了我们住的地方。还有一些建筑，通常位置偏远的，都快要倒塌了，我们也用不大上，可是却感到仿佛负有一定责任——主要是为了凯佛斯的缘故。凯佛斯是个牢骚满腹的老头儿，他每星期开着一辆沾满泥巴的小货车，来两到三趟，查看查看。他不大喜欢跟我们讲话，他到处溜达，一边叹气摇头很倒胃口的样子，仿佛表示我们做得远远不够，没把这地方搞好。可他从来也没说清楚，到底要我们怎么做。我们刚刚到的时候，他曾经给我们列过一张表，注明了我们要做的杂事，而那些早已在这里的学生——汉娜管他们叫“老生”——已经早就形成了一套值日体系，我们一丝不苟地继续执行值日。其余真的没什么我们可以做的，只是报告下水道漏水，再就是水泛上来要拖干净。

那座旧庄院——就是农舍的核心部位——有几个壁炉，我们可以从外面的谷仓里搬劈好的木柴进来烧了取暖。除此之外，我们就得将就着用那种巨大笨重的取暖器。取暖器的问题是需要烧煤气罐，但除非天气实在太冷，要不然凯佛斯不会多送煤气来。我们一再请求他多给我们留些煤气，但他总是阴郁地摇头，仿佛我们一定会滥用，或者会引发爆炸。因此我记得很多时候都感觉很冷，只有夏季那几个月例外。我们得身穿两件甚至三件套衫才能待得住，牛仔裤冰凉僵硬。有时候我们整天都穿着雨靴，所经之处在房间里留下一道道泥泞和潮湿的足迹。凯佛斯看到这些又会大摇其头，但当我们问他还有什么要我们做的没有，虽然地板脏成那副样子，他却也不说。

我现在说起来仿佛情况挺糟糕，但我们大家都一点也不介意这些不便——这都属于农舍生活的乐趣之一。可是如果我们实话实说，我们中的大多数人，尤其是在刚开始的时候，心底里都得承认曾经很想念那些导师。我们中有几位，甚至有段时间曾经想把凯佛斯当成是某种导师，可他根本不吃我们这一套。当他开着小货车来的时候，你上前去跟他问好，他却像看神经病一样瞪着你。但关于这种事，导师们曾经一遍又一遍跟我们讲过：说一出了黑尔舍姆，就再也没有导师了，我们得互相照顾。总的来说，我得承认黑尔舍姆在这方面让我们做好了充分的准备。

我在黑尔舍姆交往密切的大多数学生那年夏天都到了农舍。辛西娅·E——就是当初在艺术课教室里说我是露丝“自然而然的继任”的那个——我跟她不好也不坏，但她跟要好的一群人一起去了多塞特。还有哈利，我差点跟他做爱的那个男生，我听说他去了威尔士。但我们这帮人都待在一道。一旦我们想念谁，大可以告诉自己，没有什么阻止我们去看望他们。我们跟艾米丽小姐上了那么多地图课，然而直到如今我们对于某地距离多远、去那里到底易还是难，根本没有真正的概念。我们说要请老生出门旅行的时候让我们顺路搭车，再不然我们就得赶紧学会开车，那样的话，我们什么时候高兴就可以什么时候去看他们了。

当然，实际上，尤其在最初那几个月里，我们甚至极少跨出农舍的范围。我们甚至不会去周边的乡间散步，也不到附近的村庄去溜达。我认为准确地说我们并不是害怕。我们都知道，如果我们溜走，也没人会阻止，只要我们当天能返回，在凯佛斯的管理簿上登记一下就成。我们到达的那年夏天，时常看到老生整理背包行囊，出门一待就是两三天，在我们看来他们那种无所谓的样子简直吓人。我们满怀震惊地观察他们，心里暗想不知到了明年夏天，我们会不会也变成这样。当然，我们也是一样，但在最初的那些日子里，这看起来几乎不可能。你得记得，到这时为止我们根本都没有迈出过黑尔舍姆地界范围之外过，我们纯粹是不知所措。如果你跟我说一年之后，我将养成一个人长久漫步的习惯，甚至还要开始学开车，我肯定会觉得你是疯了。

那个阳光很好的日子，小客车将我们放在庄院门前，然后绕过池塘，消失在上坡路上的时候，连露丝都显得怯生生的。我们看到远处的山影，会想起黑尔舍姆远处那些延绵的小山，但我们觉得这些山有古怪，不对劲，就好像你给朋友画像，画得颇像样，但又不大像，纸上那张脸让你觉得有点毛骨悚然。但不管怎么说，那时是夏天，还不是几个月后农舍的那副样子，到处是结冰的水洼，坎坷的地面冻得生硬。当时这里看起来美丽舒适，到处都是疯长的荒草——我们没见过这种样子。我们挤在一起站着，一共八个人，看着凯佛斯在庄院里进进出处，时时等待着他来对我们说话。可他并没有，我们只能听到他心烦意乱地嘟囔，抱怨早已住进来的学生。有一次，当他去车里拿东西的时候，眼神阴郁地瞥了我们一眼，然后就回到庄院里去了，并且关上了房门。

可是没过多久，那些看着我们无助的样子暗中取乐的老生——第二年我们也会表现得跟他们一样——就走了出来，将我们领了进去。事实上，回顾往事，我发现他们真的竭尽所能帮我们安顿下来。即便如此，最初的几个星期还是很陌生，我们很高兴能有彼此做伴。我们总是同进退，似乎大部分时间都尴尬地站在庄院屋外，不知所措。

现在回顾起刚开始的那种样子，显得很滑稽，因为当我想到在农舍住的那两年时，开始的那些困惑和惊恐似乎跟其余的生活记忆格格不入。如果今天有人提起农舍，我会想起那些悠闲自在互相串门的日子，午后慢慢转到傍晚，然后入夜的慵懒步伐。我会想起我的那堆旧简装书，书页都皱趴趴的，仿佛曾经在海上漂荡过。我会想起自己读这些书的样子，在温暖的午后，我趴在草地上，头发——这时我把头发留长了——总是会滑落挡住视线。我会想起早上在自己位于黑谷仓顶上的房间里醒来，听见外面田野里学生们的话音，在争辩诗歌或是哲学问题；或是漫长的冬季，在热气腾腾的厨房里吃早饭，围着餐桌漫谈漫议，关于卡夫卡或是毕加索。早餐的时候我们聊的总是这类话题；从来不谈前一天晚上你跟谁做爱了或者拉里和海伦为什么不说话了之类。

可是话说回来，当我想起我们刚到的第一天，在庄院门口挤在一起的那幅画面，并没有那么格格不入，这其中自有深意。因为也许从某种意义上来说，我们并没有像自己曾经以为的那样，将心底的芥蒂抛到脑后，我们有一部分依然如故：害怕周围的世界，而且——无论这让我们多么自惭形秽——无法完全放下对彼此的牵念。

老生们对汤米和露丝恋情的历史一无所知，自然就将他们当作一对相处已久的伴侣，这简直让露丝高兴得没边儿了。我们刚刚到的那几个礼拜，她尤其特意表现，随时要伸手去抱汤米，有其他人在的时候，还会在角落里跟他亲热一番。其实她这样做如果在黑尔舍姆可能还没什么问题，但在农舍，就看起来很不成熟。老生情侣们绝对不会当众有任何亲昵的表现，总是摆出很理性平常的姿态，就像正常家庭里父亲母亲的样子。

这只是我偶然在农舍中老生们中间留意到的——露丝那么认真研究他们的一举一动，竟然没有注意到这点——我还发现他们许多的做派都是跟电视上学来的。我在观察一对老生，苏西和格雷格——他俩可能是农舍里年纪最大的学生了，通常大家认为这里他们“说了算”。每当格雷格开始一番议论，关于普鲁斯特或者别的什么人，她就会朝我们大家微笑，翻个白眼，用很轻微但是又很强调的声音说：“上帝救命啊。”在黑尔舍姆看电视是有严格限定的，在农舍也是一样——可实际上如果想要整天看，也没什么能够阻止我们——因为没人对此特别有兴趣。但是庄院里有一台旧电视，黑谷仓里还有一台，我时不时会看点电视。所以我才发现，原来这套“上帝救命”的把戏是从一部美国连续剧里学来的，就是那种无论里面的人说什么，或者做了什么，现场观众都会发出笑声的剧。里面有个角色——一个大个子女人，住在主角的隔壁——她的做法跟苏西一模一样，每当她丈夫开始长篇大套地讲话时，观众们就期待着她翻白眼，说“上帝救命”，这时他们就爆发出一阵大笑。一旦我发现了这一点，就开始发现年长的学生从电视节目里学来的许多东西：他们彼此做的手势动作，一起坐在沙发上的姿态，甚至吵架然后冲出房门的样子。

总之，我想说的是，不久之后露丝就发现她跟汤米交往的方式，在农舍的环境里完全是错的，于是她要特地改变在人前行事的方式。露丝从老生那里学来了一个小手势。在黑尔舍姆的时候，如果一对情侣要分开，哪怕只有几分钟时间，也会被当作借口，当众拥抱亲吻。但是在农舍，当一对情侣道别的时候，他们几乎不用说话，更不用说拥抱亲吻了。相反，你只需在情人的手臂靠近肘部的地方拍一下，用手指关节外侧轻轻碰一碰，有点像要引起别人注意的样子。通常都是女孩子对男生做这个动作，就在两人要分开的时候。这个习惯到冬天就渐渐消失了，但是在我们刚刚到的时候，这动作正流行，露丝很快就开始对汤米使用这个手势。首先我得提醒你，汤米是一头雾水，什么都不明白，他会骤然转向露丝，问道："干吗？"然后她就会怒气冲冲地瞪着汤米，仿佛两人在演戏，可他却忘了台词。我猜她最终还是跟汤米谈过了，因为过了一个星期左右，他俩总算是做对了，几乎完全模仿了老生情侣的做法。

我倒没有在电视上实际看到过这个拍拍胳膊肘的动作，但我很确定这个点子想必是那里来的，同样我也拿得准露丝没有发现这回事。因此那天下午，我在草地上读《丹尼尔·德龙达》[①]的时候，露丝很烦人，于是我决定是时候要帮她指出这一点。

天近初秋，开始有些凉意。老生们更多时间都留在室内，回归了夏季开始之前他们的惯常日程。但我们几个刚从黑尔舍姆来的学生还是坐在外面没割过的草地上——只想尽可能地延续我们唯一熟悉的日程作息。即便如此，具体到那天的下午，除我之外，也只剩了三四个人还待在草地上。因为我特地选了个僻静角落自己待着，所以很确信我跟露丝之间的事不会被旁人听到。

我躺在一块旧油毡布上看书，正如我前面提过，读的是《丹尼尔·德龙达》，这时露丝漫步而来坐到了我身边。她仔细看了看我书的封面，然后自说自话地点了点头。又过了大约一分钟，不出我所料，她果然开始跟我讲《丹尼尔·德龙达》的故事大概。

---

① 《丹尼尔·德龙达》是英国女作家乔治·艾略特最后一部完成的长篇小说，发表于一八七六年，是一部讽刺现实，寻求道德提升的作品，其中对于犹太复国主义和神秘主义观点带有同情色彩的描写，曾引发争议。

直到这一刻之前我还处在诸事顺遂的好心情里，见到露丝还挺高兴，但现在我烦了。这样的事她以前曾经对我干过两三次，我也曾见到过她这样对待其他人。一方面是她那副腔调：好像无关紧要，又诚心实意的，仿佛期望人们真心感激她的帮助。其实即便是当时，我也能隐约觉察出她背后的意图。在最初的那几个月里，我们不知为什么形成了这样一种观点，你在农舍能够多么好地安顿下来——过得怎么样——多少反映在你读了多少书上。这听起来古怪，可我们就是这样，是我们这群黑尔舍姆来的人中间自然形成的观念。这套看法我们刻意搞得含混不清——事实上，这跟我们在黑尔舍姆时代对待性的方式不无相似。你可以到处暗示，好像曾读过各种书籍，每当有人提及某本书的时候，比如《战争与和平》，你就做心知肚明状深深点头，反正也没有人会认真去查验你的说辞。你得记得，因为打从一到农舍，我们就一直相依相伴，所以我们中任凭是谁都不可能在其他人没有发现的情况下，读完《战争与和平》。但是，正如黑尔舍姆对性的说辞一样，大家心照不宣，仿佛真有这样一个神秘的空间，我们都会躲进去读书。

正如我所说，这是一个我们有几分沉溺的小游戏。即便如此，露丝也比别人玩得更加过分。她总是假装已经读过别人碰巧正在读的那本书；只有她一个人认为，要显示自己过人的阅读量，就应该到处给别人讲他们读到半截的书里面的情节故事。正因为如此，当她开始讲《丹尼尔·德龙达》的时候，尽管我很喜欢，还是合上了书本，坐直身子，冷不丁地对她说：

"露丝，我一直想问问你。你为什么总是要在道别的时候打一下汤米的胳膊呢？你知道我是什么意思。"

当然她号称自己并没有，于是我耐心地解释了自己的说法。露丝听完我的说辞，然后耸耸肩。

"我没意识到。我肯定是跟哪儿学来的。"

若是几个月之前，我可能会就此放过她——也可能根本不会提起此事。但那天下午，我又继续施压，向她解释说这是电视剧里的动作。“这种东西不值得学，”我对她说，“外面的人正常生活中并不真的这样行事，如果你是这样以为的话。”

我看得出露丝生气了，但又不知道应该怎样反击。她转开目光，又耸耸肩。“那又如何？”她说，“没什么大不了。我们很多人都这么做。”

“你的意思是克里茜和罗德尼这么做。”

我这话一出口就明白自己犯了个错误，在提到这两人之前，我本来已经将露丝逼到了死角，但现在她脱身了。这就像是下棋的时候，你走了一步，就在你手指离开棋子的那一刹那，就发现了自己的错误，立刻感到非常惊恐，因为还不知道这错误会给自己带来多大的灾难。无疑，我发现露丝目光亮了起来，当她重新开口讲话的时候，声音都完全不同了。

“原来如此，原来这就是可怜的小凯西难过的原因啊。露丝没有给她足够的关注。露丝有了新的大朋友，没那么多时间陪小妹妹玩了……”

“住嘴。反正真实的家庭里不是这样的。你根本什么都不知道。”

“哎呀凯西，你可是真实家庭的伟大专家呢。太抱歉了。其实就是这么一回事，对不对？你还是抱着这样的念头。我们黑尔舍姆的人，我们得团结在一起抱成团，永远不能结交新朋友。”

“我从没说过这种话。我只是说克里茜和罗德尼。这样很傻，他们干什么你都照葫芦画瓢有样学样。”

“可我说的没错，对不对？”露丝继续说，“你不高兴是因为我已经向前翻篇了，交上新朋友了。有些老生几乎都记不住你叫什么名字，谁又能责怪他们呢？除了黑尔舍姆的人之外你跟谁都不讲话。可你不能指望我一天到晚牵着你的手。我们到这里都快俩月了。”

我没有咬钩，而是说道：“别管我，别管什么黑尔舍姆。可你总是晾着汤米。我一直观察着你，就这一星期你已经这么干了好几回。你把他晾在一边，就像多余的人一样。这不公平。你跟汤米应该是一对。这就是说你得照应他。”

“太对了，凯西，就像你说的，我们是一对。如果你非得插一脚，那我告诉你。我们谈过这事，我们意见一致。如果他有时候不愿意跟克里茜和罗德尼一起活动，他可以选择不去。我不会勉强他做任何他不愿意的事。但是我们都同意，他不应该阻拦我。谢谢你关心。”随后，她又换了另一种音调，说道：“话说回来，我看你也没有那么慢热，至少跟某些老生交上朋友了。”

她认真地盯着我看，然后笑了起来，仿佛是说：“我们还是朋友，对不对？”可我觉得她最后这句话没什么可笑。我只是拿起书本，一言不发地走开了。

第十一章

我应该解释一下，为什么露丝的话让我那么恼火。在我们交好的那些年里，初到农舍的几个月是一段很奇怪的时间。我们为了各种小事争吵不休，但同时我们又比以往任何时候都更向彼此袒露心迹。具体来说，我们俩经常会谈心，通常总是在临睡前，黑谷仓顶上我的房间里。你可以认为这是我们当年宿舍熄灯后长谈所遗留的影响。不管怎么说，关键在于不论白天我们有过怎样的争执，一到了上床睡觉时间，我和露丝就会发现两人肩并肩坐在我的床垫上，啜着热饮，推心置腹地交流我们对新生活的感受，仿佛什么都不曾发生过一样。而这种坦诚相见之所以能够发生——甚至可以说，这段时间我们的友谊之所以能够存续——都是因为彼此都相信，这时我们相互倾诉的任何事都会得到尊重、小心对待：我们会珍重双方的信任，不论吵得多凶，都不会利用这时候的谈话内容来攻击对方。当然，这倒不是什么明确制定的规则，但是正如我所说的，是彼此心照不宣的信任，直到《丹尼尔·德龙达》这桩事发生的那天午后，我们两人都没做过越线逾矩的事。因此，当露丝提到我跟某些老生交朋友倒是不慢的时候，我不仅仅是恼火。对我而言，这就是一种背叛。因为她的话毫无疑问指的就是我某天晚上向她倾诉的事，关于我的性冲动。

你大概想得到，性爱问题在农舍跟在黑尔舍姆很不一样。这里一切都更加直截了当——更“成人”。你不会到处跟别人咬耳朵吃吃傻笑，传谁又跟谁做了。如果你知道两个学生做过爱了，也不会立刻开始猜测他们会不会正式成为情侣。如果哪天真有一对新情侣出现，你也不会当成了不起的大事，到处去讲。你只是静静地接受这件事，从此之后，当你提到其中一个人的时候，也会讲到另外一个，就像是“克里茜和罗德尼”，或是“露丝和汤米”。如果有人想跟你做爱，也会更加直截了当。男孩子会走到你面前，问你愿意不愿意到他房间去过夜，“换个环境”，或类似的说辞，这没什么大不了。有时候他是想跟你做情侣，其余的时候，就只是为了一夜的相伴。

正如我所说的，现在的气氛更像是成年人。但是当我回顾往事，却发现农舍时期的性爱更多是出于实际需要。也许恰恰是因为那些流言和秘密都没有了，再不然就是因为冷的缘故。

当我记起农舍时代的性爱时，会想起在冰冷的房间里，漆黑一片中亲热，通常身上总是压着成吨重的毛毯。所谓毯子甚至不是真正的毛毯，而是各种古怪物事——旧窗帘，甚至地毯。有时候天气实在太冷，你只能找到什么都往身上盖，在这堆东西下面做爱，感觉好像山一样的被子在撞击着你，一半的时间你都拿不准到底是跟男生在做呢，还是跟那堆东西。

总之，我想说的是，我到了农舍之后不久，有了几次一夜情的经历。我原本计划不是这样的。我本来想要慢慢来，也许可以跟某个精心挑选的对象结成情侣。我从没有过情侣关系，特别是观察露丝和汤米两人一段时间之后，我很好奇，想自己也试试。正如我说，这是我原本计划的，所以当一夜情多次发生的时候，我感到有些困扰。所以我决定那天晚上跟露丝倾诉心事。

从许多方面而言，那都是我俩一次典型的夜会。我们捧着各自的茶杯，在我的房间里，肩并肩坐在床垫上，因为椽子碍事的关系，两人的脑袋都要稍微侧一下。我们谈起农舍里不同的男生，是否有谁跟我适合。露丝展露出了她最好的一面：支持你、有趣、老练、有智慧。因此我才决定告诉她那些一夜情的事。我跟她讲，尽管我打心底里不想这样，但事情还是发生了；还有，虽然说我们不会因此而造出孩子，但性爱还是对我的情感产生了奇怪的影响，正如艾米丽小姐当初警告的那样。然后我对她说：

“露丝，我想问问你。你有没有感觉不得不做的时候？甚至跟谁都可以？”

露丝耸耸肩，然后说：“我有伴儿。所以如果我想做，只要跟汤米做就好了。”

“我想是这么回事。也许只是我的问题。可能我下面有点什么地方不大正常。因为有时候我真的非常非常需要做爱。”

“这很奇怪呢，凯西。”她关切地望着我，这让我更加担心了。

“所以你就从来没有像这样过。”

她又耸耸肩。“没有到跟谁都可以的程度。听你说的好像是有点奇怪呢，凯西。不过也许过段时间就会平静下来的。”

“有的时候很久都没什么。然后突然一下子就上来了。第一次就是像这样发生的。他开始亲我，我只想让他走开。可是突然那股劲儿就上来了，毫无来由的。我感觉非做不可。”

露丝摇摇头。“确实听起来有点怪。但是很可能会过去的。很可能是我们在这里吃的食物造成的。”

她并没有帮多大的忙，但她表示了同情，过后我感觉好了一些。因此那天下午在草地上我们争吵的中间，露丝突然提起此事，让我大受打击。好吧，也许没有其他人会偷听我们讲话，但即便如此，她这样做也有不对的地方。在农舍的最初几个月里，我们的友谊之所以能够完好无恙是因为，至少在我这边，我有种观念，认为存在着两个不同的露丝。有一个露丝总在费力讨好老生们，会毫不犹豫地无视我、汤米，或是其他任何人，只要她觉得我们妨碍了她拿姿作态。这个露丝我不喜欢，我每天看到她装腔作势、摆谱儿——就是这个露丝，会用拍下胳膊肘的手势动作。但一天结束的时候，在我狭小的阁楼房间里，跟我并肩坐在一起，双腿伸出来，荡到我床垫外面的那个露丝，双手捧着热气腾腾的茶杯，那是来自黑尔舍姆的露丝，无论当天白日里发生了什么，我跟她，我们都可以像这样，上次坐在一起的时候谈到哪里，立刻拾起来接着聊。直到那天下午草地上那件事之前，我都一直深信不疑，这两个露丝绝不会混为一谈；我临睡前向她倾吐心声的那个露丝，我可以绝对信任。所以当她说出那句话，说我“至少跟某些老生交朋友没那么慢”的时候，我特别生气。所以我拿起书走掉了。

但是现在当我回想往事，会更多地从露丝的角度去看问题。比如我看得出，她可能会感觉我才是首先违背约定的那个人，而她这句揭短的话只是一种反击。当时我从没想到这一点，但现在我觉得有这样的可能，这样解释所发生的事能说得通。毕竟在她说这句话之前，我都在讲什么拍打胳膊肘的事。现在说来有点难以解释，但是对于露丝在老生面前的表现，我们两人之间绝对有种心照不宣的共识。诚然，她经常会吹牛，暗指各种我确知根本没有的事。正如我所说，有的时候她会出卖我们去讨好那些老生。但在我看来，露丝似乎认为，她做这些事，都是为了我们大家。而我作为她的好朋友，担任的角色就应该默默地给她支持，就好像她在舞台上表演，我就坐在观众席的第一排。她奋力表现，想做一个不同的自己，也许她比我们其他人感到更大的压力，因为正如我所说，她好像担负起了我们大家的责任。在这种前提下，我说她拍拍胳膊肘什么的这事儿，就可能被看作是一种背叛，也许她当时感到自己这样的反击行为是正当的。正如我所说，这种解释是我最近才想到的。当时我并没有放眼全局，或是认真审视自己在其中的角色。总的来说那段时间，我猜我大概从来没有关注到露丝单纯为了长大，为了将黑尔舍姆抛在脑后、迈向新生活所做的努力。现在回想起这些，我想起了她曾跟我说过的一些话，那是在多佛的康复中心我陪护她的时候。我们曾坐在她的房间里，看着夕阳，我们总是这样，一起享用我带来的矿泉水和饼干，我当时跟她讲，说我还留着当初在黑尔舍姆我的旧收藏盒子里面的大多数宝贝，都好好地放在我的松木箱子里，在我的住处。这时——我倒不是特意想引导话题，或带出自己的观点——只是碰巧对她说道：

“离开黑尔舍姆之后，你就再没有收藏过东西，对不对？”

露丝当时坐在床上，她沉默了许久，阳光照在她身后的瓷砖墙面上。后来她说：

“记得我们走之前，导师们反复提醒我们说，可以将自己的收藏带走。因此我就把盒子里所有的东西拿出来，放进了旅行袋。我计划一到农舍就找个很好的木箱子放这些东西。但是当我们到了那里以后，我发现那些老生都没有自己的藏品。只有我们这些人才有，这不正常。想必我们大家都意识到了这一点，不是只有我一个人，可我们从来没有认真谈过这事，对不对？于是我就没有去找木箱。我的那些东西就在旅行袋里放了好几个月，最后，我就都扔掉了。”

我瞪着她。“你把自己的藏品当作垃圾丢掉了？”

露丝摇摇头，接下来的一段时间，她仿佛在脑海中将每件藏品都细细回忆了一遍。最终她说：

“我把它们都放进了垃圾袋，但我实在不忍心把它们当垃圾丢出去。于是有一次老凯佛斯正准备要开车离开的时候，我就拜托他，把这袋东西送到个商店里去。我知道慈善商店的存在，我都查清楚了。凯佛斯略翻了翻袋里的东西，因为他不知道里面有什么——他怎么会知道呢？——然后他哈哈笑了，说据他所知没有一家商店会要这样的东西。我就说，可是这都是好东西，真正的好东西。他看得出我有点动情，于是就转变了态度。他说了类似这样的话：‘好吧，小姐。我带去给乐施会的人。’然后他又很努力地安慰了我一番，说：‘现在我看清楚了，你说得对，里面都是好东西！’可他并不怎么令人信服。我猜他只是把东西拿走，丢到了什么地方的垃圾箱里。但是至少我不用了解那些。”然后她微笑着说：“可你不同。

我记得。你从来不因为自己的藏品而不好意思，你都留着。现在我希望当初也跟你一样就好了。”

我想说的是，当时我们所有人都在尽力适应新的生活，我猜大家都做过后来后悔的事。当时露丝的话让我很难过，但现在为了当初刚到农舍的最初时间她或其他人的所作所为，要去评判她或者任何人，都毫无意义。

随着秋色渐浓，我对于大家的周遭环境越来越熟悉，开始留意到一些早先忽视的情况。比如说，学生们对于最近离开的人那种奇怪的态度。老生们在去大白楼或是白杨农场的旅途中遇到的人物，他们会毫不迟疑地分享他们的趣事；可他们几乎从来不会提及那些直到我们到来之前还跟他们很密切的朋友。

我还注意到一件事——我看得出两者之间有关联——当某个老生出门去“做任务”的时候，大家对此都小心翼翼，三缄其口——即便是我们，也能明白他们是做护理员去了。他们可能一去四五天，但在此期间极少被提及；而他们回来的时候，也没人真的去问他们些什么。我猜他们大概跟最亲密的朋友会私下交谈。但大家心照不宣，都不在公开场合谈论这些外出旅行的事。我记得有天上午，通过厨房雾气腾腾的窗户，看到两个老生离开去“做任务”，心里不禁想，到明年春天或者夏天，他们会不会就彻底消失了，轮到我们小心翼翼，避免提到他们。

但是如果说离开的学生是完全禁止谈论的，那又有点夸张。要提到也就提到了。最常见的是，你会听到别人间接提到他们，通常是说到什么活计或是物件相关的时候。比如，如果落水管需要修理，大家就会七嘴八舌地讨论，说“当初麦克是怎么修的”。黑谷仓外面有个树墩子，大家都称之为“戴夫的树桩”，因为足足三年，直到我们来的几个星期之前，他总是坐在上面读书写作，有时下雨或者天冷都不改其行。也许最令人记忆深刻的是史蒂夫。我们始终也没弄明白史蒂夫到底是怎样一个人——只除了一点，他喜欢色情杂志。

时不时你会在农舍里发现一本色情杂志，或是丢在沙发后，或是埋在一堆旧报纸中。这是那种所谓的“软性色情”，可我们当时不懂得如何区分。我们以前没碰到过这种事，也不知该作何感想。当有杂志冒出来的时候，老生们通常会一笑置之，飞快翻阅，仿佛熟视无睹，然后就丢到一边，于是我们也照此办理。几年之前，当我和露丝一起回忆这些往事的时候，她坚持说当时在农舍里有几十本这种杂志在流传。“没有人承认自己喜欢，”她说，“可是到底怎么回事你是记得的。如果某个房间里冒出一本，大家都假装见怪不怪，没什么好看。可是你过半小时再回来，准会发现杂志不见了。”

总之，我想说的是，每当有这种杂志出现，大家就号称这是“史蒂夫的藏品”中剩下来的。换句话说，任何时候有色情杂志冒出来，史蒂夫都要对此负责。正如我所说，我们始终也没有明白史蒂夫到底是个怎样的人。可即便在当时我们也能看出此事的滑稽之处，当有人指指点点，说“看哪，又一本史蒂夫的杂志”时，听出话中些许的讥讽之意。

然而这些杂志让老凯佛斯不胜恼火。有传言说他信教，不仅仅坚决反对色情内容，根本跟性爱都势不两立。有时候他会大发脾气——你能看到他那花白的胡须之下，面皮因为暴怒而鼓胀起一块块红斑——他会满屋子乒乒乓乓地搜查，不敲门就冲进人家房间里，决心要把每一本“史蒂夫的杂志”都翻出来。这时，我们总是尽力去感受他滑稽可笑的一面，但他这样发脾气的时候，其实真的有很吓人的一面。比如，他通常的咕咕哝哝不停抱怨的话突然都没有了，这种沉默赋予他一种令人警惕的气场。

我记得有那么一次，凯佛斯收了六七本所谓“史蒂夫的杂志”，一起拿着冲出门去，到自己车上。我和劳拉碰巧一起待在我的房间里，劳拉的话刚刚逗得我哈哈大笑。这时我看到凯佛斯打开车门，也许是因为他需要用双手来搬别的东西，因此将杂志放在了锅炉房外堆叠的一些砖块上——几个月前有几个老生曾试图搭炉子烤肉。凯佛斯身体前倾，头肩都藏进了车内，在里面翻找了老半天，不知为什么我觉得，虽然说他一会儿之前还那么火冒三丈，他这会儿已经忘记了那堆杂志。果不其然，几分钟后我看到他站直了身子，爬进驾驶座，砰一声关上车门开走了。

我跟劳拉指出，说凯佛斯把杂志落下了，她说："反正杂志放那边也待不了多久。他又得再敛一遍，下次决定大清洗的时候。"

但是大约半小时之后，当我不知不觉散步经过锅炉房的时候，发现杂志并没有人动过。我想了一下，要不要拿回自己房间去，但又想到，如果杂志在我房间里被人发现，那我就要承受没完没了的嘲弄；而且人们绝不可能理解我为什么要做这样的事。所以我就拿起杂志，带进了锅炉房。

这锅炉房其实就是另外一间谷仓而已，建在庄院的尽头，里面堆满了旧割草机、草叉子之类——都是凯佛斯认为不太容易着火的东西，万一哪天锅炉突然爆炸也不致酿成大祸。凯佛斯还在里面放了一张干活用的工作台，于是我将杂志放在了这上面，将一些旧地毯推到一边，自己使劲撑起，坐到了桌面上。光线并不太好，但我身后某处有面脏兮兮的窗户，当我翻开第一本杂志时，我发现能看得清楚。

里面有很多女孩子高举双腿张开，或是翘起屁股的照片。我得承认，曾几何时我也曾看到这样的画面会感到兴奋，虽然我从来没有幻想过跟女生做爱。但那天下午，这不是我要找的内容。我快速地翻页，不想被书页中的性爱分心。事实上，我几乎没有看到那些扭曲的肉体，因为我专心看的是脸部。即便是录像带广告页，或是那些折页中，我也要仔细检查模特的面容，然后才往下翻。

直到我快将所有杂志翻完，才确信有人站在谷仓外面，就在门口旁边。我将门开着，因为平常门就开着，还因为我需要光线；已经有两次我不由自主抬眼望，觉得听到了微小的声音。但那里没有人，于是我就继续做自己的事了。可是现在我确信有人，于是放下杂志，发出一声沉重的叹息，足以让人听得清楚。

我以为会听到咯咯傻笑的声音，也许会有两三个学生冲进谷仓，好容易抓到我抱着一堆色情杂志研究，可不能轻易放过。但是什么也没有发生。于是我叫了一声，我尽力让话音显得很警惕：

“很高兴你跟我一起。干吗这么不好意思？”

外面传来一声轻笑，然后汤米出现在门口。“嗨，凯丝，”他怯生生地说。

“来嘛，汤米。一起来找乐子。”

他有几分警惕地朝我走来，在几步之外又停了下来。随后他望着后面的锅炉，说道：“我不知道你喜欢这种东西。”

“女生也有权看的，不是么？”

我继续翻看书页，接下来的几秒钟里，他默不作声。然后我听到他说：

“我不是特意跟踪你。可是我从自己房间里看到你了。我看到你出来到这里，拿走了凯佛斯留下的杂志。”

“很欢迎你都拿走，等我看完之后哦。”

他有些尴尬地笑了起来。“只不过是些性爱内容。我想我都已经看过了。”他又笑了一声，但当我抬眼望的时候，发现他表情很严肃地望着我。然后他说：

“你在找什么东西，凯丝？”

“你什么意思？我只是在看下流图片。”

“只是图刺激吗？”

“大概可以这么说。”我放下一本杂志，开始翻另一本。

这时我听到汤米的脚步越来越近，直到在我跟前站住。当我再次抬头时，见他双手焦躁地悬在空中，仿佛我在干什么复杂的手工活儿，他特别想帮忙。

“凯丝，你不是……反正，如果是图刺激，你就不能这么看。你得更仔细地观察画面才可以。像你看这么快是没用的。”

“你怎么知道女生怎么用？哦，也许你跟露丝一起看过这些。对不起，我没想到。”

“凯丝，你在找什么？”

我无视他的问话。我已经快把一沓杂志都翻到底了，正急于看完。这时他又说：

“我以前看到你这样过的。”

这次我停了下来，看着他。“怎么了，汤米？凯佛斯招募你当色情巡视员了吗？”

“我不是要跟踪你。但我的确看到过你，上周那次，我们都到查理房间去之后。那里有一本这种杂志，你以为我们都离开了，不在场。可我回去拿衣服，克莱尔的房门都开着，所以我一眼就能看到查理的房间。所以我才看到你在里面，在翻那本杂志。”

“那又怎样？我们都得用各自的方式爽到啊。”

“你根本不是为了刺激。我看得出，我现在也能看出来。是你的脸，凯丝。上次在查理的房间里，你脸上表情就很奇怪。好像你很难过，也许还有点害怕。”

我从台面上跳了下来，收拢所有杂志，丢到他手上。“给你，拿去给露丝。看看对她有没有作用。”

我走过他身旁，出了谷仓。我知道他会感到失望，因为我什么也没跟他讲。可当时我自己也没有想清楚，没准备好告诉任何人。但我并不介意他跟在我后面到锅炉房去。我一点也不介意。相反我感到很安慰，几乎是得到了保护。后来我还是告诉他了，但那是几个月之后了，在我们去诺福克的那次旅行中。

第十二章

我想谈谈那次去诺福克的旅行，以及那天发生的所有事件，但首先让我把时间后退一点，交代下背景，以及我们为什么去那里。

那时候，我们的第一个冬天已经快过去了，我们也感到比较习惯了。虽然我跟露丝有些小争执，可我们还是将老习惯保持了下来，一起在我的房间里享受一天最后的几个钟头，伴着热饮谈天说地，就是在这样的谈天时刻，当我们在闲扯的时候，她突然说道：

“我猜你大概听到克里茜和罗德尼说的话了吧。”

当我回答说没有的时候，她笑了，继续说：“他们可能只是吊我胃口。他们当笑话捉弄我的。就当我没说好了。”

可我看得出，她希望我打破砂锅问到底，于是我就穷追不舍，最后她压低了声音说：

“你记不记得上礼拜克里茜和罗德尼出门去了？他们去了一个叫克罗莫的小镇，在诺福克海滩北边。”

“他们去那里干吗？”

“哦，我想他们是有个朋友在那边，曾经住在这里的一个人。这不是关键。问题是，他们声称说看到了这么一个……人。在一个大开间办公室上班。还有，哎你知道的。他们号称这人是个可能的原型。我的原型。”

虽然说我们大多数人早在黑尔舍姆就曾对“可能的原型”这

个概念有所了解，但我们感到好像不应该，所以就没有讨论这个问题——然而当然了，这问题让我们既好奇，又深受困扰。即便是在农舍，这也不是一个随便提起的话题。涉及原型可能人选问题，比聊到任何其他话题——比如性爱——都更加尴尬。然而同时，你能看出大家都很热衷——有些人甚至对此很着迷——通常总是在谈起那些距离我们的世界非常遥远的话题，比如詹姆斯·乔伊斯这样严肃的争论中间，这件事会不断被提起。

可能的原型理论背后的基本思路很简单，对此没有什么异议。大致是这样的。因为我们每一个人都是从一个正常人复制而来，因此我们每一个人，都会有一个原型生活在外面的世界里。这就意味着，至少在理论上，你可以找到自己的原型人物。所以当你亲自来到外面的时候——在镇子上、购物中心、车站咖啡馆里——你总是留意着寻找"可能的原型"——那些你和你朋友的原版真身。

但除了这些基本理论之外，大家就很难有一致意见了。当我们在外面找寻可能的原型时，到底要找什么样的人，这点都没有人看法相同。有些学生认为你应该去找比自己年长大约二三十岁的人——就是正常父母的年龄。但其他人声称这样纯粹是感情用事。为什么我们跟我们的原型之间，要有"自然的"代际关系呢？他们可能用婴儿、老人做复制，又有什么不同呢？其他人反驳说他们会选择健康状况处于巅峰阶段的人，所以他们和你可能是"正常父母"的年龄关系。但到了这里，我们就都感觉到逼近了一个我们不想进入的边界，争论就会渐渐停息。

还有一些问题是围绕着我们为什么想要寻找原型。寻找自己原型的背后一个主要的观点是认为，如果找到了，你就得以窥见自己的未来。可我的意思并不是说比如有人发现他的原型是个在火车站工作的人，那么他将来也会去做同样的事。我们都认识到事情绝非这样单纯。然而我们所有人，或多或少都相信如果你见到了自己的原型，就会获得某些洞见，关于自己的深层真相，你就能看到生活未来的一点可能。

我们中有些人，认为考虑可能的原型是种愚蠢的选择。我们的原型跟我们毫无关系，只是我们来到人世的技术需求，此外无他。我们每个人要尽自己所能去实现自己的人生。露丝一直声称是持这样的立场，很可能我也一样。然而一旦我们听到有关于可能原型的消息——不论是谁的原型——我们还是禁不住会好奇。

据我的记忆，见到可能的原型这种事，经常是批量出现。很可能好几个星期里没有人提到这个话题，然后若有一个可能的原型浮现，就会引发接二连三的新发现。显然其中绝大多数都不值得深究：驶过的车里看到的人影，诸如此类。但偶尔会有些可能的原型似乎有凭有据——就像那天晚上露丝跟我说起的那例。

据露丝说，克里茜和罗德尼正忙着探索他们去到的这个海边小镇，两人分开走了一会儿。当他们再次碰头的时候，罗德尼很激动地跟克里茜说起他从大街岔到小路上，路过了一间开放式大办公室，临街面是大块的玻璃。里面有许多人，有的在办公桌前，有的走来走去在聊天。他就在这里看到了可能是露丝的原型。

"他们一回来，克里茜就跑来告诉了我。她让罗德尼把一切都描述给我听，他也尽力而为，但其实没可能什么都说清楚。现在他们总说要开车带我去那里，可我不知道。我不知道是否应该对此做些什么。"

我不记得那天晚上我具体跟她说了些什么，但是当时我很怀疑。事实上，坦白讲，我猜想整件事都是克里茜和罗德尼编出来的。其实我并不想让人以为克里茜和罗德尼是坏人——那样讲不公平。在很多方面，我真挺喜欢他们的。可事实上，他们对待我们这些新人，尤其是露丝，可一点都不坦白直率。

克里茜是个高个子姑娘，她站直了身子的话其实很美，但她似乎意识不到这一点，总是驼着背，跟我们保持在一样的高度。正因为如此，她看起来更像是个坏女巫，而不是电影明星——她要跟你说话的时候，未曾开口先伸出手指戳你一下，这恼人的习惯更令人加深了这种印象。她总是穿着长裙子，而不是牛仔裤，一副小眼镜戴得几乎要贴到面上去。夏天我们刚到的时候，她是热情欢迎我们的老生之一，我一开始深深被她吸引，曾特地向她寻求指点。但时间一周一周过去，我开始有所保留。她总是要特地说到，我们是来自黑尔舍姆，仿佛这点足以解释我们的一切，这让人觉得奇怪。而且她总是问我们关于黑尔舍姆的问题——关于那些小细节，现在我照顾的捐献者也常常这么问——而且，虽然她故意假装只是随便问问，我却看得出她的兴趣背后另有缘故。还有一件事让我心怀芥蒂，就是她似乎一直想分化我们：我们一起在做什么事的时候，把其中一个人叫到一边去，再不然就是邀请我们中的两人去加入个什么活动，把另外两个人晾在边上——诸如此类的事。

你极少会看到克里茜没跟她男朋友罗德尼在一起。他整天将头发扎成马尾束在脑后，就像七十年代的摇滚乐手，总是谈论些转世投胎之类的事。我其实挺喜欢他，但他深受克里茜的影响。不论是讨论什么，你都知道他一定会站在克里茜的那一边，如果克里茜说了哪怕稍微有点可笑的话，他都会哈哈大笑，仿佛滑稽得不可置信似的摇头晃脑。

好吧，也许我对这两个人有点太苛刻了。不久之前，我和汤米一起回忆起这两个人的时候，他认为他们挺正派的。可我现在跟你讲这些是为了解释为什么他们声称看到露丝可能的原型这事让我觉得特别可疑。正如我说的，我最初的本能反应是不相信，并且猜想克里茜另有目的。

我对于这事儿持怀疑态度还跟克里茜和罗德尼具体的描述有关系：他们描绘的画面是一个女人在玻璃外墙的高档办公室工作。在我看来，这跟我们大家都了解的，露丝的“梦想未来”太相像了。

我想那年冬天主要是我们这些新来的人在谈论什么“梦想未来”，当然有些老生也参与进来。每当这种话题开始讨论，有些更年长的——尤其是那些已经开始培训的——都会默默叹息，离开房间，很长时间里我们甚至意识不到他们的反应。我也说不准在这些讨论中我们脑子里都在想些什么。很可能我们知道这不能当真，然而反过来讲，我敢肯定大家也不全把这当成是幻想。也许，当我们一旦将黑尔舍姆抛在身后，在那半年左右的时间里，在所有那些关于成为护理员的谈话开始之前，在驾驶课，以及其他许多事情发生之前，在相当长的一段时间里，我们得以忘记了自己的真实身份；忘记了导师教给我们的一切，忘记了那个下雨的午后露西小姐的情感爆发，以及多年以来我们自己形成的各种理论。当然，这无法持续，可是正如我所说，仅仅在那几个月里，我们竟得以生活在一种舒适的悬浮状态中，可以思考人生，而无须担忧那些平常高度警惕的界限。现在回首往事，就好像我们在那个雾气腾腾的厨房里，度过了很多很多早餐后的时光，或是后半夜里，我们围坐在半熄的炉火旁，忘情地谈论着大家对未来的计划。

可我要提醒的是，我们谁也没有异想天开。我记得没有谁曾说要当个电影明星之类的。那时我们谈的，多半像是当个邮差，或是到农场上干活。有好几个学生想当这种或是那种驾驶员，很多时候，当谈话开始转向这方面的时候，有些老生就开始比较他们曾去过的旅游线路之异同，他们喜欢的路边咖啡馆，很难走的交叉路，诸如此类。当然现如今要是比赛讲这些，我能把他们很多人都说到桌子底下去。然而在那时候，我都是静静倾听，什么也不说，将他们的话全都吸收进来。有时候，如果很晚了，我就闭上眼睛，倒在沙发扶手上——或是某个男生的臂弯里，如果碰巧当时我处于“正式”跟谁交往的短暂期间——睡一阵，醒一阵，任由那些道路的形象在脑海里流动。

总之回到我的观点，当这种谈话发生的时候，露丝总是会比别人更投入——尤其是当有老生在场的时候。她从那年一入冬就开始讲办公室，但这想象何时获得了生命，何时变成了她的“梦想未来”，是在我和她走进村子的那天早上之后的事了。

那是一场特别冷的寒潮期间，我们的大煤气供暖设备一直不好用。我们花了很多时间想点起暖炉，但一键之遥，却就是打不着火，我们只得放弃了一个又一个暖炉——随之也只得放弃暖不起来的房间。凯佛斯拒绝处理问题，声称这是我们的责任，但最终实在是太冷了，他就给了我们个信封，里面装着钱，还有我们需要买的点火燃料名称。于是我和露丝自告奋勇走到村里去买燃料，所以在那个有霜的早晨，才会经过那条小巷。我们经过了一个地方，两边的篱笆都很高，地面上满是冻牛粪堆，这时露丝突然在我身后几步停下了脚步。

我过了一会儿才意识到，因此当我退回到她身边时，正看到她举手捂住嘴巴在呵气，眼睛朝下望着，注意力完全被脚边的东西所吸引。我以为也许是只可怜的动物在霜冻中冻死的尸体，但当我走上前，却看到一本彩色杂志——不是“史蒂夫的杂志”那种，而是那种明艳诱人、跟着报纸免费派发的杂志。落在地上的杂志碰巧打开在对开的广告页面，尽管纸页已经浸湿，一角上还有泥，你仍能够看得很清楚。书页上有个漂亮高档的开放式办公室，里面有三四个工作人员好像在谈天说笑。这地方看起来明媚无比，里面的人也一样。露丝盯着这幅画面，当她发现我在身边时，说道：“这才算是个像样的上班的地方。”

这时她又变得不好意思起来——也许因为我看到她这样，还有点生我的气——于是重新启程，比先前走得更快了。

但是几天后的晚上，当我们几个在庄院大屋里，围坐在炉火旁的时候，露丝开始跟我们讲她理想中的办公室，我立刻就听出来了。她讲到了所有的细节——绿植，亮闪闪的设备，带脚轮的转椅——说得栩栩如生，大家谁也不忍心打断，听她说了很久。我仔细观察她，但她仿佛始终没想到我可能会联想起前几天的事——也许她自己都忘了，这些意象是从何而来。她甚至还曾说到办公室里的同事都是那种“充满活力、勇往直前的类型”，我清楚记得这就是那张广告图上方大字体印出来的内容：“你是不是属于充满活力、勇往直前的类型？”或者类似的用词。当然我什么也没说。事实上，我听着她的话，不禁心想，也许这都是可行的：是否有一天我们大家都可以搬到一个像这样的地方，继续生活下去。

当然，克里茜和罗德尼那天晚上都在，每个字都听进去了。接下来的几天里，克里茜一直怂恿露丝多讲一点。我曾经偶尔经过，碰到他们一起坐在房间的角落里，克里茜问：“你确信大家一起在一个像这样的地方工作，不会打扰对方吗？”就这样，让露丝再次开始讲这件事。

克里茜这个人的问题在于——很多的老生也是一样——虽然我们刚刚到的时候，她对我们的态度略微有点屈尊俯就的意思，但实际上她对我们来自黑尔舍姆这件事，内心深感敬畏。我过了很久才认识到这一点。以露丝的办公室为例：克里茜本人在任何情况下，都绝对不会谈论在任何一个办公室工作，更不要提像这样的办公环境了。但因为露丝来自黑尔舍姆，不知为何这整套想法就变成了可能的范畴。克里茜就是这样看问题的，我猜露丝时不时也确实会说点什么，来鼓励这样的想法：好像我们这些黑尔舍姆的学生，理所当然适用于另外一套规则标准。我从没听到露丝实际对老生们撒谎；她只是没有否认一些说法，又暗示其他的可能。有几次我本可以当众反驳她，戳穿她的说法。但有时露丝故事讲到一半，偶尔目光跟我的碰上，如果说她有点心虚的话，也似乎很有信心认为我不会出卖她。当然我没有。

因此这就是克里茜和罗德尼号称曾见到露丝“可能的原型”事件的背景，也许你现在能明白为什么我对这件事这么警惕。我不大赞同露丝跟他们去诺福克，可也说不出到底为什么。一旦她明确表示拿定了主意要去，我就跟她说我也要去。起初她似乎不大开心，甚至还曾表示，也不希望汤米陪她同去。可是最终我们都去了，我们五个人：克里茜，罗德尼，露丝，汤米，还有我。

第十三章

罗德尼有驾照，他跟沿路下去几英里之外的麦琪利的农场工人说好，当天借一部车给我们用。以前他总是用这方法找车用，但这一回，就在我们计划出发的前一天，约定有变，那辆车不能借了。尽管说事情解决得还算轻松——罗德尼亲自去了那个农场，人家承诺再给他另一部车用——在那悬而未决、整个行程可能被取消的几个钟头里，露丝的反应很有趣。

直到那之前，她始终表现得仿佛整件事无非是个笑话，她要参与的唯一原因只是为了让克里茜高兴。她总是说我们离开黑尔舍姆以来，完全没有充分利用自由探索的机会；说她反正也一直想去诺福克，“找回我们丢掉的一切”。换句话说，她是不遗余力要让我们相信，对于找到她的“可能的原型”这件事，她不是很认真。

就在我们出发的前一天，我和露丝曾出门散步，进了庄院的大厨房，菲奥娜和几个老生正在里面做一大锅炖菜。事情是菲奥娜本人告诉我们的，她正在干活，头都没抬告诉我们说，农场的小男孩刚刚来过，说了这事儿。露丝就站在我前方，因此我看不到她的脸，但她整个姿态都僵掉了。然后她没说话，只是转身推开我，跑出了庄院。那时我瞥到一眼她的脸，才意识到她有多难过。菲奥娜开始说“唉，我不知道……”之类，但我马上说：“露丝难过不是因为这个。是因为别的事，早先的事儿。”这遮掩很无力，但情急之下，我只能做到这样了。

最终，正如我说的，车辆的危机得以解决，第二天一大早，天还一片漆黑我们五个就钻进了这辆有撞痕却依然很不错的罗孚汽车上。上车以后，克里茜和罗德尼并排坐在前面，我们三个坐后排。这样感觉很自然，我们想也没想就这样坐了进去。但几分钟之后，当罗德尼开车带着我们开出黑暗的小路，上了大路之后，坐在中间的露丝就俯身朝前，双手放在前面座椅上，开始跟两个老生讲话。这样一来坐在她两边的我跟汤米就听不到他们讲话的内容，而且因为她坐在我俩中间，我们也没办法互相聊天，甚至看不到对方。很偶然的时候，她会靠到后面，于是我就试着找点话题三个人聊，可露丝根本不接茬，要不了多久她就会再次倾身朝着前面，把脸扎在两个前座中间了。

大约一小时后，天色开始放亮，我们停车下来伸伸腿，让罗德尼去撒尿。停车的地方在一大块空地旁边，于是我们跃过壕沟，花了几分钟时间搓搓手，眼看着口中呼出的热气升上去。一度我留意到露丝跟我们其他人散开了，朝着空地的方向望着日出。于是我走上前，提议说反正她只想跟老生们聊天，那不如跟我换换位置。那样她至少可以继续跟克里茜聊天，我和汤米也可以说说话，解解路途乏闷。还没等我说完，露丝就低声说：

“你怎么这么难弄？尤其是现在！我就不懂了。你为什么要惹事呢？”说完她拉了我一把，这样我们俩都背对着其他人，别人看不出我们在争吵。她这个动作，而不是她所说的话，突然让我看到了她的视角；我明白露丝花这么大的气力不仅仅是为了在克里茜和罗德尼面前表现自己，而是为了我们大家；而我却在这里，威胁要给她搞破坏，出洋相让她难堪。我看明白了这些，因此就摸了摸她的肩膀，又回到了其他人身边。当我们回到车上的时候，我特意确保我们三人还跟之前一样的次序就座。可是接下来的行程里，露丝或多或少显得有些沉默，靠后挺直坐着，即便克里茜和罗德尼从前座朝我们后面大声喊叫，她也只是闷闷不乐地以单字作答。

可是当我们一来到这座海边小镇，气氛就提振了不少。我们大约是午饭时间到达，然后将罗孚汽车停在了一个满是小旗飘舞的小型高尔夫球场边上的停车场。天气阳光明媚，晌晴的天。在我的记忆中，刚开始的那个钟头大家都因为出门在外而感到非常兴奋，并没有多想我们来这里是为什么。一度罗德尼还曾经大喊了几声，挥着双臂带头领大家沿路平稳爬坡，经过一排排的房屋和零星店铺。天空一片无垠，毫无遮掩，于是你能感觉出这是在朝大海边走。

实际上等我们真的来到海边时，发现自己所在的这条公路似乎径直伸到悬崖边。乍一看仿佛从公路边陡峭下降就是沙滩，但一旦翻过了路边的围栏，就发现有些曲折的脚印，带领你从陡峭的悬崖壁一直走到海边。

这时我们已经饥肠辘辘，于是进了一间小咖啡馆，小店坐落在悬崖边，就在那脚印踩出来的小路起始的地方。我们进去的时候，里面只有两个戴围裙的胖女人，是店里的员工。她们在一张桌边抽烟，但很快就起身，消失在了厨房里，因此整间店堂里就只剩下我们。

我们选了最后面的一张桌子落座——这就意味着我们坐在最靠近悬崖边缘的探出部分——我们坐下来，感觉真的好像悬在大海上方一样。当时我没有什么比较，但现在我知道，那家店非常小，只有三四张小桌子。他们开着窗——可能是为了避免店里炸东西的油烟味太重——因此时常有阵风穿过房间，吹得各种优惠活动广告四处乱飘。账台上有个别针固定的纸板招牌，是用签字笔写的广告词，顶端有个“看”字，“look”的两个O里面，分别画了一只瞪大的眼睛。现在这样的东西我看得多了，甚至都不留意了，但当时，我从没见过这种花样。因此我很赞赏地看个不停，正好撞上了露丝的目光，发现她也对此赞叹不已，我们齐声哈哈大笑。那是个温暖的时刻，感觉在车里时两人之间的不愉快仿佛已经抛在身后了。可是后来的事表明，那次出门的其余时间里，那是我跟露丝之间最后的亲密时刻了。

自从到了小镇以来，我们都没提过“可能的原型”，我猜想等大家坐下来就终于可以认真谈谈这件事了。可是，当我们刚开始吃三明治的时候，罗德尼就开始讲他们的老朋友马丁，他是前年离开农舍的，现就住在镇上某处。克里茜忙不迭地接上他的话题，很快两个老生就开始一个接一个地讲马丁做过的那些搞笑的事。大多数段子我们都听得不甚了了，但克里茜和罗德尼真的是乐在其中。他们不停地交换目光，相视而笑，虽然他们假装是为我们讲的，其实很明显他们是在为了彼此回忆故人。现在想起来，我才意识到，在农舍里大家几乎完全不提起已经离开的人，这样的禁忌可能也让他们甚至彼此之间都无法谈论共同的朋友，只有当我们出来之后，他们才感到可以这样纵容自己。

他们笑的时候，我出于礼貌也会跟着笑笑。但汤米似乎比我还搞不清状况，时常慢半拍，犹疑该不该笑。可是露丝却笑了又笑，不论人家说到马丁什么事，她都跟着使劲点头，仿佛她也记得这些事。有一次，克里茜特别含混地说起一件事——大概是这样说的：“啊，没错，就是他拿牛仔裤出去的那次！”——露丝爆发出大笑，并且朝我们示意，仿佛是对克里茜说：“继续啊，快给他们解释下，让他们也乐乐。”我装作没看见，但克里茜和罗德尼就开始讨论，大家是否应该去马丁的公寓。这时我才开口，也许有点太冷漠地说：

“他到底在这里做什么？他为什么会有套公寓呢？”

回答我的只有一片沉默，然后我听到露丝不耐烦地叹了口气。克里茜隔着桌子朝我靠近，小声地说话，仿佛是解释给小孩听：“他在当护理员。不然你以为他在这里做什么？他现在是正式的护理员了。”

经过一会儿调整，我说："我正是这个意思。我们不能去找他、去看他。"

克里茜长叹一声说："好吧。我们不应该去拜访护理员。严格来说是这样。当然不鼓励这种做法。"

罗德尼轻笑着补充道："绝对不鼓励。去看他是很淘气、不像话的行为。"

"太淘气了，"克里茜说完，嘴里发出不耐烦的啧啧声。

这时露丝加入进来，说道："凯西讨厌淘气。那我们最好还是不要去拜访他了。"

汤米一直望着露丝，显然感到很困惑，不明白她是支持哪一方，其实我也拿不准。在我看来，她不希望这次出行改变路线，因此虽然不情愿，却还是站我这边，因此我朝她微笑，但她并没有回应我的目光。这时汤米突然问道：

"你到底在哪里看到露丝可能的原型的，罗德尼？"

"噢……"如今我们已经到了镇上，罗德尼仿佛对找原型这件事完全丧失了兴趣，我看到露丝脸上浮现出焦急的神色。最终罗德尼说："就在主街拐角的地方，那头再往前一段。当然，今天她可能休息。"没有人插话，他又接着说："他们有休息日的，你知道。他们不总是待在办公室里。"

当他讲话的时候，我一度以为我们错误地判断了形势；就我们所知，老生们经常谈论可能的原型只是为了找理由出门旅行，并没有真心想深究这些原型。很可能露丝也是持同样的想法，因为她现在看起来忧心忡忡，但最后她还是挤出一丝笑容，仿佛罗德尼刚刚说了个笑话。

这时克里茜换了副不同的腔调说："你知道的，露丝，过几年我们就可能到这里来拜访你。在一间漂亮办公室里工作。到那时我倒不信谁能拦住我们不让来看你。"

"没错，"露丝立刻回答说，"你们都能来看我。"

“我看行，”罗德尼说，“没有规矩说不能去拜访在办公室上班的人。”他突然大笑起来。“我们不知道。我们从前都没经历过这种事。”

“没事的，”露丝说，“他们允许的。你们都能来看我。就只除了汤米之外。”

汤米满脸震惊。“为什么我不能来？”

“因为你已经跟我在一起了，傻蛋，”露丝说，“我要留住你。”

我们都笑了，汤米似乎还是落在别人后面，有点反应不过来。

“我听说威尔士有个姑娘，”克里茜说，“她是黑尔舍姆的，可能比你们高几级。据说她现在在一家服装店工作。她真的很聪明。”

有人嘟囔着表示赞同，片刻间，大家都如坠梦中一般抬头望着天上的云彩。

“你们黑尔舍姆就是这样啊，”最后，罗德尼开口道，说着，不可置信一般摇了摇头。

“还有另外一个人，”克里茜转头朝着露丝——“你那天跟我们讲过的那个男生。那个比你高两年，现在当公园管理员的。”

露丝若有所思地点头。这时我想到应该给汤米递个眼色，警告他一下，但不等我转过身去，他已经开口讲话了。

“那是谁啊？”他迷惑不解地问道。

“汤米，你知道的呀，”我马上说。我想踢他一脚，但那样做风险太大了，甚至可能让我的话音不稳，克里茜能立刻觉出不对来。因此我就径直反驳，带着点厌烦的腔调，仿佛我们都受够了汤米总是忘事情。但这就意味着汤米还是没搞清状况。

“我们认识的人吗？”

“汤米，我们不要再来这一套了好不好，”我说，“你得去查查大脑。”

终于汤米似乎转过弯来，乖乖闭上了嘴。

克里茜说：“我知道自己很幸运，能够到农舍来。但你们黑尔舍姆的，你们才真叫幸运。要知道……”她压低了声音，又朝前倾斜过身体。“有件事我一直想跟你们讲。可是在农舍那边根本不可能。总会有人听得到。”

她环视桌边众人，最后将目光凝聚在露丝脸上。罗德尼突然紧张起来，也将身体朝前倾。我感觉，克里茜和罗德尼终于要暴露他们此行的核心目的了。

“我和罗德尼当初在威尔士的时候，”她说，“就是我们听说那个在服装店工作女生的时候。我们还听说了别的事，是关于黑尔舍姆学生的。据他们说，过去曾有些黑尔舍姆的学生，在特殊情况下曾得到过延期。如果你是黑尔舍姆的学生，就可以做到。你可以申请将捐献时间推迟三年，甚至四年。这不容易做到，但有时候他们会许可。只要你能够说服他们。只要你满足条件。”

克里茜稍作停顿，抬眼看看我们每一个人，也许是为了强调戏剧效果，也许是查看我们是否露出了解的表情。我和汤米很可能露出了迷惑的表情，但露丝的脸上看不出任何心理活动。

“他们的说法是这样的，”克里茜继续说，“如果男生女生是一对情侣，两个人相爱，真心正式地相爱，如果能证明这一点，那么黑尔舍姆的负责人就会帮你搞定。他们帮忙安排好，让这两个人可以共同生活几年，然后才开始捐献。”

这时桌边萦绕着一种陌生的气氛，仿佛周围有轻微的波动。

“我们在威尔士的时候，”克里茜接着说，“是大白楼的学生，他们听说黑尔舍姆有这么一对，男的只剩最后几周的时间，就要去做护理员了。然后他们去找了人，把安排延后了三年。他们获准继续共同生活在那里，就在大白楼里，整整三年不需要继续训练，或者做别的事。三年完全属于他们自己，因为他们证明自己是真心相爱。”

就在这时，我留意到露丝很有权威地点头表示认可。克里茜和罗德尼也留意到了，几秒钟内他们呆呆地望着她，就像被催眠了一样。我仿佛看到克里茜和罗德尼两人，早在这之前几个月里，在农舍里，两人就悄悄在调查和刺探这个问题。我仿佛看到他们两人刚开始小心翼翼地提到这件事，耸耸肩，放到一边去，然后再次提起，完全无法做到把这事抛下不管。我仿佛看到他们设想着要如何跟我们谈这件事，看到他们认真策划要怎么做，到底要怎么说。我再次看到面前盯着露丝的克里茜和罗德尼，试图读懂他们脸上的表情。克里茜看起来既害怕，又满怀希望。罗德尼看起来紧张不安，仿佛信不过自己，怕自己会不小心说出不该说的话来。

这并非我第一次听到有关延期安排的流言。在过去的几周内，我在农舍越来越多地听到人谈起。总是老生们自己在聊这话题，如果有我们中的人出现，他们就会显得有些尴尬，并且闭嘴。我听了太多，足以理清要点；也知道这事跟我们这些黑尔舍姆的学生尤其关系密切。可是尽管如此，只是在那天，在那个海边的咖啡馆里，我才终于明白，原来对于某些老生而言，这整套理论究竟有多重要。

“我猜想，”克里茜继续说，她声音有点颤动，“你们几个知道这事，知道规则什么的。”

她和罗德尼挨个看着我们，然后目光又锁定在露丝身上。

露丝叹了口气，说道：“很显然，他们跟我们讲过一点。但是，”——她耸了耸肩——“关于这事我们知道的有限。其实我们从不谈论这事。话说我们得赶紧走了。”

“应该去找谁？”罗德尼突然发问，“如果你想要，你懂的，想申请的话，他们说你该去找谁？”

露丝再次耸肩。“唉，我跟你说过了。我们从来不多谈这件事的。”她几乎是本能地望着我和汤米，寻求支持，这很可能是个错误，因为汤米说：

“坦白讲，我不知道你们在说些什么。这些是什么规则？”

露丝狠狠瞪了他几眼。我赶紧说：“你知道的，汤米。当初在黑尔舍姆流传的那些说法。”

汤米摇了摇头。“我不记得，”他毫无表情地说。这次我看出来了——露丝也看出来——他并不是反应慢。“我完全不记得黑尔舍姆有这样的事。”

露丝转过脸去不看他。“你得明白，”她对克里茜说，“虽然汤米人在黑尔舍姆，他其实不像是真正的黑尔舍姆学生。凡事他都不参加，人家总是笑话他。所以这种事情问他是没有意义的。现在，我想去找找罗德尼看到的那个人了。”

汤米眼睛里浮现出一种神色，让我屏住了呼吸。这种神情我已经很久没见过，它属于当初那个踢倒课桌、被阻挡在教室里面的汤米。然后那神色消失了，他转头望着外面的天空，沉重地叹息。

老生们并没有留意到这一切，因为露丝这时已经站起身，在拿外套了。随后我们大家起身，同时将椅子推离小桌边，带来了片刻的混乱。我是负责管账的，于是我站起来去付钱。其他人跟在我后面鱼贯而出，我在等找零的时候，从一个雾蒙蒙的大窗户里，看到他们在阳光下来回踱步，都不讲话，望着下方的大海。

第十四章

出来之后，我留意到大家初到达时的兴奋之情显然已经消散一空。我们默默朝前走，罗德尼走在最前面，穿过几条阳光难得晒进来的偏僻小街，人行道太过狭窄，经常只能容我们单人成列，笨拙前行。一走到主街上，大家都松了口气，各种噪音将我们的坏情绪遮掩下去，变得没那么明显。我们走手控红绿灯的斑马线过了马路，到了阳光更充足的一边，这时我看到罗德尼和克里茜在商谈什么事情，我不禁疑心，这糟糕的气氛到底几分是因为他们认定我们隐瞒了黑尔舍姆的大秘密，又有几分是因为露丝冲汤米发火的缘故。

然后当我们一穿过主街，克里茜就宣布，说她和罗德尼要去买生日卡片。露丝听到这话震惊不已，可克里茜自管自说道：

"我们喜欢一下子买一大批卡片。长远来看这样总是更省钱。碰到有人过生日你随手就能拿出来。"她指着一家沃尔沃斯商场，"这里有些好看的卡片价钱真的很便宜。"

罗德尼点头称是，我觉得他含笑的嘴角仿佛透露出些许讥讽之意。"当然了，"他说，"难免会买好多一样的卡片，但你可以自己在上面加插图。你懂的，增添些个人色彩。"

两名老生都挡在人行道正中，害得推购物车的人只能绕过，他们就这样站着，等我们表示反对。我看得出露丝很生气，但如果罗德尼不肯合作的话，反正我们也没什么可做。

于是我们就进了沃尔沃斯，一进去我就感觉很开心。即便现在，我还是很喜欢像这样的地方：一家大商场，里面有很多货架，陈列着色彩鲜艳的塑料玩具、贺卡、各种化妆品，甚至还有照相亭。如今如果我来到一座城镇，偶有闲暇，总会溜达到这样的地方消磨时光。在这里你可以随便逛，自得其乐，什么也不买店员也毫不在意。

总之，我们进了门，不久就四散开来，各自去看不同的货架了。罗德尼留在门口附近，站在一个放卡片的大架子边上，再往里，我看到汤米站在一个巨大的流行乐队海报下面，正在翻拣录音磁带。过了十分钟左右，当我逛到接近超市后方的时候，好像听到了露丝的声音，于是循声走了过去。我都走到那条过道上了——两边货架上摆满了毛绒玩具和大盒拼图——这才发现露丝和克里茜站在另一头，正在讲悄悄话。我拿不准该怎么做：我不想打断她们，但时间不早我们该走了，我也不想调头走掉。于是我就站在原地假装细看一盒拼图，等待着她们留意到我。

就在这时，我发现她们又回到了传言的话题。克里茜压低了声音说话，意思大概是：

“可是你一直都在啊。你竟然都没想过这种事要怎么做，要去找谁申请之类的，我觉得很奇怪。”

“你不会明白的，”露丝说道，“如果你是黑尔舍姆出来的，就能理解。这对我们来说没什么大不了的。我猜想大家一直都知道，如果想要弄清楚，只需带话回黑尔舍姆即可……”

露丝看到我，立刻住了嘴。当我放下那盒拼图，朝她们转过身去的时候，两人同时都怒气冲冲地望着我。那感觉就像我捉到她们在做什么不该做的事一样，于是她们很不自在地分开了。

“我们该走了，”我说着，假装什么也没听到。

可是露丝才不上当。她们从我身边走过的时候，露丝特别恶狠狠地看了我一眼。

我们再次出发，跟着罗德尼去寻找他上个月曾看到露丝可能的原型所在的那间办公室，此时我们之间的气氛比先前更糟了。罗德尼一次又一次地带我们走错路，搞得气氛越发不快。至少有四次，他信心十足地带领我们从主街上转出来，却发现商业办公楼都逐渐减少乃至没有了，我们只得转身走回去。不久罗德尼就很被动，几乎要放弃了。但就在这时，我们找到了。

又一次我们转身朝主街的方向走回头路，这时罗德尼突然停下了脚步。然后他默默地指着街对面的一间办公室。

果然，就在那里。并不完全像我们那天在地上捡的杂志广告，但也差不多。临街这层是巨大的玻璃幕墙，任何人都可以一览无余看到里面：这是一间开放式的大办公室，里面有十二张左右的办公桌，大致以L形排列。里面有盆栽的棕榈树，闪亮的办公设备，每个办公桌上还有弯头的台灯。人们在桌子周围来来去去，或斜靠在隔板上，聊天讲笑话，还有人把转椅拖到彼此靠近，一起喝咖啡，吃三明治。

“看哪，”汤米说，“这是他们的午休时间，可他们都不出去。换做是我也舍不得出去。”

我们不转眼地盯着，里面看起来就像一个聪明、舒适、自足的小世界。我看了露丝一眼，留意到她的目光正急切地扫过玻璃后面一张又一张的面容。

“好吧，罗德，”克里茜说，“到底可能的是哪个？”

她几乎是语出讥诮，仿佛她认定整件事最终会以罗德尼闹了个大乌龙为结局。可他却强压兴奋的颤抖，悄声说道：

“那里。就在那个角落。穿蓝衣服那个。就是她，正在跟那个胖胖的红衣女人讲话的。”

乍看并不明显，但我们盯得越久，就越觉得他有道理。那女人大约五十岁，体型保持得很不错。她发色比露丝要深些——但人家可能是染的——她将头发往后梳成简单的马尾——露丝通常就是这样的发型。她穿红衣服的朋友不知道说了什么，逗得她哈哈大笑，尤其是她笑完一甩头的样子，跟露丝相像的程度，绝不止一星半点。

我们都盯着她看，谁也不说话。后来才发现，办公室的另外一边，另外两个女人注意到了我们。其中一个扬起手朝我们的方向挥了一挥。这才终于打破了魔咒，我们受到惊吓，咯咯笑着逃跑了。

我们沿街跑了一段，再次停下，激动地同时开始讲话。只除了露丝，在一片兴奋中保持着安静。一下子很难读懂她脸上的表情：那当然不能说失望，可也说不上兴高采烈。她脸上似笑非笑，就像普通人家的母亲，当孩子们围在身边又跳又叫，恳求她许可去做什么的时候，认真考虑的样子。于是我们就这样各抒己见，我很高兴自己可以开诚布公地同意大家的看法，认为我们刚刚看到的这个女人毫无疑问的确就是。事实上我们都如释重负，虽然大家不肯承认，但心里都认为会遭遇失望。但是现如今我们就可以回到农舍，看到的一切会让露丝得到鼓舞，我们其他人可以提供佐证支持。看起来那个女人的办公室生活环境跟露丝为自己所描绘的梦想生活相差无多。不论那天我们之间发生过什么事，从内心深处来看，大家谁都不希望露丝失望而归，那一刻我们感觉已经安全了。我很有把握认为，如果事情到这里结束，我们本可以心满意足，平安回去。

可是露丝却说："我们到那边去坐坐，那边的矮墙上，就待几分钟。等他们一旦忘掉我们，咱们可以再去看一眼。"

大家同意了，但是当我们朝露丝所指的小停车场周围的矮墙那边走去的时候，克里茜略微有点过分急切地说：

"可是哪怕我们不再回去看，大家也都认为她的确很可能是。办公室也很漂亮。真的。"

"我们再等几分钟吧，"露丝说，"然后就回去。"

我没有在那边坐下，因为墙面潮湿，还有碎石子，还因为我觉得随时可能有人出现，喊我们，不让我们坐在这里。但露丝却坐了下来，膝盖分在墙两边，仿佛骑在马上一般。我们在那里等待的十到十五分钟的场景，今天我还历历在目，犹在眼前。谁也没有再继续讨论原型的问题。大家都假装这是一次无忧无虑的出游，在某个景点多余了几分钟时间要消耗。罗德尼做了几个舞蹈动作，以表示他感觉多么好。他站到矮墙上，找到平衡，然后故意跌落下来。汤米拿路过的人开玩笑，虽然并不好笑，大家还是乐得很开心。在这其中，只有露丝跨坐在墙上，一言不发。她脸上保持着微笑，但却几乎一动不动。微风轻轻拂乱了她的头发，明亮的冬日暖阳晒得她眯缝起眼睛，因此你说不准她到底是笑我们嬉闹，还是被太阳晒得表情古怪。我们在停车场旁边等待的那段时间，这些就是我记忆中留下的画面。我猜大家是在等露丝来决定，什么时候回去再看一次。可她始终没有机会做出决定，因为发生了后面的事。

汤米本来跟罗德尼一起在墙上闲逛，突然跳下来，静止不动了。然后他说："那就是她。同一个人。"

我们都停下了各自的事，望着那个身影从办公室方向走过来。她现在身穿一件乳白色外套，边走边费力地将公文包关起来。包的搭扣有点难弄，她只得一次次慢下脚步重新来过。我们犹如着迷一般，不转眼地盯着她，直看着她穿过街道。当她转角走上主街的时候，露丝突然跳起身来说道："我们看看她去哪儿。"

我们大梦初醒一般，起身跟着她走。事实上，克里茜不得不提醒大家放慢脚步，不然别人会以为我们是一群劫匪，这女人是我们要攻击的目标。我们保持合理距离跟着她走在主街上，一边咯咯笑着让开擦肩而过的人，时而分散，时而重聚。当时大约是午后两点钟，人行道上满是购物的人们。一度我们差点跟丢了她，可我们还是赶了上去，眼看她进了一家店铺，我们就在橱窗外面闲逛，一看她出来，又慌忙推开婴儿车和老人，紧跟上去。

这时那女人转角离开了主街，进入了海滩附近一条小路。克里茜很担心离开人群之后她会留意到我们，但露丝只管跟上去，于是我们就跟在她后面。

终于我们走上了一条狭窄的小胡同，沿途只是零星有些店铺，主要都是些普通房屋。我们再次只能单列前进，一度有辆小货车迎面开过来，我们只得贴近房屋让车先过去。没走多久整条小路上就只剩下那女人和我们几个人。但凡她一回头，就绝不可能注意不到我们。可她只是往前走，距离我们十来步的距离，直到进了一间房门——进了“波特韦艺廊”。

自此之后，我又回过几次波特韦艺廊。几年前这里换了主人，现在卖的是各种创意产品：锅子、盘子、陶塑动物。但当时那里只有两个大白房间，只卖画——布展很美，画与画之间有充足的间距。现在门上方挂的木头招牌倒是没变。总之，我们决定走进去，因为罗德尼说我们站在这安静的小路上显得非常可疑。至少在店里，我们可以假装在看画。

我们进去之后，发现之前跟踪的那个女人在跟一个年纪大很多的银发女子交谈，后者好像是这里的主管。她们两人分别坐在靠近门口的一张小桌子两边，除了她俩之外，艺廊里再无别人。我们鱼贯而入，然后分散在店内，尽力做出被画作深深吸引的样子，两个女人都没有太在意。

事实上，虽然说我一直在关注着露丝那位可能的原型，却也开始享受那些画作，以及这里澄澈宁静的气氛，感觉仿佛我们离开主街已经有百里之遥。墙壁和房顶是薄荷绿的颜色，檐口这里那里偶有渔网或是旧船只上拆下来的腐木部件插挂起来作为装饰。还有那些画作——多半是深蓝绿色调为主的油画——都是海洋主题。也许是突如其来的疲惫袭上心头——毕竟我们天不亮就出门旅行了——反正不止我一个人在那里陷入了短暂的梦境。我们各自游荡到了不同的角落，一幅接一幅画地盯着看，间或压低了嗓门发出一声惊叹，像这样：“快来看啊！”在此期间我们都听到可能是露丝原型的那个女人和银发女子一直在讲话。她们交谈的声音并不大，但在那里，她们的话音仿佛填满了所有的空间。她们在讨论两人共同认识的一个男人，说他对照管孩子毫无头绪。我们始终听着她们的对话，偶尔偷偷朝她们的方向瞥一眼，渐渐地，情况发生了变化。我感觉到了，也看出来其他人有同样的感受。如果我们隔着她办公室的玻璃看到那个女人，然后就放手离开，甚至哪怕我们跟着穿过小城的时候跟丢了她，也还可以欢欣鼓舞，怀着凯旋的心情回到农舍。然而现在，在这间艺廊里，这女人离我们太近，比我们任何时候想的都要更近。我们越多看到她、听到她，就越发现她一点都不像露丝。这种感觉在我们之间越来越强烈，几乎伸手可触，露丝虽然在房间的另一头专心看画，我却看得出她跟其他人有同样强烈的感受。也许正因为如此，我们才在艺廊里游荡了那么久；我们在延迟不得不讨论这件事的那一刻到来。

突然那女人离开了，我们还是分散着站在艺廊里，避免相互间眼神遭遇。但谁也没有想要跟上那女人，随着时间分分秒秒过去，我们仿佛无需言语，就已经对眼下的情况得出了一致的看法。

终于那位银发的女士从办公桌后面走了出来，对离她最近的汤米开口说道："这幅作品特别美，是我最喜欢的之一。"

汤米朝她转过身去，出声地笑了。这时我赶紧走过去救场，那女士问道："你们是学艺术的吗？"

"其实不算，"我不等汤米答话就说道，"我们只是，呃，很感兴趣。"

银发女士面露微笑，然后开始解说我们看的这些画的作者跟她有怎样的亲戚关系，还跟我们讲了艺术家的创作生平。她的话至少起到了一个作用，让我们从入迷一般的状态中醒了过来，大家围在她身边听讲，就像我们在黑尔舍姆的时候，导师们开始讲话的时候我们的反应一样。这让银发女士讲得更起劲了，她一边讲这些画的创作地点，艺术家喜欢什么时间工作，以及哪些作品没有素描就直接画了出来，她一边讲，我们一边不住地点头赞叹。后来她的讲解自然而然到了终点，我们不约而同地叹息，向她道谢，然后走了出来。

外面的街道那么狭窄，我们一段时间内无法好好谈话，我觉得大家都非常庆幸。我们一个接一个地从那家艺廊走远，我看到罗德尼走在前面，很夸张地张开双臂，仿佛他就像我们刚刚到达这座小城的时候那样感到很兴奋。可他的表现并不足信，一旦大家到了更宽敞的街道，我们就停下了脚步。

我们又一次来到了悬崖边上。跟之前一样，如果朝护栏外望去，可以看到曲折小路通往海滩，只是这次你可以看到底部的长廊，两边有木板分隔的货摊。

我们花了一点时间四处张望，任由冷风吹到身上。罗德尼还是努力打起精神，仿佛他下定决心不要让这件事破坏了一次美好的出行。他指着海上的一点，远在地平线上的地方，让克里茜看。但克里茜转身不理会，她说：

“好吧，我想大家意见一致，对不对？那人不是露丝。”她轻轻一笑，将一只手搭在露丝肩上。“我很难过。大家都很难过。可我们真的不能责怪罗德尼。本来确实有几分相似。你们得承认，我们透过窗户看到她的时候，看上去确实……”她声音渐弱，直至消失，然后再次碰了碰露丝的肩膀。

露丝什么也没说，只是耸耸肩，仿佛要拂去她的触碰。她眯着眼望着远方，望着天空而不是海水。我知道她很难过，但不了解她的人大概会以为她只是陷入了沉思。

“对不起，露丝，”罗德尼说着，也去拍露丝的肩膀。但他脸上带着微笑，仿佛一刻也不曾认为自己应该受到任何指责。当别人试图帮你一个忙，但没有成功的时候，他们才会这样表示歉意。

我记得当时望着克里茜和罗德尼，心想没错，他们人还行。他们按自己的路数来，心不坏，而且还尽量想让露丝高兴起来。可是同时，我还记得另一种感觉——尽管当时只有他们在说话，我和汤米都沉默没出声——我替露丝感到讨厌他们俩。因为不论他们多么富于同情，我看得出他们从心底里感到如释重负。事情变成这样让他们感到安心，高兴自己可以去安慰露丝，而反之，如果结果她满怀希望，目眩神迷，他们会受到冷落。他们感到释然，因为无需比往常任何时候更加残酷地面对那种他们着迷又苦恼，且感到恐惧的想法：他们认为有各种各样的可能性为我们这些黑尔舍姆的学生开放，而他们却没份。我记得当时想，他们两个人，克里茜和罗德尼，跟我们三个是多么不同。

这时汤米说："我觉得这没什么分别。这只不过是我们寻开心罢了。"

"也许在你是寻开心，汤米，"露丝冷冷地说，目光依然直直望着前方，"如果我们在找的这个人是你可能的原型，你就不会这样想了。"

"我觉得我想法不会变的，"汤米说，"我觉得这没什么要紧。哪怕你找到了自己的原型，制造你的那个实际模板。即便如此，我也不明白会有任何不同。"

"多谢你深刻的论见，汤米，"露丝说。

"可我认为汤米说得对，"我说，"以为自己会像原型一样生活，这种想法挺傻的。我同意汤米的观点。这只是寻开心。我们不应该搞得太严肃。"

我也伸出手去，碰触露丝的肩膀。我希望她能感受到跟罗德尼和克里茜碰触的不同，因此特地选择了同样的部位。我期待她有所反应，给我某种信号，表示她知道那些老生所不能理解的，我和汤米能理解她。可她什么反应也没有，甚至连她给克里茜的耸肩也没给我。

我看到罗德尼在身后不远处踱步，一边发出怪声，表示风太大，他很冷。"我们现在去看马丁如何？"他说，"他的公寓就在这边，那排房子后面。"

露丝突然叹了口气，朝我们转过身来。"坦白讲，"她说，"我一直就知道这样很蠢。"

“对，”汤米急切地说，“只是寻开心。”

露丝很不耐烦地看了他一眼。“汤米，求你闭嘴别再提什么‘寻开心’了。没人想听。”说完她转向罗德尼和克里茜，接着说：“你们第一次跟我说的时候，我不愿意讲。但是你瞧，根本不是那么回事。他们从来都不会，绝对不会用那个女人那样的人。你想想。她为什么会愿意做这种事？我们都知道，所以为什么我们不能面对现实。我们不是从这种人复制……”

“露丝，”我坚决地打断了她，“露丝，别说了。”

可她还是坚持说下去：“我们都知道。我们是从废柴复制来的。吸毒的、卖淫的、酗酒的、流浪汉、也许还有罪犯，只要不是变态就行。这才是我们的来源。我们都知道，为什么不明说出来？像这样的女人？得了吧，对，没错，汤米。寻开心。大家不妨寻开心来假装一番。里面另外那个女的，她的朋友，艺廊里那个年纪大的。学艺术的，她以为我们是艺术生。她如果知道我们的真实身份，你认为她还会愿意跟我们讲话吗？如果我们去问她，你猜猜看她会怎么说？‘对不起，可是你认为你的朋友有没有做过克隆人的模板？’她肯定会把我们赶出去。我们心知肚明，不如直接说出来。如果你想去找原型，如果你认真想去找，就得去那些龌龊地方找。你得去垃圾堆里翻。去阴沟里找，那才是我们这些人的出身之地。”

“露丝，”罗德尼语音平稳，带着一丝警告——“我们忘了这件事吧，去看看马丁。他今天下午休息。你会喜欢他的，他很搞笑。”

克里茜伸出手臂抱住露丝。“来吧，露丝。我们照罗德尼说的做。”

露丝站起身来，罗德尼开步走了起来。

“你们一起去好了，”我平静地说，“我不去了。”

露丝转过头，认真望着我。“哟，这谁料得到？瞧瞧现在是谁不开心了？”

“我没有不开心。不过你有时候净说蠢话，露丝。”

“哎哟，瞧瞧现在是谁不开心。可怜的凯西。她就不喜欢听大实话。”

“跟这没关系。我不想去拜访护理员。我们不应该去，我也不认识这个人。”

露丝耸耸肩，跟克里茜交换了个眼神。“那好，”她说，“也没道理说我们所有时间都得一起行动。如果这位大小姐不想跟我们一起，她不必非得去。让她自己去好了。”说完她朝克里茜倾身，故意压低了声音说：“凯西发脾气的时候，最好这样处理。让她一个人待会儿，火气慢慢就消散了。”

“四点钟之前回到车子这里来，”罗德尼对我说，“否则你就得搭便车回去了。”说完他笑了一声。“好了，凯西，不要不开心。跟我们去吧。”

“不了，你们去吧。我不想去。”

罗德尼耸耸肩，再次开步走。露丝和克里茜跟在后面，但是汤米没有动。露丝瞪着他，只有到了这时候，他才开口说：

“我跟凯丝一起。如果我们分开行动，那我就跟凯丝一起。”

露丝满含怒意地瞪着他，然后转身大步走开了。克里茜和罗德尼尴尬地看了看汤米，随后他们也再次出发了。

第十五章

我和汤米倚着围栏看风景，直到其他几个人走出了视线范围。

“都是些气话罢了，”他最终开口道。然后稍微一顿，又说：“人心里难过的时候就会口不择言。只是些气话罢了。导师们从来没跟我们这样讲过。”

我迈开步子走起来——朝着其他人去的相反方向——汤米随后也跟了上来，走在我旁边。

“为这个难过不值得，”汤米继续说道，“露丝现在总是这样，她用这种方式把火气撒出来。反正，就像咱们才刚跟她说的那样，即便真是如此，哪怕有一点点真实，我还是认为不会有任何不同。我们的原型不论是什么人，都跟我们毫无关系，凯丝。为这事难过实在是不值得。”

“好吧，”我说着，故意用肩膀去撞他的肩膀，“好吧，好吧。”

我仿佛有印象两人走的方向是往城区中心走，可又拿不准。我正要想办法换个话题呢，这时汤米先开口了：

“你记得我们之前去过的那家沃尔沃斯商场吧，当时你在后面跟其他人一起？我在里面找东西。想要送给你。”

“是礼物咯？”我惊讶地望着他，“我想露丝肯定不会同意的。除非你送她一件更大的礼物。”

“算是礼物吧。可我找不到。我本来没打算告诉你，可是现在，我又得到一次机会去找找看。但是你得帮我才行。我买东西不在行。”

“汤米，你说什么呢？你想给我买礼物，但你又想让我帮你选……”

“不是这样。我知道要送什么。只不过……”他笑了，耸耸肩，“算了，我还是告诉你吧。之前我们去的那家商场里，有个架子上放着好多唱片和卡带。所以我就在里面找你当初丢的那盘。你记得吗，凯丝？可是我记不起那是盒什么磁带了。”

“我的磁带吗？我都不知道你知道这件事呢，汤米。”

“知道。露丝让大家帮着找，说你丢了磁带很难过。所以我到处找。那时候我一直没跟你讲过，但我真的是到处都找过。我想总有些地方我能去，你们去不了。比如男生宿舍之类。我记得找了很久，可还是找不到。”

我望了他一眼，感到坏心情烟消云散。“我从来都不知道呢，汤米。你真是太贴心了。”

“可是没帮上什么忙。但是我真的很想帮你找回来。到后来看情况那盒磁带无论如何不会再出现了，我当时心想，总有一天我要去诺福克，到那里去给她找回来。”

“英格兰失落的一角，”我说完，四处张望了一圈，“我们就在这里！”

汤米也四处张望一番，我们停下了脚步。我们此时站在另一条小街道上，比艺廊所在的那条街略宽些。片刻间我俩就这样夸张地东张西望，随后相对而笑。

“所以说这主意还不算傻，”汤米说，“早先去的那家沃尔沃斯商场，里面有各种各样的磁带，所以我当时认为里面一定有你那盒。可现在我觉得应该没有。”

“你觉得没有？哎呀，汤米，所以你根本没有好好找？”

“我找了，凯丝。可是，唉，这真烦人，可我实在是记不起磁带叫什么了。在黑尔舍姆的时候，我开了那么多男生的藏品箱什么的，可现在却记不起了。是朱莉·布里奇斯或者别的……”

“朱迪·布里奇沃特。《夜曲》。”

汤米认真地摇头。“他们绝对没有这盘磁带。”

我哈哈大笑，捶他的胳膊。他看起来很困惑，于是我说：“汤米，沃尔沃斯商场里不卖这种。他们卖的都是最新的流行金曲。朱迪·布里奇沃特，她是很久以前的人物。她的磁带只是偶然出现在我们的拍卖会上。现在沃尔沃斯里面不会有的，你个傻瓜！”

“总之，我早说过，这方面我不在行。可是他们有很多磁带……”

“他们是有一些，汤米。哦，没关系。这想法很贴心。我很感动。这主意棒极了。毕竟这是在诺福克嘛。”

我们再次走动起来，汤米迟疑地说：“所以我才不得不跟你讲。我想给你个惊喜，可是没有用。即便我知道了磁带的名字，也不知道该去哪儿找。现在我跟你讲了，你就可以帮我。我们可以一起找。”

“汤米，你说什么呢？”我想做出责备的样子，却忍不住笑。

“我们有一个多小时的时间。真的机会难得。”

“汤米你这个傻瓜。你真信这个，是不是？失落的一角这套说辞？”

“我倒不是全信。但是既然已经来了，那我们就找找呗。我说，你还是希望能再找到它的，对不对？我们没什么好损失的。”

“好吧，你真是个大傻瓜，但是那就去吧。”

他无助地张开了双臂。“那么，凯丝，我们去哪里啊。我说过的，我买东西很不在行。”

“我们得去二手商店找，”我想了一会儿之后，说道，“卖旧衣服、旧书的那种地方。有时候店里会摆个盒子，里面放满了磁带和唱片。”

“好吧，可是这种店在哪里呢？”

现在当我回想起跟汤米一起站在那条小街上，就要开始搜寻的那一刻，还会感到一股暖意涌上全身。突然间一切都变得完美无比：一个小时的时间摆在我们面前，简直没有更好的方式度过。我尽量控制才能制止自己咯咯傻笑，或是像小孩一样在人行道上跳来跳去。不久之前，我在照看汤米的时候，跟他提起了我们一起去诺福克的那次旅行，他告诉我说他的感受跟我一模一样。我们决定要去寻找我丢失的那盘磁带那一刻，突然间仿佛所有的乌云都瞬间消散，我们面前就只有欢笑和快乐。

一开始，我们总是走到错误的地方去：要么是二手书店，要么全是卖老旧吸尘器的，可是完全没有音乐。过了一会儿汤米认为我也不比他更懂行，于是他宣布要由他来带路。可巧，真的是幸运，他立刻就发现了一条街，街上一连排着四家我们要找的这种店。店前橱窗里都是衣裙、手袋、小孩的年度纪念册之类，走进去能闻到一种甜丝丝的陈旧气息。店里有大堆大堆皱巴巴的简装书，落满灰尘的盒子里装满了明信片或是小饰品。有家店专营嬉皮风格的东西，还有一家卖战争纪念章，还有沙漠中士兵的照片。可每家店都有一两个大纸箱子，里面摆满了黑胶唱片或是卡带。我们在这些店里翻看，坦白讲，除了最初的几分钟，其余时间里我觉得两人都没想到朱迪·布里奇沃特。我们单纯只是享受两人一起翻看这些东西的过程，一会儿分开，一会儿重又肩并肩站到了一起，一缕阳光照耀下，灰尘飞扬的角落里，也许两人还暗暗比赛，看谁能抢占那盒旧玩意。

后来当然，我找到了。我正在翻拣一排卡带，脑子里想着别的事，突然间它就出现了，就在我手指下方，跟许多年前一模一样：朱迪，她的香烟，望向酒保的挑逗眼神，还有背景中那些含混的棕榈树。

我没有像平常碰到略微令我激动的东西那样叫出声，只是默默站在原地，望着那个塑料盒子，说不准自己是高兴还是不高兴。刹那间我甚至觉得这是个错误。磁带只是这片刻欢愉的一个最好的借口，可如今磁带找到了，我们就得停下来。也许就因为如此，连我自己都感到吃惊的是，一开始我竟然沉默无语，竟然还想要不要假装没有发现。现在这盒磁带就在我面前，莫名有些令人尴尬，仿佛我早过了应该喜欢它的年纪。我甚而让这盒磁带歪倒，让旁边的盒子压了过来。可卡带脊部赫然在目，径直与我对望，最终我还是喊汤米过来了。

“是这个吗？”他好像真心感到不可置信，也许是因为我并没有显得很激动。我将磁带拿了出来，双手捧起来。这时，突然间我感到巨大的快乐——还有别的东西，更复杂的情感，让我几乎要迸出眼泪来。但我克制住情绪，只是扯了一下汤米的胳膊。

“没错，就是它，”我说完，第一次激动地笑了，“你能相信吗？竟然真被我们找到了。”

“你想这会不会是那同一盒？我是说，原来那盒。你丢的那盒？”

我将磁带放在指间摩挲，发现背面的设计细节我也记得很清楚，每一首歌的名字，一切的一切。

“在我看来，真有可能，”我说，“可我得告诉你，汤米，可能市面上这磁带有几千盒呢。”

这次轮到我发现汤米没有意料中那么激动了。

“汤米，你好像并没有很为我感到高兴啊，”我话虽这样讲，语气却明显是调侃。

“我真的替你高兴，凯丝。只不过，唉，真希望是我找到的，”说完他轻轻一笑，又接着说，“那时候，你丢了磁带之后，我曾经认真想过的，在脑子里想象，如果我找到了拿给你，会是什么场景。你会怎么说，你脸上的表情，所有这一切。”

他的语音比平常要轻柔，目光停留在我手中的塑料盒上。我一下子感觉到店里只有我俩，除此之外就只有前面柜台后专心处理书面工作的老伙计。我们在店后方一块高于地面的平台上，这里更为幽暗僻静，仿佛那老伙计不想理会我们这边的货品，有意识地将信息屏蔽了。几秒钟的时间里，汤米好像入迷一般，据我所知他是在脑海中回顾从前的幻想，要把我丢失的磁带还给我。突然他从我手上将盒子抢了过去。

“至少我可以买给你，”他笑道，说完不等我阻止他，就开始下楼梯朝前面走去。

我仍旧留在店堂后部随意翻看，等着老店员把盒子封面相配的磁带找出来。我还能感到胸中有遗憾在涌动，遗憾我们这么快就找到了，只有过了一段时间之后，等我们回到农舍，我一个人待在房间里的时候，才真心为重新得到这盒磁带——那首歌——而感激不已。即便在当时，那也主要是一件怀旧的东西，而今天，如果碰巧磁带拿出来被我看到，就会一下子将我带回在诺福克的那个下午，同样我们当初在黑尔舍姆的时光也历历在目。

我们从店里出来之后，我一心想要找回两人先前那种无忧无虑，甚至有点傻乎乎的情绪状态。可是当我说了几个小段子之后，却见汤米沉浸在自己的思想中，没有做出反应。

我们开始爬一段很陡的坡路，可以看得到——前方也许一百码开外——有一块紧挨着悬崖的观景台，有长凳朝着大海的方向摆放着。夏天的时候这里会是一个普通家庭坐下来野餐的好地方。现在尽管是冷风吹面，我们依然朝着这边走去，可是还没等走到的时候，汤米磨磨蹭蹭慢下了脚步，他对我说：

“克里茜和罗德尼他们，真的很相信这种说法。你知道的，就是说如果有人真心相爱，就可以将捐献时间延后。他们认为我们知道内情，可是在黑尔舍姆的时候，从来没有人说过这种话。至少我从来没听到过这样的说法。你有吗，凯丝？没有，这只是最近老生们中间流传开的一些说法。还有露丝这样的。他们添油加醋。”

我认真地看着他，但很难判断他到底是恶作剧地说笑，还是对此深恶痛绝。但不管怎样，我看得出他心里还有别的事，跟露丝毫无关系，因此我什么也没说，只是等待着。最终，他完全停住了脚步，开始用脚乱踢地上一个被踩扁的纸杯。

“其实呢，凯丝，”他说，“我考虑这件事已经有段时间了。我相信我们是对的，当初我们在黑尔舍姆的时候，并没有这样的说法。但那时候很多事都没什么道理。我一直在想，如果这传言是真的，那倒可以解释很多事。很多我们从前不明白的事。”

“你什么意思？什么不明白的事？”

“比如说艺廊的事，”汤米压低了声音，我也上前一步，仿佛我们还在黑尔舍姆，在餐厅的队列或是池塘边交谈，“我们从来没有追问到底，艺廊到底是为了什么。为什么夫人要把最好的作品都拿走。可是现在我想我知道了，凯丝。你记不记得有一次大家在争吵交换币的事？到底被夫人拿走作品的那些人，是否应该得到交换币？罗伊·J还特地去找艾米丽小姐谈过这件事？当时艾米丽小姐有个说法，但又放下不提了，现在我才开始细想。”

两个遛狗的女人从旁路过，虽然这样做很傻，但我们还是不约而同停下了讲话，直到她们走远上了坡听不到我们讲话。这时我说：

“怎么个说法，汤米？艾米丽小姐放下不提什么？”

“罗伊·J问夫人为什么要拿走我们的作品时，你记不记得她说过些什么？”

“我记得她说这是种荣誉，我们应该为此自豪……”

“可是不止这些。”这时汤米的话音微弱，如同耳语，“她告诉罗伊，她随口说出的，也许她本不该说出来的，你还记得吗，凯丝？她对罗伊说，像画作、诗歌等等这些东西，她说它们会展示你的内心。她说它们会揭示你的灵魂。”

他说到这里，我突然记起劳拉有次画了一幅自己的内脏图，还为之大笑。但我开始记起一些事了。

“没错，”我说，“我记得。你是想说什么呢？”

“我的想法，”汤米慢慢地说道，“是这样的。假设他们说的对，那些老生的说法。假设黑尔舍姆的学生的确有特别的安排。假设如果两个人说他们真心相爱，想要更多时间厮守。那样的话，凯丝，就要有方法来评判他们说的是不是真话。他们说相爱是否只是为了延迟捐献。你能明白这有多难评判吧？再或者一对情侣认为自己真心相爱，但其实只是情欲作祟，不然只是一时的冲动。你明白我意思吧，凯丝？这真的很难判断，而且几乎不可能做到每次都准确。问题关键是由谁来评判。不论是夫人，或者其他什么人，他们需要某种凭据。”

我慢慢点头。“所以他们才拿走我们的艺术作品……”

“有可能。夫人在某处有间艺廊，里面全都是学生从很小时候开始创作的东西。假如有两个人跑来说他们相爱。她就可以找出他们许多许多年前创作的作品。她就可以判断这俩人是否值得。他们般配不般配。别忘了，凯丝，她那些东西会揭示我们的灵魂。她自己就可以评判谁跟谁天生一对，谁跟谁只是犯傻一时冲动。”

我再次开动脚步，慢慢走动起来，却几乎没有看前面的路。汤米落在了后面，等待我的回应。

“我说不准，”最后，我说，“你说的这些当然可以解释艾米丽小姐对罗伊说的那些话。我想，同样也可以解释我们的导师为什么一直认为能够画画或者搞其他创作，对我们而言如此重要。”

“正是。所以……”汤米叹了口气，带着几分挣扎说，“所以露西小姐不得不承认，她当初告诉我说这其实不重要，是她错了。她那样说是因为当时为我感到难过。但从内心深处她知道，这其实很重要。来自黑尔舍姆的特别之处就在于你有这样一个独特的机会。如果你没有作品入选夫人的艺廊，那你简直就是白白放弃了这个机会。”

只有他说完这话之后，我才如冷水浇头一般，真正明白他要说的意思。我停下来向他转过身去，可是不等我开口，汤米却笑了。

“如果我理解的都对，那么，唉，看来我是把机会都搞砸了。”

“汤米，你有没有任何东西入选过艺廊？也许你很小的时候呢？”

他已经开始大摇其头了。“你知道我这个人多没用。再说还有露西小姐什么的那些事。我知道她是好意。她为我感到难过，想帮我。我肯定她是这样想的。但是如果我的理论正确，那么……”

“这只是理论而已，汤米，”我说，“你知道你的理论是怎么回事。”

我本想调节下气氛，但语气没有控制好，我还在使劲想着他刚刚说过的话，这点想必显而易见。“也许他们有各种各样的方式去评判，”过了一会儿我说，“也许那些作品只是许多不同方式中的一个。”

汤米再次摇了摇头。“比如什么方式？夫人从来也不了解我们。她绝对不会记得我们每一个人。再说，很可能不止夫人一个人做决定。很可能上面有比她职位更高的人，那些人从来没到过黑尔舍姆。我想这些想了很久，凯丝。一切都对得上。所以艺廊才这样重要，所以导师们才这样强烈要求我们一定要努力创作艺术和诗歌作品。凯丝，你怎么想？”

无疑我是走神了一会儿。事实上，我想到了独自一人在宿舍房间里，播放我们刚刚找到的那盘磁带的事；想起我是如何摆动身体，将枕头抱在胸前，夫人如何从过道里看着我，双眼含泪。甚至连这个我一直没能找出一个合理解释的场景，似乎也符合汤米的理论。在我的脑海中，我想象的是自己抱着一个婴儿，但当然，夫人无从知道这些。她很可能会认为我是幻想与爱人相拥。如果汤米的理论没错，如果夫人跟我们的联系唯一的目的就是为了此后当我们相爱的时候，来决定我们是否可以延迟捐献，那么这就合理了——虽然她通常对我们都极尽冷漠——但当她碰上这样一个场景的时候，还会真心为之感动。这一切从我脑海中闪过，我差点就要冲口对汤米讲述这一切。但我抑制住了这种冲动，因为我现在想压一压他的理论。

“我刚刚在想你说的话，仅此而已，”我说，“我们得开始往回走了。我们得花点工夫才能找到停车场。”

我们开始调转步伐下坡，但我们都知道时间还够，无需着急。

“汤米，”我们走了一段之后，我问道，“这些事你跟露丝讲过没有？”

他摇摇头，继续往前走。最后他说：“问题在于露丝相信这一切，老生们所说的一切她都相信。没错，她喜欢不懂装懂，故作高明。但是她真心相信这些话。或迟或早，她一定会想采取下一步行动。”

“你是说，她会想……”

“没错，她会想申请。可她还没有想清楚。不像我们刚刚谈的这样。”

“你从没讲过你关于艺廊的理论？”

他再次摇头，却什么也没说。

“如果你告诉她你的理论，”我说，“而她相信的话……那可就，哎，她肯定要气坏了。”

汤米若有所思的样子，但却什么也没说。直到我们重新走回那些狭窄小街上之后，他才再次开口，这时，他的话音突然变得有些局促不安。

“事实上，凯丝，”他说，“我一直在做些东西。只怕万一嘛。我跟谁都没讲过，露丝也没有。只是刚刚开始。”

这是我第一次听他提起那些想象中的动物。当他开始描述他正在做的东西的时候——直到几个星期之后我才看到那些画——我发现很难表现得兴趣浓厚。事实上我得承认，这让我想起了黑尔舍姆时代，汤米所有问题的起始点，最初那幅草地上大象的画。他解释说，灵感来自一本封底缺失、老旧的儿童绘本，是他在农舍的沙发后面找到的。后来他就说服凯佛斯给了他一本黑色小本子，他就开始在上面画动物，自那以后，汤米已经画完了至少十二幅他想象中的动物。

“关键是，我把它们画得非常小。很小很小。在黑尔舍姆的时候我从没想过这样做。我想也许当初我就是在这上面出了岔子。如果你把它们画得很小，因为你画画的纸总共也就这么小，那么一切就都变了。就好像它们自己就活了。这时你就得给它们画上各种细节。得考虑它们如何保护自己，如何够到东西。坦白讲，凯丝，这跟我在黑尔舍姆画过的东西完全不一样。”

他开始描述最喜欢的动物，但我很难集中注意力；他越是起劲地给我讲他的那些动物，我就越不自在。“汤米，”我想对他说，“你会再次让自己成为别人取笑的对象。幻想动物？你怎么回事啊？”可我没有。我只是警惕地望着他，不停地说：“听起来真不错，汤米。”

讲到某处，他说道：“正如我所说的，凯丝，露丝不知道我在画动物。”他说这话的时候，仿佛记起了其他所有的事，为什么我们会开始聊他创作的动物，这时激情从他脸上渐渐消逝了。于是我们再一次沉默前行，当我们走出小道，来到主街上的时候，我说：

“汤米，哪怕你的理论确有几分道理，我们还是有很多事要搞明白。比如，一对情侣应该怎么申请？他们应该怎么做？又不是说随处有表格可以拿来填写。”

“我也一直在想这些，”他的话音重新变得平静而严肃，“据我看来，只有一条路可以走。那就是找到夫人。”

我想了一下，然后说道：“这可能不容易。我们其实对她一无所知。我们连她姓甚名谁都不知道。况且你记得她的举止吗？她甚至不喜欢我们靠近她。即便是我们真的找到了她的下落，我觉得她也不会太帮忙。”

汤米叹了口气。“我知道，”他说，“反正，我猜我们有的是时间。谁也没有忙着要去做什么。”

等到我们回到停车场的时候，下午的天气已经转阴，气温变得很低。其他人还没有出现的迹象，于是我和汤米就靠在我们的车上，望着那个迷你高尔夫球场。没有人在打球，只有小旗在风中飘飞。我不想再继续讲夫人、艺廊等等这些事，于是就将包装好的朱迪·布里奇沃特的磁带拿了出来，仔细欣赏。

“谢谢你买给我，”我说。

汤米微微一笑。“如果我先看到那堆磁带，你先看唱片的话，就该由我先发现了。可怜的老汤米运气不佳呀。”

“这没什么区别。我们能找到它纯粹是因为你说要去找。我早就忘记什么遗失的角落这些说法了。露丝说了那些话之后，我情绪那么差。朱迪·布里奇沃特。我的老朋友。就好像她从来没有离开过一样。不知道当初是谁偷走的？”

有一会儿，我们转身朝向街道，搜寻其他人的身影。

“你知道，”汤米说，“刚才露丝说那些话的时候，我看到你有多难过……”

“别说了，汤米。我现在没事了。等她回来我也不想再提这些话。”

“不，我不是想说这事。”他转身从车旁站直，又将一只脚撑在前轮胎上，仿佛测试压力。“我意思是，那时候我才明白，当露丝说出那番话的时候，我才明白你为什么总在翻色情杂志。不过其实我还是没明白。只是一种理论。又是我的理论。可是当露丝说她前面那番话的时候，好像事情就对上了。”

我知道他正在看着我，但我目光直视前方，没有做出反应。

“可我其实还是不明白，凯丝，”他最后说，“即便露丝说的对，虽然我认为不是这么回事，可你为什么会在旧色情杂志里面找自己的原型呢？为什么你的原型会是这些女孩之一呢？”

我耸耸肩，依然不看他。“我没说过这么做有道理。只是我自己的做法而已。”这时我眼中已经满是泪水，可我还想不让汤米看到。但我说话的声音还是有些哽咽：“如果你觉得烦，我以后不这么做了就是。”

我不知道汤米是否看到了我的眼泪。不管怎么说，等到他走近我，用力按按我肩膀的时候，我总算是止住了泪水。之前的时候，他时不时会这样做，这没什么特别，也没什么新鲜。可是不知怎的，我的确感觉好了一些，轻轻笑了笑。这时他才放开我，可我们还是距离很近，重又回到背靠着车子肩并肩的位置，几乎触到彼此。

“的确，这没什么道理可言，”我说道，“可是我们都会这么做，不是吗？我们都好奇自己的原型。毕竟我们今天就是为了这个才来到了这里。我们都这么做。”

“凯丝，你知道，对不对，我跟谁都没说过。关于那次在锅炉房的事。跟露丝没有，其他人也没有。可我就是不明白。我不明白那是为什么。”

“好吧，汤米。我告诉你。你听了可能也觉得毫无道理，但告诉你也没什么。只是有的时候，我时不时会有特别强烈的欲望，想要做爱。有时候这种冲动上来会持续一两个小时，很可怕。据我所知，就算跟老凯佛斯做我也在所不辞，就有这么糟糕。所以……我之所以跟休伊做，也只是因为这一个理由，还有奥利弗。没有任何深层的意义。我甚至不怎么喜欢他们。我不知道这是怎么回事，而且过后，事后感觉很可怕。所以我才开始想，也许，这总得有个出处，想必跟我的出身有关系。”我停了下来，可汤米什么都没说，于是我继续说：“所以我就想，如果我能找到她的照片，在这些杂志里面，那么至少可以对此有个解释。我倒不是想去找她什么的。我只是，你明白的，想搞清楚为什么我会是这个样子。”

“我有时候也这样，”汤米说道，“有时候我真的很想做。我敢说人人都会这样，如果他们肯坦白的话。我认为你并没有任何不同之处，凯丝。事实上，我经常会这样……”他停了下来，笑起来，可我并没有跟着一起笑。

“我说的事不一样，”我说，“我观察过其他人。他们会有这种冲动，但不足以让他们做出实际的行为。他们绝对不会去做我做过的那些事，去跟休伊那种人……”

我可能又开始哭起来了，因为我感觉到汤米的手臂再次揽住我的肩膀。虽然我很难过，但仍然清楚意识到我们所处的环境，心中自省如果露丝和其他人沿着街道走来，如果此刻看到我俩，也不能让他们产生任何的误会。我们仍是肩并肩站着，背靠着车子，他们会看出我很难过，而汤米只是在安慰我。这时我听到他说：

“我认为这倒未见得是件坏事。一旦你找到那个人，凯丝，那个你真的很想跟他在一起的人，那会非常美好。你还记得导师们跟我们讲过的话吗？如果是跟正确的人，那感觉真的会很美好。”

我肩膀稍动了一下，把汤米的胳膊挪开，然后深深吸了一口气。“忘了这事吧。反正现在冲动上来我也学会了控制情绪。所以我们就把这事忘掉吧。”

“反正，凯丝，在那些杂志里翻找，这挺傻的。”

“是挺傻的，好吧，汤米。咱别提这茬了。我没事了。”

我不记得其他人回来之前，我们两人又说了些什么。我们没有继续讨论这种严肃话题，如果其他人感觉到气氛中有些什么，也没有讲出来。他们情绪很高，尤其是露丝，似乎下定决心要弥补早先的坏脾气。她走上前摸摸我的脸，说了个笑话什么的，等我们回到车上，她仍然努力确保让欢欣的气氛继续保持。她和克里茜觉得马丁样样都很好笑，机会难得要尽情享受，一离开他的公寓房子就使劲笑他。罗德尼好像很不赞成，我发现露丝和克里茜为此还编了一段歌舞，主要是笑话他。一切都友好无伤。可我还是留意到，他们说的那些笑话和典故，之前露丝会特地不理会我和汤米，而回去的路上，她却时常转身过来，认真给我解释他们谈的每一件事。然而实际上，没多一会儿这就有点累人了，因为搞来搞去就好像他们在车上讲的一切都是为了照顾我们——至少是我个人——的感受。可我很高兴露丝对此这样在意。我理解——汤米也一样——她认识到自己之前行为的错误，用这种方式来认错。我们坐在后座，分别在她两边，跟我们出发时一样，但现在，她全部时间都在跟我讲话，偶尔转身去摸一下汤米，或给他轻轻一吻。气氛很好，没有人再提起露丝可能的原型或是诸如此类的话题。我也没有提起汤米帮我买到的朱迪·布里奇沃特的磁带。我知道露丝迟早会发现的，但我现在还不想让她知道。那段回家的路程中，暮色渐笼，漫长而空荡的大路越来越暗，感觉我们三个人仿佛再次亲密无间，我希望不要有任何事出现，来破坏这种气氛。

第十六章

关于那次诺福克之行有点古怪的是，我们一回来就对此缄口不言。这样持续了一段时间，开始有各种各样的传言讲我们是去干吗的。即便如此我们还是缄默不语，直到大家失去了兴趣。

我至今也不确定到底发生了什么事。也许我们认为应该由露丝来决定，到底该说多少，我们都在等她的提示。而露丝呢，出于种种原因——也许她的原型事件最后的结局让她觉得难堪，也许她享受这种神秘感——对这件事是只字不提。即便是我们彼此之间，也避免谈起这次旅行。

这种保密气氛让我更方便，可以不必将汤米为我买了朱迪·布里奇沃特磁带的事告诉露丝。我倒没有特地隐瞒。磁带始终都在，放在我的藏品之中，放在墙角线边上，我的一小堆东西中间。可我总是小心不让磁带放在这堆东西最上面。有几次我很想告诉她，很想跟她一起，在这盘磁带播放的背景音乐中回顾黑尔舍姆的生活。但随着诺福克之行过去得越来越久，我始终也没有告诉她，这事感觉越来越像一件令人愧疚的秘密。当然，她最终还是发现了那盒磁带，那是很久以后了，而且也许发现的时机更是大为不当，可有时候人就是这么不走运。

春意渐浓，越来越多的老生离开了，开始接受培训，虽然他们像往常一样走得悄无声息，但人数越来越多，令人无法视而不见。我现在依然说不准，当时亲眼见证了那么多的分别，到底是种怎样的感受。我猜，一定程度上我们对那些离开的人有些妒忌。的确感觉他们是去了一个更广阔、更有趣的世界。但是当然，毫无疑问他们的离去让我们的不安又增加了几分。

后来，我想大约是四月份的时候，爱丽丝·F成了我们黑尔舍姆这帮人里第一个离开的，之后不久戈登·C也走了。他们都得到邀约，立刻开始培训，带着欢欣鼓舞的笑容离开了，但是在那之后，至少对我们这群人来说，农舍的氛围彻底改变了。

许多老生同样也似乎受到了这一连串告别的影响，也许直接的影响就是，克里茜和罗德尼在诺福克时谈到的那番流言又起来了。传言说国内其他地方有学生获得了延期，因为他们证明彼此很相爱——而这次，有的时候，流言所说的学生跟黑尔舍姆完全没有关系。又一次，我们同去诺福克的五个人对这些话题避而不谈：甚至克里茜和罗德尼也如此，当初他们是这种流言的核心人物，现在听到这些说辞却只是尴尬地转开眼神。

这种"诺福克效应"甚至也影响了我和汤米。我以为，等我们一回来，就会利用各种微小的机会，趁两人单独见面的时候，多交流他对于艺廊的那些理论。可是不知为什么——有他的原因，也有我的原因——我们始终没有这样做过。唯一一次例外，我想，就是鹅棚里那次，他给我看他那些想象中的动物的那天早上。

那间谷仓我们叫做鹅棚，位于农舍外侧边上，因为屋顶漏雨严重，门也彻底跟铰链断开，所以一直派不上用场，只有情侣们趁天气暖和的几个月份会躲到里面去。到那时，我养成了一个人散步的习惯，我想那次我也是在散步，正好路过鹅棚的时候，听到汤米喊我。我转身看到他光着脚，姿势笨拙地蹲在一个大水洼中间小块干燥的地面上，一只手扶着屋墙保持平衡。

"你的雨靴呢，汤米？"我问道。除了赤着脚之外，他身上穿的是平常的厚外衣和牛仔裤。

"我在，你知道，画画呢……"他笑着，举起了一个小小的黑色笔记本，就像凯佛斯整天带着走来走去的那种本子。距离那次诺福克之行已经过去了两个多月，可我一看到那个本子，就明白怎么回事了。可我还是等着他先开口：

“如果你愿意，凯丝，我就给你看看。”

他带我走进了鹅棚，跳过坑洼不平的地面。我原以为里面会很暗，然而阳光却从天窗直撒进来。墙边上堆着各种旧家具，都是过去一年左右扔出来的——破桌子，坏冰箱，诸如此类。汤米好像将一张两人位旧沙发拖到了地板正中，破沙发的填料迸出了黑塑表面，我猜我刚才路过的时候，他就坐在这里画画。他的长筒雨靴就倒在旁边，足球袜从靴口露出来。

汤米一屁股坐回到沙发上，抚摸着自己的大脚趾。“对不起，我的脚有点臭。我不知不觉就把鞋袜都脱掉了。我好像还划伤了。凯丝，你想看么？上周露丝看了，所以打那时候起我就一直想给你看看。除了露丝还没有人看过呢。看一眼吧，凯丝。”

这是我第一次见到他画的动物。在诺福克他跟我说起的时候，我脑海中浮现的是我们小时候画的那些画的缩小版。因此看到他画的那些密集的细节，我不禁吃了一惊。实际上，要过一会儿才能看得出它们是些动物。乍看之下，他的画好像你打开收音机的后盖之后暴露出的景象：微小的凹槽，交织的肌腱，微缩的螺丝齿轮等，都凭着一种偏执，画得无比精准，只有当你把纸张拿远一点的时候，还能看出画的是某种犰狳，或是一只鸟。

“这是我画的第二本，”汤米说，“第一本绝对不能让任何人看到！我花了好长时间才摸到门道。”

现在他靠在沙发上，往一只脚上套袜子，尽量显得很随意，可我知道他在期待我的反应。尽管如此，我还是沉吟半晌，没有对他的画全力赞扬。也许部分是因为我担心，不论他画什么都会再次招来麻烦。然而我看到的这些画跟在黑尔舍姆任何一位导师教过的都截然不同，我不知道如何评判。最后我大致是这样说的：

“天哪，汤米，这得多耗神啊。在这种光线下你能看得这么清楚，画得这么细致，我太吃惊了。”然后，当我一页又一页地翻看时，也许是因为我还在思想斗争，到底怎么说才对，结果说出口的却是这样一句：“我很好奇如果夫人看到这些画会怎么说。”

我是带着玩笑的口吻说的，汤米窃笑以对，可这时气氛中有点悬而未决的意味凭空出现。我继续一页接一页地往下翻——笔记本画满了四分之一左右——我并没有抬头看他，心里想要是我没提起夫人就好了。终于，我听到他说：

“我想我得比这画得好很多她才能看得上。”

我拿不准这话是不是暗示我应该开口表扬他画得有多好，可是这次我是真心被眼前这些神奇动物的画面所深深地吸引了。它们金属质感，布满细节，然而每一只却同时具有某种甜美甚至脆弱的意味。我记得在诺福克他曾对我说，甚至在创作过程中，他就担心这些动物该如何自卫，或是怎么够到东西，如今看到它们，我也萌发了同样的担忧。即便如此，出于某种我自己都无法破解的缘故，我依然如鲠在喉，无法开口表达赞美。这时汤米说：

“总之，我画这些动物不光是因为这个。我就是喜欢画它们。我在想，凯丝，我到底该不该继续保密。我想，也许让别人知道我在这里干什么，并不会有什么坏处。汉娜现在还画水彩，很多老生也还在搞创作。我倒不是说要到处拿给人家看我的画。可是我想，也没道理说我就得一直保密。”

我终于鼓起勇气抬头望着他，真心诚意地说道：“汤米，的确没理由，完全没理由保密。画得很好。真的真的很好。事实上，如果你就是因为这才藏在这里，那还挺傻的。”

他什么也没答话，但脸上慢慢浮现出某种狡黠的笑容，仿佛在回味只有自己知道的笑话，于是我知道自己的话让他多么高兴。我想，那之后我们就没有再多说什么。不久之后他就穿上了雨靴，我们俩离开了鹅棚。正如我所说，那就是那年春天我和汤米唯一一次直接谈及他的理论。

然后就到了夏天，距离我们刚到这里已经过了一年。一批新的学生乘着小巴车到来，跟我们当时很像，然而没有一个人是来自黑尔舍姆。从某方面来说，这令人欣慰：我想大家都有点担心，新来一批黑尔舍姆的学生会让问题更复杂。但至少对我而言，没有黑尔舍姆的学生这一现象只是增添了我的感受，觉得黑尔舍姆已经成了远远的过往，那些从前将我们这些老朋友紧紧系在一起的纽带也变得松散。不仅仅是因为汉娜等人都在谈论要学习爱丽丝的榜样开始培训；其他人，比如劳拉，交了个不是黑尔舍姆的男朋友，现在我们都快忘了他们跟我们有什么关系。

还有就是露丝总是假装忘记黑尔舍姆的往事。诚然，基本上都是些鸡毛蒜皮的小事，但还是让我越来越恼火她。比如有一次，我、露丝和几个老生一起围坐在厨房的大桌子旁，吃了一顿漫长的早餐，然后一个老生开始说起深夜吃奶酪总是会害得人睡不好，我转头对露丝说了句什么，大意是："你记不记得杰拉尔丁小姐也总是这么跟我们说的？"我只是随口打个岔，露丝需要的回应无非是笑一笑，或是点个头即可。然而她却满脸茫然地盯着我，好像她完全不知道我说的是什么一样。我只好对老生们解释说："是我们的一个导师，"这时露丝才皱着眉头点点头，仿佛她这一刻才记起来。

那次我放过了她。但还有一次我就没有，就是那天傍晚，我俩一起坐在废弃的公交站亭里。那时我生气了，因为当着老生装模作样是一回事，只有我们俩的时候，在严肃谈话的中间再来这套，那就是另外一回事了。我一时偏开了话题，说起在黑尔舍姆，去池塘要抄近路穿过种大黄的那块田，其实是禁止入内的。当她摆出一副困惑脸的时候，我放弃了自己本来要说的观点，冲口说道："露丝，你不可能忘记的。别跟我来这套。"

也许如果我没有这样直接斥责她——也许如果我编个段子嘲她

一句然后继续讲——她就会发现这事有多荒唐，一笑置之。但是因为我冲她发了火，露丝怒视着我说：

“这到底有什么重要？那片大黄田跟这一切有什么关系？你说到哪儿继续就是了。”

天色渐晚，夏日夕照正在消退，那老旧的汽车站经过了最近的暴风雨，透着潮湿和霉气。因此我没有兴致深究这到底有何重要。虽然我放下这话题，继续讨论我们之前的内容，但气氛已经变得冰冷，无法帮助我们解决手头的难题。

然而要想解释我们那天傍晚所谈的内容，我还需要再往前回溯一点。实际上，我得回溯好几个礼拜，回到那年夏天早一些的时候。我跟其中一个老生有了一段情，那男孩名叫莱尼，坦白讲，那主要是性的吸引。但是后来，他突然选择开始培训，然后就离开了。这让我有点不安，露丝处理得非常好，她小心照看着我，又当心不显得大惊小怪，如果我看起来不高兴，她总会帮我打起精神。她还总是帮我些小忙，比如给我做三明治，或是替我做卫生值日等。

后来，大约在莱尼离开两个星期之后的一天午夜，我们两人一起坐在我的阁楼房间里，捧着热茶聊天，露丝说的关于莱尼的段子逗得我哈哈大笑。他人其实不坏，但是我一旦开始跟露丝讲那些关于他的私密小事，就好像跟他有关的一切都滑稽可笑起来，于是我们就哈哈大笑不已。后来不知怎的露丝就伸出一个手指，挨个捋我沿着护壁板排开的一小排磁带。她一边笑着一边漫不经心地一盒盒捋过来，但是后来我突然心生怀疑，认为这可能并非偶然；也许她几天之前就发现了那盒磁带，可能还仔细检查以确定无误，而后耐心等待恰当的时机“发现”它。几年之后，我委婉试探着问露丝，可她似乎不明白我说的是什么，因此可能是我错了。总之当时就是那样，每当我说出关于可怜的莱尼一丁点的小事，我们两人就哈哈大笑，笑个不停，突然之间就像有个插头被冷不丁拔下来一样。露丝侧躺在我的地毯上，在幽暗的灯光里侧眼观看那些磁带的盒脊，不知怎的朱迪·布里奇沃特的那盒就到了她的手里。过了不知道多久之后，她才说：

“你重新拿到这个有多久了？”

我告诉了她，尽量不动声色地说，那天她跟其他人一起走开了之后，我和汤米如何偶然找到的。她又继续翻看，然后说：

“所以是汤米替你找到的咯。”

“不，是我找到的。我先看到的。”

“你们俩谁都没跟我说。”她耸耸肩，“反正，就算你说过，我也没听到。”

“关于诺福克的传说是真的，”我说，“你知道，这是英格兰失落的一角。”

我脑海中确曾闪过一个念头，不知露丝会不会假装不记得这个典故，但她若有所思地点了点头。

“那次我该记得的，”她说，“可能那时候我的红围巾能找回来。”

我们都笑了起来，那个不安的瞬间似乎就这样过去了。但露丝再无多言，将磁带放回去的样子，让我觉得这事儿还没完。

我不知道接下来的谈话是否是露丝根据刚才的发现有意引导的，还是说我们无论如何会聊到这里，露丝只是后来才意识到可以这样利用我们的谈话内容。我们又回过头去继续谈论莱尼，尤其说了很多他的性行为，我们又一次笑得乐不可支。一度我觉得自己如释重负，她终于发现了那盒磁带，并没有大惊小怪，因此我并没有步步小心，其实我本可以更小心的。因为没过多久，我们就从笑话莱尼，转到了笑话汤米，刚开始一切都没什么恶意，好像我们都很宠爱他的样子。但后来，我们就开始笑话他的那些动物了。

正如我所说，我始终没能确定，到底露丝是否故意将话题扭转到了这里。说句公道话，我甚至不确定是不是她先提起那些动物的。可是一旦开了头，我就跟她一样乐不可支——某只动物看上去像穿着内裤，另外一只灵感肯定来自被压扁的刺猬。我想过程中我本该提一句说这些动物画得很好，他能把动物画到这种程度，水平真的很高。可我没有这么说。一部分是因为那盒磁带；另外，如果我坦白的话，也是因为我发现露丝没有严肃对待这些动物以及背后的一切含义，这让我感到很开心。那天晚上我们结束的时候，我觉得我们依然像以往那样亲密无间。她出门时摸了摸我的脸，说："你总是兴致很高，这样真好，凯西。"

因此几天之后，在教堂墓地发生的事让我毫无防备。那年夏天露丝在距离农舍大约半英里的地方发现了一个很可爱的老教堂，教堂杂乱无章的庭院后面，有些古老的墓碑在草丛中倾斜倒伏。一切都被杂草覆盖，但那里真的很幽静，露丝总是到这里来看书，就在后墙栏杆附近，一棵大柳树下的长椅上。刚开始我对她的阅读热情有点不以为然，去年夏天大家都在农舍外面围坐在草地上看书的样子还历历在目。尽管如此，如果我散步时朝那个方向走，就料定露丝很可能会在那里，我会不知不觉穿过那座低矮的木门，沿着杂草丛生的小路穿过那些墓碑。那天下午，天气暖和，周围很静，我犹如梦游一般走上了这条小路，看着墓碑上一个个名字，突然发现不只是露丝，汤米也在柳树下的长椅上。

露丝是坐在长椅上，而汤米却是一只脚踩在生锈的椅子扶手上站着，两人一边说话，他一边在做某种伸展运动。看起来他们没有在谈什么要紧事，于是我毫不犹豫地走上前去。也许从他们打招呼的态度上，我应该可以有所察觉，但我可以肯定并没有任何显著迹象。有个八卦我迫不及待想告诉他们——是关于新来的人之一——因此一开始只是我一个人巴拉巴拉说个不停，他们时而点头，时而冒出个古怪的问题。过了一阵我才觉察出气氛不对劲。即便这时，我停下来问他们："我是不是打断了你们的正事？"我也还是有几分玩笑的口气。

可是这时，露丝却说："汤米正在跟我讲他的宏大理论。他说他已经跟你讲过了。很久以前。可是现在，蒙他好心，也愿意分享给我知道呢。”

汤米叹了口气，刚想要说什么，露丝却语带讥讽地轻声说：“汤米宏大的艺廊理论！”

这时他们俩都望着我，仿佛现在由我主持局面，我得为接下来的事负责。

“这理论也不坏，”我说，“有可能是对的。我不知道。你觉得呢，露丝？”

“我可是费了番功夫才把这位甜蜜小哥的嘴巴撬开。人家可一点都不想让我知道呢，是不是，小甜甜？我不断追问他，搞这么多艺术创作的背后，到底有什么深意，这才套出来的。”

“我创作不光是为了这个，”汤米很不开心地说。他一只脚仍然踩在扶手上，继续做伸展运动。“我只是说，如果我对于艺廊的理论没错，那我总可以试试看，把这些动物交过去……”

“汤米，亲爱的，别当着好朋友的面犯傻。跟我说是一回事，但是当着我们亲爱的凯西，那就另当别论了。”

“我就不明白这有什么可笑，”汤米说，“这理论并不比其他人的差到哪里去。”

“别人不是认为你的理论傻，小甜甜。他们甚至可能觉得你说得很对，有几分道理。但是你想拿自己这些小动物去找夫人，靠这个翻盘……”露丝面带微笑，摇了摇头。

汤米没说话，继续做他的伸展。我很想替他申辩，很想说点什么能让他感觉好些，又不想让露丝火气更大。但就在这时，露丝发出了致命一击。那话当时就让人很难受，但我完全没想到，那天教堂的事会引起那么久远的反响。她是这样说的：

“不只是我，亲爱的，我们凯西也认为你画的动物完全是瞎胡闹。”

我的第一本能是要否认，然后一笑置之。然而露丝这话说得真的很有分量，我们三个人都太了解彼此，知道她话里有话。因此最终我选择了沉默，然而脑海中却在奋力搜索，回忆往事，终于怀着寒意和惊恐，想起了那天深夜，在我房间里我们的杯茶恳谈。这时露丝说：

“只要别人认为你画这些小动物是当做玩笑，那没问题。但是千万别让人发现你是认真的。求你了。”

汤米停下了伸展的动作，眼带疑问地望着我。突然之间他再次变得像孩童时那样，完全没了头绪，我能看出，他眼神背后某种黑暗危险的东西正在凝聚。

“你瞧，汤米，你得理解，”露丝继续说，“我和凯西再怎么笑话你都没有问题。因为我们是自己人。但是拜托你，千万别把其他人再搅和进来了。”

后来，我一次又一次地回想那个场景。我真该想出些话来说。我本可以否认她的说法，尽管汤米很可能会不相信我。要想如实地将事情解释清楚又会太过复杂。但我本可以做些什么。我可以质疑露丝的说法，说她扭曲了我们的谈话，说虽然我笑话过汤米，但却不是她所暗示的那种意思。我甚至可以走到汤米跟前，去拥抱他，就当着露丝的面。这是我过了几年之后才想到的做法，也许当时并不真的存在这样的选择，因为我这样的个性，再加上我们三个人之间的那种关系。可是那样做也许就能解决问题了，而言语只会让我们在困境中越陷越深。

可我什么也没说，什么也没做。我猜部分原因是我完全没料到露丝会耍这样的诡计，当即被她一击倒地。我记得当时浑身疲惫不堪，面对眼前这纠缠不清的混乱充满无力之感。就好像你大脑已经很疲倦的时候还要你做数学题一样，你隐约知道答案，却连试一试的力气都没有。我打内心里已经放弃了。有个声音劝我：“随便吧。任由他往最坏处去想吧。由他去，由他去想吧。”我想，自己大概就是怀着这样投降的心情望着他。我的表情仿佛说：“没错，是这么回事，不然你想怎样？”我依然能够记起，汤米的面容犹在眼前，愤怒瞬时消散，换成了一种几乎是惊讶的表情，仿佛我是一只他无意中看到的罕见蝴蝶，停在篱笆上。

我倒不是担心自己会突然掉下眼泪、发脾气，或者做出类似的举动。我只是决定转身离开。就在当天晚些时候，我就意识到这是个错误的决定。我只能说，当时我最最怕他们两人中有一个会先跑掉，剩下我跟另外一个面面相觑。我不知道为什么，但当时我感觉，不可能有一个以上的人愤而离场，我想要确定走的那个人是我。于是我就转身大步流星地沿着来路走了回去，穿过那些墓碑，走向那扇木门，有几分钟我感觉仿佛自己获得了胜利；现在他们只剩下彼此互为陪伴，他们所遭受的一切完全是自己活该。

第十七章

正如我所说，只有在过了很久之后——我离开农舍很长时间之后——我才认识到我们在教堂墓地的这次小遭遇有多重要。我当时很沮丧，没错。但我当时无法相信，此事跟我们之前的那些争吵有任何不同。到那时为止，我们的生活都密切交织在一起，我从未想过，我们的关系会因为这样一件事而分崩离析。

但实际上，我想，将我们分开的态势已经十分强大，只需像这样的一件小事来完成任务。如果我们那时候能够理解这点——谁知道呢？——也许我们会更加用力地抓住彼此。

一方面，越来越多的学生离开了，去当护理员，我们这群黑尔舍姆的老人越来越强烈地感觉到要遵循这自然的进程。我们还有论文要完成，但大家都知道，如果我们选择开始培训，其实就无需完成论文。在我们刚刚到农舍的那段日子里，完不成论文这种想法，于我们简直是不可想象的。但是，随着黑尔舍姆渐退渐远，论文也就越来越显得不那么重要了。当时我有个想法——很可能我的想法没错——如果我们认为论文重要的念头可以渐渐消退，那么将我们黑尔舍姆的学生绑在一起的那种纽带，也同样会慢慢消失。因此有一段时间里，我尽力让大家保持阅读和做笔记的热情。但大家没有任何理由相信还能见到我们的导师，况且那么多学生都已经进入了新的生活，很快这些努力就显得毫无意义了。

总之，教堂墓地的那场谈话之后的那些天，我尽力将这事抛到脑后。我对露丝和汤米两人都依然如故，仿佛并没有发生过什么特别的事，他们也大致同样以对。但是现在总感觉有隔阂，而且不仅仅是我和他俩之间。虽然他们表面上还是一对情侣——两人分开的时候，还是会打一下手臂什么的——但我对他们太了解，看得出他们已经逐渐疏远了。

当然这一切让我感到难过，尤其是汤米画的动物。但事情没那么简单，我不能像从前那样径直走到他面前说对不起，然后把事情的真相解释给他听。早几年的话，甚至就在半年前，这样做可能还行得通。我和汤米可以好好谈谈，把话说透。然而不知怎的，到了那第二年的夏天，情况就不同了。也许是因为我跟莱尼的关系，我不知道。总之，跟汤米谈话变得不再像从前那样容易了。至少从表面看来，一切跟从前没什么不同，但我们再也没有提起那些动物，以及教堂墓园里发生的事。

所以，这就是我和露丝在旧公交站台的谈话之前，所发生的一切。那次我因为她假装忘记了黑尔舍姆那块大黄田而大为光火。正如我所说的，如果不是发生在那样严肃的一场对话中间，很可能我不会那么生气。诚然，到那时我们已经聊过了很多实质内容，可是即便如此，哪怕我们当时只是在缓和气氛，闲聊几句，那也还是我们尽力解决分歧的过程，其中容不得一星半点的伪饰虚假之类。

事情是这样的。虽然我和汤米之间的交流有了一些问题，我和露丝之间没这样的问题——至少我是那样想的——我决定现在是时候跟她谈谈教堂墓地发生的事了。我们刚刚度过了夏天常见的雷电交加的一天，虽然很潮湿，还是被迫待在房间里。因此到傍晚天气放晴，出现粉色落日的时候，我跟露丝提议，两人出去呼吸点新鲜空气。我发现了一条陡峭的小路，沿着山谷的边缘一直上坡，就在连接大路的地方有个废弃的公交车站。公交车好多年前就停了，公交站牌早就被撤走了，车棚背后的墙上只剩下一个空框子，原先镶在玻璃框里的行车时刻表早已无处可寻。但是候车亭本身——那是个用心建造的木亭子，外侧敞开，朝着一片下坡的田野——依然树立着，连里面的长椅都安然无恙。于是我和露丝就在那里坐了下来，喘口气，望着椽子上的蜘蛛网，还有外面的夏日夕阳。然后我开口说，大意如此：

“你知道的，露丝，咱们得试试看解决问题，关于那天的事。”

我特意说得很和缓，而露丝也做出了回应。她立刻说这太傻了，我们三个人总是为了这种愚不可及的原因闹矛盾。她说起我们之间其他的争执，我们就此说笑了一番。可我真心不希望露丝就此将这件事按下再也不提，于是我用最不具有挑衅性的语气，继续说道：

“露丝，你知道，我认为，有时候你在恋爱中，有些事不如置身事外的人看得清楚。当然只是有时候。”

她点头。“很可能是这样。”

“我不想多事。但是有时候，只是最近，我发现汤米很不开心。你知道。因为你的某些说法或者做法。”

我担心露丝会生气，可她点了点头，叹了口气。“我觉得你说得对，”最终她说，“我也想了很多。”

“那么也许我不该提起这茬儿。我该知道你明白发生了什么。其实这不关我事。”

“但是这跟你有关系的，凯西。其实你是我们的一分子，所以始终跟你有关。你说得对。最近确实不太好。我明白你意思。那天的事，关于他画的动物。那样不好。我跟他道歉，说过对不起了。”

“我很高兴你们谈过了。我不知道你们有没有。”

露丝在椅子上她那一侧把一些发霉的木片剥下来，有那么一会儿她仿佛全心全意在忙这个活儿。过了一会儿她说：

“你瞧，凯西，很高兴我们谈到了汤米。我有事想告诉你，但我一直不知道应该怎么开口，或者什么时候说，真的，凯西，你保证不要太生我气。”

我望着她说：“只要不是还跟那些 T 恤衫有关就好。”

“不是，说真的。你保证不要太生气。因为我必须得告诉你。要是我再坚持不说，我就没办法原谅自己。”

“好吧。到底是什么？”

“凯西，这件事我想了很久。你又不笨，你看得出，也许我跟汤米，我们不可能永远在一起。那不是悲剧。我们曾经很般配。至于会不会未来也一直这样般配，那就谁也说不准了。现在说法很多，说情侣如果能证明，你知道的，证明他们真的般配，他们就可以获准推迟。得，你瞧，我想说的，凯西，是这样的。如果你猜想，比如说，如果我和汤米决定不在一起了，那是很自然的事。我们没打算分手，你别误会。可我觉得，至少你有这样的想法是很正常的。其实呢，凯西，你应该明白，汤米不是那样看你的。他真的真的很喜欢你，他觉得你很棒。可我知道他对待你不是那样，你知道，可以当女朋友那种。再说……”露丝停顿了一下，然后叹了口气，“再说，你知道汤米这个人。他有时候很挑剔。”

我瞪着她。“你什么意思？”

“你一定知道我的意思。汤米不喜欢那种女生……哎，你知道，跟这个人，又跟那个人的。他就是这样计较。对不起，凯西，但是瞒着你是不对的。”

我想了一想，然后说：“知道这些事总是好的。”

我感到露丝碰了碰我胳膊。“我就知道你不会想偏了。可是你得明白，他非常看重你。他真是这样。”

我想换个话题，但一时间我脑子一片空白。我猜露丝一定察觉出了这一点，因为她张开双臂，打了个哈欠，说道：

“要是我学会了开车，一定会带大家去荒野。比如达特摩尔荒原。我们三个，也许还有劳拉和汉娜。我很想看看沼泽什么的。”

接下来的几分钟里，我们说的都是些如果假设这样的旅行真的实现了，我们会做些什么。我问大家要住在哪里，露丝说我们可以借一个大帐篷。我指出像那样的地方风会很大，我们的帐篷夜里很容易就会被吹走了。都没有什么要紧话，但就是说到这里的时候，我记起了在黑尔舍姆的事。那时候我们还在小学部，大家跟杰拉尔丁小姐一起，在池塘边野餐。詹姆士·B被派去主楼取早先大家一起烤好的蛋糕，但是当他拿着蛋糕回来的时候，一阵狂风吹过，最上面的一层海绵蛋糕整个被吹走了，全落到了大黄田里的叶子上。露丝说这件事她只是隐约有点印象，为了挖掘她更多的记忆，我又说：

"问题是他惹了麻烦，因为这就证明他是从大黄田里走过来的。"

就在这时露丝望着我说："为什么？那有什么问题？"

突然之间，她讲这话的方式显得如此虚伪，如果有旁观者的话，也会一眼看得穿她。我不耐烦地叹了口气，说道：

"露丝，少跟我来这套。你不可能忘掉。你知道大黄田是不许进入的。"

也许我说得有点太冲了。总之露丝没有让步。她仍然假装什么都不记得，于是我越发恼火。就在这时她说：

"这又有什么重要？那片大黄田跟这一切有什么关系？你说到哪儿继续就是了。"

我想，那之后我们或多或少又回到了原先的友好谈话之中，不久之后我们就沿着小路，在明暗交接的暮色中走回了农舍。但那种气氛始终没有变好，我们在黑谷仓前道别的时候，分手时并没有像往常一样，碰触彼此的手臂和肩膀。

那之后不久，我做了决定，一旦我做出了决定，就再也没有犹豫。一天早上我起床之后，就告诉凯佛斯，说我想开始培训，做护理员。事情出于意料得容易。他正从院子里走过，雨靴上沾满泥巴，一边自言自语，手里拿着一根管子。我走上前去对他说，他只是看着我，好像我又是来麻烦他要木柴似的。然后他嘟囔了一句，说让我下午再去找他填表格。就这么简单。

当然，在那之后又等了一些时候，但事情已经开始运行了，突然我看待一切——农舍，里面的所有人——都换了不同的眼光。现在我成了要离开的人之一，很快大家都知道了。也许露丝以为我们会有很多的时间一起谈论我的未来，也许她以为自己能有很大影响，决定我是否改变主意。但我可以跟她保持距离，同样也跟汤米保持距离。我们在农舍再也没有详细交谈过，没等明白过来，我已经在跟大家说再见了。

第三部

第十八章

总的来说，护理员的工作很适合我。你甚至可以说，它带出了我最好的一面。但有些人天生不是这块料，对他们来说，整件事完全就是煎熬。可能他们开始的时候也很积极，但随之而来却是长时间与痛苦和忧虑相伴的生活。或迟或早，总会有捐献者撑不过来，哪怕是，比如说这只是第二次捐献，没人料到会有并发症。当捐献者就像这样毫无征兆地完结时，无论事后护士怎么说，或是收到一封写得多么好的信，说他们确信你已经能做的都做了，要继续好好工作云云，都不会让你感觉任何不同。至少一段时间里，你会意志消沉。我们中有些人很快能学会如何应对。但其他人——比如就像劳拉——他们始终学不会。

还有孤独。你成长的过程中，身边始终有人群围绕，你只懂得这样生活，突然之间你成了护理员。一个钟头又一个钟头，你一个人开车驶过全国，一个又一个康复中心，一家又一家医院，匆匆在旅途中找地方过夜，没有人可以向他诉说你的担忧，也没有人跟你一同欢笑。偶尔你会碰上熟识的学生——一个护理员或是捐献者，你认出是从前的旧相识——可是永远都没时间。你总是来去匆匆，再不然就是筋疲力尽，没办法好好谈话。要不了多久，这些漫长的工作时间、旅行、断断续续的睡眠，都会侵入你的身心，变成你的一部分，从你的体态、你的眼神、你的言谈举止，人们都能看得出。

我并不是声称自己对这一切完全免疫，但是我已经学会了应对这些情况。可是有些护理员，他们全部的仪态都显得自暴自弃。你看得出其中很多人只是机械地应付，等待着某一天，有人告诉他们可以停下，去当捐献者吧。同样，很多人一步入医院就会明显地瑟缩，这也让我很受不了。他们不知道该如何对白大褂说话，他们没办法鼓起勇气替他们的捐献者说话。这就难怪出问题的时候他们会感觉受挫，充满自责。我尽量不让自己讨人嫌，但我也想出办法，在需要的时候让人能听得进我说的意思。情况不好的时候，当然我会难过，但至少我可以感觉自己已经尽了全力，往长远考虑。

就连那份孤独，我其实也已经渐渐开始喜欢上了。这倒不是说我不期待到年底我做完这一切之后，能够多得到一些陪伴。可我真的很喜欢那种感觉，钻进我的小汽车，知道在接下来的几个钟头，我就只有长路、灰色的天空和自己的白日梦为伴。如果我在某个小镇上，有几分钟空余时间，我很喜欢四处闲逛，看看商店的橱窗。在这里我的起居室里，我有四盏台灯，每个颜色都不相同，但款式一样——都有棱纹灯臂，可以任意折弯。所以我可以找间商店，看看橱窗里还有没有像这样的灯——倒未必买，只是跟我自家的比较一番。

有时候我太过沉浸在自己的世界里，如果意外碰到我认识的人，反而会吃一惊，需要一点时间调整。那天早上就是这样，我在服务区走过风口里的停车场看到劳拉在一辆停着的车里，坐驾驶位，眼神空洞地望着前面的车道。我离她还有一点距离，尽管我们自从农舍分开以来，已经七年没见，但刹那间我有种冲动想无视她，继续朝前走。我知道这反应很奇怪，因为她曾是我最亲近的朋友之一。正如我所说，可能部分原因在于我不喜欢被人撞破我的白日梦。但同时我猜想，当我看到劳拉像那样瘫倒在车里的时候，我立刻就看出，她已经变成了我刚刚描述过的那种护理员，一部分的我只是不想知道更多烦恼。

但是当然，我还是朝她走了过去。一阵冷风迎面吹过来，我朝她走去，她把车停得距离其他车辆很远。劳拉穿着一件没形没状的蓝色风雨衣，她的头发——比从前短了很多——都粘在额头上。我敲了敲她的车窗，她并没有惊诧，过了这么多年又见到我，她甚至没有一点意外的神色。就好像她一直坐在那里等待着，如果等的具体不是我，那么也是一个多少与我相似的旧日相识。现在我出现了，她第一个念头仿佛是说："终于来了！"因为我看到她的肩膀动了一下，仿佛叹了口气，随后她毫不犹疑地立即探身为我打开了车门。

我们谈了大约二十分钟：直到不得不走了我才离开。谈的多半是她的事，她多么疲惫，某一个捐献者多难搞，她多么讨厌哪个护士或是医生。我期待着那个总是带着恶作剧的笑容，机灵话忍不住往外迸的旧日劳拉能够偶尔闪现，但却一点也没有。她讲话比从前更快了，虽然她好像见到我很高兴，但我有时候觉得，如果碰到的不是我，而是别的人，也没什么不同，只要她能够说说话就成。

也许我们俩都觉得提起旧日会带来一些危险，因为很长时间我们都避免提到从前。可是最终，我们却不由自主地谈起了露丝，几年前劳拉在一间诊所碰到过她，那时候露丝还在做护理员。我开始问她关于露丝的情况，但她总是不肯讲，最后我对她说：

"你瞧，你们肯定谈过几句什么吧。"

劳拉长叹一声。"你明白的，"她说，"我们俩都赶时间。"然后她又说："反正，我们在农舍最后分手的时候已经算不得好朋友了。所以说也许我们并没有很高兴见到对方。"

"我不知道原来你也跟她闹翻了，"我说。

她耸耸肩。"没什么大不了。你记得当时她那副样子。你走了之后，要说她有变化，就只是更过分了。你知道的，对谁都颐指气使。所以我一直躲着她，仅此而已。我们从来没有吵过架什么的。这么说来你从那以后再没见过她？"

"没有。真奇怪。我一眼都没有瞥到过她。"

“没错，真奇怪。都以为我们这些人肯定经常能碰到呢。我看到过汉娜几次。还有迈克尔·H。”然后她又说：“我听到有传言，说露丝第一次捐献很不好。只是传言而已，但我听过不止一次。”

“我也听说过，”我说。

“可怜的露丝。”

有一会儿两人都没讲话。然后劳拉问：“这是真的吗，凯西？他们现在让你自己选捐献者了？”

她问的时候并没有像其他人有时候那样，带有指责的语气，所以我点头说道：“不是每次都行。但有几个捐献者我照顾得很好，所以没错，我时不时可以自己挑选护理对象。”

“如果你能自己选的话，”劳拉说，“那你干吗不给露丝当护理员呢？”

我耸了耸肩。“我想过的。但我说不准这是不是个好主意。”

劳拉看起来有点迷惑。“可你跟露丝，你们俩当初多好呀。”

“是呀，我想是的。但是跟你一样，劳拉。我和她到最后也算不上好朋友。”

“噢，可那是当初的事了。她过得可不好了。我听说她跟护理员也总是处不好。他们不得不给她换了好几个护理员。”

“一点不奇怪，真的，”我说，“你想得出吗？给露丝做护理员？”

劳拉笑了，有一秒钟她眼神中浮现出一丝生气，我以为她终于要开口讲俏皮话了。可是随后那闪光就熄灭了，她仍是坐在原地，满脸疲惫。

我们又谈了一小会儿，关于露丝的问题——具体就是某个女护士好像总是跟她过不去。后来到了我该走的时候，我伸手去开门，一面对她说下次再碰到我们要多聊聊。但这时两人谁都不曾提起的一件事却如鲠在喉，我想，两人都觉得这样就分手很不对劲。事实上，现在我很确信，在当时，两人脑海中想到的词句都几乎是完全一样的。然后她说：

"太奇怪了。想想看，一切都不在了。"

我从座位上转身，重新回头面对着她。"是啊，真的太奇怪了，"我说，"真不敢相信就再也没有了。"

"多奇怪啊，"劳拉说，"我以为现在我不会觉得有什么不同。然而并不是这么回事。"

"我明白你的意思。"

就是这番对话，终于谈到了黑尔舍姆关闭的事，才突然让我们重新贴近了彼此，我们自然地拥抱，与其说是相互安慰，不如说是用这个动作印证黑尔舍姆，证明它依然存在于我们两人的记忆中。然后我就只得匆匆跑到自己的车上去了。

我最初听到流言说黑尔舍姆关闭，是跟劳拉在停车场相遇的一年前。我跟捐献者或是护理员讲话的时候，他们总会无意中提起，仿佛认为我什么都应该知道。"你是黑尔舍姆出来的，对吧？那是不是真的？"诸如此类。后来有一天，我刚刚从萨福克的一家诊所出来，碰上了罗杰·C，他比我低一个年级，他有十足把握地告诉我说确实如此。黑尔舍姆随时可能关闭，还有计划将房屋和地产卖给一家连锁酒店。我记得他跟我说完之后我最初的反应。我说："可是学生怎么办？"罗杰显然是以为我指的是还在校的学生，那些需要依靠导师的小不点儿，他面露难色，开始猜测学生将如何被转到全国各地的其他校舍，哪怕有些跟黑尔舍姆简直天差地别。可当然，我不是那个意思。我指的是*我们*，所有那些跟我一起长大，现在分散在全国各地的学生，那些护理员和捐献者，现在虽然风行雨散，却依然被我们共同的出处联结在一起。

就是当天夜里，我在小旅馆辗转难眠，几天前发生的一件事不停地浮上脑海。那时我在北威尔士一个海边小镇上。当天上午都在下大雨，但午饭之后雨停了，出了一会儿太阳。我正沿着海边漫长延伸的笔直小路，朝自己停车的地方走去。周围没有什么人，因此我可以看到面前潮湿的石板路毫无阻断地直线向前展开。后来过了一会一辆面包车开了过来，在我面前大约三十码开外停了下来，一个打扮成小丑的男人走了下来。他打开了车厢后盖，取出了一把充满氦气的气球，大约有一打。他花了一小会儿工夫弯着腰，一手拿着气球，另一手在车里翻找什么东西。我走近了之后，发现气球上绘有面容，还有耳朵的形状，看起来就像一个小族群，在主人上方的半空中蹦蹦跳跳，等待着他。

后来小丑直起身体，关上车厢，开始行走，他跟我方向一致，就在我前方几步远，一手拿着文件包，另一手牵着气球。海边的路一直延伸，又长又直，我在他身后走了仿佛有很久很久。有时候我觉得挺尴尬，甚至想小丑会不会回过头来对我说什么。但是我只能走这条路，也没别的办法。于是我们就这样继续往前走，我和小丑一前一后走在这条没人的小路上，上午下过雨，地上潮湿依旧。与此同时气球就一直碰碰撞撞，低头朝我展开笑容。我时不时可以看到那人的拳头，所有的气球线绳都在这里聚拢。我看得到它们牢牢绑在一起，系成紧紧一握。可是即便如此，我还是时常担心，会有一根线绳松脱，就会有一个气球飞起来，消失到阴云密布的天空中。

罗杰跟我说了那些话之后，那天晚上我躺在床上睡不着，那些气球不断浮现在我脑海中。我想到黑尔舍姆关闭了，这就好比有人走上前来，拿出一把剪子，就从那男人拳头上面气球的线绳刚刚开始打结的地方，一剪子剪下去。一旦如此，这些气球曾经同属一个族群的这种关联就完全不复存在了。当罗杰跟我讲黑尔舍姆的新闻时，他说了这么一句话，他说他以为黑尔舍姆关闭与否，对于我们这些人，应该没什么不同。从某些角度来看，也许他说得对。可是一想到那里不再一切如常，比如说，再没有杰拉尔丁小姐那样的人，带着小学部的小朋友在北操场活动，就令人很不放心。

在跟罗杰交谈之后的几个月里，我总是会想起这件事，关于黑尔舍姆的关闭，以及背后的含义。我猜，就是这时候我才渐渐想清楚，我一直以为有的是时间，很多事早晚可以做，可是现在我最好尽快行动，不然不如永远放弃算了。确切地说，我倒不是开始惊恐。但黑尔舍姆关闭的确让我们周围的一切发生了偏移。所以那天劳拉跟我说，不如我给露丝当护理员的时候，尽管我当时没答应，但她的话对我还是有很深的影响。仿佛有一部分的我早已做出了决定，而劳拉的话只是揭开了一直覆盖在上面的一层面纱。

我第一次出现在多佛露丝的康复中心时——那是一座现代建筑，墙上铺着白瓷砖——我跟劳拉的对话才过去没几个星期。露丝的第一次捐献已经过了两个月——正如劳拉所说，情况很不好。当我走进她房间的时候，她正穿着睡裙坐在床边，对我报以大大的笑容。她站起来拥抱我，但几乎立刻就又坐了回去。她对我说我看上去比从前精神，说我的发型真的很适合我。我也说了些好话夸她，接下来的大约半小时里，我觉得我们都发自内心地为能够聚首感到高兴。我们谈到了各种事——黑尔舍姆、农舍、那以后我们都做了什么——感觉好像我们一直有讲不完的话。换句话说，这是个令人鼓舞的开端，比我斗胆预料的要好。

即便如此，那第一次重会，我们都没有谈到分手时的情形。也许，如果我们一开始就谈到这些的话，事情会有不一样的发展，谁知道呢？实际上，我们只是避而不提此事，两人聊了一会儿之后，仿佛取得了共识，就假装这一切都没有发生过。

仅就第一次的会面而言，一切可能完全没有问题。但是，一旦我正式做了她的护理员，开始定期看望她之后，这种有什么不对劲的感觉变得越来越强烈。我形成了一种规律，每周去三四次，总是傍晚时分，带着矿泉水和一包她喜欢的饼干。这本该是件很开心的事，但刚开始的时候却完全不是这样。我们开始交谈，聊些无关的闲话，不知为了什么缘故，聊天就会骤然停下。不然就是两人虽然尽力将谈话继续下去，但谈得越久，就变得越不自然，彼此越戒备。

有一天下午，我沿着她住处的走廊走去看她，听到她的房门对面淋浴房里有人。我猜是露丝在里面，于是就自己进了她的房间，站在里面等她，一边透过她的窗户，俯瞰下方的屋顶。大约五分钟之后，她围着浴巾走了进来。说句公道话，她以为我要一个小时之后才会到，我猜任何人刚刚冲过澡，身上只裹着一条浴巾的时候，都会感觉有点脆弱缺乏保护。即便如此，她脸上闪过的那种警惕神情还是让我大为震惊。这里我得稍作解释。当然，她有点受惊我是预料到的。但问题是等她回过神来，认出是我之后，有一秒钟，也许更久的时间里，她仍然带着一种即便不是恐惧，也是真正警觉的眼神望着我。就好像她一直在等啊等，等待我把她怎么样，她以为终于是时候我要动手了。

刹那之后那种表情消失了，我们谈笑如常，但那个片刻让我们俩都深感受挫。这让我明白露丝并不信任我，就我所知，可能她自己直到那一刻也才真正意识到这一点。不管怎么说，那天之后，气氛愈发糟糕了。就好像我们将什么东西暴露了出来，但这样做并没有消除误会，却让我们比任何时候更加清楚地意识到两人之间发生过的一切。情况到了这样的地步，我进去看望她之前，先要在自己的车里坐一会儿，才能鼓起勇气去经受这番考验。某次探望的时候，我们在冰冷的沉默中为她做完了所有的检查，然后就坐在那里，继续沉默，我差点就要跟他们报告，说这样的安排不成功，我不应当继续给露丝当护理员了。但是后来一切又变了，是因为那条船的缘故。

天晓得这些都是怎么回事。有时候是一个段子，有时候是某种谣言，从一家康复中心传到另一家，几天之内就传遍全国，突然之间，所有的捐献者都在说这件事儿。这次是关于一条船。我先是从北威尔士两个我护理的捐献者那儿听说的。然后过了几天，露丝也开始跟我讲。仅仅为了我们终于找到话题可以聊，我就感到如释重负了，于是就鼓励她继续讲。

“隔壁楼层有个男孩儿，”她说，“他的护理员真的去看过。他说就在离大路不远的地方，随便什么人，不用太费劲都可以去看。这条船就蹲在那里，搁浅在沼泽里。”

“船怎么到那儿去的？”我问。

“我怎么知道？不管船是谁的，也许他们想扔掉它。再不然就是什么时候发过大水，船漂过来，然后搁浅了。谁知道呢？据说是条旧渔船。有个小船舱，雷雨天的话两三个渔民可以挤在里面。”

那之后几次我去探望她的时候，她总是会再次提起那条船。于是有天下午，她开始告诉我说这家中心有一个捐献者被她的护理员带去看了这条船，这时我对她说：

“你瞧，这地方也不是很近，你知道的。可能开车要一个小时，甚至一个半小时才能到。”

“我没有别的意思。我知道你还有别的捐献者要担心呢。”

“可你是想去看的。你是想去看这条船的，对不对，露丝？”

“我想是的。我是想去。一天又一天地待在这个地方。没错，能去看看这样的东西挺好。”

“你是不是认为，”——我温柔地说，避免任何讥讽的意味——“如果我们开车大老远过去，是不是可以顺便看看汤米？反正他的康复中心就在停船的那条路下去不远的地方？”

开始露丝的脸上没有透露出任何表情。“我觉得可以考虑，”她说。随后她笑了，又说：“坦白讲，凯西，我一直讲这条船的事，不单是为了这个缘故。我是真的想去看看，看这条船。这段时间总在医院进进出出。然后又关在这里。对这种事比以往更在意了。但是没错。我的确是知道。我知道汤米就在金斯费尔德中心。”

“你确定想去见他吗？”

“对，”她毫不迟疑地说，眼神直视着我，“没错，我想。”然后她又平静地说："我很久没见过这男孩儿了。自从农舍之后就没见过。"

这时，我们终于谈起了汤米。我们并没有聊得很深很多，我也没有获悉多少从前不知道的事。但我想两人都觉得还好，我们终于说到了他。露丝告诉我说，那年秋天她在我之后离开农舍的时候，她跟汤米两个人已经相当疏远了。

"因为反正我们要去不同的地方开始培训，"她说，"正式分手很不值的。所以我们就还是待在一起，直到我离开。"

到这里为止，我们再没有对此多说些什么了。

至于出去看那条船的行程，我们第一次讨论的时候，我既没有同意也没有反对。但接下来的几周里，露丝反复提起，渐渐我们的计划变得越来越切实可行，直到最后，我通过一个熟人给汤米的护理员发了消息，说除非收到汤米的消息，叫我们不要去，不然我们就在下周某天下午出现在金斯费尔德。

第十九章

那时候我极少去金斯费尔德，所以我和露丝一路上只得多次查阅地图，最终还是迟到了几分钟。这家康复中心没有很清楚的标注，要不是因为后来我跟这地方有了千丝万缕的关系，这里也不是一个我会期望造访的地方。它地处偏僻，不便到达，可是当你到了之后，这里又不具备真正意义上的平静安详。你总能听到围墙外大路上的车声，总体上感觉他们好像始终没有全部完成这地方的改造工程。许多捐献者的房间轮椅无法出入，不然就是不通风，或者太漏风。浴室总是不够，仅有的几间很难保持清洁，冬天冷得要命，还总是距离捐献者的房间太远。换句话说，金斯费尔德跟露丝在多佛的康复中心简直有天壤之别，那边瓷砖耀目，双层玻璃，只需轻轻一拧窗户把手，就可以关得严丝合缝。

后来，当金斯费尔德变成了那个我熟悉而宝贵的地方之后，我在其中一座办公楼里看到了一张这地方改造之前的黑白照片，镶在镜框里。那时候这里还是一座普通家庭的度假营地。照片拍摄的时间可能是五十年代后期，或者六十年代早期，上面有个很大的长方形游泳池，许多快乐的人们——孩子和父母亲——在四处泼水，尽情玩乐。池边都是水泥，但人们架起了折叠椅和日光浴躺椅，还有很大的遮阳伞，将他们罩在阴凉里。我刚看到这画面的时候，花了一点时间才弄明白，我看到的就是现在捐献者们称为“广场”的地方——你开车到这座中心的时候，先要开到这里来。当然，现在游泳池已经填起来了，但轮廓依然在，而且在泳池一端还依然树立着——改造未完成的例证之一——跳水高台的金属架。直到我看到照片才明白那框架是什么，为什么会在那里，而今天，每次我看到它的时候，都会不由自主地想象出游泳者从顶部一跃而下，却只能撞在水泥地面上的画面。

要不是画面上背景中分布在游泳池周围三面的那些碉堡似的白色两层建筑，我本来没那么容易能辨认出照片里广场的位置。这些想必就是当年那些家庭的度假公寓，虽然我猜想房屋内部一定改变很大，但外立面基本保持原样。我想，就某些方面而言，今天的广场跟当初的游泳池也没有那么大的不同。这里是当地的社交中心，捐献者们从房间里出来透透气、聊聊天的地方。广场周围有几个木制野餐长椅，但——尤其是阳光太热，或者下雨的时候——捐献者们还是喜欢到远处那头老旧跳水台架子后面，在娱乐室向外延伸的平屋顶下面聚会。

我和露丝到达金斯费尔德的那天下午，天气多云，略有寒意，当我们车子开到广场上的时候，那里没有什么人，只有一小群六七个人，影影绰绰在那边屋檐下方。当我将车停在旧泳池上某处时——当然那时我并不知道——一个身影离开了人群朝我们走来，我认出那正是汤米。他身穿一件褪色的绿色运动服上衣，看起来比我最后见他的时候，重了大约一英石[①]左右。

坐在我身边的露丝似乎开始慌了神。“我们怎么办？”她说，“我们下车吗？不，不。我们不要下车。别动，别动。”

我不知道自己本来打算怎么做，但当露丝这样说的时候，不知为何，我想也没想就下了车。露丝仍是坐在原地，所以当汤米朝我们走来的时候，他的目光就落在了我身上，也因为如此，他首先拥抱的是我。我能闻到他身上隐约有某种医药的气息，但我不确定是什么。随后，尽管我们彼此什么都没有说，却都感到露丝在车里看

---

① 英制重量单位，一英石大约等于十四磅，合六点三五公斤。

着我们，于是分开了。

车窗玻璃上映出很大一片天空的倒影，所以我无法看清她的模样，但在我印象中，露丝的表情很严肃，几乎凝固一般，仿佛我和汤米是她在看的剧中人物。她的表情有些古怪，让我感到不自在。然后汤米绕过我，到了车旁。他打开后门，坐到了后排座椅上，这时轮到我来观察他们在车里交谈，礼貌地轻吻脸颊。

广场那边，屋檐下的捐献者们也在观看，虽然我觉得他们并没有恶意，突然间却很想尽快离开这里。但我尽量让自己放慢脚步走回车上，好让汤米和露丝多一点时间单独相处。

我们先是开车经过了几条狭窄曲折的小路，然后豁然开朗，进入了千篇一律的乡间大道，行驶在几乎没有车辆的路上。关于我们去看搁浅渔船的那次旅行，我所记得的就是，很长时间的阴霾之后，终于有了一点微弱的阳光穿透了灰暗的天色，每次当我转眼去看坐在旁边的露丝时，她脸上总是浮现出淡淡的平静的微笑。至于我们都谈了些什么，反正我记得我们都表现得仿佛大家都常常见面一般，好像没必要聊别的，只是眼前这点事儿就够我们说的。我问汤米他是不是已经去看过那条船了，他说没有。他曾经有几次机会，但都没去成。

"倒不是我不想去，"他说着，从后座朝前倾身，"我懒得费那个心。有一次我打算去的，跟另外两个人，还有他们的护理员，但后来我有点出血，就没办法再去。那是很久以前的事了。现在我早没有这种问题了。"

又过了一会儿，我们继续穿行在空旷的乡间，露丝从座位上向右转身，直到她面朝汤米，就那样一直看着他。她脸上依然带着淡淡的微笑，但什么也没说，我从后视镜中看到汤米本能地看起来很不自在。他不断地朝旁边的窗户往外看，然后转眼看看她，然后再转眼看看窗外。过了一会儿，露丝还是没有将视线从他身上转开，她开始聊别人的八卦轶事，她那个康复中心的某个捐献者，一个我们从未听说过的人，期间她始终都在望着汤米，淡淡的笑容也始终没有离开过脸庞。也许因为她的这些八卦让我觉得无聊，也许因为我想帮汤米解围，大约一分钟之后，我打断了她，我说：

“好啦，好啦，我们用不着知道关于她的所有事。”

我说这话完全没有恶意，说真的也没有任何其他意思。但是还没等露丝住嘴，甚至我话音还没落的时候，就听汤米突然爆发出一阵大笑，爆炸般的笑声，我以前从未听到他发出这样的声音。然后他说：

“我正想说同样的话。我刚刚有点走神了。”

我的眼睛望着路面，因此拿不准他是冲我说的还是露丝。无论如何，露丝不再说了，她慢慢地转回身体，直到重新面朝前方。她看起来并没有特别沮丧，但那笑容不见了，她眼神飘得很远，看着我们前方某处的天空。可我得坦白讲：那一刻我根本没想到露丝。我的心轻轻跳了一拍，因为这一来，这微不足道的表示赞同的一笑，感觉仿佛这么多年之后，我和汤米再次走到了一起。

从金斯费尔德出来之后过了大约二十分钟，我找到了需要拐弯的路口。我们沿着一条被树篱遮蔽的蜿蜒窄路朝前开，然后在一丛西克莫槭树旁停了下来。我在前面带路，走到树林边，但这时，我们面前有三条小路朝着林间不同方向，我只好停下来研究随身带的指路说明。当我站在那里，努力辨认那人手写的字迹时，突然意识到露丝和汤米站在我身边，两人都没说话，只是像孩子一样，等着我来告诉他们该往哪边走。

我们走进了树林，虽然路还算好走，但我注意到露丝呼吸越来越沉重了。相比之下，汤米却看不出任何难受的迹象，只是脚步隐约有点跛。后来我们走到了一面铁丝网栅栏前，栅栏倾斜生锈，网子被掀开，东倒西歪。露丝一看到，立刻就停下了脚步。

“哎呀，不行，”她焦虑地说。随后又朝我转过身。“你没说过会有这个。你没说过我们得过铁丝网呀！”

“不难走的，”我说，“我们可以从下面过。只要互相帮忙撑一下铁丝就行。”

可是露丝看起来真的很难过，她动也没动。就在这时，当她站在那里，肩膀随着呼吸上下起伏的时候，汤米仿佛才第一次发现她原来这么虚弱。也许他之前也留意过，但不愿意接受这一点。可是现在他瞪着露丝认真看了几秒钟。接下来发生的——当然我无法确知就是如此——就是我们俩，我和汤米，两人都想起了刚刚车里发生的事，我们多少算是合伙对抗她了。两人几乎是本能地同时向她走去。我搀住她一只胳膊，汤米从另一侧扶住她的肘部，我们开始慢慢地引着她朝栅栏走去。

只有当我需要自己先过栅栏那边的时候，才放开了露丝。然后我就尽力将铁丝网举高，我和汤米共同帮她走了过来。最终这对她也没有那么难：这更多是个信心的问题，因为有我们扶助，她似乎抛下了对栅栏的恐惧。到了另一侧，她还出了把力，跟我一起把铁丝网举高，让汤米过来。他过得很轻松，露丝对他说：

“原来只要这样弯下身就可以。这种事我有时候真是不在行。”

汤米看起来有点怯意，我疑心他是不是因为刚才的事不好意思，还是又想起了我们俩在车上合伙对付露丝的事。他朝我们面前的树点了点头，说道：

“我猜是往这个方向。对不对，凯丝？”

我瞥了一眼那张纸，再次开始头前带路。越往树林深处走越是幽暗，地面也越来越潮湿。

“希望我们不要迷路，”我听到露丝笑着对汤米说，但我看到前面不远处就有一片空地。经过片刻回味，我终于明白，为什么刚才车里发生的事让我这么耿耿于怀。不单单是因为我们合伙对付露丝：关键在于她的反应。从前的时候，根本无法想象她会听凭这样的事发生，而不予以反击。想明白这点之后，我在小径上停下了脚步，等着露丝和汤米跟上来，然后伸出胳膊环住了露丝的肩膀。

这并不会显得太煽情；这只是护理员的日常工作，因为现在她的脚步真的有些不稳，我疑心是不是我先前对她虚弱的程度严重缺乏预料。她的呼吸越来越沉重，我们走在一起的时候，她脚步趔趄，时不时靠到我身上。但随后我们就走出了树林，到了空地上，我们看得到那条船了。

实际上，我们并不是真的走到了一片空地：而是我们刚刚穿过的那片树木稀疏的林地在这里到了尽头，我们面前触目所及都是一片沼泽地。天空苍白辽阔，一片一片倒映在沼泽中嵌着的水洼里。不久之前，树木想必还曾经延伸得更远，因为时不时还可以看到泥土中冒出来幽灵一般的枯树干，大多数都在离地几英尺高的地方断掉了。这些枯死的树干再远处，大约六十码开外，就见那条船，映着微弱的阳光，陷在沼泽里。

“哎呀，跟我朋友说的一样，”露丝说，“真的很美。”

我们周遭一片寂静，当我们朝那条船走近的时候，能听到脚下鞋子在吱嘎作响。没过多久我就留意到踩在草丛上的脚开始下陷，于是喊道：“好了，我们只能走到这里了。”

另外两个人在我身后，都没有表示反对，当我回头朝后看时，见汤米再次搀着露丝的胳膊。但显然这只是为了扶住她。我迈着大步走到距离最近的枯树干旁，这里的泥土比较结实，然后靠着树干平衡身体。汤米和露丝也学我的样子走到另一棵树旁，那棵树都空了，比我这棵更枯瘦，在我后方左边。他们分别靠在树的两边，似乎安顿下来。然后我们望着搁浅的船只。现在我看得到船上漆都剥落了，小船舱的木板框架都开裂了。船舱原来是漆成天蓝色的，但现在映着天空看起来几乎是白色的。

“不知道船是怎么到这里来的，”我说。我提高了声音，想让其他人听到我说的话，我以为还会有回音。可是发出的声音非常切近，令人意外，仿佛我是在一个铺着地毯的房间里。

这时我听到汤米在我身后说："也许现在黑尔舍姆就是这样。你们觉得呢？"

"为什么黑尔舍姆会是这样？"露丝听起来是真心感到不解，"就因为关门了也不会变成沼泽地啊。"

"我想不会。我没动脑子。但我现在总是觉得黑尔舍姆变成了这样。完全没逻辑。实际上，这跟我脑子里的画面很相像。只不过那里没有船，当然了。那倒不是太坏，如果变成现在这样的话。"

"这倒滑稽，"露丝说，"因为有一天早上我做了个梦。我梦见我在楼上十四号教室。我知道整个校园都被关闭了，可我就在十四号教室，我朝窗外看，看到外面发大水了。就像一大片湖水一样。我能看到各种垃圾从我窗户下面漂过去，空的饮料盒什么的。但我完全没有惊恐什么的感觉。一切静好，就像现在这样。我知道我没有任何危险，变成那样只是因为学校关门了。"

"你知道，"汤米说，"梅格·B 在我们中心待过一段时间。她现在走了，去北方什么地方做第三次捐献。我再没听说过她的消息。你们俩有听过吗？"

我摇了摇头，因为没有听到露丝说话，于是回头去看她。开始我还以为她仍然在望着那条船，但后来我发现，她是凝望着远处空中一架慢慢爬升的飞机留下的尾迹云。然后她说：

"告诉你们一件我听说的事吧。我听说了克里茜的消息。我听说她在第二次捐献中就完了。"

"我也听到过，"汤米说，"想必这是真的。我听到的跟你一模一样。太遗憾了。才第二次而已。很幸运我没发生这样的事。"

"我觉得这种事发生得肯定很多，只是他们不告诉我们，"露丝说，"我那边的护理员。她可能知道真相。但她不肯说。"

"这里头没有什么大阴谋，"我说着，转回身朝向那条船，"有时会发生这种事。克里茜的事很令人难过。但这种事并不常见。现在他们真的都很小心。"

“我敢肯定这种事发生的远远多于他们透露给我们的数量，”露丝再次说道，“每次捐献之间他们总是把我们搬来搬去，原因之一就在于此。”

“我碰到过罗德尼一次，”我说，“就在克里茜完结之后没多久。我在北威尔士的一家诊所里碰到他的。他还不错。”

“但我敢肯定克里茜的事让他伤透了心。”露丝说完，又对汤米说：“他们半点都不会告诉你的，明白吗？”

“实际上，”我说，“他没有太难过。很明显他很伤心。但他应付得还算可以。再说他们已经两三年没见面了。他说他认为克里茜不会太在意。我认为他说的应该有道理。”

“凭什么他说的就有道理？”露丝说，“他怎么可能知道克里茜的感受？知道她想要什么？躺在台子上，拼命挣扎着活下去的又不是他。他怎么会知道？”

这迸发的怒火更像是旧日的露丝，闻言我不禁再次朝她转过身去。也许只是她眼中满含怒火，但她回望我的目光带有一种严厉苛责的表情。

“这不可能好受，”汤米说，“第二次捐献人就完了。不可能好受。”

“我就不相信罗德尼对此感觉还可以，”露丝说，“你只是跟他聊了几分钟而已。几分钟你能知道什么？”

“没错，”汤米说，“但是正如凯丝说的，他们已经分手了……”

“那也不会有任何不同，”露丝打断了他的话，“一定程度上来看，那样反而更难受。”

“我见过许多人处在罗德尼这种情况，”我说，“他们的确能够接受现实。”

“你怎么会知道？”露丝说，“你怎么可能知道？你才是个护理员。”

“我作为护理员见过很多人。真的很多。”

"她不会懂的，对不对，汤米？她不知道到底是怎么回事。"

有一会儿我们俩都望着汤米，可他仍是凝视着那条船。后来他说：

"我所在的中心有个人。他总是担心自己撑不过第二次捐献。总是说他骨子里都能感觉到。但后来证明根本没事。他刚刚做完第三次捐献，现在一点事都没有了。"他抬起一只手遮住眼睛，"我做护理员不大行。连开车都没学会。我认为正因为如此我的通知才来得这么快。我知道按道理不是这么操作，但我相信其实就是这么回事。不过其实我也不在乎。我作为捐献者很不错，但我是个很差劲的护理员。"

大家沉默了一会儿。然后露丝开口讲话了，她的语气这次平静了许多：

"我觉得我做护理员还算称职。但五年我觉得也足够了。我跟你一样，汤米。我成为捐献者的时候已经基本上做好了准备。觉得挺好。毕竟我们就是应该干这个的，对不对？"

我拿不准她是否期望我对这话做出回应。她讲的没有任何明显的导向意思，很有可能这只是习惯成自然随口一说——你总是听到捐献者们互相之间说这种话。我再次转身去看他们，见汤米依然举着手遮住眼睛。

"可惜我们不能离船再近一点，"他说，"等到再干燥点的天气，也许我们可以再回来。"

"来看过这条船我已经很高兴了，"露丝轻柔地说，"真的很好。可是我觉得我想回去了。风还挺冷的。"

"至少我们现在看过了，"汤米说。

走回车子的路上，我们比来时更加随意地聊了起来。露丝和汤米在比较他们的康复中心——食物如何，毛巾，诸如此类——我总是参与进来，因为他们不断地问我其他康复中心条件如何，或者这种那种现象是否正常。露丝现在脚步稳得多了，等我们走到栅栏那边的时候，我举着铁丝网，她几乎没犹豫就过去了。

我们上了车，还是汤米坐后面，有一会儿我们感觉都很好。回想起来，也许有点欲言又止有口难言的气氛，但有可能我现在这么想只是因为后来发生的事。

开始的时候，有点像先前情形的重复。我们重又回到了空旷的长路上，露丝说起了我们先前路过的一幅大海报。现在我都不记得那张海报什么样了，只不过是路边树立的那种大广告画。她几乎是自言自语地说："我的天呐，看那个。你以为他们至少得试图搞点新花样吧。"

但是汤米在后面说："其实我还蛮喜欢那张画的。报纸上也登过。我觉得有点意思。"

也许我想再次得到那种感受，我和汤米再次团结在一起的感觉。因为虽然说走去看船的那段路本身没什么，可我开始觉得，除了一开始我们俩的拥抱，以及早先在车里的那一刻，此外我和汤米没有任何真正的交流。总之，我不由得开口道：

"其实我也蛮喜欢的。制作这种海报要比你想象得更费劲。"

"没错，"汤米说，"有人跟我说要花很多个礼拜才能把这样一幅画面弄好。甚至好几个月。人们甚至要彻夜开工搞这个，一遍又一遍，直到满意为止。"

"开车路过的时候随口批评一下，"我说，"倒是很容易。"

"世界上最容易的事，"汤米说。

露丝没说话，眼睛盯着我们前方空旷的路面。然后我说：

"既然说到海报。出来的时候我看到过一幅。很快又要出现了。这次是在我们这一侧。现在随时可能会出现。"

"关于什么的？"汤米问。

"你会看到的。很快就会出现了。"

我瞥了一眼身旁的露丝。她的眼神里没有愤怒，只是有些戒备。我想甚至有几分希望，希望海报出现的时候，会是幅无伤大雅的画面——让我们联想到黑尔舍姆。我从她脸上读出了所有这些念头，她脸上表情飘忽不定，莫衷一是。期间目光始终直视前方。

我减慢了车速，靠边，然后一脚油门开上了长着杂草很不平整的路边。

“我们为什么停下了，凯丝？”汤米问。

“因为从这里看得最清楚。要是再近我们就得使劲抬头才能看清楚了。”

我听到汤米在后面挪动身体试图看得更清楚。露丝没有动，我甚至拿不准她到底有没有在看海报。

“好吧，并不是完全一样，”过了一会，我说，“但是这幅海报让我想起从前。开放式办公室，优雅、面带微笑的人们。”

露丝一声不吭，但汤米从后面说道：“我明白了。你是说，就像我们那次去过的地方。”

“不止如此，”我说，“跟那张广告很像。我们在地上发现的。你记得吗，露丝？”

“我记不太清楚了，”她平静地说。

“哎，得了吧。你肯定记得。我们在一条小路上发现的，一本杂志上。一个水洼旁边。你深受吸引。别假装你不记得了。”

“我想我记得，”现在露丝话音十分微弱，如同耳语。一辆大货车经过，震得我们的小车摇晃一阵，几秒钟里遮挡了我们看海报的视线。露丝低垂了头，仿佛希望货车将这幅画面永远带走，当我们再次清楚看到画面的时候，她也没有抬起目光。

“很好笑呢，”我说，“现在想起来哦。记不记得你总是怎么说的？说有一天你也要在像这样的办公室里上班？”

“哦，对了，所以那天我们才会去的，”汤米说，仿佛他这一秒才记起来，“我们去诺福克的那次。我们是去找你可能的原型人物。她在一间办公室工作。”

“你有时会不会想，”我对露丝说，“应该继续查下去的？说来你可能是第一个。我们所有人听说过的第一个做这种事的人。但你本来可能做得到的。你会不会有时候也想，要是努力尝试过，会怎么样？”

“我怎么去尝试？”露丝的声音低得几乎听不到了，“这只是我曾经的梦想。仅此而已。”

“但是如果你至少做过调查的话。你怎么知道就不行？也许他们会批准呢。”

“没错，露丝，”汤米说，“也许你至少应该去试试。你絮絮叨叨说过那么多。我觉得凯丝说得有道理。”

“我没有说很多，汤米。至少我不记得絮絮叨叨过。”

“可是汤米说的没错。你至少应该去试试。那样的话，什么时候你看到像那样的海报，就会记起那是你曾经想要的生活，至少你曾经尝试调查过……”

“我怎么可能去调查？”露丝的话音第一次变得强硬，但随后她却叹了口气，又垂下了眼帘。后来汤米说：

“你总是说得好像自己应该享受特殊待遇似的。反正在你看来，你可能能做到。你至少应该去申请一下。”

“那好，”露丝说，“你们说我应该去调查一下是不是可行。怎么查？我去哪里查？根本没有渠道可以去查这事。”

“可是汤米说得对，”我说，“如果你真的相信自己不一般，你至少应该去申请。你应该去找夫人申请。”

我这话一出口——提到夫人——我就意识到自己犯了错。露丝抬头看着我，我看到她脸上有类似胜利的表情闪过。有时你在电影里会看到这种镜头，一个人举枪对着另外一个，拿枪的人逼着另外那个人做各种各样的事。突然之间出现了一个错误，或是扭打起来，枪就到了第二个人手里。于是这第二个人就朝第一个人得意地笑，露出一种“我竟会运气这么好，简直不可置信”的表情，预示着他的各种报复行动。露丝就是这样突然地望着我，虽然我没有提到延期的事，但我的确提到了夫人，我知道这下我们一起跌进了某个新的领域。

露丝看出我的惊恐，在座位上转了个身面朝着我。因此我做好准备承受她的打击；同时忙不迭地心想不论她说出什么话来对付我，现在情况不同了，她不能像从前那样为所欲为。我正在心里想着这些，所以她说出来的话让我毫无准备。

“凯西，”她说，“我真的永远不能指望你会原谅我。我甚至觉得你凭什么会原谅我。但我还是要请求你原谅。”

她说得我震惊不已，不知如何作答，最后很无力地反问道：“原谅你什么？”

“原谅我什么？好吧，首先第一件，关于你的性冲动，我一直都在撒谎。那时候你跟我说有时候冲动太强烈，你随便跟谁都可以做。”

坐后排的汤米再次动了动身体，可现在露丝身体前倾，直视着我，仿佛这一刻汤米根本没有在车上跟我们一起。

“我知道这事让你很担心，”她说，“我本该如实告诉你的。我本该跟你说我也是一样，跟你描述的一模一样。我知道，这些你现在都明白了。我本该告诉你，虽然当时我跟汤米在一起，但还是控制不住有时候要跟其他人做。我们在农舍的时候我至少还跟另外三个人做过。”

她说这些的时候，仍然没有朝汤米的方向看。但她并非故意无视汤米的存在，而是强烈地专注于把她的意思表达给我，对其他的一切都视而不见。

“有几次我差点就告诉你了，”她接着说，“可我没有。即便是当时，我也知道总有一天你会明白过来，为此责怪我。可我还是什么都没对你说。这件事你没有理由原谅我，但我现在想求你，因为……”她突然停了下来。

“因为什么？”我问道。

她笑了，说道：“不为什么。我希望你能原谅我，但我不指望你会。总之，这才连一半都没有，实际上，连一丁点都算不上。最主要的是，我把你跟汤米分开了。”她的话音再次降低，几乎成了耳语。“那是我干过最坏的事。”

她稍微转身，第一次将汤米纳入了视线之中。但随即，她立刻重新将视线集中在我一个人身上，但感觉她现在是对我们两个人说话了。

“那是我干过最坏的事。”她又说了一遍，“这件事我根本不能求你原谅我。上帝啊，这些话我自己在心里说过太多遍了。真不敢相信我真的说出来了。应该是你们俩在一起。我不是假装过去始终没看清楚这点。我当然知道，打从记事开始我就看得清清楚楚。可我逼你们分开。我不是求你们两个原谅我这件事。现在我不是为了这个。我想要你们改正这个错误。改正我对你们做错的事。”

“你什么意思，露丝？”汤米问道，“你什么意思，怎么改正？”他的话音温和，充满了孩子似的好奇心，我想就是这话弄得我哭泣起来。

“凯西，你听我说，”露丝说，“你和汤米。你们得去试着申请延期。如果是你们俩，一定会有机会的。真的有胜算。”

她伸出一只手，放在我肩膀上，但我粗暴地甩开了她，透过泪水怒视着她。

“现在说这些太迟了。真的太迟了。”

“还不晚，凯西。你听着。还没有太迟。就算是汤米已经做了两次捐献，可是谁规定这样就不可以了？”

“现在说这些太迟了。”我又开始哭泣，“有这种想法就很蠢。跟想在上面这种办公室里上班一样蠢。这些都离我们太远太远了。”

露丝大摇其头。“还不晚。汤米，你跟她说。”

我靠在方向盘上，根本看不到汤米。他发出了一种迷惑的哼哼声，却什么话也没说出来。

“听着，”露丝说，“你们俩都听我说。我想要咱们一起出这趟门，就是因为我想说我刚才说的这些话。但我想做这件事还因为我想给你们件东西。”她伸手在外衣口袋里翻找，很快拿出了一张皱巴巴的纸条。“汤米，你最好收好。拿好。等凯西改主意的时候，你就拿出来。”

汤米向前探身，蹭到我们两个座位中间，接过了那张纸。“谢谢你，露丝，”他说，仿佛她递过来的是块巧克力。过了几秒钟之后，他说：“这是什么？我看不懂。”

“这是夫人的地址。就像你们刚刚对我说的那样。你们至少得去尝试一下。”

“你怎么弄到的？”汤米问。

“不容易的。我花了很长时间，也冒了些风险。但我最终弄到了手，我是为你们俩弄来的。现在该你们去找她了，试试看。”

这时我已经停止了哭泣，发动了引擎。“够了，”我说，“我们得送汤米回去了。然后我们自己还得回去。”

“但你们要考虑这件事，你们俩都要，好不好？”

“我现在只想回去，”我说。

“汤米，你来保管好这个地址，可以吗？万一凯西回心转意。”

“我来收好，”汤米说。然后他比前次更为郑重地又说了一次，“谢谢你，露丝。”

“我们看过那条船了，”我说，“但现在我们得回去了。可能要两个钟头才能回到多佛。”

我再次开车上路，在我的记忆中，在回金斯费尔德的行程中，我们没有再多说什么。我们来到广场的时候，那边屋檐下依然聚集着一小群捐献者。我先将车调头，然后才放汤米下车。我们俩谁都没有拥抱或亲吻他，但当他朝那些捐献者同伴走过去的时候，停了一下，朝我们粲然一笑，挥了挥手。

这可能有点奇怪，但在回露丝康复中心的路途中，我们也没有认真讨论过刚刚发生的事。部分可能是因为露丝筋疲力尽——刚才在路边的那段对话似乎耗尽了她的气力。但同时，我想两人都觉得一天里严肃谈话已经够多了，若还要多说，可能话题就要走偏了。我不知道开车回家的路上，露丝感觉如何，至于我，一旦所有那些剧烈的情感平复下去之后，随着夜幕渐渐笼上来，沿途两边的路灯一一点亮，我就感觉没事了。就好像某种悬在我头顶很久的东西终于消失不见了，虽然事情远未理清，但现在的感觉就好像至少是开了一扇门，通往更美好的地方。我倒不是说自己情绪高昂或者怎么样。任何涉及我们三个人关系的事都很微妙，我觉得很紧张，但总的来说这种紧张并不坏。

我们甚至没有多谈汤米，只是说他看起来不错，不知道他体重增加了多少。随后大段的行程中我们都默默地看着前方的路面。

只有到了几天之后，我才明白这次旅行带来了怎样的变化。我和露丝之间所有那些防备、怀疑都烟消云散了，我们似乎记起了对彼此都是怎样重要的存在。这就是新的开始，那个新的阶段，随着夏天到来，露丝的健康至少是平稳恢复，我总是傍晚时分带着饼干和矿泉水来看她，我们并肩坐在她的窗边，看着夕阳从所有屋顶上落下去，两人谈起黑尔舍姆、农舍，想到什么聊什么。现在当我想起露丝的时候，当然我很难过她不在了；但能有最后那段时光，我真的很感恩。

即便如此，有一个话题我们始终也没有好好讨论过，就是关于那天在路边她对我说的那些话。只不过偶尔露丝会将话题隐约带到这里。她会这样说：

“你有没有再想过去给汤米当护理员的事？你知道的，只要你想，就能办成这件事。”

很快，这个说法——我去给汤米做护理员——就变成了整件事的代表。我就跟她说我在考虑，说这事没那么简单，哪怕是我，也没那么容易办得成。然后我们通常就把这话题搁下了。可我能看得出，露丝从来没有真正放弃过这个念头，正因为如此，我最后一次见到她的时候，虽然她没办法讲话，我还是明白这就是她想对我说的话。

那是她第二次捐献之后的第三天凌晨时分，他们终于放我进去看她。她一个人在房间里，看起来他们能做的都已经为她做了。事到如今，我根据医生、协调员和护士的举止，明显看出他们都认为她撑不下去了。这时，我看了一眼昏暗的灯光下躺在医院治疗床上的她，立刻就辨认出她脸上的那种表情，这表情我在捐献者脸上看到太多次了。就好像她命令自己的眼睛去看透自己，才可以更好地巡视和引导身体各个部位的疼痛——就像是一个焦虑的护理员跑遍全国，来回穿梭照顾着三四个病痛中的捐献者那样。严格来说，她还有意识，但我站在她躺的金属床边时，已经没办法让她明白我的存在了。可我还是拉过一把椅子坐了下来，双手握住她的一只手，每当阵痛袭来，她扭动身体的时候，我就轻轻握一下她的手。

只要他们允许，我就一直像这样守在她身边，待了三个小时，也许更久。正如我说的，大多数时间里，她都深深沉浸在自己的世界里。但只有一次，她痉挛得厉害，身体扭曲到了很不自然的可怕姿态，我即刻就要叫护士给她增加镇痛药了，这时，仅有不多的几秒钟时间，她直直地望着我，确切地认出了我。在捐献者们骇人的挣扎过程中，偶尔会达到这样汪洋大海中小岛一样的短暂清醒，她看着我，就在那一刻，虽然她讲不出话，我却明白她眼神里的含义。因此我对她说："好的，我会去的，露丝，我会尽快去当汤米的护理员。"我压低了声音轻轻说了这话，因为我知道，哪怕我大声喊出来，她也听不到实际的话音。但我希望在我们目光交汇锁定的几秒钟内，她能准确读懂我的表情，正如我读懂她一样。随后那个时刻就过去了，她的意识再次飘远。当然我永远无法确知，但我认为她知道了。即便她没有明白我的话，我现在才想到，可能她始终就知道，先我之前就知道，我会成为汤米的护理员，我们会"去尝试一下"，正如那天在车里她对我们说的一样。

第二十章

去看船的那次旅行过了不到一年之后，我成了汤米的护理员。那时汤米第三次捐献才过去不久，虽然他恢复得不错，但仍然需要大量时间休息，结果证明这未尝不是种很好的方式开始我们在一起的新阶段。不久之后，我就习惯了金斯费尔德，甚至越来越喜欢这里了。

金斯费尔德的大多数捐献者在第三次捐献之后，都会住单人房，汤米得到了整个中心最大的一个房间。后来有人猜是我帮他要到的，但其实不是这样；只是幸运而已，再说那房间也没什么了不起。我觉得早先这里还是度假营地的时候这可能是间浴室，因为唯一的窗户上镶的是毛玻璃，而且窗户位置真的很高，都快到天花板了，你得站到椅子上，掀开窗户，才能看到外面，而且只能朝下看到浓密的灌木。房间是L形状，这就意味着他们除了通常的床、椅子和衣柜之外，还可以放进一张小小的书桌，就是学校用的那种掀盖课桌——这件家具后来证明真的是个意外之喜，后面我会解释。

关于我们在金斯费尔德的这段时间我不想给人留下错误的印象。许多时候非常放松，几乎像田园诗一般。我通常是午饭之后到达，上来之后常常发现汤米瘫倒在窄窄的床上——衣服总是穿得很齐整，因为他不想“像个病人”。我就坐在椅子上，给他读我带来的各种平装书，比如《奥德赛》、《天方夜谭》之类。再不然我们就聊天，有时候聊过去的日子，有时候聊别的事。傍晚的时候他常常会打瞌睡，这时我就在他那张课桌上赶我的报告。这真的很美妙，好像多少年的光阴都消散无踪，我们相处地非常自在。

当然很明显并不是一切都跟从前一样。首先就是我和汤米开始做爱了。我不知道在我们开始之前，关于我们两人做爱，汤米想过多少。毕竟他还在康复阶段，也许这不是他脑海中的头等大事。我并不想勉强他做爱，但另一方面，我又想到，如果两个人刚开始在一起的时候，我们耽搁太久没有做，那么性爱就越来越难成为我们关系中自然而然的一部分。我还有个考虑，我想，就是如果我们计划按照露丝的想法去操作，真的去申请延期的话，倘或我们从未有过性爱，那真的将会是一个很不利的条件。我的意思不是说我认为他们一定会问起这件事。但我担心的是，这事总会暴露出来，因为一定程度上，那样的话，两人会缺乏亲密感。

于是有一天下午，在那个房间里，我决定先主动开始，然后让他选择进退行动。他跟往常一样躺在床上，瞪着天花板，我在给他读书。读完之后，我走过去，坐到床边，将一只手伸到了他的 T 恤衫里面。很快我就摸到下面他的那个家伙了，虽然他过了好一会儿才硬起来，但我立刻就看出他很喜欢。那第一次的时候，我们还要担心他伤口的缝线，再说我们认识了那么多年没有做过爱，感觉好像我们需要一个过渡阶段才能够全线放开去做。因此过了一会儿，我就只是用手帮他做，而他就躺在原地，没有试图抚摸我给我回应，甚至没有发出任何声音，只是一派平静如水。

但即便在那第一次，与“这是一个开始，我们就此跨进一个新阶段”的体会同步出现的还有一种东西，一种感觉。很长一段时间我不愿意承认，即便最后我承认了它的存在，还试图说服自己这感觉会随着他各种各样的病痛一起消失。我的意思是说，从第一次开始，汤米举止间就透露出一丝伤感，仿佛是说：“没错，我们现在在做爱，我很高兴我们现在在做。但多么遗憾，我们竟虚掷光阴，等到这么晚。”

在接下来的几天里，当我们可以正常做爱，并且真的享受其中的时候，即便这时，这种令人烦恼的感觉依然还在。我想尽办法驱散它。我让两人全线开火，全身心都沉浸在狂欢的迷醉之中，不留任何空间给其他。如果他在上，我就将双膝举高，到他适宜的位置；不论我们用别的什么姿势，只要能让感觉更好，更热情，我什么都会讲，什么都会做，但这感觉依然没有完全消失。

也许跟这个房间有关系，阳光从毛玻璃的窗口照进来，即便是初夏，感觉也像是秋天的光线。再不然就是我们躺在那里的时候偶尔传来的零星杂音，都是捐献者们来回乱转，忙各自事情的声音，而不是学生们坐在草地上，讨论小说与诗歌的话音。再不然，就是因为有的时候我们非常痛快地做完之后，倒在彼此臂弯里，刚刚的鱼水之欢还在点滴回味之中，这时汤米会说这样的话："我从前很轻易就能一连做两次。可现在我做不到了。"这时那种感觉立刻就会浮现出来，我只能每次听到他说这种话，就伸手捂住他的嘴，只为了两人可以平平静静地躺在一起。我确定汤米也有同样的感觉，因为经过这样的时刻，我们总会紧紧搂抱在一起，仿佛这样就能将这种感觉赶走似的。

我到了之后的最初几个星期里，我们极少谈及夫人或是那天在车里跟露丝的谈话。但我成为他的护理员这一事实本身就时时在提醒我们，不能原地踏步，拖延时间。当然，还有汤米的动物画作。

多年以来，我常常想起汤米画的那些动物，甚至我们去看搁浅船只的那天，我也很想跟他问起它们。他还在画动物吗？他在农舍画的那些还留着吗？但围绕这些动物的种种往事让我很难开口。

后来有一天下午，也许是我开始护理汤米之后大约一个月左右，我上到他的房间，发现他正埋头在课桌前专心画画，脸几乎都要挨到纸页上了。我敲门的时候他喊我进来的，但一眼望去我就看出他是在画那些想象中的动物。我在门口停下来，拿不准是否应该进去，可最终他抬起了头，合上了笔记本——我留意到本子跟多年前他跟凯佛斯要来的那些一模一样。我走了进去，我们开始谈论与此完全不相干的事，过了一会儿他将笔记本收了起来，我们谁也没说什么。但那次之后，我经常来了之后发现本子留在书桌上，或是丢在他枕头旁边。

后来有一天我们在他的房间里，有几分钟闲余时间要消磨掉，然后我们要出门给他做检查，这时我留意到他举止有点古怪：有些刻意，又有几分羞涩，让我以为他想做爱。但这时他说：

“凯丝，我想让你告诉我。坦白跟我讲。”

随即那本黑色的笔记本从课桌里拿了出来，他给我看了三幅不同的素描，描绘的是同一种蛙类——只是这蛙长着一条长尾巴，仿佛蝌蚪部分没有演变过来。至少，当你将本子举得比较远的时候，画面看起来是这样的。近看每幅素描都充满了微小的细节，跟我多年前见过的那些动物很像。

“这两只我画的时候觉得是金属做的，”他说，“你瞧，所有部位的表面都亮闪闪的。但这边这只，我觉得我想把它画成橡胶的。你看得出么？几乎是黏稠状的。我现在想画个正式的版本，认真地好好画，但我拿不定主意。凯丝，你实话实说，到底觉得怎么样？”

我不记得自己怎么回答他了。我只记得那一刻百感交集各种浓烈的情感涌上心头将我吞噬。我立刻就明白汤米是用这样的方式，将当初在农舍围绕他的画所发生的一切抛诸身后，我感到如释重负，满心感激，纯粹的欣喜。但同时我也意识到为什么这些动物会再次出现，汤米这看似随便的询问背后蕴藏着各种可能，有各种层次的含义。至少我看得出，他是让我知道，尽管我们从未开诚布公地讨论过这件事，但他没有忘记；他让我知道他没有妥协，而是忙于进行他那方面的准备工作。

但那天看到那些古怪的青蛙画作时我的感受还不仅止于这些。因为有个念头反复出现，刚开始只是模糊地远远出现在背景中，但越来越强烈，后来我不停地想到这一点。当我望着那些画面时，尽管我竭力想抓住它，丢开它，但那想法还是不可抑制地出现在我脑海中。我想汤米的画作现在已经没有那么生动了。虽然从很多方面来看，这些蛙跟我当年在农舍所见的画作很相似，但有些东西绝对已经消失不见了。现在的画面看起来煞费心力，简直像是临摹的。因此那种感觉再次袭上心头，拂之不去：我们现在才做这一切太晚了；曾经有时间让我们去做这些，但我们错过了，而我们现在这样精心考虑，充分准备，未免有些荒唐，甚至应该受到谴责。

现在让我再回顾一遍，我想到我们俩之所以过了那么久之后才开诚布公地谈我们的计划，可能还有一个原因。很确定的一点是金斯费尔德的捐献者里面，根本没人听说过延期之类的说法，我们也许隐约觉得尴尬，仿佛两人共守着一个不光彩的秘密。我们甚至可能害怕，万一这话传到其他人那里，会发生什么事。

但正如我说的，我不想将金斯费尔德那段时期描绘得过于灰暗。大多数时间，尤其是他向我问起他画的动物那天之后，仿佛过去的阴影终于全都不复存在，我们的关系终于稳固下来。虽然他再也没有问过我对于他画作的建议，但他会乐于当着我的面画画，于是我们经常这样共度下午的时光：我躺在床上，也许在读书，汤米则伏在书桌旁画画。

也许，如果情况像这样持续更久一些，我们会更幸福，如果我们用更多的午后时光来聊天、做爱、读书、画画的话。但是随着夏天渐渐过去，汤米越来越壮实，通知他去做第四次捐献的可能性越来越迫近，我们知道不能再无限期地拖延下去了。

那段时间我超乎寻常得忙，几乎有一个星期没有去金斯费尔德。那天我是早上到的，我记得当时下着瓢泼大雨。汤米的房间几乎一片漆黑，窗户附近有条下水管道传来哗哗的流水声。他跟其他捐献者一起下楼去大厅吃好早饭，重新回到楼上，这会儿正坐在床上，目光空洞，什么也没做。我一进门就筋疲力尽——我已经很多天没有睡过一个整觉了——直接瘫倒在他的窄床上，将他推到墙边。我就那样躺了一阵，要不是汤米老伸出大脚趾戳我膝盖，我可能一下子就睡着了。最后我终于起身跟他并排坐，我说：

“我昨天看到夫人了，汤米。我没跟她说话，什么也没做。可我见到她了。”

他望着我，缄默不语。

“我看到她顺着街走过来，进了家门。露丝没搞错。地址是对的，门牌号，什么都准确无误。”

随后我向他讲述了前一天发生的事。我因为有事去到南部海边，于是下午顺路去了利特尔汉普顿，跟前两次去一样，我依旧沿着海边的长街漫步，沿途经过了一排排有露台的房子，大多还标有“波峰”、“海景”之类的名号。后来我走到了一个电话亭旁的公共长椅这里。我坐下来等候——仍然像我前两次所做的一样——眼睛紧紧盯着马路对面的房子。

“就像侦探故事一样。前两次我都是每次一待就是半小时以上，却一无所获，什么都没有。但这次有种感觉，我觉得要走运了。”

我实在太疲倦，坐在长椅上几乎要打瞌睡。但这时我抬头却看到她就在那里，正沿着街道迎面朝我这边走来。

“真的很吓人，”我说，“因为她看上去一点都没变。也许脸稍微老了一点点。但除此之外真的没有任何不同。连衣服都一模一样。还是那身漂亮的灰色套装。”

“不可能真的是当初那身套装吧。”

“我不知道。看起来就是那套。”

“所以你并没有主动上去跟她讲话是吗？”

“当然没有。我又不傻。要循序渐进。她对我们从来也算不上和善，你记得吧。”

我告诉他夫人怎么从马路对面径直走过我面前，却完全没有看到我；有那么一秒钟我还以为她要从我盯着的那个门口走过去了——以为露丝弄错了她的地址。但夫人在大门口骤然转身，三步并作两步走过门口小径，然后就消失在门内。

我讲完之后，汤米沉默了一会儿，然后他说：

“你确定这样不会惹上麻烦吗？多次开车去你不该去的地方？”

“要不然你以为我怎么会这么累？我为了搞定这些事，没日没夜地加班工作。不过至少我们现在算是找到她了。”

外面还是大雨如注。汤米侧过身来，将头靠在我肩膀上。

“露丝帮我们做了件好事，”他柔声说，“她找的地址没错。”

“是，她做得很好。但现在要靠我们自己了。”

“那咱们计划怎么做，凯丝？你有打算吗？”

“我们直接上门。我们就直接去问她。就下星期，我带你去做检查的时候。我帮你搞到一整天的外出许可。这样我们就可以在回来的路上去利特尔汉普顿。”

汤米叹了口气，将头更深地埋到我肩上。如果旁人看到，可能会以为他不大起劲，但我知道他的感受。很久以来，我们一直在设想延迟捐献，关于艺廊的理论，等等这一切，而现在，突然之间，我们取得了重大进展。这绝对是有点吓人。

“如果我们申请到了，”最终他说，“假设我们申请到了。假设她准许我们三年，比如说，完全属于我们的时间。我们到底要怎么做呢？明白我意思吗，凯丝？我们去哪儿？我们不能待在这里，这里是康复中心。”

“我不知道，汤米。也许她会让我们回到农舍去。但最好是去别的什么地方。也许大白楼。再不然也许他们还有其他地方。单独的一个地方，给我们这种人的。我们得听听她怎么说。”

我们静静地躺在床上听雨，又过了几分钟。不知怎的，我开始用脚戳他，就像他早先戳我那样。最终他开始反击，干脆将我两只脚推到床外面去了。

“如果我们真的要去，”他说，“我们得选定那些动物。你懂的，得挑选一下带哪些去。也许选六七幅。我们得认真点，好好选。”

“那好吧，”我说。随后我站起来，伸展开双臂。“也许我们可以多带几幅。十五甚至二十幅。好的，我们就去找她。她能把我们怎么样呢？我们就去找她谈谈。”

第二十一章

我们出发前几天，我的脑海中就浮现出这样的画面，我和汤米站在那扇门前，鼓起勇气去按门铃，然后两颗心狂跳着等在原地。可事到临头我们很幸运，免于遭受这番折磨。

到这时，我们也该当有点好运，因为这天过得实在是不顺。我们出门的路上车子出了点问题，我们给汤米做检查迟到了一个小时。然后在诊所又出了岔子，搞错了试验样本，结果汤米需要重做其中的三项检查。这弄得他有点虚弱，因此当我们下午的事结束之后，终于出发前往利特尔汉普顿的时候，他开始晕车，我们只好多次停车，让他走一会消散一下舒服些。

最终我们差一点点六点钟到了那里。我们将车停在宾果游戏厅后面，从车子后备厢里取出了装有汤米笔记本的运动包，然后就朝镇中心走去。那天天气很好，虽然商店都已经关门，但还是有很多人在酒吧门外流连，谈天饮酒。我们越走，汤米感觉越发好些了，终于他才想起来，自己因为要做检查，中午饭都没吃，于是宣布他要吃点东西才能应对接下来的事。于是我们开始找能买外带三明治的小店，这时他突然抓住了我的胳膊，他抓得很紧，我还以为他身体出问题了。但随即，他轻轻在我耳边说：

“就是她，凯丝。刚从理发店门口过去。”

没错就是她，走在对面的人行道上，身穿漂亮的灰套装，跟从前穿的一模一样。

我们跟在夫人身后，隔着一段合理的距离，先走了一段步行街，然后走到了几乎没什么人的主街。我想，两人大概都想到了当初我们在另外一个市镇，跟踪露丝可能的原型的那天。但这一次，事情简单得多了，因为很快她就带着我们走到了那条海边的长街。

因为路完全是直的，夕阳斜照，将整条路从头至尾映在日光里，于是我们可以放心让夫人走在我们前面很远的地方——直到她几乎缩成了一个小小的点——我们依然无需担心会跟丢她。事实上，我们连她鞋跟的回音都始终听得到，而汤米的包有节奏地敲打着他的腿，听起来几乎是种回应。

我们一直这样走了很久，路过了一排又一排完全一样的房子。到后来对面人行道上再没有了房屋，代之以大片的草坪，你可以看到草坪之外更远处，海滩棚屋的房顶点缀在海岸线上。虽然看不见海水，但仅凭开阔的天空和海鸥的叫声，也知道海就在那里。

但在我们这边，一栋栋房屋依然毫无二致地延伸下去，过了一会儿我对汤米说：

“现在不远了。看到那边的长椅没有？我就是坐在这上面。她家就在前面一点点。”

到我说这话之前，汤米都还保持着镇静。但现在他似乎有所触动，开始加快了脚步，仿佛想赶上夫人似的。但现在我们和夫人之间没有任何人遮挡，随着汤米越来越靠近她，我不得不抓住他的胳膊，拖住让他慢一点。我始终害怕她会回头发现我们，但她没有，随后她就到了进门的地方。她在门口稍作停留，在手袋里找钥匙，我们就在那里，站在她家门口，望着她。她仍然没有转身，我有种感觉，她其实一直意识到我们在跟随，但却故意无视我们。我还觉得汤米要冲她大喊大叫，那就会犯下大错。所以我在门口就飞快地，毫不犹豫地喊了她一声。

那只是一句礼貌的“对不起”，但她却骤然转身，仿佛我朝她扔了什么东西一样。随着她的目光落到我们身上，我感到周身一阵寒意，很像多年之前，在主楼里我们伏击她的那次。她的眼神依然冰冷，脸色可能比我记忆中还要严厉。我不知道她是否当下就认出了我们；但毫无疑问的是，她看了一眼，立刻就认定我们是什么人，因为我们看得出她一下子变得僵硬起来——仿佛两只很大的蜘蛛就要朝她爬过来。

随后她表情里什么东西变了。倒不是说变得和缓，但那种厌恶之感被压了下去，收敛起来，落日余晖之中，她眯起了眼睛，认真看着我俩。

"夫人，"我说着，靠到了门上，"我们不想吓您一跳，也没有别的目的。但我们是黑尔舍姆的学生。我是凯西·H，也许您还记得。这是汤米·D。我们不是来给您找麻烦的。"

她后退几步，朝我们靠近了一些。"黑尔舍姆来的，"她说着，脸上竟然浮现出一丝笑意，"哎，这可是个意外。如果你们来不是给我找麻烦，那你们是为什么来的呢？"

汤米突然开口："我们得跟您谈谈。我带了点东西，"——他举了一下那个包——"也许您的艺廊愿意收下这几件东西。我们来找您谈谈的。"

夫人仍然站在原地，落日余晖之中，她几乎一动不动，头歪着，仿佛努力想听清海滩上传来的某种声音。随后她又露出了微笑，但这笑容似乎不是为了我们，而只是给她自己的。

"那好吧。请进来。然后我们看看你们想谈些什么。"

我们走了进去，我留意到前门镶着彩色玻璃，所以当汤米回身关上门之后，一切就显得很暗。我们站在一个很窄的过道里，感觉仿佛只需张开手肘，就能碰到两边的墙。夫人在我们前方停了下来，一动不动地站着，背对着我们，仿佛在倾听。我从她身旁瞥一眼看过去，发现过道虽然很窄，前面还分成了两条：左边是上楼的楼梯，右边一条更窄的过道通往房屋里更深的地方。

我学着夫人的样子，也侧耳倾听，但房里只有一片寂静。随后也许是从楼上，传来一声隐约的撞击声。这微弱的声音仿佛让她明白了什么，于是她转向我们，指着过道深处幽暗的方向，说：

“到里面去等我。我很快就下来。”

她开始爬楼梯，随后看到我们犹疑不决的样子，又从楼梯扶手边倾身，再次指着黑暗的深处。

“里面，”她说着，上楼不见了。

我和汤米慢慢朝前走，发现自己到了想必是这套房子前厅的一个空间。看起来好像有仆役之类布置过房间，供主人晚间使用，然后自己离开了：窗帘都关起来，台灯拧亮，发着微光。我能闻到旧家具的气息，很可能是维多利亚时代的古董。壁炉被一块板封闭起来，本该点火的部位有一幅画，是像挂毯一样织出来的，画面上有只古怪的猫头鹰似的鸟儿向外盯着你看。汤米碰了碰我的胳膊，然后指了指一小张圆茶几上方角落里挂的相框中的一幅画。

“那是黑尔舍姆，”他轻声说。

我们走到跟前，但细看我却说不准了。我看得出那是一幅很好的水彩画作，但下方的台灯上灯罩有些歪，上面还隐约有蛛网，因此灯光并没有将画作照亮，只是将模糊的玻璃罩映得发亮，因此很难看得清画面。

“这是鸭塘后面那块小地方，”汤米说道。

“你什么意思？”我也轻声回答他，“没有什么池塘。这只是一幅乡间风景。”

“不，池塘在你身后。”我没料到这会让汤米那么恼火，“你肯定能想起来。你绕到后面，站到池塘前面，看着北操场的方向……”

我们再次沉默不讲话了，因为听到房里某处传来话音。听起来像个男人的声音，也许是楼上传来的。随后我们又听到无疑是夫人的声音沿着楼梯下来，她说：“没错。你说的很对，很对。”

我们等待着夫人进来，但她的脚步声从门口经过，又往房子后部走去了。我脑海中闪过一个念头，莫不是她要去准备茶点烤饼，然后用小推车一起送进来，但随即我就认定这是胡思乱想，她可能只是忘记了我们的存在，现在她可能突然想起来，马上就进来赶我们走。随后楼上传来一个粗野的男声，喊了一句什么，但话音太模糊，很可能隔着两个楼层。夫人的脚步声重又回到了过道上，随后她朝着楼上喊道："我告诉过你怎么做。就照我说的做。"

我和汤米又等了几分钟，随后房间深处的墙面开始移动。我几乎立刻就明白这其实不是一面真正的墙，而是一对拉门，可以从中间隔断这个本来很长的房间。夫人将门拉开了一点，就站在那边瞪着我们。我试图看看她的身后，但那里只有一片黑暗。我想也许她在等待我们开口解释为什么来这里，但最终，她开口道：

"你跟我说你俩是凯西·H和汤米·D。对不对？你们是什么时候在黑尔舍姆的？"

我告诉了她，但完全看不出她是否记得我们。她只是仍旧站在门口，仿佛在犹豫是否要进来。但这时汤米又开口了：

"我们不想耽误您太久。但有件事我们必须得跟您谈谈。"

"那你说。好吧。你们最好放松一点。"

她朝前伸出双手，放到了面前两张相对称的扶手椅背上。她举止有些古怪，仿佛并非真心要请我们坐下。我感觉，倘或我们真的像她所示意的那样，真的在这两张椅子上坐下来的话，她还会继续站在我们身后，甚至手都不会从椅背上挪开。但当我们朝她走近一点的时候，她也朝前进了一点，而且——也许这只是我的想象——她从我俩中间穿过的时候，还用力缩起双肩。当我们转身坐下的时候，她走到了窗边，站在沉重的紫色窗帘前面，正面盯着我们看，仿佛我们是在课堂上，而她是老师一样。至少当时我是那么看的。后来汤米说他以为夫人要开口唱歌，她身后的帘幕会打开，但浮现出的景象不是街道以及一直延伸到海边的平坦草地，而是一个巨大的舞台场景，就像我们当初在黑尔舍姆那种，甚至还会有一排合唱歌手给她配唱。滑稽的是，后来他说起这些的时候，我眼前再次浮现出夫人的样子，她双手交握，手肘外撑，真的很像是准备唱歌。但我疑心汤米当时想到的不会真是这些。我记得曾留意到他当时非常紧张，很担心他会说出什么傻话。所以当她并无恶意地问我们想要什么的时候，我立刻开始插话。

开始可能意思混乱，说得很不明白，但过了一会儿，我越来越有信心我的话她能听得进去，于是我镇静下来，讲得清楚多了。许多星期以来，我不断在脑海里设想，要怎么对她说。在那些漫长的行车路上，在服务站的咖啡馆里，安静地坐在桌旁时，我也都曾反复温习。当时事情显得无比艰难，我最终想到了这么个办法：我打算一字一句地背牢几句关键的话，然后在脑子里画个路线图，怎么从一个要点进行到下一个。但现在她就站在我面前，我所准备的内容大多毫无必要，再不然就完全不对。奇怪的是——后来我们讨论的时候，我和汤米一致认为——虽然在黑尔舍姆的时候她看起来完全像是一个外面来的心怀恶意的陌生人，现在当我们再次面对她的时候，虽然她并没有说什么，或者做过任何事，来表达哪怕一丁点对我们友好和善，但此刻在我看来，夫人却十分可亲，比我们近年来遇到的任何人都要亲近得多。正因为如此，我脑子里准备好的那些话突然都不见了，我就简单如实地对她讲，就像多年前，我对导师说事情那样。我告诉了她我们听说的一切，关于黑尔舍姆学生有特权的流言，和延期捐献的事；说我们如何明白流言未必准确，我们并没有一定指望些什么。

“况且即便真有这回事，”我说，“我们也明白，您想必对这些事不胜其烦，这么多情侣来找您，声称他们真心相爱。我和汤米，我们俩若不是对这份感情确信无疑，决不会到这里来打扰您。”

“确信无疑？”很长一段时间里，这是她第一次开口，我们都深感诧异，吓了一跳。“你说你们确信无疑？确信你俩真心相爱？你们怎么知道？你们以为爱情就这么简单吗？所以说你们很相爱。深深相爱。你是这样跟我说的吗？”

她几乎是冷嘲热讽的语气，但这时我却有点震惊地发现，当她目光从我俩中的一个转到另一个人的时候，眼中有小颗的泪水在闪。

“你们相信这个？相信你们深深相爱？所以你们就来找我申请这个……延缓？为什么？为什么你们来找我？”

如果她问话的方式流露出仿佛这念头压根就是荒诞不经的意思，那么我肯定会感到伤心失望。然而她不是那样说的。她问话的方式几乎像是测验提问一样，而问题答案她是知道的；甚至她还曾多次引领其他情侣经历过完全一样的这套程序。正因为如此，我才一直没有失去希望。可是汤米想必有些急躁，因为他突然插进话来说道：

“我们来见您是因为您的艺廊。我们认为我们知道艺廊是为什么存在的。”

“我的艺廊？”她朝后倾身，靠在窗台上，弄得身后的窗帘有些摆动，随后她慢慢舒了口气。“我的艺廊。你一定是说我的收藏。所有那些画作，诗歌，我多年以来收集的你们的那些东西。做这工作在我很不容易，可我有信念，那时候我们都很坚定。所以你认为你知道是为了什么，我们为什么做收藏。这倒是很有趣，值得一听。因为我必须得说，我自己也时常扪心自问同样的问题呢。”她突然将目光从汤米转到了我身上。“我扯太远了吗？”她问道。

我不知道该如何回答，只得答道：“不，不。”

“我扯得太远了，”她说，“很抱歉。一说到这个话题我就收不住。忘了我刚刚说的话吧。年轻人，你是要跟我讲讲我的艺廊。请继续，说来我听。”

“是为了让你辨别，”汤米说，“让你有所凭据。不然的话，如果有学生来找你，声称他们相爱，那你怎么知道是不是真的？”

夫人的目光再次滑到我身上，但我有种感觉，仿佛她在盯着我胳膊上的什么东西。我甚至低头去看是不是袖子上落了鸟粪或者别的什么。随后我听到她说：

“你认为我收藏了你们那么多东西就是为了这个原因。你们一直管这叫做我的艺廊。我第一次听你们这么叫它时，我笑了。可是渐渐地，我也开始觉得就是这么回事。我的艺廊。现在，年轻人，你来跟我解释解释，为什么我的艺廊能够帮助判断你们中有谁是真心相爱的？”

“因为它能帮助你看清楚我们真正的本色，”汤米说，“因为……”

“当然，因为，”——夫人突然打断了他的话——“你的作品会暴露你内在的自我！是这个缘故，对不对？因为你的作品会揭示你的灵魂！”突然她再次转向我，说道：“我扯太远了吗？”

她之前也曾说过这话，我又一次产生了这样的感觉，仿佛她在盯着我袖子上某一点。从她第一次问“我扯太远了吗”，我就隐约有点怀疑，现在这种感觉越发明显了。我仔细盯着夫人，但她似乎察觉到了我的审视，重新转脸朝着汤米。

“那好，”她说，“我们继续。你们想跟我说什么？”

“问题在于，”汤米说，“那时候我有点糊涂。”

“你刚刚说到你们的艺术创作。说创作会暴露出艺术家的灵魂。”

“没错，我想说的就是这个，”汤米继续坚持往下说，“那时候我有些糊涂。我没有认真创作。我什么都没做出来。我现在知道应该好好创作的，但我当时脑子不清楚。因此您的艺廊里没有一件我的作品。我知道这是我自己的错，也知道现在很可能已经太晚了，但我还是带来了几幅作品。”他举起背包，开始解包的拉链。“有些是最近画的，但有一些是相当长时间以前的。凯丝的东西您应该已经有了。她有很多作品入选艺廊的。对不对，凯丝？”

刹那间他们都朝我看过来。这时夫人开口，话音轻得几乎听不到：

“可怜的小东西。我们对你们都干了些什么啊？用我们那些谋划和策略？”她任由这话悬在半空，不加解释，我觉得仿佛再次从她眼中看到了泪水。这时她转向我问道：“我们还要继续谈下去吗？你希望我们继续吗？”

当她说到这里的时候，我先前模糊的念头终于落到了实处。我有几分心寒地意识到，“我扯太远了吗”以及现在这句“我们还要继续吗”并不是说给我或者汤米听的，听者另有其人——有人一直在我们身后，黑暗的那一半房间里听着。

我慢慢转过身，朝黑暗深处望去。我什么也看不见，但我听到一个声音，一种机械的声音，远得令人惊讶——这房子比我所猜测的要深很多，黑暗延伸得远很多。然后我看到一个身影朝我们移动，然后一个女人的声音说道：“好，玛丽－克劳德。让我来继续吧。”

我仍是朝着黑暗中凝望，这时听到夫人发出一声讥诮的哼声，随即她大踏步从我们旁边经过，走进了黑暗之中。然后传来更多的机械声音，夫人推着一个坐轮椅的人出来了。她再次从我们旁边经过，有一瞬间，因为夫人的后背挡住了视线，我没法看清轮椅上坐的是谁。但这时，夫人将轮椅转过来朝着我们，说道：

“你跟他们讲。他们是来找你的。”

“我想是这样。”

轮椅中的身体孱弱并且扭曲，是那个声音，比其他的一切都更清楚地让我认出了她。

“艾米丽小姐，”汤米轻轻地说。

“你跟他们讲，”夫人说，仿佛就此甩手，什么都不管了。可她仍是站在轮椅后面，眼睛紧紧盯着我们。

第二十二章

“玛丽-克劳德说的没错，”艾米丽小姐说，“我才是你们应该找的人。玛丽-克劳德为了我们的计划辛苦工作。最后落得这样一个结果让她感到很失望。至于我本人，无论遭遇什么打击，我都不会感觉太难过。我认为我们还是取得了一些值得尊重的成就。看看你们两个。你们都出落得很不错。我能肯定你们有很多事可以讲给我听，值得我为你们自豪。刚才你们说都叫什么名字来着？不，不，等等。我想我能记起来。你是那个坏脾气的男孩子。坏脾气，但心却宽厚。汤米，对不对？还有你，当然了，你是凯西·H。你做护理员做得很不错。我们都听过很多关于你的事。我记得的，你瞧。我敢说我能记得你们所有人。”

“这对你或者对他们又有什么好处呢？”夫人问道，随后大步离开了轮椅旁边，经过我们俩，步入黑暗之中，我只知道她占据了先前艾米丽小姐所在的空间。

“艾米丽小姐，”我说，“真高兴再次见到您。”

“听到你这么说真好。我认出了你，但你却未必认出我。事实上，凯西·H，不久之前，我还碰到你坐在外面的长椅上，你那时候显然并没有认出我。你看了一眼乔治，那个大个子尼日利亚人推着我。噢，没错，你可是看了他好一会儿，他也把你看了个够。我什么都没说，你也不知道那就是我。但今天晚上，有前面的谈话，我们就能相认了。你们两个看到我都很震惊。我最近身体不太好，但我希望不用长久靠这玩意才能行动。但是很不巧，亲爱的，虽然我很想多陪你们待一会，但没办法，因为过一会儿就会有人来取我的床头柜。那是件好东西。乔治给周遭都加上了保护垫，但我还是坚持要亲自监督。这些人永远靠不住。他们粗暴搬运，把东西随便往车上乱摔乱扔，然后他们的老板还宣称东西最开始就是这样。以前我们碰到过这种事，所以这次我坚持要全程陪同。这件家具很漂亮，我在黑尔舍姆的时候就有了，所以我决心要卖个好价钱。因此等他们来的时候，我恐怕就得离开你们了。可我看得出，亲爱的，你们是诚心诚意带着使命来的。我必须得说，看到你们真的让我很高兴。玛丽-克劳德也很高兴，虽然你们看她，一点都显不出来。对不对，亲爱的？哎，她假装不在意，但其实不是那么回事。你们来找到我们，她其实很感动。噢，她生气呢，别理她，同学们，别理她。现在我来尽量试着回答你们的问题。这种传言我听到过无数次。当初我们黑尔舍姆还在的时候，每年都会有两三对情侣，试着找我们来谈这事。甚至有一对还曾写过信给我们。我猜如果你真想违反规定的话，这么大一座宅院总是不难找到的。所以你瞧，这种传言一直都有，你们之前很早就有了。”

她停了下来，因此我说：“我们现在想知道的是，艾米丽小姐，这种传言到底是不是真的。”

她继续盯着我们看了一会儿，随后深吸一口气。“在黑尔舍姆范围内，每当这种传言开始散播，我都会立刻确保及时彻底地扑灭它。然而至于学生在离开我们之后的说法，我们是无能为力的。最终，我开始相信——玛丽-克劳德也相信是这样，对不对，亲爱的？——我开始相信这种流言，它不仅仅是一个单一的谣言。我的意思是说，我认为流言是反复生长出来的。你找到源头，扑灭它，但你无法阻止它从其他地方再次开始生长。我得出了这个结论，就不再担心这件事了。玛丽-克劳德从来也没为此感到担忧过。她的看法是：‘如果他们这么傻，那就让他们相信好了。’噢，得了，别跟我摆出这样一副苦瓜脸。你打从一开始就持这样的观点。这事闹了很多年之后，我虽然没有得出跟她完全一样的结论，却也开始认为，也许我无须担心。说到底这不是我的问题。再说少数几对情侣来碰了钉子之后，反正其他人也就不会再继续尝试了。这就当作是他们梦想的东西，一个小幻想。又有什么害处呢？但对你们两个，我看得出，不属于我说的这种情况。你们是认真的。你们已经仔细考虑过。你们认真地希望过。对于像你们这样的学生，我真心感到遗憾。让你们失望我一点都不会感到高兴。但情况就是这样。”

我不想去看汤米。我意外地保持着镇静，虽然艾米丽小姐的话本该将我俩彻底打垮，但某方面来看，她似乎话中有话，还有所隐瞒，仿佛我们还没有打破砂锅问到底。甚至有可能她讲的话并不是真的。因此我问道：

“这么说来，那延迟捐献的事就根本不存在？你怎么都不能帮到我们，是吗？”

她慢慢将头从一边摇到另一边。“这种谣言毫无依据。我很抱歉。我真的很抱歉。”

汤米突然问道：“那曾经有过吗？黑尔舍姆没关门之前的时候？”

艾米丽小姐继续摇着头。“从来都不是真的。甚至在茂宁代尔丑闻爆发之前，哪怕在黑尔舍姆还被当成是指路明灯的时代，那时我们被看做是朝着更人道、更美好的方向前进的范例，即便在那时候，这说法也不是真的。这一点最好讲清楚。这只是一种美好愿望的谣言。仅此而已。噢，亲爱的，是不是取柜子的人来了？”

门铃响了，楼上有脚步声下来去应门。外面狭长的过道里传来男人的谈话声，夫人从我们身后的黑影中走了出来，穿过房间出去了。艾米丽小姐坐在轮椅上，身体前倾，认真地听着。然后她说：

“不是他们。还是那个装修公司的讨厌的人。玛丽-克劳德会应付的。所以，亲爱的们，我们还有多几分钟。还有什么你们想跟我谈的吗？当然这是完全不符合规矩的，玛丽-克劳德本就不该放你们进来。自然，我一知道你们是谁，就应该把你们赶出去。但现如今玛丽－克劳德不大理会他们那套规矩了，我必须得承认，我也是一样。所以如果你们还想多待一会儿，我很欢迎。”

“如果这传言从来都不是真的，”汤米说，“那么为什么你要拿走我们的艺术作品？还有艺廊到底存在吗？”

“艺廊？嗯，这传言确有几分真实。的确曾有过一个艺廊。虽然换了一种形式，艺廊依然存在。现如今艺廊就在这里，在这幢房子里。我不得不精减藏品，这让我很遗憾。但这里的空间不够。然而我们为什么要拿走你们的作品？这才是你的问题，对不对？”

“不仅如此，”我平静地说，“首先为什么我们要做那么多作品？为什么要教育我们，鼓励我们，要求我们创作那些东西？如果我们反正只是为了捐献，然后死去，那么上那些课是为什么？读那么多书，做那些讨论，又有什么意义？”

“为什么要有黑尔舍姆呢？”过道里传来夫人的话音。她再次经过我们旁边，回到了房间里黑暗的那一半。“你这个问题问得好。”

艾米丽小姐的眼光追随着她的身影，有片刻时间她凝视着我们身后。我很想回头去看看，她俩交换着怎样的眼神，但我感觉就好像当初在黑尔舍姆那样，我们必须得面朝前方，保持专注。这时艾米丽小姐说：

“是啊，为什么要有黑尔舍姆呢？现如今玛丽－克劳德总是这样问。但不久之前，就在茂宁代尔丑闻爆发之前，她做梦也不会想到要提出这样的问题。这种念头根本进不去她的脑子。你知道的，就是这么回事，别这副样子看我！那时候只有一个人会问这样的问题，那就是我。在茂宁代尔之前很久，从一开始我就在问。这样一来，其他人的日子比较容易过，玛丽－克劳德，所有他们那些人，都可以不假思索地继续工作。还有你们所有这些学生。我替你们所有人承担了那些担忧和疑问。只要我坚定不移，那么你们心头就不会有片刻的怀疑，你们所有的人。但既然你有了疑问，亲爱的孩子。那我们就回答其中最简单的一个，然后希望其余的问题也能因此得解。我们为什么要收集你们的艺术作品？为什么我们要做这件事？汤米，你前面说过一句很有趣的话。刚才你跟玛丽-克劳德讨论这个话题的时候说的。你说是因为创作会透露作者的本色。你真实的内在。你是这么说的，对不对？是啊，你这话说得没错。我们收走你们的创作是因为我们认为它能揭示你们的灵魂。或者更准确地说，我们这么做是为了证明你们有灵魂。”

她停了一下，我和汤米这么长时间以来，终于交换了一下眼神。然后我问：

“为什么你需要证明这种事呢，艾米丽小姐？莫非有人认为我们没有灵魂吗？”

她脸上浮现出淡淡的笑容。“看到你这样吃惊，凯西，我很受触动。从某方面来看，这显示出我们的工作做得很好。正如你所说，为什么会有人怀疑你们没有灵魂呢？可是我得告诉你，亲爱的，许多年以前，在我们刚刚开始的时候，这种认识还不为大众所接受。虽然从那时到现在，我们已经走了很远，但即便是今天，仍然不是所有人都相信这回事。你们这些黑尔舍姆的学生，哪怕是离校之后，到了这样一个世界里，仍然对此半点认识都没有。就在此刻，全国各地都有学生在非常悲惨的环境中长大，那种生活条件你们这些黑尔舍姆的学生简直无法想象。现在我们不在了，情况只会更糟糕。”

她再次停了下来，有一会儿她仿佛眯起眼睛仔细观察我们。后来，她继续讲：

“无论如何，我们至少确保我们负责照顾的你们所有这些人，都能在美好的环境中成长。我们还确保你们离开我们之后，仍然可以避免那些最恐怖的遭遇。至少我们有能力帮你们做到这些。然而你的这种梦想，能够延迟的这种梦想，像这种事，就始终不是我们所能决定的了，哪怕是我们影响力最高的时候也不行。我很抱歉，我看得出，我说的这些话，你们不大愿意接受。但你们一定不能灰心。我希望你们能够理解我们为你们争取到的一切。看看你们俩！你们出息得多好！你们都受过教育，有文化。我很抱歉没能帮你们做到更多，但你们必须得明白，过去的情况曾有多糟糕。当初我和玛丽-克劳德刚开始的时候，像黑尔舍姆这样的地方根本不存在。我们和格伦摩根之家是最先办起来的。几年之后，又有了桑德斯托管中心。我们几家机构一起掀起了一场规模不大但却很有影响力的运动，我们对当时通行的整个捐献程序提出了挑战。最重要的是，我们向全世界表明，如果学生们在人道、文明的环境中长大，他们就有可能像任何普通人类成员一样，长成会体贴、有智慧的人。在那之前，所有的克隆人——或者称之为学生，我们喜欢这样称呼你们——存在仅仅是为了供应医学所需。早期的时候，战后那些年，大多数人对你们的了解就仅止于此，是试管中样貌模糊的物质。难道你不同意吗，玛丽-克劳德？她这会儿很安静。我亲爱的学生们，你们在场，似乎她舌头就打结了。那好吧。我这就回答你的问题，汤米。这就是我们为什么要收集你们的作品。我们挑选其中最好的作品举办特展。七十年代末期，我们影响力最强大的时候，我们曾在全国举办大型活动。内阁大臣、主教，各种名人都来参加。有演讲，征集到大笔的资金。'看这里！'我们说，'看看这件艺术作品！你怎么敢声称这些孩子不完全是人类呢？'噢，没错，那时候我们的运动得到了很多的支持，潮流是向着我们的。"

接下来的几分钟里，艾米丽小姐继续回顾那时候的各种活动，提到了许多人，可他们的名字我们听都没听说过。事实上，有一会儿感觉像是我们又在听她晨会上的讲话，她常常说着说着就离题扯远了，我们谁都听不懂她说的话。可她似乎乐在其中，眼睛周围洋溢着温柔的笑意。然后她突然跳脱出来，换了一种新的口吻说道：

"可我们从未失去跟现实的接触，对不对，玛丽-克劳德？这跟我们桑德斯托管中心的同仁不一样。即便是在最好的时代，我们也始终明白，我们是在打一场多么艰难的战役。果不其然，茂宁代尔事件爆发，紧接着又有一两桩别的事，随后还不等我们明白过来，所有那些辛勤工作的成果就都付诸流水，化为乌有了。”

“可我不明白的是，”我说，“最开始人们为什么想让学生们遭受这么坏的待遇。”

“凯西，以你今天的观点来看，这种想法是完全合理的。但你必须得尝试着历史地看待问题。战争之后，五十年代初科学界很快取得了一个接一个的重大突破，人们没有时间去判断、评估，理性地提出问题。突然之间各种可能性摆到了我们面前，有各种方法能治好许多从前认为无法医治的绝症。这就是世人最关注的问题，最想要的东西。于是很长时间里，人们宁可相信这些器官是凭空出现的，或者最多是在某种真空里种植出来的。没错，曾有过争论。但到了人们终于开始关心……关心这些学生的时候，等到人们开始考虑你们是怎么培育出来的，你们是否应该被带来，存在于这个世界上，到那时已经太迟了。根本无法回头。世人已经开始相信癌症可以治愈，你怎能期望这样一个世界，去收回这种治疗方法，重回黑暗时代？已经没有回头路了。无论人们对于你们的生存状况感到多么不安，他们主要关心的仍是自己的孩子、自己的配偶、自己的父母、自己的朋友不要死于癌症、运动神经元疾病、心脏病。因此很长一段时间里，你们都被隐藏在阴影中，人们尽量不去想到你们。如果他们想到了，也会尽量说服自己，你们其实跟我们不一样。说你们算不上真正的人类，因此怎么都没关系。这种情况一直持续着，直到我们开始掀起这场小小的运动。然而你是否看到我们所对抗的是什么？我们犹如蚍蜉撼树。现实就是这样，要求学生做捐献。在这个前提下，拒绝将你们看作是普通人类的这种阻碍永远都会存在。可我们坚持战斗了很多年，至少我们为你们赢得了许多的改进，可是当然，你们只是幸运的极少数。然而这时发生了茂宁代尔丑闻，以及其他的事，然后不等我们反应过来，气候已经完全变了。没有人愿意再被人看到支持我们的事业，我们这场小小的运动，黑尔舍姆，格伦摩根，还有桑德斯托管中心，我们全都被一扫而空。”

“您反复说起的这个茂宁代尔丑闻到底是怎么回事啊，艾米丽小姐？”我问道，“您得告诉我们，因为我们不知道这事。”

“唉，想来你们也没理由知道。对于外面的大世界而言，这始终也不是件了不起的大事。事情起因是一个科学家，名叫詹姆斯·茂宁代尔，这人某些方面天分颇高。他在苏格兰某个偏僻地区开展工作，我想他大概认为那里比较不招人注意。他想要带给人们一种新的可能，让他们生出具有某些加强特质的小孩。超强智慧，超强体能，诸如此类。当然，其他人也曾有过类似的雄心企图，但这位茂宁代尔，他的研究将前辈远远甩在了身后，也甩开了法律的约束。总之，他被人发现之后，研究工作就此终止，事情就此结束了。只不过，当然对我们而言，这还没完。正如我所说，这事从来没有引起轩然大波，但的确引发了某种气氛，你明白的。这事提醒了人们，让他们关注到了一直抱有的一种恐惧。为了捐献工程，制造像你们这样的学生是一回事。但整整一代人，被设计创造出来的孩子，将取代他们在社会上的位置？更何况这些孩子将显著超过我们其他人？噢，那可不行。人们都吓坏了。他们就此退缩了。”

“可是艾米丽小姐，”我说，“所有这些跟我们有什么关系呢？为什么因为这种事黑尔舍姆就得关门呢？”

“我们也找不出任何显著联系啊，凯西。最初没有。现在我常常想，我们没能发现问题，所以该当受到惩罚。如果我们当初更警惕一些，而不是只顾闷头做自己的事，如果在茂宁代尔的新闻刚刚爆发的时候，在那个阶段我们就尽力做工作，也许事态还有挽回的余地。哎，玛丽-克劳德不同意了。她认为不论我们怎么做，该来的还是会来，也许她的想法有道理。毕竟不只是茂宁代尔这一件事。当时还有其他的事。比如那套糟糕的电视系列片。这些事都起到了推波助澜的作用，合力改变了潮流方向。但我想，说到底，核心的问题是这样的。我们的运动太微小，我们一直都非常脆弱，一直过分依赖赞助人兴之所至的念头。只要大气候对我们是好的，只要某个大公司或者某位政客认为支持我们对他有利，那么我们就能维持下去。但我们始终都是举步维艰，茂宁代尔之后，气候变了以后，我们就彻底没戏了。世人不想看到捐献工程到底是怎么进行的。他们不想去考虑你们这些学生，或者你们生长所处的环境。换句话说，我亲爱的，他们想要你们回到阴影之中，回到我和玛丽-克劳德这样的人出现之前，你们那种模糊阴暗的存在。所有那些有权有势的人物，那些曾经那么热衷于帮助我们的人，当然，他们都消失不见了。仅仅一年多的时间里，我们失去了一个又一个赞助人。我们竭尽全力继续维持，比格伦摩根还多撑了两年。但最终，正如你所知道的，我们不得不关门，今天我们当初的工作已经几乎毫无踪迹可寻。现在全国哪里都找不到像黑尔舍姆这样的地方了。你所能找到的，跟从前一样，就只有那些巨大的政府'家园'，如果说这些地方比从前有所好转，我告诉你们吧，亲爱的，如果你们看到这些地方现在仍在发生的一些情况，你们会连续几天都睡不好觉。至于说我和玛丽-克劳德，就这样，我们退到了这幢房子里，在楼上，我们有堆成山的你们的作品。我们只有这些，来证明我们曾经做过的事。还有堆成山的债务，当然债务没有艺术那么讨喜。还有就是记忆，对于你们所有人的记忆。以及知道我们曾经给了你们比原先更好的生活。”

“别想让他们感激你，”夫人的话音从我们身后传来，“凭什么他们要感恩戴德？他们来这里，是有更多更高的要求。这么多年以来，我们所给与他们的，所有我们为他们所做的那些斗争，他们知道些什么？他们认为一切都是上帝的赐予。直到他们来这里之前，他们对一切都一无所知。现在他们只会感到失望，因为我们没有给与他们可能的一切。”

有一会儿谁也没有说话。后来外面传来噪声，门铃再次响了起来。夫人从黑暗中走过来，出去到了大厅。

“这回一定是那些人了，”艾米丽小姐说，“我得做好准备了。但你们可以再多待一会儿。那些人得把东西搬下两段楼梯。玛丽-克劳德会监督他们，不能损坏家具。”

我和汤米都很难相信这就结束了。我们俩谁都没有起身，也没有任何人出现，要帮艾米丽小姐离开轮椅。有一刹那我疑心她会不会尝试着自己站起来，可她完全没动，仍像从前一样朝前倾身，仔细倾听。这时汤米说：

“所以根本什么都没有。没有延迟，没有这种事。”

“汤米，”我悄声喊道，一边盯着他。但是艾米丽小姐柔声答道：

“没有，汤米。完全没有这种事。你们的生活必须得按照既定的轨道走下去。”

“所以照您所说的，小姐，”汤米说，“我们所做的一切，所有那些课程，一切的一切，都只是为了您刚刚跟我们说的这些？除此之外没有任何意义？”

“我能理解，”艾米丽小姐说，“你们一定会认为自己只是棋盘上的棋子。当然你可以这样来看待。但想想看，你们是些幸运的棋子。曾有过某种气候，但现在没了。你们得接受，有时候世界上的事就是这样。人们的看法，他们的感受，一会儿朝这边，一会儿又改那边。只是你们碰巧在这个过程中的某一点长大了。”

“可能这只是一时的潮流，来来去去，”我说，“但是对于我们，这就是一辈子。”

“是，这话没错。但是想想看。你们比之前的很多人都过得好很多。谁知道你们之后的人要面对什么样的情况。我很抱歉，学生们，但我必须得离开你们了。乔治！乔治！”

外面过道里声音很嘈杂，也许乔治没有听到，因为没有人答应。汤米突然问道：

“露西小姐就是因为这才离开的么？”

有一瞬间我以为艾米丽小姐没听到他的问话，因为她的注意力都在关注着过道那边。她背靠回轮椅上，开始慢慢朝门口挪动轮椅。房间里有太多小茶几和椅子，似乎轮椅无从通过。我刚刚想站起身帮她开辟通道，突然她停了下来。

"露西·沃恩莱特！"她说，"啊，没错。我们跟她是曾有过一点小分歧。"她顿了一顿，调整了轮椅，重新朝向汤米。"没错。我们是跟她有一点小分歧。看法不同。但我要这样回答你的问题，汤米。跟露西·沃恩莱特的不同意见跟我刚刚告诉你的这些事没有关系。至少没有直接关联。不，应该说那更是一种内部矛盾。"

我以为她说到这里就算了，于是问道："艾米丽小姐，如果可以的话，我们想了解情况，知道露西小姐出了什么事。"

艾米丽小姐扬起了眉毛。"露西·沃恩莱特？她对你们这么重要吗？原谅我，亲爱的同学们，我又忘事了。露西跟我们工作的时间不久，因此对我们而言，她只是我们的黑尔舍姆回忆中一个无关紧要的角色。而且总的来说也不是一个快乐的人物。但我能理解，毕竟你们正好那几年时间在校……"她自说自话地笑了起来，仿佛记起了什么事。大厅里，夫人正在大声训斥那些人，但现在艾米丽小姐仿佛对他们失去了兴趣。她满脸聚精会神的表情，在回忆往事。最后她说："她是个挺好心的姑娘，露西·沃恩莱特。但是她跟我们共事了一段时间之后，就开始有了一些想法。她认为应该让你们学生更了解情况。对你们的未来有更清醒的认识，知道自己是谁，你们为什么存在。她认为应该尽量充分地让你们了解情况。除非能做到这一切，否则一定程度上就是欺骗你们。我们考虑过她的观点，最后认定她是错误的。"

"为什么？"汤米问，"你们为什么会那样认为？"

"为什么？她用意是好的。这点我可以肯定。我看得出你很喜欢她。她有成为一个出色导师的天赋。但是她所想做的事，太理想化了。我们已经运营黑尔舍姆很多年了，对于怎样有效，在他们离开黑尔舍姆之后，长远看来怎样才是对学生最好，这些我们都有数。露西·沃恩莱特太理想主义，这没什么错。但她对于现实问题毫无概念。你瞧，我们的确给与了你们一些东西，一些即便现在也没人能够夺走的东西，我们就是凭借着为你们提供庇护，来做到了这点。如果我们没有这么做，黑尔舍姆也就不成其为黑尔舍姆了。当然，有时候这就意味着有些事我们得瞒着你们，对你们撒谎。没错，很多方面而言，我们愚弄了你们。我想，你甚至可以这么说。但那些年里，我们庇护了你们。我们给了你们一个童年。露西当然是出于善意。但如果她的想法得到实施，那你们在黑尔舍姆的幸福就会荡然无存了。看看你们俩！我看到你们真是感到非常的自豪。你们凭借着我们教给你们的东西，构建了自己的人生。如果我们没有保护你们，你们就不会成为今天这样的自己。你们当初不会埋头上课，不会迷醉于艺术和写作。你们干吗要做这些事呢，如果知道未来每个人面对的是什么？你们一定会告诉我们这毫无意义，我们又拿什么话来反驳你们呢？所以她必须得走。"

现在我们听得到夫人在朝那些人大喊大叫。准确说她倒不是发脾气，但她的声音非常严厉，令人生畏，先前还有一些男人的话音传来，跟她争论几句，现在都一声不吭了。

"也许我跟你们一起待在这里反而更好，"艾米丽小姐说，"玛丽-克劳德处理这种事效率要高得多。"

我不知道自己为什么要这样说。也许是因为我知道这次拜访很快要结束了；也许是我很好奇，到底艾米丽小姐和夫人对彼此是什么感情。总之我压低了声音，朝门廊过道点了点头，说道：

"夫人从来都不喜欢我们。她一直都很怕我们。就像有人害怕蜘蛛什么的那样。"

我等着想看艾米丽小姐会不会发火，反正现在她发火我也不会介意。果然，她猛地朝我转过脸，仿佛我朝她扔了一个纸团，她目光灼灼，让我想起她在黑尔舍姆的日子。但当她开口答话的时候，话音却平和温柔：

“玛丽－克劳德把一切都给了你们。她拼了命地工作、工作、工作。别搞错，我的孩子，玛丽－克劳德是站在你们一边的，并且将永远站在你们一边。她害怕你们吗？我们都怕你们。我本人就不得不每天跟自己对你们的恐惧做斗争，我在黑尔舍姆的每一天几乎都是如此。有时候我从办公室窗口望着你们，我会感到那么强烈的厌恶……”她停了下来，这时她眼睛里重又开始闪光，“可我下决心不让这种情绪阻止我去做正确的事。我跟这些情绪作战，并且战胜了。现在，如果你们肯好心帮我离开这里，乔治应该拿着我的拐杖等着呢。”

我俩一人扶着她一边的胳膊肘，她就这样小心翼翼地走到了大厅里，一个穿护士制服的大个子男人看到我们吓了一跳，很快拿出了一副拐杖。

对着街道的正门开着，我很吃惊地看到天色还没有变暗。夫人的声音从外面传来，对那些人讲话的音调比先前平静。这时我跟汤米好像应该悄悄溜走，但这会儿那个乔治在帮艾米丽小姐穿外套，她就稳稳地扶着拐杖站在那里，挡住我们的去路。我们没办法，因此就等在那里。我猜想，我们也是等着要跟艾米丽小姐道别，也许经过这么多事之后，我们想对她说声谢谢。我说不准。但现在她全部心思都在她那个床头柜上了。她忙不迭地给外面那几个男人下指令，然后就跟乔治一起离开了，并没有回头看我们。

我和汤米又在大厅里待了一会儿，拿不准该怎么办才好。等到我们终于溜达到外面的时候，我留意到虽然天色还没有完全暗下来，但长街上路灯都已经亮了起来。一辆白色货车正在发动引擎。后面紧跟着一辆大型的老款式沃尔沃轿车，艾米丽小姐就坐在副驾驶位上。夫人正趴在车窗上，不知艾米丽小姐说了什么，夫人听了直点头，这时乔治关上了后备厢，转到驾驶座的门口。随后那辆白车发动起来，艾米丽小姐的车跟了上去。

夫人望着离去的车辆，看了好一会儿。后来她转过身，仿佛要回屋子里去，见到我们站在人行道上，突然停了下来，仿佛朝后退缩了一点。

“我们要走了，”我说，“谢谢你跟我们讲话。请代我们跟艾米丽小姐道别。”

我看到她在渐渐暗去的光线里仔细观察我。然后她说：

“凯西·H，我记得你。对，我记得。”她说完就不作声了，但仍是盯着我看。

“我想我知道你在想什么，”最后，我说，“我想我能猜得出。”

“那很好。”她的声音犹如梦呓，眼神仿佛有些失焦，“很好。你能看透别人的心思。那你来告诉我吧。”

“曾经有一次你见到过我，一天下午，在宿舍里。旁边没有别人，我在放磁带，放音乐。我闭着眼睛好像在跳舞，你看到了我。”

“说得很好。你真的懂读心术。你应该站到舞台上表演。我这才刚刚认出是你。可是没错，我记得那一次。我现在还时不时想起来。”

“真有趣。我也是。”

“是嘛。”

我们本可以就此结束谈话。我们本可以说声再见，然后离开。可她朝前一步靠近我们，同时紧紧盯着我的脸。

“你那时候年纪要小得多，”她说，“但是没错，就是你。”

“如果你不愿意可以不回答，”我说，“可这总是让我很困惑。我可以问你个问题吗？”

“你能读懂我的心思。可我看不透你的。”

“这个，你那天……很难过。你在看我，然后我感觉到了，睁开了眼睛，看到你在看着我，我想你当时哭了。事实上，我确信你是在哭。你看着我，在哭泣。那是为什么？”

夫人的表情毫无变化，她仍是盯着我的脸。“我在哭泣，”最终她非常低声地开口说道，仿佛怕邻居会听到似的，“因为当我进来的时候听到了你的音乐。我以为是哪个笨蛋学生忘记把音乐关掉了。但当我来到你的宿舍，我看到你一个人，孤单单一个小女孩在跳舞。正如你所说，眼睛闭着，心怀向往，神游远方。你舞得充满悲悯之情。还有音乐，那首歌。歌词里面有些什么。充满了伤感。”

“那首歌，”我说，“名叫《莫失莫忘》。”随后我轻轻压低了声音唱了几句给她听。“莫失莫忘。噢，宝贝，宝贝。莫失莫忘……”

她仿佛表示赞同一般，点了点头。“没错，就是这首歌。打那之后，我又听到过一两次。电台里、电视上。这歌总会将我带回那个小女孩孤单单一个人跳舞的画面。”

“你说你不懂读心术，”我说，“但是也许那天你读懂了我的心思。也许因此你看到我才会哭了起来。也许不论那首歌到底唱的是什么，当我跳舞的时候，我脑子里有我自己理解的意思。你知道吗，我想象这歌唱的是一个女人，她知道自己不能有小孩。但后来她有了一个宝宝，她非常高兴，把宝宝紧紧抱在胸口，很怕有什么会把他们分开，于是她就轻轻地唱，宝贝，宝贝，莫失莫忘。这根本不是歌词原来的意思，但那时候，我心里想的就是这幅画面。也许你读懂了我的心思，所以你才觉得这歌令人伤心。我当时并没觉得这歌有那么让人难过，但现在回想起来，确实让人有点伤感。”

我是对着夫人讲这些话的，但我感觉到汤米在我身边动来动去，意识到他衣服的质地，以及他的一切。后来夫人说：

“这很有趣。可我当初也不比现在更懂得看透别人的想法。我流眼泪是因为完全不同的原因。那天当我看你跳舞的时候，我有不同的感受。我看到一个新世界迅速地到来。更加科学，更有效率，没错。多年的顽疾有救了。很好。但这是一个更冷酷、更无情的世界。我看到一个小姑娘，她双眼紧闭，将旧的世界紧紧搂在胸口，她打心底里知道，这个旧世界将不复存在，于是将它抱紧，哀求着，莫失莫忘。那就是我所看到的画面。我知道，真的并不是因为你或者你在做的事。但我看到了你，这场景令我心碎。我从此永志不忘。”

这时她朝前走了两步，直到距离我俩只有一两步远才停下。“今天傍晚你说的故事，也很打动我。”她转眼看看汤米，又转回来看看我。“可怜的小家伙。真希望我能帮你们。但现在你们得靠自己了。”

她伸出一只手，始终盯着我的脸，同时将手摸到了我的脸颊上。我感到她全身一阵颤抖，可她并没将手拿开，我又一次看到她眼中涌出了泪水。

“你们这些可怜的小家伙，”她又说了一遍，声音轻得如同耳语。然后她就转过身，回到了自己家。

回程中我们几乎没有讨论跟艾米丽小姐和夫人的会面。即便是说到，我们也只是聊聊那些不重要的事，比如我们都觉得她们看上去老了很多，或是关于她们家里的东西。

我一直尽量让两人乘坐的车子行驶在偏僻的小路上，沿途只有我们的车灯打破黑暗。我们偶尔会跟其他车灯遭遇，这时我会感觉，车上坐的也是护理员，也许他一个人开车回家，再不然就像我一样，身旁坐着他负责的捐献者。当然我明白其他的人也会开车走在路上；但那天晚上，我仿佛感觉全国所有这些小路的存在，都是为了我们这样的人，而那些亮堂堂的、有巨大指示牌和大型咖啡厅的大路是给其他人用的。我不知道汤米是不是有类似的想法。也许他也跟我一样，因为有一次他说：

“凯丝，你真的认识很多奇怪的小路呢。”

他说这话的时候轻轻笑了一声，但随后他仿佛陷入了沉思。后来，当我们在不知什么地方的偏僻后街，沿着一条特别黑的小路行驶的时候，他突然说：

“我觉得露西小姐是对的，艾米丽小姐错了。”

我不记得自己有没有回答他。如果我说了什么，也绝不是什么有深度的答案。但这时我才第一次留意到，他的声音，或者是仪态，隐约流露出值得警惕的讯息。我记得自己将眼光离开曲折的路面转去看他，可他就只是默默地坐在原地，双眼直视着前方的夜幕。

几分钟之后，他突然说：“凯丝，我们停一下好吗？很抱歉，我得下车。”

我以为他又不舒服了，几乎立刻就将车开到路边，紧贴着树篱停了下来。那地方完全没有灯光，即便车灯亮着，我还是担心会有其他车转弯过来撞上我们。因此当汤米下了车，消失在黑暗中的时候，我并没有跟上去。况且，他下车的样子显得目的明确，哪怕他的确是不舒服了，看他的意思也是想一个人应付。总之，我因此就留在了车上，心里想着不知是否应该再把车往上坡再开一段，这时我听到了第一声尖叫。

开始我根本没想到那会是他，我以为有个疯子躲在灌木丛里。等我下了车，第二声、第三声尖叫传来的时候，我这时才知道那是汤米，但知道了之后我更加着急了。实际上，有一个片刻，我完全不知道他在哪里，惊恐之下几乎乱了方寸。我什么都看不见，当我试图朝尖叫的声音走去时，却遭遇了一片拦路的灌木丛。后来终于找到一个缺口，然后迈过一条沟，我才踏到了软绵绵的泥巴地上。

这时我终于可以更明白地看清楚周围的环境。我站在一片田里，我面前不远处，地面就是一片陡峭的下坡，我能看到下面山谷里某个村庄里亮起的灯火。风真的很大，一阵风打到我身上，人几乎要倒下，我只得去扶篱笆柱。月亮还不太圆，但却很亮，我能分辨出汤米的身影出现在前面不太远，就在田地开始下坡的地方，他愤怒、嘶吼、甩着拳头，到处乱踢。

我想朝他跑过去，但泥巴粘住了我的脚。泥巴同样也阻碍着他，因为一次，他一脚踢出去人就滑倒，摔倒在黑暗中消失不见了。可他那含混的咒骂声没被打断，仍在继续。他刚一重新站起来，我终于来到了他身边。月光中我看到了他的脸，沾满了厚厚的泥巴，愤怒得扭曲变形，然后我拉住他甩动的胳膊，紧紧搂住不放。他试图甩开我，但我坚持不放手，一直到他停止喊叫，我感觉他身体不再抗争。这时我意识到，他的双臂也在拥抱着我。于是我们就像这样站在一起，在那片田野的最高处，待了仿佛很久很久，什么话都没有说，就只是彼此紧紧抱在一起，狂风一直往我们身上刮过来，扯动我们的衣服，有一会儿感觉就好像只有我们抱在一起，才可以避免被吹到茫茫黑夜中去。

最终当我们分开来的时候，他嗫嚅道："真对不起，凯丝。"随后他勉强地笑了一下，又说："幸亏地里没有牛。要是有牲口肯定要被吓坏了。"

我看得出他是在竭力安慰我，现在一切都没事了，但他的胸口仍在剧烈起伏，双腿也在发抖。我们一起走回到车旁，小心着不要滑倒。

"你一身的牛粪味儿，"最后我说。

"哎呀，天哪，凯丝，这我回去怎么解释？我们得想办法从后门溜进去。"

"可你还得签到呢。"

"哎呀，天哪，"他说完，又笑了起来。

我在车上找到几块抹布，两人尽量把最明显的泥渍擦掉了。但我在后备厢找抹布的时候，也把装有他那些动物画作的运动包取了出来，当我们再次开车的时候，我留意到汤米把包拿了进去，放在自己身边。

我们开了一段，没说什么，那包就放在他腿上。我等待着他开口说几句关于那些画儿的事；一度我甚至怕他会情绪再次失控，将所有的画扔到车窗外面去。可他小心用双手护着包，眼睛怔怔地望着我们面前不断延展的黑暗长路。沉默许久之后，他说：

“刚才的事我很抱歉，凯丝。真的，我真是个白痴。”然后他又补了一句：“你在想什么呢，凯丝？”

“我在想，”我说，“那时候在黑尔舍姆，有时候你会像刚才这样大发脾气，当初我们不能理解。我们不能理解你怎么会变成那样。我刚才突然想到，其实只是这样一转念。我想也许你当初之所以会变成那样是因为在某种程度上，你始终都知道。”

汤米想了一会儿，然后摇摇头。“我觉得不是这样，凯丝。不，我这个人就是这样。我犯浑。仅此而已。”然后又过了一会儿，他轻笑一声，说道：“但这想法很有趣啊。也许我真的知道，深深的潜意识里。知道一些你们其他人不懂的事。”

第二十三章

那次出行之后过了一个多礼拜，一切似乎都没什么变化。可我知道情况不会这样持续下去，果不其然，一进十月，我就开始注意到一些微小的变化。比如，虽然汤米仍然在画那些动物，却对我看到他画画表现出一些警惕。两人并没有回到我刚刚给他做护理员时的那种状态，而农舍时代的旧事阴影仍然笼罩在我们之间。但他仿佛已经考虑清楚，并且做出了决定：他会随兴而作，继续画他的动物，如果我进来，他就停下来，把画收起来。我并没有因此感到受伤。事实上，从我的角度来看，这倒让我松了口气：两个人在一起的时候，那些动物盯着我们的脸，只会让情况更尴尬。

但还有一些变化我就无法感觉那么轻松了。倒不是说我们从此再没有在楼上他的房间里享受过好时光。我们甚至仍然时不时会做爱。可现在我总是忍不住留意到，汤米越来越多地跟康复中心其他捐献者获得认同。比如，倘或我们俩一起在聊起黑尔舍姆的故人，或迟或早，他总会将话题转到他现在的捐献者朋友，也许说过或者做过什么跟我们回忆相似的事。具体有一次，我开了很长时间的车，终于到了金斯费尔德，从车上下来。广场看起来跟我陪露丝去看船的那天，来到这家康复中心的样子很像。那是一个阴云密布的秋日午后，周围没什么人，只有娱乐室的屋檐底下聚集着一群捐献者。我看到汤米就在他们之中——他站在那边，一边肩膀靠在柱子上——在听一个蹲坐在门口台阶上的捐献者说话。我朝他们走了几步，然后停下来站在露天里，那片灰暗的天空下等着。可是尽管汤米已经看到了我，却仍是在听他朋友讲话，终于他和其他人一起哈哈大笑起来。即便这时，他还是继续在倾听，面带微笑。后来他自己说曾经示意我过去找他，但如果他表示过，那也完全不明显。我只看到他含混地朝我所在方向露出微笑，然后就转头去听他朋友讲段子了。好吧，就算是他当时听到一半，好在过了一分钟左右，他总算走了过来，于是我们俩一起上去，到了他的房间。但如果是从前，情况会完全不同。不仅仅是他让我在广场上白白等了他一阵。单是如此的话我不会太往心里去。更重要的是，那天我第一次感觉到他因为要跟我一起走开，表现出一种类似怨恨的情绪。当我们上楼到了他的房间之后，两人之间的气氛也不太融洽。

说句公道话，很大程度上这可能既是他的问题，我这方面也有责任。因为当我站在那里，看着他们说说笑笑的时候，我意料之外地感到一种小小的触动；因为那些捐献者自然而然围成一个大致的半圆形，他们几乎刻意地摆出放松的姿态，或立或坐，仿佛向世界宣布他们每一个都是多么享受彼此的陪伴，这让我想起来我们一群小伙伴从前的样子，总是在运动馆几个人围坐一起。正如我所说，这种类比触发了我内心的一些感受，因此也许，等我们上楼到了他的房间之后，我心里同样也有怨恨之意，与他对我的感觉并无二致。

同样，每次他对我说因为我还不是捐献者，所以某些事我理解不了的时候，我也会感到丝丝的刺痛和怨恨。但是只有一次例外，具体事件我马上讲到，除此之外问题就只是这样丝丝的刺痛而已。通常他会半开玩笑，几乎是带着爱意地对我说起这些事。即便有的时候事情更严重一点，比如有一次他对我说，不让我再把他的脏衣服拿去洗衣房了，因为他自己能去，但这些小口角也没有变成争吵。那次我问他：

“这有什么区别呢，我们俩谁把毛巾拿下楼去？我反正要下去的嘛。”

对此他摇头回答道："你瞧，凯丝，我自己的事自己能处理。如果你是捐献者，你就明白了。"

的确，这确实感觉有点烦人，但这种事我可以轻易忘掉。但正如我所说，有一次他说起这样的话，我不是捐献者云云，就真的惹火了我。

那是在他第四次捐献的通知送达大约一周之后。我们都知道这通知要来，关于这个已经深入地谈了不少。事实上，自从那次去利特尔汉普顿回来，我们谈了很多心底至深至密的话。我早已了解捐献者对于他们第四次捐献的反应各有不同。有些人会随时想谈这件事，无休无止，毫无方向地谈。有人只会玩笑中提及，还有人根本拒绝谈论此事。再者捐献者中间有这样一种古怪的风尚，会将第四次捐献当成是一件值得庆祝的成就。有捐献者要"四进宫"了，那么即便他迄今为止都不大受人待见，如今也会受到特别尊重的对待。连医生护士都会来这套：当第四次捐献的人进来做检查的时候，白大褂们会微笑相迎，上前握手。而我和汤米曾谈起过所有这些事，有时是玩笑，有时是严肃认真地交流。我们讨论过大家处理这件事所尝试的各种方式，到底哪种方式最为合理。有一次，我们并排躺在床上，等待暮色降临，他说：

"你知道为什么吗，凯丝，为什么每个人都那么担心第四次？那是因为谁都说不准这是不是真正的完结。如果你确信这次就完了，那就会比较容易。但他们从来不会明确给我们讲。"

有段时间我已经在考虑，我们会不会聊到这件事。我也曾考虑过应该如何应答。可是事到临头，我却找不到什么话可说。于是我只说："这都是些废话，汤米。都是空谈，胡说八道而已。不值得认真考虑。"

但汤米应该会知道，我没有任何东西来证实我的这些话。他也应该知道，他提出的问题，就连医生也没有确切的答案。你也会听到同样的谈话。也许在第四次捐献之后，哪怕从技术上讲，你已经完结了，但某种程度上你依然保有意识；这时你会发现还有更多的捐献，很多很多捐献，在这条分界线的另一边；再也没有康复中心，没有护理员，没有朋友；你只能眼睁睁看着自己捐出剩余的一切，什么也做不了，直到他们将你关掉。这是恐怖电影里才有的东西，大多数时候人们不愿意去想这些。白大褂们不愿意，护理员不愿意——通常捐献者们也不愿意。但时不时会有捐献者提起这些，就像汤米那天晚上一样，现在我真希望我们曾谈过这些。可是实际上，当我斥之为胡说八道之后，我们俩都退缩了，对这个领域完全避而不谈。至少，我知道在那之后，汤米依然想着这些，我很高兴至少他曾跟我谈到这样深藏的心事。我想说的是，总的来说在我的印象中，我们共同面对第四次捐献的到来，处理得还不错，因此那天我们俩在田野里散步的时候，他说的话让我大吃一惊，不知所措。

金斯费尔德没有太多空地面积。很明显广场就是个集合点，还有就是大楼后面有一点零星地面，看起来犹如废墟。其中最大的一块，捐献者们称之为“田野”，是一片用铁丝网围起来的长方形空地，上面长满了杂草和刺蓟。一直有说法，要把这块地方改造成草坪，供捐献者使用，但直到今天，他们也还没实施。然而即便他们真的改造了，这块地方也不会太安静，因为附近就是大路。可是当捐献者心神不宁，需要散心的时候，他们常常会到这里来，从那些荨麻和野蔷薇中间穿过。我提到的那一天早上，雾很大，我知道田野里肯定湿透了，但汤米坚持要我们去那里散步。不出预料，那里就只有我们两个人——这可能正好合了汤米的心意。两人披荆斩棘在灌木丛中走了几分钟之后，他在防护栏旁边停了下来，盯着另外一边茫茫的大雾。然后他说：

“凯丝，我希望你不要误会。但我想了很久。凯丝，我想我应该换一个护理员。”

他说完这句话的几秒钟内，我就发现自己完全不感到意外；好像不知不觉中我已经在等着这一刻的到来。但我依然感到很生气，于是什么也没说。

“不光是因为第四次捐献就要到了，”他接着说，“不光是因为这个。而是因为像上星期那样的事。我们碰到肾出问题的那些麻烦。接下来这样的事会越来越多。”

“所以我才来找到你，”我说，“我正是因此才来帮助你的。为了现在即将开始的一切。这也是露丝所希望的。”

“露丝希望我们一起是为了别的事，”汤米说，“她倒未必想要你给我做护理员一直到最后。”

“汤米，”我说，我觉得到这时我已经怒火中烧了，但还是尽量压低声音，控制自己，“我就是来帮你的。我就是为此才来，再次找到你的。”

“露丝希望我们一起是为了别的事，”汤米重复道，“不是现在这些。凯丝我不想在你面前那样。”

他低头望着地面，一只手掌压在铁丝网栅栏上，有一会儿他看起来仿佛在留心听大雾中某处传来的车声。就在这时他一边轻轻摇着头，一边说出了那句话：

“露丝会明白的。她是个捐献者，所以她应该能明白。我倒不是说她一定会希望自己也这样。如果她有能力选择，也许她会想要你给她做护理员直到最后。但她能够明白，理解我想要不同的做法。凯丝，有时候你就是不明白。你不明白因为你不是个捐献者。”

就在他说出这话之后，我掉头就走了。正如我所说的，对于他不想再让我给他做护理员这件事，我几乎已经有了准备。先前的众多小事不足论，比如在广场上他让我站着等的那次，但那时他说的话真正刺痛了我。他就这样再一次将我排除在外，不仅仅是其他捐献者之外，更是他和露丝之外。

但这从未演变成一场大的冲突。我走掉之后，也没别的事可以做，只好重新上楼回到他的房间，后来过了几分钟他也上来了。那时我已经冷静下来，他也一样，我们终于可以更好地谈谈这件事。场面有点僵，但我们保持了平和，甚至谈到了一些换护理员的实际问题。然后，我们坐在昏暗的灯光里，肩并肩坐在他的床边，他对我说：

“我不希望我们再争吵了，凯丝。但我一直想问你这个问题。我说，一直当护理员难道你没有厌倦吗？我们其余所有人，我们很久以前就成了捐献者。你做这个已经很多年了。难道有时候你不会希望么，凯丝，让他们快点给你送通知？”

我耸耸肩。“我无所谓。再说，有好的护理员很重要。我是个很好的护理员。”

“可是真的有那么重要吗？没错，有个好护理员的确很不错。但最终，这真的有那么重要吗？捐献者总要去捐献，都一样，然后就完结了。”

“当然很重要。一个好护理员能给捐献者的实际生活带来很大不同。”

“可是你整天来回奔波。总是疲惫不堪，孤身一人。我一直观察着你。你已经筋疲力尽。你一定想的，凯丝，有时候你一定会希望他们来对你说你可以停下来了。我不知道你为什么不去找他们说说，问问他们为什么耽搁这么久。”我依然沉默不语，他接着说：“我姑且一说，仅此而已。我们不要再争吵了。”

我将头靠在他肩上，说道：“是啊，那好。也许反正要不了多久了。但眼下我还得继续。哪怕你不希望我在身边，还会有其他人需要。”

“我猜你说得对，凯丝。你真的是个很好的护理员。如果你不是你，那么对于我你就是个完美的护理员。”他笑了一声，伸出胳膊搂住我，可我们仍是那样并排坐着。后来他说：“我总是想到，不知哪里有这么条河，水流很快很急。水里有两个人，试图抓住彼此，他们尽量紧紧地抱在一起，但最终还是承受不住。水流真的太湍急。他们不得不松开手，就此分散。我觉得我们就像这样。太可惜了，凯丝，因为我们一辈子都爱着彼此。但最终我们却不能永远在一起。”

他说这些话的时候，我记起了那天夜里，从利特尔汉普顿回来的路上，在狂风大作的田野里，我跟他紧紧相拥的样子。我不知道他是否也想到了同样的事，抑或他仍在想象着河流和湍急的水流。总之我们就那样继续坐在床边过了很久，沉浸在各自的思绪中。最终我对他说：

“我很抱歉先前对你发火了。我去跟他们讲。我会尽量确保让你有个真正好的护理员。”

“太可惜了，凯丝，”他又说了一遍。然后我想那天上午我们就没有再谈过这事。

我记得那之后的几个礼拜——新护理员来交接之前的最后几周——风平浪静得令人吃惊。也许我和汤米都格外努力，要好好相待，但时间仿佛不知不觉就这样无忧无虑地滑走了。你也许以为我们这样在一起的状态，会有种不现实的气氛，但当时一点也不觉得奇怪。我忙于照顾北威尔士两个捐献者，没办法如愿在金斯费尔德待较多时间，可我依然做到了每周来三到四次。天气变冷了，但仍然干燥，常常阳光明媚，我们在他的房间里消磨时光，有时候做爱，更多的时候就只是谈天，或是汤米听我读书。有一两次我在床上读书，汤米甚至取出了他的笔记本，开始涂鸦构思新的动物。

后来有一天我进来，那是最后的一次。我是十二月一个晴爽天气的午后，一点钟刚过的时候到的。我上楼到了他的房间，隐约期望看到某种变化——我也不知道会是什么。也许我认为他会在房间里挂起饰品之类。但是当然一切如常，总的来说，我松了一口气。汤米看起来也没有什么不同，但是当我们开始谈话之后，就很难假装这只是又一次探望而已。然而先前的几周里我们已经翻来覆去谈了那么多，没有什么特别的事，此刻我们必须得讲清楚的。我觉得两人都不想开始新的谈话，开始那种无法好好谈完，过后留下遗憾的谈话。因此我们那天的交谈显得有些空洞。

只有一件事，当我漫无目的地在他房间里走了一阵之后，我问他：

“汤米，露丝没等到弄清楚我们后来知道的那些事就完结了，你觉得这样好吗？”

他躺在床上，仍是盯着天花板，过了一会儿才说：“有意思，因为那天我也在想这件事。关于露丝你得记住，说到这些事情的时候，她总是跟咱们不一样。你和我从一开始，甚至我们还小的时候，就一直试图搞清楚各种事情的真相。凯丝，你记不记得我们那些秘密的谈话？可露丝不是这样。她总是想要相信什么。露丝就是那样。所以没错，某方面来看，我觉得这样的安排最好。”然后他又接了一句：“当然我们所发现的那些事，艾米丽小姐，等等所有一切，对露丝都毫无影响。最终她是希望我们过得好。她真的希望我们好。”

到这个阶段，我不想再大张旗鼓地讨论露丝的是非，因此只是表示了赞同。但现在我有更多的时间去考虑这些，却拿不准自己到底是什么感受。一部分的我始终希望我俩能够把发现的一切跟露丝分享。诚然，她可能会感到难过；让她明白她对我们造成的伤害不能够像她所期待的那么容易弥补。也许容我坦白的话，我希望她在完结之前知道这一切，小部分原因就在于此。但最终我认为不是这样，真正的原因绝不止于我的报复心和恶意。因为正如汤米说的，最终她希望我们过得好，虽然那天在车里她说我永远都不会原谅她，但这点她说错了。我现在对她已经不抱有丝毫的怒意。当我说我希望她能够了解全部真相的时候，更多是因为我想到她的结局跟我和汤米不同，这让我觉得难过。像现在这样，仿佛有一条线，我们在这边，而露丝在另一边，等到话都说完，一切了结之后，这让我感到难过，我想如果她看得到，也会有同样的感受。

我和汤米那天并没有做特别大的告别的表示。时候到了，他就跟我一起下楼，平常他不这样，这次我们一起穿过广场，走到车旁。因为冬天日头短，这时太阳已经落到了楼房后面。跟平常一样，延伸出的屋顶下影影绰绰有几个人，但广场上空落落的。一路走到车边汤米都默不作声。后来他轻轻一笑，说道：

“你知道吗，凯丝，当初在黑尔舍姆，我踢球的时候有个小秘密。我进球之后，就会像这样转过来”——他高高举起双臂，庆祝胜利——“然后我就跑回队友身边。我从来不会发狂或是怎样，就只是像这样，举起双臂跑回去。”他顿了一下，双臂依然举在空中。然后他放下胳膊，微笑起来。“在我的脑海里，凯丝，跑回去的时候我总是想象着我是踩在水里，水花四溅。水不深，最多只到脚踝。这就是我那时的想象，每次都是。水花四溅，到处泼洒，到处都是。”他再次举起双臂。“感觉真的很棒。你刚刚进了球，转身，然后就水花四溅，到处泼洒，到处泼洒。”他望着我，又轻轻笑了一声。“这么长时间以来，我跟一个人都没讲过。”

我笑了，说道：“你这个疯小孩，汤米。”

然后，我们亲吻——只是轻轻一吻——随后我上了车。汤米仍是站在原地，看我将车调头。随后当我开车离开的时候，他微笑，挥手。我在后视镜中望着他，他一直站在那里，几乎到最后。最后我看到他含混地抬了下手，就转头朝那片延伸的屋顶下方走去。然后广场就从镜中消失不见了。

几天之前，我跟一个捐献者谈天，他抱怨说记忆这东西，哪怕是你最珍贵的回忆，也会飞快地淡忘，出人意外。但我不同意这种看法。我最珍贵的回忆，我发现我从未淡忘。我失去了露丝，然后我又失去了汤米，但我决不会失去关于他们的记忆。

我想我大约也失去了黑尔舍姆。你还能听到这样的故事，某个前黑尔舍姆的学生试图去找它，或者不如说是去找他当初所在的地方。有时还会有零星的流言，说如今黑尔舍姆变成了什么——一家酒店，一所学校，一片废墟。而我，虽然总是开着车到处走，却从未试图去找它。我真的没什么兴趣去看它，不论它现在变成了什么样子。

可我要说的是，虽然我说我从未去找寻黑尔舍姆，但却发现有的时候，当我开车到处走在路上，我会突然觉得发现了黑尔舍姆的零星点滴。我远远地看到一座运动馆，就确信那是我们那幢。或是天边出现一排白杨树，紧挨着一棵大橡树，瞬间我就会认为自己是从外侧到了我们的南操场。有一次，一个灰蒙蒙的早上，我行驶在格洛斯特郡一条漫漫长路上，路过了停车带上一辆抛锚的汽车，我很有把握地认为，站在车前的那个目光空洞望着来往车辆的女孩子，就是苏珊娜·C，她高我们几个年级，是拍卖会的值班班长之一。这些片刻的发现总会在我猝不及防的时候击中我，往往我开车行驶在路上，脑子里想着完全不相干的事。因此也许在某种层面上，我的确也在寻找黑尔舍姆。

然而正如我所说的，我并没有特地去找它，再说，到了年底我就不需要继续像这样开车跑来跑去了。因此很可能我将来也没有机会路过，再三考虑之后，我觉得这样很好。就像是我对汤米和露丝的回忆。一旦我能够过上比较平静的生活，不论他们把我送到哪间康复中心，黑尔舍姆都会始终跟我在一起，安全地保留在我脑海中，这是任何人都无法拿走的。

我只做过一件任性的事，只有一次，那是在我听说汤米完结的两个礼拜之后，虽然没有实际需要，可我还是开车到了诺福克。我并没有特地去寻找什么，也没有走那么远到海边去。也许我只是想看看那些平整空旷、一望无际的田野，还有灰蒙蒙的辽阔天空。一度我发觉自己开在一条从未走过的路上，大约半小时的工夫，我不知道自己身处何地，也不理会。我路过了一片又一片平整而毫无特色的田野，风景几乎完全没有变化，除了偶尔有鸟群被我车子引擎的声音惊起，从犁沟里跳出来，飞上天去。最后我终于看到远处有几棵树，离路边不太远，于是我开到跟前，停车走了出去。

我发现好几英亩被犁过的土地在我面前铺展开来。面前有两条铁丝网构成的围栏阻挡，我无法进入那片田地，我看到绵延几英里的范围内，只有这条围栏和我头顶三四棵挨在一起的树阻挡着浩荡山风。围栏一路上，尤其是下面那条铁丝上，有各种各样的垃圾挂住，纠缠在上面，就像是海滩上看到的那些废弃物：其中像许多东西想必被风刮了好远，飞了不知多少英里，终于到了这些树和围栏这里才停下。高处的树枝上也是一样，我看到胡乱翻飞的破塑料包装，还有旧的袋子。就只有那一次，我站在那里，望着那些莫名其妙的垃圾，感到来自那片旷野的风吹在我身上，我开始幻想一个小小的梦境，毕竟这里是诺福克，我失去他才只有两星期而已。我想着那些垃圾，树枝上翻飞的塑料袋，围栏沿线如同海岸线一样挂住的各种东西，于是我半闭上眼睛，想象着就是在这个地方，我从童年时代起所有失去的一切都会被海水冲刷上岸，现在我就迎面站在这里，如果我等待得足够久，一个小小的身影就会出现在田野对面的天边，渐渐地越来越大，直到我认得出那是汤米，他会朝我挥手，也许甚至会喊我。这幻想仅止于此——我不允许——尽管泪水从我脸上滚落，但我没有哭泣，也没有失控。我只是等了一会儿，然后就转身回到车上，驱车朝我该去的地方驶去。

译后记

相信亲爱的读者看到这篇译后记的时候，已经读完了这本小说。这样我们可以不必担心剧透的麻烦，贴心贴肉地谈谈作品带给彼此的感受。

故事在凯西的回忆中一点点展开。石黑笔下辽阔的英格兰一片青绿，长路漫漫，主人公隔着十几年的光阴回望黑尔舍姆，仿佛为叙述加了一层柔光或者雾气。这种蕴藉冲淡的调子让我们自诩同是东方血统的中国读者感到亲切。他对于黑尔舍姆这样一所封闭式寄宿学校的描述、学生对于集体生活的感受，我们也会感到非常熟悉。他从容地描写学生群体和校园生态，每个人的成长和个性发展：露丝的霸道和自以为是，凯西的自省和汤米不合时宜的坏脾气……看起来一切都像田园牧歌一样，美好恬淡，健康而普通。

作者在二〇〇六年这本小说甫一问世不久，曾在接受日本《文学界》杂志采访中表示，他想让笔下的黑尔舍姆成为一个气泡一样的封闭、安全而小心翼翼的培育环境，“我想让这个世界成为人类的孩童时代的隐喻”。

他花那么多笔墨去描写那些日常的校园生活，孩子对导师的迷恋和信赖，拍卖会的骚动，学生之间有点疑似霸凌行为的矛盾冲突。这些描述因为来自孩子的视角，一方面显得普通、日常，另一方面又很受局限，因为一切信息都是经过严格过滤之后，经过成年管理者的授权才能透露进来。作者在《文学界》的采访中说，他希望呈现的是我们的童年时代所共有的体会：对于基本生活空间之外的大世界，我们只是听到一些言语的呈现，对于其实际的意义，其实并没有真正的理解。

而这部小说的真正意图，也并不在于揭露“为高度发达的医疗需要提供人体器官的克隆人群体的悲惨命运”，这一超现实的黑暗背景和恐怖现实像怪兽一样被掩埋在讲述中，偶尔雾气消散，才会显露一二。初次阅读的过程中，这种随着孩童的认知渐渐揭露的现实设置，成为了一种揪心的悬念，但这种悬疑气氛并不是作者所特意制造的，他所更在意的是随着孩子的成长，世界的真相一点点展开的这个过程，而这也是我们所有人长大的过程中都曾亲身经历过，足以感同身受的。

小说中汤米所画的那些怪异的动物，那些他想象中的神奇生物，有着金属或者橡胶质感的超现实外形，他为它们精心绘制各种细节，想象它们如何取物、进食、自我防御。汤米讲述自己创作的时候，我不禁想这里暴露了作家本人的创作思路。他就像汤米画他的动物一样，在构思和创作《莫失莫忘》这个充满真实情感、人物血肉丰盈、气息俨然的超现实世界。

二〇一七年石黑获得诺贝尔文学奖，用他本人的话说，这几乎是“荒诞”的至高荣誉为他带来了更多好奇的读者。我们这些悄悄喜欢、追随他多年的老读者，习惯了他慢节奏的写作，题材跨度之大，以及无论写什么，都力透纸背的“丧”气。《莫失莫忘》这本小说问世于二〇〇五年，二〇〇七年我第一次读到，阅读的美感和痛感一样强烈，久久萦绕。近十年之后，当译文社的编辑冯涛先生提出让我来重译这本小说的时候，最先袭上心头的记忆是作品中无可慰藉的苦痛，苦到我曾想推掉这差事。幸亏编辑先生坚持认为我是合适的译者人选，于是我才有幸逐字逐句地细读，并且通过自己的译笔跟读者分享这部落笔细碎，却具有强大情感冲击力的小说作品。

曾经我以为这种深刻的悲哀和宿命之感是因为石黑的东方背景——我曾肤浅地以为，中国与日本这些儒家为主导的文化中，有这样一种逆势思潮时不时会卷上来，认为一切都是徒劳，就像西藏僧侣们做的沙画：所有精心的设计，终生的经营，最终风过无踪，了无痕迹。

作家用以对抗这种徒劳、宿命和消亡的，是看似微弱渺小而不可靠的普通人的记忆和讲述。无论是最近新作《被掩埋的巨人》中在记忆的迷雾中艰难跋涉的那对远古时代的老夫妇，《莫失莫忘》中刚成年就会被当成器官收割的克隆人族群，以及《长日将尽》中巨族豪宅的老管家，都是人群中的异类，时代的弃儿。与千禧一代天生特权的认知正相反，他笔下的人物，都身处边缘，地位卑微。《莫失莫忘》最为极端，你甚至无法确定这些人物算不算是真正意义上的人类，更谈不上天赋人权。然而克隆人也罢，像小说中夫人所称的“可怜的小东西”也罢，凯西、汤米和露丝长久纠缠的情感之深厚和真切，却写满了人之为人、文明之所以延续的核心意义。

二〇一〇年，《莫失莫忘》被美国导演马克·罗曼尼克拍成电影，要在九十分钟内全方位呈现一个十几万字的故事，就要有许多删减，而视觉的讲述跟文字自然会有不同取舍。小说中我印象非常深刻的一段，影片的处理方式让我感觉有些潦草和失望。这也是小说中我认为的高潮部分，即凯西和汤米带着画作，按照露丝留下的地址，去找夫人申请延期捐献——甚至不是免于捐献，他们反复计划，斗胆谋求的无非是真爱的两人能有两三年的时间共处，专心相爱而已。

小说中透过凯西的视角，我们看到这座海滨住宅幽暗神秘，人们仿佛话里有话，每个动作都意义指向不明。这就是凯西和汤米认识中的人类生活：神秘莫测，难以理解。当艾米丽小姐坐着轮椅从阴影中出来的时候，读者不禁期望她会有更多的情感流露。

她为之奋斗终生的黑尔舍姆事业已经告终，但这两个孩子是她事业的成果，他们的成就值得她自豪。然而她一心都放在要卖掉的柜子上，甚至基本的待客礼仪都欠奉，终究“我们”和“他们”的壁垒如此森严，毕竟她要从轮椅上站起来、恢复健康，多半还要指望从“他们”身上收获的器官。

影片把“捐献”实在地呈现在你面前时，让捐献者鱼肉在案一般倒在手术台上任人宰割的时候，那种残酷的视觉冲击让观众不得不逼问：“他们为什么不反抗，为什么不逃跑，逃离这种悲惨的宿命？”因此影片增加了一个手腕打卡的设施，为克隆人管控机制做了相应的设定。

石黑先生并不是科幻作家，他不去解释“培育克隆人用于器官移植，首先要解决抗拒现象，抹除一切攻击性气质”。但读书的时候你还是会发现，凯西是一个出色的护理员，汤米很为自己是一个不错的捐献者感到自豪，即便是最不服输的露丝，也尽职尽责地完成了捐献者的宿命，虽然曾梦想在干净明亮的办公室里工作，到头来也只是承认自己年少无知，犯傻而已。他们不质疑被剥夺的人生，不反抗生来的宿命。

作者曾在采访中表示：“从我的世界观来看，我认为人们无论承受怎样的痛苦，无论遭遇怎样的悲惨经历，无论如何不自由，都会在命运的夹缝中求生，接受命运给予的一切。人们不懈奋斗，努力在如此狭小的生存空间内寻找梦想和希望。这类人始终比那些破坏体制、实施叛乱的人更令我感兴趣。”

这种东方式——或者说英国式——的隐忍和“认命”，也在石黑一雄作品里贯穿始终，反复讲述。而当我们跟着凯西的步伐走过三十一岁的年纪，也会觉得够了，一生已经够长。当你跟随凯西站在田野里，面对着缀满垃圾塑料袋的铁丝网，想象着人生中失去的一切都随着海水冲刷上来，涌过来。无论三十岁也罢，八十岁也罢，人生注定要经历的那些失落，一盒磁带或是一辈子的挚爱，终究一样会像这样一去不回，又在记忆中辗转翻滚，直到生命终结。

石黑一雄一九五四年出生于日本长崎，父亲是位研究海洋的学者。一雄五岁的时候，因为父亲受邀到萨里郡的英国国家海洋学研究院工作的机缘，全家搬到了英国。他在英国读书、长大，读大学之前还去美国和加拿大度过了一个“间隔年”，他曾有志于从事音乐行业，曾将自己录制的样带寄往唱片公司，后来他也曾认真写过几首爵士乐歌曲，多半是为美国女歌手史黛西·肯特所作。不知本书的点题歌曲《莫失莫忘》是不是来自作者本人实际的音乐创作。

石黑从肯特郡大学读完英文和哲学专业本科，当他决定从事文学创作之后，又去东英吉利大学继续读创意写作。这所大学地处诺福克郡（英格兰失落的一角）的诺威奇市，虽然校史较短，尚不足六十年，却出了许多重要学者。在石黑一雄获得诺奖之前，该校创意写作专业最著名的毕业生当属布克奖得主伊恩·麦克尤恩。

石黑一雄直到一九八九年才重新回到日本。他说自己的日文水平犹如五岁孩童，而倘或一直在日本长大的话，他多半不会成为作家：

“我能成为作家，和我是一个来自日本的‘逃亡者’有着密切的关系。另一个原因是，我一般通过日本人父母的双眼观察英国，这导致我在长大的过程中与周围的社会之间始终隔着一定距离。一些我所有朋友都单纯地从是非曲直的角度考虑的事情，我会认为那是英国社会里存在的负面的、怪异的风俗习惯。这是隔着一段距离看待英国造成的，也成为了我当上作家的推动力。”

这种隔膜感常常是出色作家的有力武器，而石黑一雄这部小说的厉害之处在于，细密的笔触背后，现实的人类社会只是阴影一般的存在，而作者凭空构建出来的克隆人族群，却血肉真切，一动牵情。农舍里读书的凯西被清风拂动头发，她跟汤米依偎在一起，叹息那些错过的时光；躺在手术台上痛苦等待终结，却牵挂着伙伴的露丝；这长夜驱车、取小路经过人世的一生，这样短暂而微不足道的存在，一盒磁带的得失……亲爱的读者，希望我能把阅读中深刻的震动感传达给你，分享给你。

译　者

二〇一八年四月八日

KAZUO ISHIGURO

Never Let Me Go

To Lorna and Naomi

England, late 1990s

Part One

CHAPTER ONE

My name is Kathy H. I'm thirty-one years old, and I've been a carer now for over eleven years. That sounds long enough, I know, but actually they want me to go on for another eight months, until the end of this year. That'll make it almost exactly twelve years. Now I know my being a carer so long isn't necessarily because they think I'm fantastic at what I do. There are some really good carers who've been told to stop after just two or three years. And I can think of one carer at least who went on for all of fourteen years despite being a complete waste of space. So I'm not trying to boast. But then I do know for a fact they've been pleased with my work, and by and large, I have too. My donors have always tended to do much better than expected. Their recovery times have been impressive, and hardly any of them have been classified as 'agitated', even before fourth donation. Okay, maybe I *am* boasting now. But it means a lot to me, being able to do my work well, especially that bit about my donors staying 'calm'. I've developed a kind of instinct around donors. I know when to hang around and comfort them, when to leave them to themselves; when to listen to everything they have to say, and when just to shrug and tell them to snap out of it.

Anyway, I'm not making any big claims for myself. I know carers, working now, who are just as good and don't get half the credit. If you're one of them, I can understand how you might get resentful – about my bedsit, my car, above all, the way I get to pick and choose who I look after. And I'm a Hailsham student – which is enough by itself sometimes to get people's backs up. Kathy H., they say, she gets to pick and choose, and she always chooses her own kind: people from Hailsham, or one of the other privileged estates. No wonder she has a great record. I've heard it said enough, so I'm sure you've heard it plenty more, and maybe there's something in it. But I'm not the first to be allowed to pick and choose, and I doubt if I'll be the last. And anyway, I've done my share of looking after donors brought up in every kind of place. By the time I finish, remember, I'll have done twelve years of this, and it's only for the last six they've let me choose.

And why shouldn't they? Carers aren't machines. You try and do your best for every donor, but in the end, it wears you down. You don't have unlimited patience and energy. So when you get a chance to choose, of course, you choose your own kind. That's natural. There's no way I could have gone on for as long as I have if I'd stopped feeling for my donors every step of the way. And anyway, if I'd never started choosing, how would I ever have got close again to Ruth and Tommy after all those years?

But these days, of course, there are fewer and fewer donors left who I remember, and so in practice, I haven't been choosing that much. As I say, the work gets a lot harder when you don't have that deeper link with the donor, and though I'll miss being a carer, it feels just about right to be finishing at last come the end of the year.

Ruth, incidentally, was only the third or fourth donor I got to choose. She already had a carer assigned to her at the time, and I remember it taking a bit of nerve on my part. But in the end I managed it, and the instant I saw her again, at that recovery centre in Dover, all our differences – while they didn't exactly vanish – seemed not nearly as important as all the other things: like the fact that we'd grown up together at Hailsham, the fact that we knew and remembered things no one else did. It's ever since then, I suppose, I started seeking out for my donors people from the past, and whenever I could, people from Hailsham.

There have been times over the years when I've tried to

leave Hailsham behind, when I've told myself I shouldn't look back so much. But then there came a point when I just stopped resisting. It had to do with this particular donor I had once, in my third year as a carer; it was his reaction when I mentioned I was from Hailsham. He'd just come through his third donation, it hadn't gone well, and he must have known he wasn't going to make it. He could hardly breathe, but he looked towards me and said: 'Hailsham. I bet that was a beautiful place.' Then the next morning, when I was making conversation to keep his mind off it all, and I asked where *he'd* grown up, he mentioned some place in Dorset and his face beneath the blotches went into a completely new kind of grimace. And I realised then how desperately he didn't want to be reminded. Instead, he wanted to hear about Hailsham.

So over the next five or six days, I told him whatever he wanted to know, and he'd lie there, all hooked up, a gentle smile breaking through. He'd ask me about the big things and the little things. About our guardians, about how we each had our own collection chests under our beds, the football, the rounders, the little path that took you all round the outside of the main house, round all its nooks and crannies, the duck pond, the food, the view from the Art Room over the fields on a foggy morning. Sometimes he'd make me say things over and over; things I'd told him only the day before, he'd ask about like I'd never told him. 'Did you have a sports pavilion?' 'Which guardian was your special favourite?' At first I thought this was just the drugs, but then I realised his mind was clear enough. What he wanted was not just to hear about Hailsham, but to *remember* Hailsham, just like it had been his own childhood. He knew he was close to completing and so that's what he was doing: getting me to describe things to him, so they'd really sink in, so that maybe during those sleepless nights, with the drugs and the pain and the exhaustion, the line would blur between what were my memories and what were his. That was when I first understood, really understood, just how lucky we'd been – Tommy, Ruth, me, all the rest of us.

Driving around the country now, I still see things that will remind me of Hailsham. I might pass the corner of a misty field, or see part of a large house in the distance as I come down the side of a valley, even a particular arrangement of poplar trees up on a hillside, and I'll think: 'Maybe that's it! I've found it! This actually *is* Hailsham!' Then I see it's impossible and I go on driving, my thoughts drifting on elsewhere. In particular, there are those pavilions. I spot them all over the country, standing on the far side of playing fields, little white prefab buildings with a row of windows unnaturally high up, tucked almost under the eaves. I think they built a whole lot like that in the fifties and sixties, which is probably when ours was put up. If I drive past one I keep looking over to it for as long as possible, and one day I'll crash the car like that, but I keep doing it. Not long ago I was driving through an empty stretch of Worcestershire and saw one beside a cricket ground so like ours at Hailsham I actually turned the car and went back for a second look.

We loved our sports pavilion, maybe because it reminded us of those sweet little cottages people always had in picture books when we were young. I can remember us back in the Juniors, pleading with guardians to hold the next lesson in the pavilion instead of the usual room. Then by the time we were in Senior 2 – when we were twelve, going on thirteen – the pavilion had become the place to hide out with your best friends when you wanted to get away from the rest of Hailsham.

The pavilion was big enough to take two separate groups without them bothering each other – in the summer, a third group could hang about out on the veranda. But ideally you and your friends wanted the place just to yourselves, so there was often jockeying and arguing. The guardians were always telling us to be civilised about it, but in practice, you needed to have some strong personalities in your group to stand a chance of getting the pavilion during a break or free period. I wasn't exactly the wilting type myself, but I suppose it was really because of Ruth we got in there as often as we did.

Usually we just spread ourselves around the chairs and benches – there'd be five of us, six if Jenny B. came along – and had a good gossip. There was a kind of conversation that could only happen when you were hidden away in the pavilion; we might discuss something that was worrying us, or we might end up screaming with laughter, or in a furious row. Mostly, it was a way to unwind for a while with your closest friends.

On the particular afternoon I'm now thinking of, we were standing up on stools and benches, crowding around the high windows. That gave us a clear view of the North Playing Field where about a dozen boys from our year and Senior 3 had gathered to play football. There was bright sunshine, but it must have been raining earlier that day because I can remember how the sun was glinting on the muddy surface of the grass.

Someone said we shouldn't be so obvious about watching, but we hardly moved back at all. Then Ruth said: 'He doesn't suspect a thing. Look at him. He really doesn't suspect a thing.'

When she said this, I looked at her and searched for signs of disapproval about what the boys were going to do to Tommy. But the next second Ruth gave a little laugh and said: 'The idiot!'

And I realised that for Ruth and the others, whatever the boys chose to do was pretty remote from us; whether we approved or not didn't come into it. We were gathered around the windows at that moment not because we relished the prospect of seeing Tommy get humiliated yet again, but just because we'd heard about this latest plot and were vaguely curious to watch it unfold. In those days, I don't think what the boys did amongst themselves went much deeper than that. For Ruth, for the others, it was that detached, and the chances are that's how it was for me too.

Or maybe I'm remembering it wrong. Maybe even then, when I saw Tommy rushing about that field, undisguised delight on his face to be accepted back in the fold again, about to play the game at which he so excelled, maybe I did feel a little stab of pain. What I do remember is that I noticed Tommy was wearing the light blue polo shirt he'd got in the Sales the previous month – the one he was so proud of. I remember thinking: 'He's really stupid, playing football in that. It'll get ruined, then how's he going to feel?' Out loud, I said, to no one in particular: 'Tommy's got his shirt on. His favourite polo shirt.'

I don't think anyone heard me, because they were all laughing at Laura – the big clown in our group – mimicking one after the other the expressions that appeared on Tommy's face as he ran, waved, called, tackled. The other boys were all moving around the field in that deliberately languorous way they have when they're warming up, but Tommy, in his excitement, seemed already to be going full pelt. I said, louder this time: 'He's going to be so sick if he ruins that shirt.' This time Ruth heard me, but she must have thought I'd meant it as some kind of joke, because she laughed half-heartedly, then made some quip of her own.

Then the boys had stopped kicking the ball about, and were standing in a pack in the mud, their chests gently rising and falling as they waited for the team picking to start. The two captains who emerged were from Senior 3, though everyone knew Tommy was a better player than any of that year. They tossed for first pick, then the one who'd won stared at the group.

'Look at him,' someone behind me said. 'He's completely convinced he's going to be first pick. Just look at him!'

There *was* something comical about Tommy at that moment, something that made you think, well, yes, if he's going to be that daft, he deserves what's coming. The other boys were all pretending to ignore the picking process, pretending they didn't care where they came in the order. Some were talking quietly to each other, some re-tying their laces, others just staring down at their feet as they trammelled the mud. But Tommy was looking eagerly at the Senior 3 boy, as though his name had already been called.

Laura kept up her performance all through the team-picking, doing all the different expressions that went across Tommy's face: the bright eager one at the start; the puzzled concern when four picks had gone by and he still hadn't been chosen; the hurt and panic as it began to dawn on him what was really going on. I didn't keep glancing round at Laura, though, because I was watching Tommy; I only knew what she was doing because the others kept laughing and egging her on. Then when Tommy was left standing alone, and the boys all began sniggering, I heard Ruth say:

'It's coming. Hold it. Seven seconds. Seven, six, five . . .'

She never got there. Tommy burst into thunderous bellowing, and the boys, now laughing openly, started to run off towards the South Playing Field. Tommy took a few strides after them – it was hard to say whether his instinct was to give angry chase or if he was panicked at being left behind. In any case he soon stopped and stood there, glaring after them, his face scarlet. Then he began to scream and shout, a nonsensical jumble of swear words and insults.

We'd all seen plenty of Tommy's tantrums by then, so we came down off our stools and spread ourselves around the room. We tried to start up a conversation about something else, but there was Tommy going on and on in the background, and although at first we just rolled our eyes and tried to ignore it, in the end – probably a full ten minutes after we'd first moved away – we were back up at the windows again.

The other boys were now completely out of view, and Tommy was no longer trying to direct his comments in any particular direction. He was just raving, flinging his limbs about, at the sky, at the wind, at the nearest fence post. Laura said he was maybe 'rehearsing his Shakespeare'. Someone else pointed out how each time he screamed something he'd raise one foot off the ground, pointing it outwards, 'like a dog doing a pee'. Actually, I'd noticed the same foot movement myself, but what had struck me was that each time he stamped the foot back down again, flecks of mud flew up around his shins. I thought again about his precious shirt, but he was too far away for me to see if he'd got much mud on it.

'I suppose it is a bit cruel,' Ruth said, 'the way they always work him up like that. But it's his own fault. If he learnt to keep his cool, they'd leave him alone.'

'They'd still keep on at him,' Hannah said. 'Graham K.'s temper's just as bad, but that only makes them all the more careful with him. The reason they go for Tommy's because he's a layabout.'

Then everyone was talking at once, about how Tommy never even tried to be creative, about how he hadn't even put anything in for the Spring Exchange. I suppose the truth was, by that stage, each of us was secretly wishing a guardian would come from the house and take him away. And although we hadn't had any part in this latest plan to rile Tommy, we *had* taken out ringside seats, and we were starting to feel guilty. But there was no sign of a guardian, so we just kept swapping reasons why Tommy deserved everything he got. Then when Ruth looked at her watch and said even though we still had time, we should get back to the main house, nobody argued.

Tommy was still going strong as we came out of the pavilion. The house was over to our left, and since Tommy was standing in the field straight ahead of us, there was no need to go anywhere near him. In any case, he was facing the other way and didn't seem to register us at all. All the same, as my friends set off along the edge of the field, I started to drift over towards him. I knew this would puzzle the others, but I kept going – even when I heard Ruth's urgent whisper to me to come back.

I suppose Tommy wasn't used to being disturbed during his rages, because his first response when I came up to him was to stare at me for a second, then carry on as before. It *was* like he was doing Shakespeare and I'd come up onto the stage in the middle of his performance. Even when I said: 'Tommy, your nice shirt. You'll get it all messed up,' there was no sign of him having heard me.

So I reached forward and put a hand on his arm. Afterwards, the others thought he'd meant to do it, but I was pretty sure it was unintentional. His arms were still flailing about, and he wasn't to know I was about to put out my hand. Anyway, as he threw up his arm, he knocked my hand aside and hit the side of my face. It didn't hurt at all, but I let out a gasp, and so did most of the girls behind me.

That's when at last Tommy seemed to become aware of me, of the others, of himself, of the fact that he was there in that field, behaving the way he had been, and stared at me a bit stupidly.

'Tommy,' I said, quite sternly. 'There's mud all over your shirt.'

'So what?' he mumbled. But even as he said this, he looked down and noticed the brown specks, and only just stopped himself crying out in alarm. Then I saw the surprise register on his face that I should know about his feelings for the polo shirt.

'It's nothing to worry about,' I said, before the silence got humiliating for him. 'It'll come off. If you can't get it off yourself, just take it to Miss Jody.'

He went on examining his shirt, then said grumpily: 'It's nothing to do with you anyway.'

He seemed to regret immediately this last remark and looked at me sheepishly, as though expecting me to say something comforting back to him. But I'd had enough of him by now, particularly with the girls watching – and for all

I knew, any number of others from the windows of the main house. So I turned away with a shrug and rejoined my friends.

Ruth put an arm around my shoulders as we walked away. 'At least you got him to pipe down,' she said. 'Are you okay? Mad animal.'

CHAPTER TWO

This was all a long time ago so I might have some of it wrong; but my memory of it is that my approaching Tommy that afternoon was part of a phase I was going through around that time – something to do with compulsively setting myself challenges – and I'd more or less forgotten all about it when Tommy stopped me a few days later.

I don't know how it was where you were, but at Hailsham we had to have some form of medical almost every week – usually up in Room 18 at the very top of the house – with stern Nurse Trisha, or Crow Face, as we called her. That sunny morning a crowd of us was going up the central staircase to be examined by her, while another lot she'd just finished with was on its way down. So the stairwell was filled with echoing noise, and I was climbing the steps head down, just following the heels of the person in front, when a voice near me went: 'Kath!'

Tommy, who was in the stream coming down, had stopped dead on the stairs with a big open smile that immediately irritated me. A few years earlier maybe, if we ran into someone we were pleased to see, we'd put on that sort of look. But we were thirteen by then, and this was a boy running into a girl in a really public situation. I felt like saying: 'Tommy, why don't you grow up?' But I stopped myself, and said instead: 'Tommy, you're holding everyone up. And so am I.'

He glanced upwards and sure enough the flight above was already grinding to a halt. For a second he looked panicked, then he squeezed himself right into the wall next to me, so it was just about possible for people to push past. Then he said:

'Kath, I've been looking all over for you. I meant to say

sorry. I mean, I'm really, really sorry. I honestly didn't mean to hit you the other day. I wouldn't dream of hitting a girl, and even if I did, I'd never want to hit *you*. I'm really, really sorry.'

'It's okay. An accident, that's all.' I gave him a nod and made to move away. But Tommy said brightly:

'The shirt's all right now. It all washed out.'

'That's good.'

'It didn't hurt, did it? When I hit you?'

'Sure. Fractured skull. Concussion, the lot. Even Crow Face might notice it. That's if I ever get up there.'

'But seriously, Kath. No hard feelings, right? I'm awfully sorry. I am, honestly.'

At last I gave him a smile and said with no irony: 'Look, Tommy, it was an accident and it's now one hundred per cent forgotten. I don't hold it against you one tiny bit.'

He still looked unsure, but now some older students were pushing behind him, telling him to move. He gave me a quick smile and patted my shoulder, like he might do to a younger boy, and pushed his way into the flow. Then, as I began to climb, I heard him shout from below: 'See you, Kath!'

I'd found the whole thing mildly embarrassing, but it didn't lead to any teasing or gossip; and I must admit, if it hadn't been for that encounter on the stairs, I probably wouldn't have taken the interest I did in Tommy's problems over the next several weeks.

I saw a few of the incidents myself. But mostly I heard about them, and when I did, I quizzed people until I'd got a more or less full account. There were more temper tantrums, like the time Tommy was supposed to have heaved over two desks in Room 14, spilling all the contents on the floor, while the rest of the class, having escaped on to the landing, barricaded the door to stop him coming out. There was the time Mr Christopher had had to pin back his arms to stop him attacking Reggie D. during football practice. Everyone could see, too, when the Senior 2 boys went on their fields run, Tommy was the only one without a running partner. He was a good runner, and would quickly open up ten, fifteen yards between him and the rest, maybe thinking this would disguise the fact that no one wanted to run with him. Then there were rumours almost every day of pranks that had been played on him. A lot of these were the usual stuff – weird things in his bed, a worm in his cereal – but some of it sounded pointlessly nasty: like the time someone cleaned a toilet with his toothbrush so it was waiting for him with shit all over the bristles. His size and strength – and I suppose that temper – meant no one tried actual physical bullying, but from what I remember, for a couple of months at least, these incidents kept coming. I thought sooner or later someone would start saying it had gone too far, but it just kept on, and no one said anything.

I tried to bring it up once myself, in the dorm after lights-out. In the Seniors, we were down to six per dorm, so it was just our little group, and we often had our most intimate conversations lying in the dark before we fell asleep. You could talk about things there you wouldn't dream of talking about any other place, not even in the pavilion. So one night I brought up Tommy. I didn't say much; I just summed up what had been happening to him and said it wasn't really very fair. When I'd finished, there was a funny sort of silence hanging in the dark, and I realised everyone was waiting for Ruth's response – which was usually what happened whenever something a bit awkward came up. I kept waiting, then I heard a sigh from Ruth's side of the room, and she said:

'You've got a point, Kathy. It's not nice. But if he wants it to stop, he's got to change his own attitude. He didn't have a thing for the Spring Exchange. And has he got anything for next month? I bet he hasn't.'

I should explain a bit here about the Exchanges we had at Hailsham. Four times a year – spring, summer, autumn, winter – we had a kind of big exhibition-cum-sale of all the things we'd been creating in the three months since the last Exchange. Paintings, drawings, pottery; all sorts of 'sculptures' made from whatever was the craze of the day – bashed-up cans, maybe, or bottle tops stuck onto cardboard. For each thing you put in, you were paid in Exchange Tokens – the guardians decided how many your particular masterpiece merited – and then on the day of the Exchange you went along with your tokens and 'bought' the stuff you liked. The rule was you could only buy work done by students in your own year, but that still gave us plenty to choose from, since most of us could get pretty prolific over a three-month period.

Looking back now, I can see why the Exchanges became so important to us. For a start, they were our only means, aside from the Sales – the Sales were something else, which I'll come to later – of building up a collection of personal possessions. If, say, you wanted to decorate the walls around your bed, or wanted something to carry around in your bag and place on your desk from room to room, then you could find it at the Exchange. I can see now, too, how the Exchanges had a more subtle effect on us all. If you think about it, being dependent on each other to produce the stuff that might become your private treasures – that's bound to do things to your relationships. The Tommy business was typical. A lot of the time, how you were regarded at Hailsham, how much you were liked and respected, had to do with how good you were at 'creating'.

Ruth and I often found ourselves remembering these things a few years ago, when I was caring for her down at the recovery centre in Dover.

'It's all part of what made Hailsham so special,' she said once. 'The way we were encouraged to value each other's work.'

'True,' I said. 'But sometimes, when I think about the Exchanges now, a lot of it seems a bit odd. The poetry, for instance. I remember we were allowed to hand in poems, instead of a drawing or a painting. And the strange thing was, we all thought that was fine, we thought that made sense.'

'Why shouldn't it? Poetry's important.'

'But we're talking about nine-year-old stuff, funny little lines, all misspelt, in exercise books. We'd spend our precious tokens on an exercise book full of that stuff rather than on something really nice for around our beds. If we were so keen on a person's poetry, why didn't we just borrow it and copy it down ourselves any old afternoon? But you remember how it was. An Exchange would come along and we'd be standing there torn between Susie K.'s poems and those giraffes Jackie used to make.'

'Jackie's giraffes,' Ruth said with a laugh. 'They were so beautiful. I used to have one.'

We were having this conversation on a fine summer evening, sitting out on the little balcony of her recovery room. It was a few months after her first donation, and now she was over the worst of it, I'd always time my evening visits so that we'd be able to spend a half hour or so out there, watching the sun go down over the rooftops. You could see lots of aerials and satellite dishes, and sometimes, right over in the distance, a glistening line that was the sea. I'd bring mineral water and biscuits, and we'd sit there talking about anything that came into our heads. The centre Ruth was in that time, it's one of my favourites, and I wouldn't mind at all if that's where I ended up. The recovery rooms are small, but they're well-designed and comfortable. Everything – the walls, the floor – has been done in gleaming white tiles, which the centre keeps so clean when you first go in it's almost like entering a hall of mirrors. Of course, you don't exactly see yourself reflected back loads of times, but you almost think you do. When you lift an arm, or when someone sits up in bed, you can feel this pale, shadowy movement all around you in the tiles. Anyway, Ruth's room at that centre, it also had these big glass sliding panels, so she could easily see the outside from her bed. Even with her head on the pillow she'd see a big lot of sky, and if it was warm enough, she could get all the fresh air she wanted by stepping out onto the balcony. I loved visiting her there, loved those meandering talks we had, through the summer to the early autumn, sitting on that balcony together, talking about Hailsham, the Cottages, whatever else drifted into our thoughts.

'What I'm saying,' I went on, 'is that when we were that age, when we were eleven, say, we really weren't interested in each other's poems at all. But remember, someone like Christy? Christy had this great reputation for poetry, and we all looked up to her for it. Even you, Ruth, you didn't dare boss Christy around. All because we thought she was great at poetry. But we didn't know a thing about poetry. We didn't care about it. It's strange.'

But Ruth didn't get my point – or maybe she was deliberately avoiding it. Maybe she was determined to remember us all as more sophisticated than we were. Or maybe she could sense where my talk was leading, and didn't want us to go that way. Anyway, she let out a long sigh and said:

'We all thought Christy's poems were so good. But I wonder how they'd look to us now. I wish we had some here, I'd love to see what we'd think.' Then she laughed and said: 'I *have* still got some poems by Peter B. But that was much later, when we were in Senior 4. I must have fancied him. I can't think why else I'd have bought his poems. They're just hysterically daft. Takes himself so seriously. But Christy, she was good, I remember she was. It's funny, she went right off poems when she started her painting. And she was nowhere near as good at that.'

But let me get back to Tommy. What Ruth said that time in our dorm after lights-out, about how Tommy had brought all his problems on himself, probably summed up what most people at Hailsham thought at that time. But it was when she said what she did that it occurred to me, as I lay there, that this whole notion of his deliberately not trying was one that had been doing the rounds from as far back as the Juniors. And it came home to me, with a kind of chill, that Tommy had been going through what he'd been going through not just for weeks or months, but for years.

Tommy and I talked about all this not so long ago, and his own account of how his troubles began confirmed what I was thinking that night. According to him, it had all started one afternoon in one of Miss Geraldine's art classes. Until that day, Tommy told me, he'd always quite enjoyed painting. But then that day in Miss Geraldine's class, Tommy had done this particular watercolour – of an elephant standing in some tall grass – and that was what started it all off. He'd done it, he claimed, as a kind of joke. I quizzed him a lot on this point and I suspect the truth was that it was like a lot of things at that age: you don't have any clear reason, you just do it. You do it because you think it might get a laugh, or because you want to see if it'll cause a stir. And when you're asked to explain it afterwards, it doesn't seem to make any sense. We've all done things like that. Tommy didn't quite put it this way, but I'm sure that's how it happened.

Anyway, he did his elephant, which was exactly the sort of picture a kid three years younger might have done. It took him no more than twenty minutes and it got a laugh, sure enough, though not quite the sort he'd expected. Even so, it might not have led to anything – and this is a big irony, I suppose – if Miss Geraldine hadn't been taking the class that day.

Miss Geraldine was everyone's favourite guardian when we were that age. She was gentle, soft-spoken, and always comforted you when you needed it, even when you'd done something bad, or been told off by another guardian. If she ever had to tell you off herself, then for days afterwards she'd give you lots of extra attention, like she owed you something. It was unlucky for Tommy that it was Miss Geraldine taking art that day and not, say, Mr Robert or Miss Emily herself – the head guardian – who often took art. Had it been either of those two, Tommy would have got a bit of a telling off, he could have done his smirk, and the worst the others would have thought was that it was a feeble joke. He might even have had some students think him a right clown. But Miss Geraldine being Miss Geraldine, it didn't go that way. Instead, she did her best to look at the picture with kindness and understanding. And probably guessing Tommy was in danger of getting stick from the others, she went too far the other way, actually finding things to praise, pointing them out to the class. That was how the resentment started.

'After we left the room,' Tommy remembered, 'that's when I first heard them talking. And they didn't care I could hear.'

My guess is that from some time before he did that elephant, Tommy had had the feeling he wasn't keeping up – that his painting in particular was like that of students much younger than him – and he'd been covering up the best he could by doing deliberately childish pictures. But after the elephant painting, the whole thing had been brought into the open, and now everyone was watching to see what he did next. It seems he did make an effort for a while, but he'd no sooner have started on something, there'd be sneers and giggles all around him. In fact, the harder he tried, the more laughable his efforts turned out. So before long Tommy had gone back to his original defence, producing work that seemed deliberately childish, work that said he couldn't care less. From there, the thing had got deeper and deeper.

For a while he'd only had to suffer during art lessons – though that was often enough, because we did a lot of art in the Juniors. But then it grew bigger. He got left out of games, boys refused to sit next to him at dinner, or pretended not to hear if he said anything in his dorm after lights-out. At first it wasn't so relentless. Months could go by without incident, he'd think the whole thing was behind him, then something he did – or one of his enemies, like Arthur H. – would get it all going again.

I'm not sure when the big temper tantrums started. My

own memory of it is that Tommy was always known for his temper, even in the Infants, but he claimed to me they only began after the teasing got bad. Anyway, it was those temper tantrums that really got people going, escalating everything, and around the time I'm talking about – the summer of our Senior 2, when we were thirteen – that was when the persecution reached its peak.

Then it all stopped, not overnight, but rapidly enough. I was, as I say, watching the situation closely around then, so I saw the signs before most of the others. It started with a period – it might have been a month, maybe longer – when the pranks went on pretty steadily, but Tommy failed to lose his temper. Sometimes I could see he was close to it, but he somehow controlled himself; other times, he'd quietly shrug, or react like he hadn't noticed a thing. At first these responses caused disappointment; maybe people were resentful, even, like he'd let them down. Then gradually, people got bored and the pranks became more half-hearted, until one day it struck me there hadn't been any for over a week.

This wouldn't necessarily have been so significant by itself, but I'd spotted other changes. Little things, like Alexander J. and Peter N. walking across the courtyard with him towards the fields, the three of them chatting quite naturally; a subtle but clear difference in people's voices when his name got mentioned. Then once, towards the end of an afternoon break, a group of us were sitting on the grass quite close to the South Playing Field where the boys, as usual, were playing their football. I was joining in our conversation, but keeping an eye on Tommy, who I noticed was right at the heart of the game. At one point he got tripped, and picking himself up, placed the ball on the ground to take the free kick himself. As the boys spread out in anticipation, I saw Arthur H. – one of his biggest tormentors – a few yards behind Tommy's back, begin mimicking him, doing a daft version of the way Tommy was standing over the ball, hands on hips. I watched carefully, but none of the others took up Arthur's cue. They must all have seen, because all eyes were looking towards Tommy, waiting for his kick, and Arthur was right behind him – but no one was interested. Tommy floated the ball across the grass, the game went on, and Arthur H. didn't try anything else.

I was pleased about all these developments, but also mystified. There'd been no real change in Tommy's work – his reputation for 'creativity' was as low as ever. I could see that an end to the tantrums was a big help, but what seemed to be the key factor was harder to put your finger on. There was something about Tommy himself – the way he carried himself, the way he looked people in the face and talked in his open, good-natured way – that was different from before, and which had in turn changed the attitudes of those around him. But what had brought all this on wasn't clear.

I was mystified, and decided to probe him a bit the next time we could talk in private. The chance came along before long, when I was lining up for lunch and spotted him a few places ahead in the queue.

I suppose this might sound odd, but at Hailsham, the lunch queue *was* one of the better places to have a private talk. It was something to do with the acoustics in the Great Hall; all the hubbub and the high ceilings meant that so long as you lowered your voices, stood quite close, and made sure your neighbours were deep in their own chat, you had a fair chance of not being overheard. In any case, we weren't exactly spoilt for choice. 'Quiet' places were often the worst, because there was always someone likely to be passing within earshot. And as soon as you looked like you were trying to sneak off for a secret talk, the whole place seemed to sense it within minutes, and you'd have no chance.

So when I saw Tommy a few places ahead of me, I waved him over – the rule being that though you couldn't jump the queue going forwards it was fine to go back. He came over with a delighted smile, and we stood together for a moment without saying much – not out of awkwardness, but because we were waiting for any interest aroused by Tommy's moving back to fade. Then I said to him:

'You seem much happier these days, Tommy. Things seem to be going much better for you.'

'You notice everything, don't you, Kath?' He said this completely without sarcasm. 'Yeah, everything's all right. I'm getting on all right.'

'So what's happened? Did you find God or something?'

'God?' Tommy was lost for a second. Then he laughed and said: 'Oh, I see. You're talking about me not . . . getting so angry.'

'Not just that, Tommy. You've turned things around for yourself. I've been watching. So that's why I was asking.'

Tommy shrugged. 'I've grown up a bit, I suppose. And maybe everyone else has too. Can't keep on with the same stuff all the time. Gets boring.'

I said nothing, but just kept looking right at him, until he gave another little laugh and said: 'Kath, you're so nosy. Okay, I suppose there *is* something. Something that happened. If you want, I'll tell you.'

'Well, go on then.'

'I'll tell you, Kath, but you mustn't spread it, all right? A couple of months back, I had this talk with Miss Lucy. And I felt much better afterwards. It's hard to explain. But she said something, and it all felt much better.'

'So what did she say?'

'Well . . . The thing is, it might sound strange. It did to me at first. What she said was that if I didn't want to be creative, if I really didn't feel like it, that was perfectly all right. Nothing wrong with it, she said.'

'That's what she told you?'

Tommy nodded, but I was already turning away.

'That's just rubbish, Tommy. If you're going to play stupid games, I can't be bothered.'

I was genuinely angry, because I thought he was lying to me, just when I deserved to be taken into his confidence.

Spotting a girl I knew a few places back, I went over to her, leaving Tommy standing. I could see he was bewildered and crestfallen, but after the months I'd spent worrying about him, I felt betrayed, and didn't care how he felt. I chatted with my friend – I think it was Matilda – as cheerfully as possible, and hardly looked his way for the rest of the time we were in the queue.

But as I was carrying my plate to the tables, Tommy came up behind me and said quickly:

'Kath, I wasn't trying to pull your leg, if that's what you think. It's what happened. I'll tell you about it if you give me half a chance.'

'Don't talk rubbish, Tommy.'

'Kath, I'll tell you about it. I'll be down at the pond after lunch. If you come down there, I'll tell you.'

I gave him a reproachful look and walked off without responding, but already, I suppose, I'd begun to entertain the possibility that he wasn't, after all, making it up about Miss Lucy. And by the time I sat down with my friends, I was trying to figure out how I could sneak off afterwards down to the pond without getting everyone curious.

CHAPTER THREE

The pond lay to the south of the house. To get there you went out the back entrance, and down the narrow twisting path, pushing past the overgrown bracken that, in the early autumn, would still be blocking your way. Or if there were no guardians around, you could take a short cut through the rhubarb patch. Anyway, once you came out to the pond, you'd find a tranquil atmosphere waiting, with ducks and bulrushes and pond-weed. It wasn't, though, a good place for a discreet conversation – not nearly as good as the lunch queue. For a start you could be clearly seen from the house. And the way the sound travelled across the water was hard to predict; if people wanted to eavesdrop, it was the easiest thing to walk down the outer path and crouch in the bushes on the other side of the pond. But since it had been me that had cut him off in the lunch queue, I supposed I had to make the best of it. It was well into October by then, but the sun was out that day and I decided I could just about make out I'd gone strolling aimlessly down there and happened to come across Tommy.

Maybe because I was keen to keep up this impression – though I'd no idea if anyone was actually watching – I didn't try and sit down when I eventually found him seated on a large flat rock not far from the water's edge. It must have been a Friday or a weekend, because I remember we had on our own clothes. I don't remember exactly what Tommy was wearing – probably one of the raggy football shirts he wore even when the weather was chilly – but I definitely had on the maroon track suit top that zipped up the front, which I'd got at a Sale in Senior 1. I walked round him and stood with my back to the water, facing the house, so that I'd see if people started gathering at the windows. Then for a few minutes we talked about nothing in particular, just like the lunch-queue business hadn't happened. I'm not sure if it was for Tommy's benefit, or for any onlookers', but I'd kept my posture looking very provisional, and at one point made a move to carry on with my stroll. I saw a kind of panic cross Tommy's face then, and I immediately felt sorry to have teased him, even though I hadn't meant to. So I said, like I'd just remembered:

'By the way, what was that you were saying earlier on? About Miss Lucy telling you something?'

'Oh . . .' Tommy gazed past me to the pond, pretending too this was a topic he'd forgotten all about. 'Miss Lucy. Oh that.'

Miss Lucy was the most sporting of the guardians at Hailsham, though you might not have guessed it from her appearance. She had a squat, almost bulldoggy figure, and her odd black hair, when it grew, grew upwards so it never covered her ears or chunky neck. But she was really strong and fit, and even when we were older, most of us – even the boys – couldn't keep up with her on a fields run. She was superb at hockey, and could even hold her own with the Senior boys on the football pitch. I remember watching once when James B. tried to trip her as she went past him with the ball, and he was the one sent flying instead. When we'd been in the Juniors, she'd never been someone like Miss Geraldine who you turned to when you were upset. In fact, she didn't tend to speak much to us when we were younger. It was only in the Seniors, really, we'd started to appreciate her brisk style.

'You were saying something,' I said to Tommy. 'Something about Miss Lucy telling you it was all right not to be creative.'

'She did say something like that. She said I shouldn't worry. Not mind what other people were saying. A couple of months ago now. Maybe longer.'

Over at the house, a few Juniors had stopped at one of the upstairs windows and were watching us. But I now crouched down in front of Tommy, no longer pretending anything.

'Tommy, that's a funny thing for her to say. Are you sure you got it right?'

'Of course I got it right.' His voice lowered suddenly. 'She didn't just say it once. We were in her room and she gave me a whole talk about it.'

When she'd first asked him to come to her study after Art Appreciation, Tommy explained, he'd expected yet another lecture about how he should try harder – the sort of thing he'd had already from various guardians, including Miss Emily herself. But as they were walking from the house towards the Orangery – where the guardians had their living quarters – Tommy began to get an inkling this was something different. Then, once he was seated in Miss Lucy's easy chair – she'd remained standing by the window – she asked him to tell her the whole story, as he saw it, of what had been happening to him. So Tommy had begun going through it all. But before he was even half way she'd suddenly broken in and started to talk herself. She'd known a lot of students, she'd said, who'd for a long time found it very difficult to be creative: painting, drawing, poetry, none of it going right for years. Then one day they'd turned a corner and blossomed. It was quite possible Tommy was one of these.

Tommy had heard all of this before, but there was something about Miss Lucy's manner that made him keep listening hard.

'I could tell,' he told me, 'she was leading up to something. Something different.'

Sure enough, she was soon saying things Tommy found difficult to follow. But she kept repeating it until eventually he began to understand. If Tommy had genuinely tried, she was saying, but he just couldn't be very creative, then that was quite all right, he wasn't to worry about it. It was wrong for anyone, whether they were students or guardians, to punish him for it, or put pressure on him in any way. It simply wasn't his fault. And when Tommy had protested it was all very well Miss Lucy saying this, but everyone *did* think it was his fault, she'd given a sigh and looked out of her window. Then she'd said:

'It may not help you much. But just you remember this. There's at least one person here at Hailsham who believes otherwise. At least one person who believes you're a very good student, as good as any she's ever come across, never mind how creative you are.'

'She wasn't having you on, was she?' I asked Tommy. 'It wasn't some clever way of telling you off?'

'It definitely wasn't anything like that. Anyway . . .' For the first time he seemed worried about being overheard and glanced over his shoulder towards the house. The Juniors at the window had lost interest and gone; some girls from our year were walking towards the pavilion, but they were still a good way off. Tommy turned back to me and said almost in a whisper:

'Anyway, when she said all this, she was *shaking.*'

'What do you mean, shaking?'

'Shaking. With rage. I could see her. She was furious. But furious deep inside.'

'Who at?'

'I wasn't sure. Not at me anyway, that was the most important thing!' He gave a laugh, then became serious again. 'I don't know who she was angry with. But she was angry all right.'

I stood up again because my calves were aching. 'It's pretty weird, Tommy.'

'Funny thing is, this talk with her, it did help. Helped a lot. When you were saying earlier on, about how things seemed better for me now. Well, it's because of that. Because afterwards, thinking about what she'd said, I realised she was right, that it wasn't my fault. Okay, I hadn't handled it well.

But deep down, it wasn't my fault. That's what made the difference. And whenever I felt rocky about it, I'd catch sight of her walking about, or I'd be in one of her lessons, and she wouldn't say anything about our talk, but I'd look at her, and she'd sometimes see me and give me a little nod. And that's all I needed. You were asking earlier if something had happened. Well, that's what happened. But Kath, listen, don't breathe a word to anyone about this, right?'

I nodded, but asked: 'Did she make you promise that?'

'No, no, she didn't make me promise anything. But you're not to breathe a word. You've got to really promise.'

'All right.' The girls heading for the pavilion had spotted me and were waving and calling. I waved back and said to Tommy: 'I'd better go. We can talk more about it soon.'

But Tommy ignored this. 'There's something else,' he went on. 'Something else she said I can't quite figure out. I was going to ask you about it. She said we weren't being taught enough, something like that.'

'Taught enough? You mean she thinks we should be studying even harder than we are?'

'No, I don't think she meant that. What she was talking about was, you know, about *us*. What's going to happen to us one day. Donations and all that.'

'But we *have* been taught about all that,' I said. 'I wonder what she meant. Does she think there are things we haven't been told yet?'

Tommy thought for a moment, then shook his head. 'I don't think she meant it like that. She just thinks we aren't taught about it enough. Because she said she'd a good mind to talk to us about it herself.'

'About what exactly?'

'I'm not sure. Maybe I got it all wrong, Kath, I don't know. Maybe she was meaning something else completely, something else to do with me not being creative. I don't really understand it.'

Tommy was looking at me as though he expected me to

come up with an answer. I went on thinking for a few seconds, then said:

'Tommy, think back carefully. You said she got angry . . .'

'Well, that's what it looked like. She was quiet, but she was shaking.'

'All right, whatever. Let's say she got angry. Was it when she got angry she started to say this other stuff? About how we weren't taught enough about donations and the rest of it?'

'I suppose so . . .'

'Now, Tommy, think. Why did she bring it up? She's talking about you and you not creating. Then suddenly she starts up about this other stuff. What's the link? Why did she bring up donations? What's that got to do with you being creative?'

'I don't know. There must have been some reason, I suppose. Maybe one thing reminded her of the other. Kath, you're getting really worked up about this yourself now.'

I laughed, because he was right: I'd been frowning, completely lost in my thoughts. The fact was, my mind was going in various directions at once. And Tommy's account of his talk with Miss Lucy had reminded me of something, perhaps a whole series of things, little incidents from the past to do with Miss Lucy that had puzzled me at the time.

'It's just that . . .' I stopped and sighed. 'I can't quite put it right, not even to myself. But all this, what you're saying, it sort of fits with a lot of other things that are puzzling. I keep thinking about all these things. Like why Madame comes and takes away our best pictures. What's that for exactly?'

'It's for the Gallery.'

'But what *is* her gallery? She keeps coming here and taking away our best work. She must have stacks of it by now. I asked Miss Geraldine once how long Madame's been coming here, and she said for as long as Hailsham's been here. What *is* this gallery? Why should she have a gallery of things done by us?'

'Maybe she sells them. Outside, out there, they sell everything.'

I shook my head. 'That can't be it. It's got something to do with what Miss Lucy said to you. About us, about how one day we'll start giving donations. I don't know why, but I've had this feeling for some time now, that it's all linked in, though I can't figure out how. I'll have to go now, Tommy. Let's not tell anyone yet, about what we've been saying.'

'No. And don't tell anyone about Miss Lucy.'

'But will you tell me if she says anything else to you like that?'

Tommy nodded, then glanced around him again. 'Like you say, you'd better go, Kath. Someone's going to hear us soon.'

The gallery Tommy and I were discussing was something we'd all of us grown up with. Everyone talked about it as though it existed, though in truth none of us knew for sure that it did. I'm sure I was pretty typical in not being able to remember how or when I'd first heard about it. Certainly, it hadn't been from the guardians: they never mentioned the Gallery, and there was an unspoken rule that we should never even raise the subject in their presence.

I'd suppose now it was something passed down through the different generations of Hailsham students. I remember a time when I could only have been five or six, sitting at a low table beside Amanda C., our hands clammy with modelling clay. I can't remember if there were other children with us, or which guardian was in charge. All I remember is Amanda C. – who was a year older than me – looking at what I was making and exclaiming: 'That's really, really good, Kathy! That's *so* good! I bet that'll get in the Gallery!'

I must by then have already known about the Gallery, because I remember the excitement and pride when she said that – and then the next moment, thinking to myself: 'That's ridiculous. None of us are good enough for the Gallery yet.'

As we got older, we went on talking about the Gallery. If

you wanted to praise someone's work, you'd say: 'That's good enough for the Gallery.' And after we discovered irony, when-ever we came across any laughably bad work, we'd go: 'Oh yes! Straight to the Gallery with that one!'

But did we really believe in the Gallery? Today, I'm not sure. As I've said, we never mentioned it to the guardians and looking back, it seems to me this was a rule we imposed on ourselves, as much as anything the guardians had decided. There's an instance I can remember from when we were about eleven. We were in Room 7 on a sunny winter's morning. We'd just finished Mr Roger's class, and a few of us had stayed on to chat with him. We were sitting up on our desks, and I can't remember exactly what we were talking about, but Mr Roger, as usual, was making us laugh and laugh. Then Carole H. had said, through her giggles: 'You might even get it picked for the Gallery!' She immediately put her hand over her mouth with an 'oops!' and the atmosphere remained light-hearted; but we all knew, Mr Roger included, that she'd made a mistake. Not a disaster, exactly: it would have been much the same had one of us let slip a rude word, or used a guardian's nickname to his or her face. Mr Roger smiled indulgently, as though to say: 'Let it pass, we'll pretend you never said that,' and we carried on as before.

If for us the Gallery remained in a hazy realm, what was solid enough fact was Madame's turning up usually twice – sometimes three or four times – each year to select from our best work. We called her 'Madame' because she was French or Belgian – there was a dispute as to which – and that was what the guardians always called her. She was a tall, narrow woman with short hair, probably quite young still, though at the time we wouldn't have thought of her as such. She always wore a sharp grey suit, and unlike the gardeners, unlike the drivers who brought in our supplies – unlike virtually anyone else who came in from outside – she wouldn't talk to us and kept us at a distance with her chilly look. For years we thought of her as 'snooty', but then one night, around when we were eight, Ruth came up with another theory.

'She's scared of us,' she declared.

We were lying in the dark in our dorm. In the Juniors, we were fifteen to a dorm, so didn't tend to have the sort of long intimate conversations we did once we got to the Senior dorms. But most of what became our 'group' had beds close together by then, and we were already getting the habit of talking into the night.

'What do you mean, scared of us?' someone asked. 'How can she be scared of us? What could we do to her?'

'I don't know,' Ruth said. 'I don't know, but I'm sure she is. I used to think she was just snooty, but it's something else, I'm sure of it now. Madame's scared of us.'

We argued about this on and off for the next few days. Most of us didn't agree with Ruth, but then that just made her all the more determined to prove she was right. So in the end we settled on a plan to put her theory to the test the next time Madame came to Hailsham.

Although Madame's visits were never announced, it was always pretty obvious when she was due. The lead-up to her arrival began weeks before, with the guardians sifting through all our work – our paintings, sketches, pottery, all our essays and poems. This usually went on for at least a fortnight, by the end of which four or five items from each Junior and Senior year would have ended up in the billiards room. The billiards room would get closed during this period, but if you stood on the low wall of the terrace outside, you'd be able to see through the windows the haul of stuff getting larger and larger. Once the guardians started laying it out neatly, on tables and easels, like a miniature version of one of our Exchanges, then you knew Madame would be coming within a day or two.

That autumn I'm now talking about, we needed to know not just the day, but the precise moment Madame turned up, since she often stayed no longer than an hour or two. So as soon as we saw the stuff getting displayed in the billiards room, we decided to take turns keeping look-out.

This was a task made much easier by the way the grounds were laid out. Hailsham stood in a smooth hollow with fields rising on all sides. That meant that from almost any of the classroom windows in the main house – and even from the pavilion – you had a good view of the long narrow road that came down across the fields and arrived at the main gate. The gate itself was still a fair distance off, and any vehicle would then have to take the gravelled drive, going past shrubs and flowerbeds, before at last reaching the courtyard in front of the main house. Days could sometimes go by without us seeing a vehicle coming down that narrow road, and the ones that did were usually vans or lorries bringing supplies, gardeners or workmen. A car was a rarity, and the sight of one in the distance was sometimes enough to cause bedlam during a class.

The afternoon Madame's car was spotted coming across the fields, it was windy and sunny, with a few storm clouds starting to gather. We were in Room 9 – on the first floor at the front of the house – and when the whisper went around, poor Mr Frank, who was trying to teach us spelling, couldn't understand why we'd suddenly got so restless.

The plan we'd come up with to test Ruth's theory was very simple: we – the six of us in on it – would lie in wait for Madame somewhere, then 'swarm out' all around her, all at once. We'd all remain perfectly civilised and just go on our way, but if we timed it right, and she was taken off-guard, we'd see – Ruth insisted – that she really was afraid of us.

Our main worry was that we just wouldn't get an opportunity during the short time she was at Hailsham. But as Mr Frank's class drew to an end, we could see Madame, directly below in the courtyard, parking her car. We had a hurried conference out on the landing, then followed the rest of the class down the stairs and loitered just inside the main doorway. We could see out into the bright courtyard, where

Madame was still sitting behind the wheel, rummaging in her briefcase. Eventually she emerged from the car and came towards us, dressed in her usual grey suit, her briefcase held tightly to herself in both arms. At a signal from Ruth we all sauntered out, moving straight for her, but like we were all in a dream. Only when she came to a stiff halt did we each murmur: 'Excuse me, Miss,' and separate.

I'll never forget the strange change that came over us the next instant. Until that point, this whole thing about Madame had been, if not a joke exactly, very much a private thing we'd wanted to settle among ourselves. We hadn't thought much about how Madame herself, or anyone else, would come into it. What I mean is, until then, it had been a pretty light-hearted matter, with a bit of a dare element to it. And it wasn't even as though Madame did anything other than what we predicted she'd do: she just froze and waited for us to pass by. She didn't shriek, or even let out a gasp. But we were all so keenly tuned in to picking up her response, and that's probably why it had such an effect on us. As she came to a halt, I glanced quickly at her face – as did the others, I'm sure. And I can still see it now, the shudder she seemed to be suppressing, the real dread that one of us would accidentally brush against her. And though we just kept on walking, we all felt it; it was like we'd walked from the sun right into chilly shade. Ruth had been right: Madame *was* afraid of us. But she was afraid of us in the same way someone might be afraid of spiders. We hadn't been ready for that. It had never occurred to us to wonder how *we* would feel, being seen like that, being the spiders.

By the time we'd crossed the courtyard and reached the grass, we were a very different group from the one that had stood about excitedly waiting for Madame to get out of her car. Hannah looked ready to burst into tears. Even Ruth looked really shaken. Then one of us – I think it was Laura – said:

'If she doesn't like us, why does she want our work? Why

doesn't she just leavè us alone? Who asks her to come here anyway?'

No one answered, and we carried on over to the pavilion, not saying anything more about what had happened.

Thinking back now, I can see we were just at that age when we knew a few things about ourselves – about who we were, how we were different from our guardians, from the people outside – but hadn't yet understood what any of it meant. I'm sure somewhere in your childhood, you too had an experience like ours that day; similar if not in the actual details, then inside, in the feelings. Because it doesn't really matter how well your guardians try to prepare you: all the talks, videos, discussions, warnings, none of that can really bring it home. Not when you're eight years old, and you're all together in a place like Hailsham; when you've got guardians like the ones we had; when the gardeners and the delivery men joke and laugh with you and call you 'sweetheart'.

All the same, some of it must go in somewhere. It must go in, because by the time a moment like that comes along, there's a part of you that's been waiting. Maybe from as early as when you're five or six, there's been a whisper going at the back of your head, saying: 'One day, maybe not so long from now, you'll get to know how it feels.' So you're waiting, even if you don't quite know it, waiting for the moment when you realise that you really are different to them; that there are people out there, like Madame, who don't hate you or wish you any harm, but who nevertheless shudder at the very thought of you – of how you were brought into this world and why – and who dread the idea of your hand brushing against theirs. The first time you glimpse yourself through the eyes of a person like that, it's a cold moment. It's like walking past a mirror you've walked past every day of your life, and suddenly it shows you something else, something troubling and strange.

CHAPTER FOUR

I won't be a carer any more come the end of the year, and though I've got a lot out of it, I have to admit I'll welcome the chance to rest – to stop and think and remember. I'm sure it's at least partly to do with that, to do with preparing for the change of pace, that I've been getting this urge to order all these old memories. What I really wanted, I suppose, was to get straight all the things that happened between me and Tommy and Ruth after we grew up and left Hailsham. But I realise now just how much of what occurred later came out of our time at Hailsham, and that's why I want first to go over these earlier memories quite carefully. Take all this curiosity about Madame, for instance. At one level, it was just us kids larking about. But at another, as you'll see, it was the start of a process that kept growing and growing over the years until it came to dominate our lives.

After that day, mention of Madame became, while not taboo exactly, pretty rare among us. And this was something that soon spread beyond our little group to just about all the students in our year. We were, I'd say, as curious as ever about her, but we all sensed that to probe any further – about what she did with our work, whether there really was a gallery – would get us into territory we weren't ready for yet.

The topic of the Gallery, though, still cropped up every once in a while, so that when a few years later Tommy started telling me beside the pond about his odd talk with Miss Lucy, I found something tugging away at my memory. It was only afterwards, when I'd left him sitting on his rock and was hurrying towards the fields to catch up with my friends, that it came back to me.

It was something Miss Lucy had once said to us during a class. I'd remembered it because it had puzzled me at the time, and also because it was one of the few occasions when the Gallery had been mentioned so deliberately in front of a guardian.

We'd been in the middle of what we later came to call the 'tokens controversy'. Tommy and I discussed the tokens controversy a few years ago, and we couldn't at first agree when it had happened. I said we'd been ten at the time; he thought it was later, but in the end came round to agreeing with me. I'm pretty sure I got it right: we were in Junior 4 – a while after that incident with Madame, but still three years before our talk by the pond.

The tokens controversy was, I suppose, all part of our getting more acquisitive as we grew older. For years – I think I've said already – we'd thought that having work chosen for the billiards room, never mind taken away by Madame, was a huge triumph. But by the time we were ten, we'd grown more ambivalent about it. The Exchanges, with their system of tokens as currency, had given us a keen eye for pricing up anything we produced. We'd become preoccupied with T-shirts, with decorating around our beds, with personalising our desks. And of course, we had our 'collections' to think of.

I don't know if you had 'collections' where you were. When you come across old students from Hailsham, you always find them, sooner or later, getting nostalgic about their collections. At the time, of course, we took it all for granted. You each had a wooden chest with your name on it, which you kept under your bed and filled with your possessions – the stuff you acquired from the Sales or the Exchanges. I can remember one or two students not bothering much with their collections, but most of us took enormous care, bringing things out to display, putting other things away carefully.

The point is, by the time we were ten, this whole notion that it was a great honour to have something taken by

Madame collided with a feeling that we were losing our most marketable stuff. This all came to a head in the tokens controversy.

It began with a number of students, mainly boys, muttering that we should get tokens to compensate when Madame took something away. A lot of students agreed with this, but others were outraged by the idea. Arguments went on between us for some time, and then one day Roy J. – who was a year above us, and had had a number of things taken by Madame – decided to go and see Miss Emily about it.

Miss Emily, our head guardian, was older than the others. She wasn't especially tall, but something about the way she carried herself, always very straight with her head right up, made you think she was. She wore her silvery hair tied back, but strands were always coming loose and floating around her. They would have driven me mad, but Miss Emily always ignored them, like they were beneath her contempt. By the evening, she was a pretty strange sight, with bits of loose hair everywhere which she wouldn't bother to push away off her face when she talked to you in her quiet, deliberate voice. We were all pretty scared of her and didn't think of her in the way we did the other guardians. But we considered her to be fair and respected her decisions; and even in the Juniors, we probably recognised that it was her presence, intimidating though it was, that made us all feel so safe at Hailsham.

It took some nerve to go and see her without being summoned; to go with the sort of demands Roy was making seemed suicidal. But Roy didn't get the terrible telling-off we were expecting, and in the days that followed, there were reports of guardians talking – even arguing – about the tokens question. In the end, it was announced that we *would* get tokens, but not many because it was a 'most distinguished honour' to have work selected by Madame. This didn't really go down well with either camp, and the arguments rumbled on.

It was against this background that Polly T. asked Miss Lucy her question that morning. We were in the library, sitting around the big oak table. I remember there was a log burning in the fireplace, and that we were doing a play-reading. At some point, a line in the play had led to Laura making some wisecrack about the tokens business, and we'd all laughed, Miss Lucy included. Then Miss Lucy had said that since everyone at Hailsham was talking about little else, we should forget the play-reading and spend the rest of the lesson exchanging our views about the tokens. And that's what we were doing when Polly asked, completely out of the blue: 'Miss, why does Madame take our things anyway?'

We all went silent. Miss Lucy didn't often get cross, but when she did, you certainly knew about it, and we thought for a second Polly was for it. But then we saw Miss Lucy wasn't angry, just deep in thought. I remember feeling furious at Polly for so stupidly breaking the unwritten rule, but at the same time, being terribly excited about what answer Miss Lucy might give. And clearly I wasn't the only one with these mixed emotions: virtually everybody shot daggers at Polly, before turning eagerly to Miss Lucy – which was, I suppose, pretty unfair on poor Polly. After what seemed a very long while, Miss Lucy said:

'All I can tell you today is that it's for a good reason. A very important reason. But if I tried to explain it to you now, I don't think you'd understand. One day, I hope, it'll be explained to you.'

We didn't press her. The atmosphere around the table had become one of deep embarrassment, and curious as we were to hear more, we wanted most for the talk to get away from this dodgy territory. The next moment, then, we were all relieved to be arguing again – a bit artificially perhaps – about the tokens. But Miss Lucy's words had puzzled me and I kept thinking about them on and off for the next few days. That's why that afternoon by the pond, when Tommy was telling me about his talk with Miss Lucy, about how she'd said to him we weren't being 'taught enough' about some things, the memory of that time in the library – along with maybe one or two other little episodes like that – started tugging at my mind.

While we're on the subject of the tokens, I want just to say a bit about our Sales, which I've mentioned a few times already. The Sales were important to us because that was how we got hold of things from outside. Tommy's polo-shirt, for instance, came from a Sale. That's where we got our clothes, our toys, the special things that hadn't been made by another student.

Once every month, a big white van would come down that long road and you'd feel the excitement all through the house and grounds. By the time it pulled up in the courtyard there'd be a crowd waiting – mainly Juniors, because once you were past twelve or thirteen it wasn't the thing to be getting so obviously excited. But the truth was we all were.

Looking back now, it's funny to think we got so worked up, because usually the Sales were a big disappointment. There'd be nothing remotely special and we'd spend our tokens just renewing stuff that was wearing out or broken with more of the same. But the point was, I suppose, we'd all of us in the past found something at a Sale, something that had become special: a jacket, a watch, a pair of craft scissors never used but kept proudly next to a bed. We'd all found something like that at one time, and so however much we tried to pretend otherwise, we couldn't ever shake off the old feelings of hope and excitement.

Actually there was some point in hanging about the van as it was being unloaded. What you did – if you were one of these Juniors – was to follow back and forth from the store-room the two men in overalls carrying the big cardboard boxes, asking them what was inside. 'A lot of goodies, sweetheart,' was the usual reply. Then if you kept asking: 'But is it a *bumper crop*?' they'd sooner or later smile and say:

'Oh, I'd say so, sweetheart. A real bumper crop,' bringing a thrilled cheer.

The boxes were often open at the top, so you'd catch glimpses of all kinds of things, and sometimes, though they weren't really supposed to, the men would let you move a few items about for a better look. And that was why, by the time of the actual Sale a week or so later, all sorts of rumours would be going around, maybe about a particular track-suit or a music cassette, and if there was trouble, it was almost always because a few students had set their hearts on the same item.

The Sales were a complete contrast to the hushed atmosphere of the Exchanges. They were held in the Dining Hall, and were crowded and noisy. In fact the pushing and shouting was all part of the fun, and they stayed for the most part pretty good-humoured. Except, as I say, every now and then, things would get out of hand, with students grabbing and tugging, sometimes fighting. Then the monitors would threaten to close the whole thing down, and we'd all of us have to face a talking to from Miss Emily at assembly the next morning.

Our day at Hailsham always began with an assembly, which was usually pretty brief – a few announcements, maybe a poem read out by a student. Miss Emily didn't often say much; she'd just sit very straight on the stage, nodding at whatever was being said, occasionally turning a frosty eye towards any whispering in the crowd. But on a morning after a rowdy Sale, everything was different. She'd order us to sit down on the floor – we usually stood at assemblies – and there'd be no announcements or performances, just Miss Emily talking to us for twenty, thirty minutes, sometimes even longer. She'd rarely raise her voice, but there was something steely about her on these occasions and none of us, not even the Senior 5s, dared make a sound.

There was a real sense of feeling bad that we had, in some collective way, let down Miss Emily, but try as we might, we couldn't really follow these lectures. It was partly her language. 'Unworthy of privilege' and 'misuse of opportunity': these were two regular phrases Ruth and I came up with when we were reminiscing in her room at the centre in Dover. Her general drift was clear enough: we were all very special, being Hailsham students, and so it was all the more disappointing when we behaved badly. Beyond that, though, things became a fog. Sometimes she'd be going on very intensely then come to a sudden stop with something like: 'What is it? What is it? What can it be that thwarts us?' Then she'd stand there, eyes closed, a frown on her face like she was trying to puzzle out the answer. And although we felt bewildered and awkward, we'd sit there willing her on to make whatever discovery was needed in her head. She might then resume with a gentle sigh – a signal that we were going to be forgiven – or just as easily explode out of her silence with: 'But I will not be coerced! Oh no! And neither will Hailsham!'

When we were remembering these long speeches, Ruth remarked how odd it was they should have been so unfathomable, since Miss Emily, in a classroom, could be as clear as anything. When I mentioned how I'd sometimes seen the head wandering around Hailsham in a dream, talking to herself, Ruth took offence, saying:

'She was never like that! How could Hailsham have been the way it was if the person in charge had been potty? Miss Emily had an intellect you could slice logs with.'

I didn't argue. Certainly, Miss Emily could be uncannily sharp. If, say, you were somewhere you shouldn't be in the main house or the grounds, and you heard a guardian coming, you could often hide somewhere. Hailsham was full of hiding places, indoors and out: cupboards, nooks, bushes, hedges. But if you saw Miss Emily coming, your heart sank because she'd always know you were there hiding. It was like she had some extra sense. You could go into a cupboard, close the door tight and not move a muscle, you just knew

Miss Emily's footsteps would stop outside and her voice would say: 'All right. Out you come.'

That was what had happened to Sylvie C. once on the second-floor landing, and on that occasion Miss Emily had gone into one of her rages. She never shouted like, say, Miss Lucy did when she got mad at you, but if anything Miss Emily getting angry was scarier. Her eyes narrowed and she'd whisper furiously to herself, like she was discussing with an invisible colleague what punishment was awful enough for you. The way she did it meant half of you was dying to hear and the other half completely not wanting to. But usually with Miss Emily nothing too awful would come out of it. She hardly ever put you in detention, made you do chores or withdrew privileges. All the same, you felt dreadful, just knowing you'd fallen in her estimation, and you wanted to do something straight away to redeem yourself.

But the thing was, there was no predicting with Miss Emily. Sylvie may have got a full portion that time, but when Laura got caught running through the rhubarb patch, Miss Emily just snapped: 'Shouldn't be here, girl. Off you go,' and walked on.

And then there was the time I thought I was in hot water with her. The little footpath that went all round the back of the main house was a real favourite of mine. It followed all the nooks, all the extensions; you had to squeeze past shrubs, you went under two ivy-covered arches and through a rusted gate. And all the time you could peer in through the windows, one after the other. I suppose part of the reason I liked the path so much was because I was never sure if it was out of bounds. Certainly, when classes were going on, you weren't supposed to walk past. But at the weekends or in the evenings – that was never clear. Most students avoided it anyway, and maybe the feeling of getting away from everyone else was another part of the appeal.

In any case, I was doing this little walk one sunny evening. I think I was in Senior 3. As usual I was glancing into the empty rooms as I went past, and then suddenly I was looking into a classroom with Miss Emily in it. She was alone, pacing slowly, talking under her breath, pointing and directing remarks to an invisible audience in the room. I assumed she was rehearsing a lesson or maybe one of her assembly talks, and I was about to hurry past before she spotted me, but just then she turned and looked straight at me. I froze, thinking I was for it, but then noticed she was carrying on as before, except now she was mouthing her address at me. Then, natural as you like, she turned away to fix her gaze on some other imaginary student in another part of the room. I crept away along the path, and for the next day or so kept dreading what Miss Emily would say when she saw me. But she never mentioned it at all.

But that's not really what I want to talk about just now. What I want to do now is get a few things down about Ruth, about how we met and became friends, about our early days together. Because more and more these days, I'll be driving past fields on a long afternoon, or maybe drinking my coffee in front of a huge window in a motorway service station, and I'll catch myself thinking about her again.

She wasn't someone I was friends with from the start. I can remember, at five or six, doing things with Hannah and with Laura, but not with Ruth. I only have the one vague memory of Ruth from that early part of our lives.

I'm playing in a sandpit. There are a number of others in the sand with me, it's too crowded and we're getting irritated with each other. We're in the open, under a warm sun, so it's probably the sandpit in the Infants' play area, just possibly it's the sand at the end of the long jump in the North Playing Field. Anyway it's hot and I'm feeling thirsty and I'm not pleased there are so many of us in the sandpit. Then Ruth is standing there, not in the sand with the rest of us, but a few feet away. She's very angry with two of the girls somewhere behind me, about something that must have happened before, and she's standing there glaring at them. My guess is that I knew Ruth only very slightly at that point. But she must already have made some impression on me, because I remember carrying on busily with whatever I was doing in the sand, absolutely dreading the idea of her turning her gaze on me. I didn't say a word, but I was desperate for her to realise I wasn't with the girls behind me, and had had no part in whatever it was that had made her cross.

And that's all I remember of Ruth from that early time. We were the same year so we must have run into each other enough, but aside from the sandpit incident, I don't remember having anything to do with her until the Juniors a couple of years later, when we were seven, going on eight.

The South Playing Field was the one used most by the Juniors and it was there, in the corner by the poplars, that Ruth came up to me one lunchtime, looked me up and down, then asked:

'Do you want to ride my horse?'

I was in the midst of playing with two or three others at that point, but it was clear Ruth was addressing only me. This absolutely delighted me, but I made a show of weighing her up before giving a reply.

'Well, what's your horse's name?'

Ruth came a step closer. 'My *best* horse,' she said, 'is Thunder. I can't let you ride on *him*. He's much too dangerous. But you can ride Bramble, as long as you don't use your crop on him. Or if you like, you could have any of the others.' She reeled off several more names I don't now remember. Then she asked: 'Have you got any horses of your own?'

I looked at her and thought carefully before replying: 'No. I don't have any horses.'

'Not even one?'

'No.'

'All right. You can ride Bramble, and if you like him, you can have him to keep. But you're not to use your crop on him. And you've got to come *now*.'

My friends had, in any case, turned away and were carrying on with what they'd been doing. So I gave a shrug and went off with Ruth.

The field was filled with playing children, some a lot bigger than us, but Ruth led the way through them very purposefully, always a pace or two in front. When we were almost at the wire mesh boundary with the garden, she turned and said:

'Okay, we'll ride them here. You take Bramble.'

I accepted the invisible rein she was holding out, and then we were off, riding up and down the fence, sometimes cantering, sometimes at a gallop. I'd been correct in my decision to tell Ruth I didn't have any horses of my own, because after a while with Bramble, she let me try her various other horses one by one, shouting all sorts of instructions about how to handle each animal's foibles.

'I told you! You've got to really lean back on Daffodil! Much more than that! She doesn't like it unless you're *right back*!'

I must have done well enough, because eventually she let me have a go on Thunder, her favourite. I don't know how long we spent with her horses that day: it felt a substantial time, and I think we both lost ourselves completely in our game. But then suddenly, for no reason I could see, Ruth brought it all to an end, claiming I was deliberately tiring out her horses, and that I'd have to put each of them back in its stable. She pointed to a section of the fence, and I began leading the horses to it, while Ruth seemed to get crosser and crosser with me, saying I was doing everything wrong. Then she asked:

'Do you like Miss Geraldine?'

It might have been the first time I'd actually thought about whether I liked a guardian. In the end I said: 'Of course I like her.'

'But do you *really* like her? Like she's special? Like she's your favourite?'

'Yes, I do. She's my favourite.'

Ruth went on looking at me for a long time. Then finally she said: 'All right. In that case, I'll let you be one of her secret guards.'

We started to walk back towards the main house then and I waited for her to explain what she meant, but she didn't. I found out though over the next several days.

CHAPTER FIVE

I'm not sure for how long the 'secret guard' business carried on. When Ruth and I discussed it while I was caring for her down in Dover, she claimed it had been just a matter of two or three weeks – but that was almost certainly wrong. She was probably embarrassed about it and so the whole thing had shrunk in her memory. My guess is that it went on for about nine months, a year even, around when we were seven, going on eight.

I was never sure if Ruth had actually invented the secret guard herself, but there was no doubt she was the leader. There were between six and ten of us, the figure changing whenever Ruth allowed in a new member or expelled someone. We believed Miss Geraldine was the best guardian in Hailsham, and we worked on presents to give her – a large sheet with pressed flowers glued over it comes to mind. But our main reason for existing, of course, was to protect her.

By the time I joined the guard, Ruth and the others had already known for ages about the plot to kidnap Miss Geraldine. We were never quite sure who was behind it. We sometimes suspected certain of the Senior boys, sometimes boys in our own year. There was a guardian we didn't like much – a Miss Eileen – who we thought for a while might be the brains behind it. We didn't know when the abduction would take place, but one thing we felt convinced about was that the woods would come into it.

The woods were at the top of the hill that rose behind Hailsham House. All we could see really was a dark fringe of trees, but I certainly wasn't the only one of my age to feel their presence day and night. When it got bad, it was like they cast a shadow over the whole of Hailsham; all you had to do was turn your head or move towards a window and there they'd be, looming in the distance. Safest was the front of the main house, because you couldn't see them from any of the windows. Even so, you never really got away from them.

There were all kinds of horrible stories about the woods. Once, not so long before we all got to Hailsham, a boy had had a big row with his friends and run off beyond the Hailsham boundaries. His body had been found two days later, up in those woods, tied to a tree with the hands and feet chopped off. Another rumour had it that a girl's ghost wandered through those trees. She'd been a Hailsham student until one day she'd climbed over a fence just to see what it was like outside. This was a long time before us, when the guardians were much stricter, cruel even, and when she tried to get back in, she wasn't allowed. She kept hanging around outside the fences, pleading to be let back in, but no one let her. Eventually, she'd gone off somewhere out there, something had happened and she'd died. But her ghost was always wandering about the woods, gazing over Hailsham, pining to be let back in.

The guardians always insisted these stories were nonsense. But then the older students would tell us that was exactly what the guardians had told *them* when they were younger, and that we'd be told the ghastly truth soon enough, just as they were.

The woods played on our imaginations the most after dark, in our dorms as we were trying to fall asleep. You almost thought then you could hear the wind rustling the branches, and talking about it seemed to only make things worse. I remember one night, when we were furious with Marge K. – she'd done something really embarrassing to us during the day – we chose to punish her by hauling her out of bed, holding her face against the window pane and ordering her to look up at the woods. At first she kept her eyes screwed shut, but we twisted her arms and forced open her eyelids until she saw the distant outline against the moonlit sky, and that was enough to ensure for her a sobbing night of terror.

I'm not saying we necessarily went around the whole time at that age worrying about the woods. I for one could go weeks hardly thinking about them, and there were even days when a defiant surge of courage would make me think: 'How could we believe rubbish like that?' But then all it took would be one little thing – someone retelling one of those stories, a scary passage in a book, even just a chance remark reminding you of the woods – and that would mean another period of being under that shadow. It was hardly surprising then that we assumed the woods would be central in the plot to abduct Miss Geraldine.

When it came down to it, though, I don't recall our taking many practical steps towards defending Miss Geraldine; our activities always revolved around gathering more and more evidence concerning the plot itself. For some reason, we were satisfied this would keep any immediate danger at bay.

Most of our 'evidence' came from witnessing the conspirators at work. One morning, for instance, we watched from a second-floor classroom Miss Eileen and Mr Roger talking to Miss Geraldine down in the courtyard. After a while Miss Geraldine said goodbye and went off towards the Orangery, but we kept on watching, and saw Miss Eileen and Mr Roger put their heads closer together to confer furtively, their gazes fixed on Miss Geraldine's receding figure.

'Mr Roger,' Ruth sighed on that occasion, shaking her head. 'Who'd have guessed he was in it too?'

In this way we built up a list of people we knew to be in on the plot – guardians and students whom we declared our sworn enemies. And yet, all the time, I think we must have had an idea of how precarious the foundations of our fantasy were, because we always avoided any confrontation. We could decide, after intense discussions, that a particular student was a plotter, but then we'd always find a reason not to challenge him just yet – to wait until 'we had in all the evidence'. Similarly, we always agreed Miss Geraldine herself shouldn't hear a word of what we'd found out, since she'd get alarmed to no good purpose.

It would be too easy to claim it was just Ruth who kept the secret guard going long after we'd naturally outgrown it. Sure enough, the guard was important to her. She'd known about the plot for much longer than the rest of us, and this gave her enormous authority; by hinting that the *real* evidence came from a time before people like me had joined – that there were things she'd yet to reveal even to us – she could justify almost any decision she made on behalf of the group. If she decided someone should be expelled, for example, and she sensed opposition, she'd just allude darkly to stuff she knew 'from before'. There's no question Ruth was keen to keep the whole thing going. But the truth was, those of us who'd grown close to her, we each played our part in preserving the fantasy and making it last for as long as possible. What happened after that row over the chess illustrates pretty well the point I'm making.

I'd assumed Ruth was something of a chess expert and that she'd be able to teach me the game. This wasn't so crazy: we'd pass older students bent over chess sets, in window seats or on the grassy slopes, and Ruth would often pause to study a game. And as we walked off again, she'd tell me about some move she'd spotted that neither player had seen. 'Amazingly dim,' she'd murmur, shaking her head. This had all helped get me fascinated, and I was soon longing to become engrossed myself in those ornate pieces. So when I'd found a chess set at a Sale and decided to buy it – despite it costing an awful lot of tokens – I was counting on Ruth's help.

For the next several days, though, she sighed whenever I brought the subject up, or pretended she had something else really urgent to do. When I finally cornered her one rainy afternoon, and we set out the board in the billiards room, she proceeded to show me a game that was a vague variant on draughts. The distinguishing feature of chess, according to her, was that each piece moved in an L-shape – I suppose she'd got this from watching the knight – rather than in the leap-frogging way of draughts. I didn't believe this, and I was really disappointed, but I made sure to say nothing and went along with her for a while. We spent several minutes knocking each other's pieces off the board, always sliding the attacking piece in an 'L'. This continued until the time I tried to take her and she claimed it wouldn't count because I'd slid my piece up to hers in too straight a line.

At this, I stood up, packed up the set and walked off. I never said out loud that she didn't know how to play – disappointed as I was, I knew not to go that far – but my storming off was, I suppose, statement enough for her.

It was maybe a day later, I came into Room 20 at the top of the house, where Mr George had his poetry class. I don't remember if it was before or after the class, or how full the room was. I remember having books in my hands, and that as I moved towards where Ruth and the others were talking, there was a strong patch of sun across the desk-lids they were sitting on.

I could see from the way they had their heads together they were discussing secret guard stuff, and although, as I say, the row with Ruth had been only the day before, for some reason I went up to them without a second thought. It was only when I was virtually right up to them – maybe there was a look exchanged between them – that it suddenly hit me what was about to happen. It was like the split second before you step into a puddle, you realise it's there, but there's nothing you can do about it. I felt the hurt even before they went silent and stared at me, even before Ruth said: 'Oh, Kathy, how are you? If you don't mind, we've got something to discuss just now. We'll be finished in just a minute. Sorry.'

She'd hardly finished her sentence before I'd turned and

was on my way out, angry more at myself for having walked into it than at Ruth and the others. I was upset, no doubt about it, though I don't know if I actually cried. And for the next few days, whenever I saw the secret guard conferring in a corner or as they walked across a field, I'd feel a flush rising to my cheeks.

Then about two days after this snub in Room 20, I was coming down the stairs of the main house when I found Moira B. just behind me. We started talking – about nothing special – and wandered out of the house together. It must have been the lunch break because as we stepped into the courtyard there were about twenty students loitering around chatting in little groups. My eyes went immediately to the far side of the courtyard, where Ruth and three of the secret guard were standing together, their backs to us, gazing intently towards the South Playing Field. I was trying to see what it was they were so interested in, when I became aware of Moira beside me also watching them. And then it occurred to me that only a month before she too had been a member of the secret guard, and had been expelled. For the next few seconds I felt something like acute embarrassment that the two of us should now be standing side by side, linked by our recent humiliations, actually staring our rejection in the face, as it were. Maybe Moira was experiencing something similar; anyway, she was the one who broke the silence, saying:

'It's so stupid, this whole secret guard thing. How can they still believe in something like that? It's like they're still in the Infants.'

Even today, I'm puzzled by the sheer force of the emotion that overtook me when I heard Moira say this. I turned to her, completely furious:

'What do *you* know about it? You just don't know anything, because you've been out of it for ages now! If you knew everything we'd found out, you wouldn't dare say anything so daft!'

'Don't talk rubbish.' Moira was never one to back down easily. 'It's just another of Ruth's made-up things, that's all.'

'Then how come I've *personally* heard them talking about it? Talking about how they're going to take Miss Geraldine to the woods in the milk van? How come I heard them planning it myself, nothing to do with Ruth or anyone else?'

Moira looked at me, unsure now. 'You heard it yourself? How? Where?'

'I heard them talking, clear as anything, heard every word, they didn't know I was there. Down by the pond, they didn't know I could hear. So that just shows how much you know!'

I pushed past her and as I made my way across the crowded courtyard, I glanced back to the figures of Ruth and the others, still gazing out towards the South Playing Field, unaware of what had just happened between me and Moira. And I noticed I didn't feel angry at all with them any more; just hugely irritated with Moira.

Even now, if I'm driving on a long grey road and my thoughts have nowhere special to go, I might find myself turning all of this over. Why was I so hostile to Moira B. that day when she was, really, a natural ally? What it was, I suppose, is that Moira was suggesting she and I cross some line together, and I wasn't prepared for that yet. I think I sensed how beyond that line, there was something harder and darker and I didn't want that. Not for me, not for any of us.

But at other times, I think that's wrong – that it was just to do with me and Ruth, and the sort of loyalty she inspired in me in those days. And maybe that's why, even though I really wanted to on several occasions, I never brought it up – about what had happened that day with Moira – the whole time I was caring for Ruth down at the centre in Dover.

All of this about Miss Geraldine reminds me of something that happened about three years later, long after the secret guard idea had faded away.

We were in Room 5 on the ground floor at the back of the house, waiting for a class to start. Room 5 was the smallest room, and especially on a winter morning like that one, when the big radiators came on and steamed up the windows, it would get really stuffy. Maybe I'm exaggerating it, but my memory is that for a whole class to fit into that room, students literally had to pile on top of each other.

That morning Ruth had got a chair behind a desk, and I was sitting up on its lid, with two or three others of our group perched or leaning in nearby. In fact, I think it was when I was squeezing up to let someone else in beside me that I first noticed the pencil case.

I can see the thing now like it's here in front of me. It was shiny, like a polished shoe; a deep tan colour with circled red dots drifting all over it. The zip across the top edge had a furry pom-pom to pull it. I'd almost sat on the pencil case when I'd shifted and Ruth quickly moved it out of my way. But I'd seen it, as she'd intended me to, and I said:

'Oh! Where did you get that? Was it in the Sale?'

It was noisy in the room, but the girls nearby had heard, so there were soon four or five of us staring admiringly at the pencil case. Ruth said nothing for a few seconds while she checked carefully the faces around her. Finally she said very deliberately:

'Let's just agree. Let's *agree* I got it in the Sale.' Then she gave us all a knowing smile.

This might sound a pretty innocuous sort of response, but actually it was like she'd suddenly got up and hit me, and for the next few moments I felt hot and chilly at the same time. I knew exactly what she'd meant by her answer and smile: she was claiming the pencil case was a gift from Miss Geraldine.

There could be no mistake about this because it had been building up for weeks. There was a certain smile, a certain voice Ruth would use – sometimes accompanied by a finger to the lips or a hand raised stage-whisper style – whenever she wanted to hint about some little mark of favour Miss Geraldine had shown her: Miss Geraldine had allowed Ruth to play a music tape in the billiards room before four o'clock on a weekday; Miss Geraldine had ordered silence on a fields walk, but when Ruth had drawn up beside her, she'd started to talk to her, then let the rest of the group talk. It was always stuff like that, and never explicitly claimed, just implied by her smile and 'let's say no more' expression.

Of course, officially, guardians weren't supposed to show favouritism, but there were little displays of affection all the time within certain parameters; and most of what Ruth suggested fell easily within them. Still, I hated it when Ruth hinted in this way. I was never sure, of course, if she was telling the truth, but since she wasn't actually 'telling' it, only hinting, it was never possible to challenge her. So each time it happened, I'd have to let it go, biting my lip and hoping the moment would pass quickly.

Sometimes I'd see from the way a conversation was moving that one of these moments was coming, and I'd brace myself. Even then, it would always hit me with some force, so that for several minutes I wouldn't be able to concentrate on anything going on around me. But on that winter morning in Room 5, it had come at me straight out of the blue. Even after I'd seen the pencil case, the idea of a guardian giving a present like that was so beyond the bounds, I hadn't seen it coming at all. So once Ruth had said what she'd said, I wasn't able, in my usual way, to let the emotional flurry just pass. I just stared at her, making no attempt to disguise my anger. Ruth, perhaps seeing danger, said to me quickly in a stage whisper: 'Not a word!' and smiled again. But I couldn't return the smile and went on glaring at her. Then luckily the guardian arrived and the class started.

I was never the sort of kid who brooded over things for hours on end. I've got that way a bit these days, but that's the work I do and the long hours of quiet when I'm driving across these empty fields. I wasn't like, say, Laura, who for all her clowning around could worry for days, weeks even, about some little thing someone said to her. But after that morning in Room 5, I did go around in a bit of a trance. I'd drift off in the middle of conversations; whole lessons went by with me not knowing what was going on. I was determined Ruth shouldn't get away with it this time, but for a long while I wasn't doing anything constructive about it; just playing fantastic scenes in my head where I'd expose her and force her to admit she'd made it up. I even had one hazy fantasy where Miss Geraldine herself heard about it and gave Ruth a complete dressing-down in front of everyone.

After days of this I started to think more solidly. If the pencil case hadn't come from Miss Geraldine, where had it come from? She might have got it from another student, but that was unlikely. If it had belonged to anyone else first, even someone years above us, a gorgeous item like that wouldn't have gone unnoticed. Ruth would never risk a story like hers knowing the pencil case had already knocked around Hailsham. Almost certainly she'd found it at a Sale. Here, too, Ruth ran the risk of others having seen it before she'd bought it. But if – as sometimes happened, though it wasn't really allowed – she'd heard about the pencil case coming in and reserved it with one of the monitors before the Sale opened, she could then be reasonably confident hardly anyone had seen it.

Unfortunately for Ruth, though, there were registers kept of everything bought at the Sales, along with a record of who'd done the buying. While these registers weren't easily obtainable – the monitors took them back to Miss Emily's office after each Sale – they weren't top secret either. If I hung around a monitor at the next Sale, it wouldn't be difficult to browse through the pages.

So I had the outlines of a plan, and I think I went on refining it for several days before it occurred to me it wasn't actually necessary to carry out all the steps. Provided I was right about the pencil case coming from a Sale, all I had to do was bluff.

That was how Ruth and I came to have our conversation under the eaves. There was fog and drizzle that day. The two of us were walking from the dorm huts perhaps towards the pavilion, I'm not sure. Anyway, as we were crossing the courtyard, the rain suddenly got heavier and since we were in no hurry, we tucked ourselves in under the eaves of the main house, a little to one side of the front entrance.

We sheltered there for a while, and every so often a student would come running out of the fog and in through the doors of the house, but the rain didn't ease. And the longer we continued to stand there, the more tense I grew because I could see this was the opportunity I'd been waiting for. Ruth too, I'm sure, sensed something was coming up. In the end, I decided to come straight out with it.

'At the Sale last Tuesday,' I said. 'I was just looking through the book. You know, the register thing.'

'Why were you looking at the register?' Ruth asked quickly. 'Why were you doing something like that?'

'Oh, no reason. Christopher C. was one of the monitors, so I was just talking to him. He's the best Senior boy, definitely. And I was just turning over the pages of the register, just for something to do.'

Ruth's mind, I could tell, had raced on, and she now knew exactly what this was about. But she said calmly: 'Boring sort of thing to look at.'

'No, it was quite interesting really. You can see all the things people have bought.'

I'd said this staring out at the rain. Then I glanced at Ruth and got a real shock. I don't know what I'd expected; for all my fantasies of the past month, I'd never really considered what it would be like in a real situation like the one unfolding at that moment. Now I saw how upset Ruth was; how for once she was at a complete loss for words, and had turned away on the verge of tears. And suddenly my behaviour seemed to me utterly baffling. All this effort, all this planning, just to upset my dearest friend. So what if she'd fibbed a little about her pencil case? Didn't we all dream from time to time about one guardian or other bending the rules and doing something special for us? A spontaneous hug, a secret letter, a gift? All Ruth had done was to take one of these harmless daydreams a step further; she hadn't even mentioned Miss Geraldine by name.

I now felt awful, and I was confused. But as we stood there together staring at the fog and rain, I could think of no way now to repair the damage I'd done. I think I said something pathetic like: 'It's all right, I didn't see anything much,' which hung stupidly in the air. Then after a few further seconds of silence, Ruth walked off into the rain.

CHAPTER SIX

I think I'd have felt better about what had happened if Ruth had held it against me in some obvious way. But this was one instance when she seemed just to cave in. It was like she was too ashamed of the matter – too *crushed* by it – even to be angry or to want to get me back. The first few times I saw her after the conversation under the eaves, I was ready for at least a bit of huffiness, but no, she was completely civil, if a little flat. It occurred to me she was scared I'd expose her – the pencil case, sure enough, vanished from view – and I wanted to tell her she'd nothing to fear from me. The trouble was, because none of this had actually been talked about in the open, I couldn't find a way of bringing it all up with her.

I did my best, meanwhile, to take any opportunity to imply to Ruth she had a special place in Miss Geraldine's heart. There was the time, for example, when a bunch of us were desperate to go out and practise rounders during break, because we'd been challenged by a group from the year above. Our problem was that it was raining, and it looked unlikely we'd be allowed outside. I noticed though that Miss Geraldine was one of the guardians on duty, and so I said:

'If *Ruth* goes and asks Miss Geraldine, then we'd stand a chance.'

As far as I remember, this suggestion wasn't taken up; maybe hardly anyone heard it, because a lot of us were talking all at once. But the point is, I said it standing right behind Ruth, and I could see she was pleased.

Then another time a few of us were leaving a classroom with Miss Geraldine, and I happened to find myself about to go out the door right after Miss Geraldine herself. What I did was to slow right down so that Ruth, coming behind me, could instead pass through the door beside Miss Geraldine. I did this without any fuss, as though this were the natural and proper thing and what Miss Geraldine would like – just the way I'd have done if, say, I'd accidentally got myself between two best friends. On that occasion, as far as I remember, Ruth looked puzzled and surprised for a split second, then gave me a quick nod and went past.

Little things like these might well have pleased Ruth, but they were still far removed from what had actually happened between us under the eaves that foggy day, and the sense that I'd never be able to sort things just continued to grow. There's a particular memory I have of sitting by myself one evening on one of the benches outside the pavilion, trying over and over to think of some way out, while a heavy mix of remorse and frustration brought me virtually to tears. If things had stayed that way, I'm not sure what would have happened. Maybe it would all have got forgotten eventually; or maybe Ruth and I would have drifted apart. As it was, right out of the blue, a chance came along for me to put things right.

We were in the middle of one of Mr Roger's art lessons, except for some reason he'd gone out half way. So we were all just drifting about among the easels, chatting and looking at each other's work. Then at one point a girl called Midge A. came over to where we were and said to Ruth, in a perfectly friendly way:

'Where's your pencil case? It's so luscious.'

Ruth tensed and glanced quickly about to see who was present. It was our usual gang with perhaps a couple of outsiders loitering nearby. I hadn't mentioned to a soul anything about the Sales Register business, but I suppose Ruth wasn't to know that. Her voice was softer than usual when she replied to Midge:

'I haven't got it here. I keep it in my collection chest.'

'It's so luscious. Where did you get it?'

Midge was quizzing her completely innocently, that was now obvious. But almost all of us who'd been in Room 5 the time Ruth had first brought out the pencil case were here now, looking on, and I saw Ruth hesitate. It was only later, when I replayed it all, that I appreciated how perfectly shaped a chance it was for me. At the time I didn't really think. I just came in before Midge or anyone else had the chance to notice Ruth was in a curious quandary.

'We can't say where it came from.'

Ruth, Midge, the rest of them, they all looked at me, maybe a little surprised. But I kept my cool and went on, addressing only Midge.

'There are some very good reasons why we can't tell you where it came from.'

Midge shrugged. 'So it's a mystery.'

'A *big* mystery,' I said, then gave her a smile to show her I wasn't trying to be nasty to her.

The others were nodding to back me up, though Ruth herself had on a vague expression, like she'd suddenly become preoccupied with something else entirely. Midge shrugged again, and as far as I remember that was the end of it. Either she walked off, or else she started talking about something different.

Now, for much the same reasons I'd not been able to talk openly to Ruth about what I'd done to her over the Sales Register business, she of course wasn't able to thank me for the way I'd intervened with Midge. But it was obvious from her manner towards me, not just over the next few days, but over the weeks that followed, how pleased she was with me. And having recently been in much the same position, it was easy to recognise the signs of her looking around for some opportunity to do something nice, something really special for me. It was a good feeling, and I remember even thinking once or twice how it would be better if she didn't get a chance for ages, just so the good feeling between us could go on and on. As it was, an opportunity did come along for her, about a month after the Midge episode, the time I lost my favourite tape.

I still have a copy of that tape and until recently I'd listen to it occasionally driving out in the open country on a drizzly day. But now the tape machine in my car's got so dodgy, I don't dare play it in that. And there never seems enough time to play it when I'm back in my bedsit. Even so, it's one of my most precious possessions. Maybe come the end of the year, when I'm no longer a carer, I'll be able to listen to it more often.

The album's called *Songs After Dark* and it's by Judy Bridgewater. What I've got today isn't the actual cassette, the one I had back then at Hailsham, the one I lost. It's the one Tommy and I found in Norfolk years afterwards – but that's another story I'll come to later. What I want to talk about is the first tape, the one that disappeared.

I should explain before I go any further this whole thing we had in those days about Norfolk. We kept it going for years and years – it became a sort of in-joke, I suppose – and it all started from one particular lesson we had when we were pretty young.

It was Miss Emily herself who taught us about the different counties of England. She'd pin up a big map over the blackboard, and next to it, set up an easel. And if she was talking about, say, Oxfordshire, she'd place on the easel a large calendar with photos of the county. She had quite a collection of these picture calendars, and we got through most of the counties this way. She'd tap a spot on the map with her pointer, turn to the easel and reveal another picture. There'd be little villages with streams going through them, white monuments on hillsides, old churches beside fields; if she was telling us about a coastal place, there'd be beaches crowded with people, cliffs with seagulls. I suppose she wanted us to have a grasp of what was out there surrounding us, and it's amazing, even now, after all these miles I've covered as a carer, the extent to which my idea of the various counties is still set by these pictures Miss Emily put up on her easel. I'd be driving through Derbyshire, say, and catch myself looking for a particular village green with a mock-Tudor pub and a war memorial – and realise it's the image Miss Emily showed us the first time I ever heard of Derbyshire.

Anyway, the point is, there was a gap in Miss Emily's calendar collection: none of them had a single picture of Norfolk. We had these same lectures repeated a number of times, and I'd always wonder if this time she'd found a picture of Norfolk, but it was always the same. She'd wave her pointer over the map and say, as a sort of afterthought: 'And over here, we've got Norfolk. Very nice there.'

Then, that particular time, I remember how she paused and drifted off into thought, maybe because she hadn't planned what should happen next instead of a picture. Eventually she came out of her dream and tapped the map again.

'You see, because it's stuck out here on the east, on this hump jutting into the sea, it's not on the way to anywhere. People going north and south' – she moved the pointer up and down – 'they bypass it altogether. For that reason, it's a peaceful corner of England, rather nice. But it's also something of a lost corner.'

A *lost corner*. That's what she called it, and that was what started it. Because at Hailsham, we had our own 'Lost Corner' up on the third floor, where the lost property was kept; if you lost or found anything, that's where you went. Someone – I can't remember who it was – claimed after the lesson that what Miss Emily had said was that Norfolk was England's 'lost corner', where all the lost property found in the country ended up. Somehow this idea caught on and soon had become accepted fact virtually throughout our entire year.

Not long ago, when Tommy and I were reminiscing about all of this, he thought we'd never really believed in the notion, that it was a joke right from the start. But I'm pretty certain he was wrong there. Sure enough, by the time we were twelve or thirteen, the Norfolk thing *had* become a big joke. But my memory of it – and Ruth remembered it the same way – is that at the beginning, we believed in Norfolk in the most literal way; that just as lorries came to Hailsham with our food and stuff for our Sales, there was some similar operation going on, except on a grander scale, with vehicles moving all over England, delivering anything left behind in fields and trains to this place called Norfolk. The fact that we'd never seen a picture of the place only added to its mystique.

This might all sound daft, but you have to remember that to us, at that stage in our lives, any place beyond Hailsham was like a fantasy land; we had only the haziest notions of the world outside and about what was and wasn't possible there. Besides, we never bothered to examine our Norfolk theory in any detail. What was important to us, as Ruth said one evening when we were sitting in that tiled room in Dover, looking out at the sunset, was that 'when we lost something precious, and we'd looked and looked and still couldn't find it, then we didn't have to be completely heartbroken. We still had that last bit of comfort, thinking one day, when we were grown up, and we were free to travel around the country, we could always go and find it again in Norfolk.'

I'm sure Ruth was right about that. Norfolk came to be a real source of comfort for us, probably much more than we admitted at the time, and that was why we were still talking about it – albeit as a sort of joke – when we were much older. And that's why, years and years later, that day Tommy and I found another copy of that lost tape of mine in a town on the Norfolk coast, we didn't just think it pretty funny; we both felt deep down some tug, some old wish to believe again in something that was once close to our hearts.

But I wanted to talk about my tape, *Songs After Dark* by Judy Bridgewater. I suppose it was originally an LP – the recording date's 1956 – but what I had was the cassette, and the cover picture was what must have been a scaled-down version of the record sleeve. Judy Bridgewater is wearing a purple satin dress, one of those off-the-shoulder ones popular in those days, and you can see her from just above the waist because she's sitting on a bar-stool. I think it's supposed to be South America, because there are palms behind her and swarthy waiters in white tuxedos. You're looking at Judy from exactly where the barman would be when he's serving her drinks. She's looking back in a friendly, not too sexy way, like she might be flirting just a tiny bit, but you're someone she knows from way back. Now the other thing about this cover is that Judy's got her elbows up on the bar and there's a cigarette burning in her hand. And it was because of this cigarette that I got so secretive about the tape, right from the moment I found it at the Sale.

I don't know how it was where you were, but at Hailsham the guardians were really strict about smoking. I'm sure they'd have preferred it if we never found out smoking even existed; but since this wasn't possible, they made sure to give us some sort of lecture each time any reference to cigarettes came along. Even if we were being shown a picture of a famous writer or world leader, and they happened to have a cigarette in their hand, then the whole lesson would grind to a halt. There was even a rumour that some classic books – like the Sherlock Holmes ones – weren't in our library because the main characters smoked too much, and when you came across a page torn out of an illustrated book or magazine, this was because there'd been a picture on it of someone smoking. And then there were the actual lessons where they showed us horrible pictures of what smoking did to the insides of your body. That's why it was such a shock that time Marge K. asked Miss Lucy her question.

We were sitting on the grass after a rounders match and Miss Lucy had been giving us a typical talk on smoking when Marge suddenly asked if Miss Lucy had herself ever had a cigarette. Miss Lucy went quiet for a few seconds. Then she said:

'I'd like to be able to say no. But to be honest, I did smoke for a little while. For about two years, when I was younger.'

You can imagine what a shock this was. Before Miss Lucy's reply, we'd all been glaring at Marge, really furious she'd asked such a rude question – to us, she might as well have asked if Miss Lucy had ever attacked anyone with an axe. And for days afterwards I remember how we made Marge's life an utter misery; in fact, that incident I mentioned before, the night we held Marge's face to the dorm window to make her look at the woods, that was all part of what came afterwards. But at the time, the moment Miss Lucy said what she did, we were too confused to think any more about Marge. I think we all just stared at Miss Lucy in horror, waiting for what she'd say next.

When she did speak, Miss Lucy seemed to be weighing up each word carefully. 'It's not good that I smoked. It wasn't good for me so I stopped it. But what you must understand is that for you, all of you, it's much, much worse to smoke than it ever was for me.'

Then she paused and went quiet. Someone said later she'd gone off into a daydream, but I was pretty sure, as was Ruth, that she was thinking hard about what to say next. Finally she said:

'You've been told about it. You're students. You're . . . *special*. So keeping yourselves well, keeping yourselves very healthy inside, that's much more important for each of you than it is for me.'

She stopped again and looked at us in a strange way. Afterwards, when we discussed it, some of us were sure she was dying for someone to ask: 'Why? Why is it so much worse for us?' But no one did. I've often thought about that day, and I'm sure now, in the light of what happened later, that we only needed to ask and Miss Lucy would have told us all kinds of things. All it would have taken was just one more question about smoking.

So why had we stayed silent that day? I suppose it was because even at that age – we were nine or ten – we knew just enough to make us wary of that whole territory. It's hard now to remember just how much we knew by then. We certainly knew – though not in any deep sense – that we were different from our guardians, and also from the normal people outside; we perhaps even knew that a long way down the line there were donations waiting for us. But we didn't really know what that meant. If we were keen to avoid certain topics, it was probably more because it *embarrassed* us. We hated the way our guardians, usually so on top of everything, became so awkward whenever we came near this territory. It unnerved us to see them change like that. I think that's why we never asked that one further question, and why we punished Marge K. so cruelly for bringing it all up that day after the rounders match.

Anyway, that's why I was so secretive about my tape. I even turned the cover inside out so you'd only see Judy and her cigarette if you opened up the plastic case. But the reason the tape meant so much to me had nothing to do with the cigarette, or even with the way Judy Bridgewater sang – she's one of those singers from her time, cocktail-bar stuff, not the sort of thing any of us at Hailsham liked. What made the tape so special for me was this one particular song: track number three, 'Never Let Me Go'.

It's slow and late night and American, and there's a bit that keeps coming round when Judy sings: 'Never let me go . . . Oh baby, baby . . . Never let me go . . .' I was eleven then, and hadn't listened to much music, but this one song, it really got to me. I always tried to keep the tape wound to just that spot so I could play the song whenever a chance came by.

I didn't have so many opportunities, mind you, this being a few years before Walkmans started appearing at the Sales.

There was a big machine in the billiards room, but I hardly ever played the tape in there because it was always full of people. The Art Room also had a player, but that was usually just as noisy. The only place I could listen properly was in our dorm.

By then we'd gone into the small six-bed dorms over in the separate huts, and in ours we had a portable cassette player up on the shelf above the radiator. So that's where I used to go, in the day when no one else was likely to be about, to play my song over and over.

What was so special about this song? Well, the thing was, I didn't used to listen properly to the words; I just waited for that bit that went: 'Baby, baby, never let me go . . .' And what I'd imagine was a woman who'd been told she couldn't have babies, who'd really, really wanted them all her life. Then there's a sort of miracle and she has a baby, and she holds this baby very close to her and walks around singing: 'Baby, never let me go . . .' partly because she's so happy, but also because she's so afraid something will happen, that the baby will get ill or be taken away from her. Even at the time, I realised this couldn't be right, that this interpretation didn't fit with the rest of the lyrics. But that wasn't an issue with me. The song was about what I said, and I used to listen to it again and again, on my own, whenever I got the chance.

There was one strange incident around this time I should tell you about here. It really unsettled me, and although I wasn't to find out its real meaning until years later, I think I sensed, even then, some deeper significance to it.

It was a sunny afternoon and I'd gone to our dorm to get something. I remember how bright it was because the curtains in our room hadn't been pulled back properly, and you could see the sun coming in in big shafts and see all the dust in the air. I hadn't meant to play the tape, but since I was there all by myself, an impulse made me get the cassette out of my collection box and put it into the player.

Maybe the volume had been turned right up by whoever

had been using it last, I don't know. But it was much louder than I usually had it and that was probably why I didn't hear her before I did. Or maybe I'd just got complacent by then. Anyway, what I was doing was swaying about slowly in time to the song, holding an imaginary baby to my breast. In fact, to make it all the more embarrassing, it was one of those times I'd grabbed a pillow to stand in for the baby, and I was doing this slow dance, my eyes closed, singing along softly each time those lines came around again:

'Oh baby, *baby*, never let me go . . .'

The song was almost over when something made me realise I wasn't alone, and I opened my eyes to find myself staring at Madame framed in the doorway.

I froze in shock. Then within a second or two, I began to feel a new kind of alarm, because I could see there was something strange about the situation. The door was almost half open – it was a sort of rule we couldn't close dorm doors completely except for when we were sleeping – but Madame hadn't nearly come up to the threshold. She was out in the corridor, standing very still, her head angled to one side to give her a view of what I was doing inside. And the odd thing was she was crying. It might even have been one of her sobs that had come through the song to jerk me out of my dream.

When I think about this now, it seems to me, even if she wasn't a guardian, she was the adult, and she should have said or done something, even if it was just to tell me off. Then I'd have known how to behave. But she just went on standing out there, sobbing and sobbing, staring at me through the doorway with that same look in her eyes she always had when she looked at us, like she was seeing something that gave her the creeps. Except this time there was something else, something extra in that look I couldn't fathom.

I didn't know what to do or say, or what to expect next. Perhaps she would come into the room, shout at me, hit me even, I didn't have a clue. As it was, she turned and the next moment I could hear her footsteps leaving the hut. I realised the tape had gone onto the next track, and I turned it off and sat down on the nearest bed. And as I did so, I saw through the window in front of me her figure hurrying off towards the main house. She didn't glance back, but I could tell from the way her back was hunched up she was still sobbing.

When I got back to my friends a few minutes later, I didn't tell them anything about what had happened. Someone noticed I wasn't right and said something, but I just shrugged and kept quiet. I wasn't ashamed exactly: but it was a bit like that earlier time, when we'd all waylaid Madame in the courtyard as she got out of her car. What I wished more than anything was that the thing hadn't happened at all, and I thought that by not mentioning it I'd be doing myself and everyone else a favour.

I did, though, talk to Tommy about it a couple of years later. This was in those days following our conversation by the pond when he'd first confided in me about Miss Lucy; the days during which – as I see it – we started off our whole thing of wondering and asking questions about ourselves that we kept going between us through the years. When I told Tommy about what had happened with Madame in the dorm, he came up with a fairly simple explanation. By then, of course, we all knew something I hadn't known back then, which was that none of us could have babies. It's just possible I'd somehow picked up the idea when I was younger without fully registering it, and that's why I heard what I did when I listened to that song. But there was no way I'd known properly back then. As I say, by the time Tommy and I were discussing it, we'd all been told clearly enough. None of us, incidentally, was particularly bothered about it; in fact, I remember some people being pleased we could have sex without worrying about all of that – though proper sex was still some way off for most of us at that stage. Anyway, when I told Tommy about what had happened, he said:

'Madame's probably not a bad person, even though she's

creepy. So when she saw you dancing like that, holding your baby, she thought it was really tragic, how you couldn't have babies. That's why she started crying.'

'But Tommy,' I pointed out, 'how could she have known the song had anything to do with people having babies? How could she have known the pillow I was holding was supposed to be a baby? That was only in my head.'

Tommy thought about this, then said only half jokingly: 'Maybe Madame can read minds. She's strange. Maybe she can see right inside you. It wouldn't surprise me.'

This gave us both a little chill, and though we giggled, we didn't say any more about it.

The tape disappeared a couple of months after the incident with Madame. I never linked the two events at the time and I've no reason to link them now. I was in the dorm one night, just before lights-out, and was rummaging through my collection chest to pass the time until the others came back from the bathroom. It's odd but when it first dawned on me the tape wasn't there any more, my main thought was that I mustn't give away how panicked I was. I can remember actually making a point of humming absent-mindedly while I went on searching. I've thought about it a lot and I still don't know how to explain it: these were my closest friends in that room with me and yet I didn't want them to know how upset I was about my tape going missing.

I suppose it had something to do with it being a secret, just how much it had meant to me. Maybe all of us at Hailsham had little secrets like that – little private nooks created out of thin air where we could go off alone with our fears and longings. But the very fact that we had such needs would have felt wrong to us at the time – like somehow we were letting the side down.

Anyway, once I was quite sure the tape was gone, I asked each of the others in the dorm, very casually, if they'd seen it. I wasn't yet completely distraught because there was just the chance I'd left it in the billiards room; otherwise my hope was that someone had borrowed it and would give it back in the morning.

Well, the tape didn't turn up the next day and I've still no idea what happened to it. The truth is, I suppose, there was far more thieving going on at Hailsham than we – or the guardians – ever wanted to admit. But the reason I'm going into all this now is to explain about Ruth and how she reacted. What you have to remember is that I lost my tape less than a month after that time Midge had quizzed Ruth in the Art Room about her pencil case and I'd come to the rescue. Ever since, as I told you, Ruth had been looking out for something nice to do for me in return, and the tape disappearing gave her a real opportunity. You could even say it wasn't until after my tape vanished that things got back to normal with us – maybe for the first time since that rainy morning I'd mentioned the Sales Register to her under the eaves of the main house.

The night I first noticed the tape had gone, I'd made sure to ask everyone about it, and that of course had included Ruth. Looking back, I can see how she must have realised, then and there, exactly what losing the tape meant to me, and at the same time, how important it was for me there was no fuss. So she'd replied that night with a distracted shrug and gone on with what she was doing. But the next morning, when I was coming back from the bathroom, I could hear her – in a casual voice like it wasn't anything much – asking Hannah if she was sure she hadn't seen my tape.

Then maybe a fortnight later, when I'd long reconciled myself to having truly lost my tape, she came and found me during the lunch break. It was one of the first really good days of spring that year, and I'd been sitting on the grass talking with a couple of the older girls. When Ruth came up and asked if I wanted to go for a little stroll, it was obvious she had something particular on her mind. So I left the older girls and followed her to the edge of the North Playing Field, then up the north hill, until we were standing there by the wooden fence looking down on the sweep of green dotted with clusters of students. There was a strong breeze at the top of the hill, and I remember being surprised by it because I hadn't noticed it down on the grass. We stood there looking over the grounds for a while, then she held out a little bag to me. When I took it, I could tell there was a cassette tape inside and my heart leapt. But Ruth said immediately:

'Kathy, it's not your one. The one you lost. I tried to find it for you, but it's really gone.'

'Yeah,' I said. 'Gone to Norfolk.'

We both laughed. Then I took the tape out of the bag with a disappointed air, and I'm not sure the disappointment wasn't still there on my face while I examined it.

I was holding something called *Twenty Classic Dance Tunes*. When I played it later, I discovered it was orchestra stuff for ballroom dancing. Of course, the moment she was giving it to me, I didn't know what sort of music it was, but I did know it wasn't anything like Judy Bridgewater. Then again, almost immediately, I saw how Ruth wasn't to know that – how to Ruth, who didn't know the first thing about music, this tape might easily make up for the one I'd lost. And suddenly I felt the disappointment ebbing away and being replaced by a real happiness. We didn't do things like hug each other much at Hailsham. But I squeezed one of her hands in both mine when I thanked her. She said: 'I found it at the last Sale. I just thought it's the sort of thing you'd like.' And I said that, yes, it was exactly the sort of thing.

I still have it now. I don't play it much because the music has nothing to do with anything. It's an object, like a brooch or a ring, and especially now Ruth has gone, it's become one of my most precious possessions.

CHAPTER SEVEN

I want to move on now to our last years at Hailsham. I'm talking about the period from when we were thirteen to when we left at sixteen. In my memory my life at Hailsham falls into two distinct chunks: this last era, and everything that came before. The earlier years – the ones I've just been telling you about – they tend to blur into each other as a kind of golden time, and when I think about them at all, even the not-so-great things, I can't help feeling a sort of glow. But those last years feel different. They weren't unhappy exactly – I've got plenty of memories I treasure from them – but they were more serious, and in some ways darker. Maybe I've exaggerated it in my mind, but I've got an impression of things changing rapidly around then, like day moving into night.

That talk with Tommy beside the pond: I think of it now as a kind of marker between the two eras. Not that anything significant started to happen immediately afterwards; but for me at least, that conversation was a turning point. I definitely started to look at everything differently. Where before I'd have backed away from awkward stuff, I began instead, more and more, to ask questions, if not out loud, at least within myself.

In particular, that conversation got me looking at Miss Lucy in a new light. I watched her carefully whenever I could, not just from curiosity, but because I now saw her as the most likely source of important clues. And that's how it was, over the next year or two, I came to notice various odd little things she said or did that my friends missed altogether.

There was the time, for example, maybe a few weeks after the talk by the pond, when Miss Lucy was taking us for English. We'd been looking at some poetry, but had somehow drifted onto talking about soldiers in World War Two being kept in prison camps. One of the boys asked if the fences around the camps had been electrified, and then someone else had said how strange it must have been, living in a place like that, where you could commit suicide any time you liked just by touching a fence. This might have been intended as a serious point, but the rest of us thought it pretty funny. We were all laughing and talking at once, and then Laura – typical of her – got up on her seat and did a hysterical impersonation of someone reaching out and getting electrocuted. For a moment things got riotous, with everyone shouting and mimicking touching electric fences.

I went on watching Miss Lucy through all this and I could see, just for a second, a ghostly expression come over her face as she watched the class in front of her. Then – I kept watching carefully – she pulled herself together, smiled and said:'It's just as well the fences at Hailsham aren't electrified. You get terrible accidents sometimes.'

She said this quite softly, and because people were still shouting, she was more or less drowned out. But I heard her clearly enough. 'You get terrible accidents sometimes.' What accidents? Where? But no one picked her up on it, and we went back to discussing our poem.

There were other little incidents like that, and before long I came to see Miss Lucy as being not quite like the other guardians. It's even possible I began to realise, right back then, the nature of her worries and frustrations. But that's probably going too far; chances are, at the time, I noticed all these things without knowing what on earth to make of them. And if these incidents now seem full of significance and all of a piece, it's probably because I'm looking at them in the light of what came later – particularly what happened that day at the pavilion while we were sheltering from the downpour.

We were fifteen by then, already into our last year at Hailsham. We'd been in the pavilion getting ready for a game of rounders. The boys were going through a phase of 'enjoying' rounders in order to flirt with us, so there were over thirty of us that afternoon. The downpour had started while we were changing, and we found ourselves gathering on the veranda – which was sheltered by the pavilion roof – while we waited for it to stop. But the rain kept going, and when the last of us had emerged, the veranda was pretty crowded, with everyone milling around restlessly. I remember Laura was demonstrating to me an especially disgusting way of blowing your nose for when you really wanted to put off a boy.

Miss Lucy was the only guardian present. She was leaning over the rail at the front, peering into the rain like she was trying to see right across the playing field. I was watching her as carefully as ever in those days, and even as I was laughing at Laura, I was stealing glances at Miss Lucy's back. I remember wondering if there wasn't something a bit odd about her posture, the way her head was bent down just a little too far so she looked like a crouching animal waiting to pounce. And the way she was leaning forward over the rail meant drops from the overhanging gutter were only just missing her – but she seemed to show no sign of caring. I remember actually convincing myself there was nothing unusual in all this – that she was simply anxious for the rain to stop – and turning my attention back to what Laura was saying. Then a few minutes later, when I'd forgotten all about Miss Lucy and was laughing my head off at something, I suddenly realised things had gone quiet around us, and that Miss Lucy was speaking.

She was standing at the same spot as before, but she'd turned to face us now, so her back was against the rail, and the rainy sky behind her.

'No, no, I'm sorry, I'm going to have to interrupt you,' she was saying, and I could see she was talking to two boys sitting on the benches immediately in front of her. Her voice wasn't exactly strange, but she was speaking very loudly, in the sort of voice she'd use to announce something to the lot of us, and that was why we'd all gone quiet. 'No, Peter, I'm going to have to stop you. I can't listen to you any more and keep silent.'

Then she raised her gaze to include the rest of us and took a deep breath. 'All right, you can hear this, it's for all of you. It's time someone spelt it out.'

We waited while she kept staring at us. Later, some people said they'd thought she was going to give us a big telling-off; others that she was about to announce a new rule on how we played rounders. But I knew before she said another word it would be something more.

'Boys, you must forgive me for listening. But you were right behind me, so I couldn't help it. Peter, why don't you tell the others what you were saying to Gordon just now?'

Peter J. looked bewildered and I could see him getting ready his injured innocence face. But then Miss Lucy said again, this time much more gently:

'Peter, go on. Please tell the others what you were just saying.'

Peter shrugged. 'We were just talking about what it would feel like if we became actors. What sort of life it would be.'

'Yes,' Miss Lucy said, 'and you were saying to Gordon you'd have to go to America to stand the best chance.'

Peter J. shrugged again and muttered quietly: 'Yes, Miss Lucy.'

But Miss Lucy was now moving her gaze over the lot of us. 'I know you don't mean any harm. But there's just too much talk like this. I hear it all the time, it's been allowed to go on, and it's not right.' I could see more drops coming off the gutter and landing on her shoulder, but she didn't seem to notice. 'If no one else will talk to you,' she continued, 'then I will. The problem, as I see it, is that you've been told and not told. You've been told, but none of you really understand, and I dare say, some people are quite happy to leave it that way. But I'm not. If you're going to have decent lives, then you've got to know and know properly. None of you will go to America, none of you will be film stars. And none of you will be working in supermarkets as I heard some of you planning the other day. Your lives are set out for you. You'll become adults, then before you're old, before you're even middle-aged, you'll start to donate your vital organs. That's what each of you was created to do. You're not like the actors you watch on your videos, you're not even like me. You were brought into this world for a purpose, and your futures, all of them, have been decided. So you're not to talk that way any more. You'll be leaving Hailsham before long, and it's not so far off, the day you'll be preparing for your first donations. You need to remember that. If you're to have decent lives, you have to know who you are and what lies ahead of you, every one of you.'

Then she went silent, but my impression was that she was continuing to say things inside her head, because for some time her gaze kept roving over us, going from face to face just as if she were still speaking to us. We were all pretty relieved when she turned to look out over the playing field again.

'It's not so bad now,' she said, even though the rain was as steady as ever. 'Let's just go out there. Then maybe the sun will come out too.'

I think that was all she said. When I was discussing it with Ruth a few years ago at the centre in Dover, she claimed Miss Lucy had told us a lot more; that she'd explained how before donations we'd all spend some time first as carers, about the usual sequence of the donations, the recovery centres and so on – but I'm pretty sure she didn't. Okay, she probably intended to when she began talking. But my guess is once she'd set off, once she'd seen the puzzled, uncomfortable faces in front of her, she realised the impossibility of completing what she'd started.

It's hard to say clearly what sort of impact Miss Lucy's outburst at the pavilion made. Word got round fast enough, but the talk mostly focused on Miss Lucy herself rather than on what she'd been trying to tell us. Some students thought she'd lost her marbles for a moment; others that she'd been asked to say what she had by Miss Emily and the other guardians; there were even some who'd actually been there and who thought Miss Lucy had been telling us off for being too rowdy on the veranda. But as I say there was surprisingly little discussion about what she'd said. If it did come up, people tended to say: 'Well so what? We already knew all that.'

But that had been Miss Lucy's point exactly. We'd been 'told and not told', as she'd put it. A few years ago, when Tommy and I were going over it all again, and I reminded him of Miss Lucy's 'told and not told' idea, he came up with a theory.

Tommy thought it possible the guardians had, throughout all our years at Hailsham, timed very carefully and deliberately everything they told us, so that we were always just too young to understand properly the latest piece of information. But of course we'd take it in at some level, so that before long all this stuff was there in our heads without us ever having examined it properly.

It's a bit too much like a conspiracy theory for me – I don't think our guardians were that crafty – but there's probably something in it. Certainly, it feels like I *always* knew about donations in some vague way, even as early as six or seven. And it's curious, when we were older and the guardians were giving us those talks, nothing came as a complete surprise. It *was* like we'd heard everything somewhere before.

One thing that occurs to me now is that when the guardians first started giving us proper lectures about sex, they tended to run them together with talk about the donations. At that age – again, I'm talking of around thirteen – we were all pretty worried and excited about sex, and naturally would have pushed the other stuff into the background. In other words, it's possible the guardians managed to smuggle into our heads a lot of the basic facts about our futures.

Now to be fair, it was probably natural to run these two subjects together. If, say, they were telling us how we'd have to be very careful to avoid diseases when we had sex, it would have been odd not to mention how much more important this was for us than for normal people outside. And that, of course, would bring us onto the donations.

Then there was the whole business about our not being able to have babies. Miss Emily used to give a lot of the sex lectures herself, and I remember once, she brought in a life-size skeleton from the biology class to demonstrate how it was done. We watched in complete astonishment as she put the skeleton through various contortions, thrusting her pointer around without the slightest self-consciousness. She was going through all the nuts and bolts of how you did it, what went in where, the different variations, like this was still Geography. Then suddenly, with the skeleton in an obscene heap on the desktop, she turned away and began telling us how we had to be careful *who* we had sex with. Not just because of the diseases, but because, she said, 'sex affects emotions in ways you'd never expect'. We had to be extremely careful about having sex in the outside world, especially with people who weren't students, because out there sex meant all sorts of things. Out there people were even fighting and killing each other over who had sex with whom. And the reason it meant so much – so much more than, say, dancing or table-tennis – was because the people out there were different from us students: they could have babies from sex. That was why it was so important to them, this question of who did it with whom. And even though, as we knew, it was completely impossible for any of us to have babies, out there, we had to behave like them. We had to respect the rules and treat sex as something pretty special.

Miss Emily's lecture that day was typical of what I'm talking about. We'd be focusing on sex, and then the other stuff would creep in. I suppose that was all part of how we came to be 'told and not told'.

I think in the end we must have absorbed quite a lot of information, because I remember, around that age, a marked change in the way we approached the whole territory surrounding the donations. Until then, as I've said, we'd done everything to avoid the subject; we'd backed off at the first sign we were entering that ground, and there'd been severe punishment for any idiot – like Marge that time – who got careless. But from when we were thirteen, like I say, things started to change. We still didn't discuss the donations and all that went with them; we still found the whole area awkward enough. But it became something we made jokes about, in much the way we joked about sex. Looking back now, I'd say the rule about not discussing the donations openly was still there, as strong as ever. But now it was okay, almost required, every now and then, to make some jokey allusion to these things that lay in front of us.

A good example is what happened the time Tommy got the gash on his elbow. It must have been just before my talk with him by the pond; a time, I suppose, when Tommy was still coming out of that phase of being teased and taunted.

It wasn't such a bad gash, and though he was sent to Crow Face to have it seen to, he was back almost straight away with a square of dressing plastered to his elbow. No one thought much about it until a couple of days later, when Tommy took off the dressing to reveal something at just that stage between sealing and still being an open wound. You could see bits of skin starting to bond, and soft red bits peeping up from underneath. We were in the middle of lunch, so everyone crowded round to go 'urgh!'. Then Christopher H., from the year above, said with a dead straight face: 'Pity it's on that bit of the elbow. Just about anywhere else, it wouldn't matter.'

Tommy looked worried – Christopher being someone he looked up to in those days – and asked what he meant. Christopher went on eating, then said nonchalantly:

'Don't you know? If it's right on the elbow like that, it can *unzip*. All you have to do is bend your arm quickly. Not just that actual bit, the whole elbow, it can all unzip like a bag opening up. Thought you'd know that.'

I could hear Tommy complaining that Crow Face hadn't warned him of anything of that sort, but Christopher shrugged and said: 'She thought you knew, of course. Everyone knows.'

A number of people nearby murmured agreement. 'You've got to keep your arm dead straight,' someone else said. 'Bending it at all's really dangerous.'

The next day I could see Tommy going about with his arm held out very rigidly and looking worried. Everybody was laughing at him, and I was cross about that, but I had to admit, there was a funny side to it. Then towards the end of the afternoon as we were leaving the Art Room, he came up to me in the corridor and said: 'Kath, can I just have a quick word?'

This was maybe a couple of weeks after the time I'd gone up to him in the playing field to remind him about his polo shirt, so it had got about we were special friends of some sort. All the same, his coming up like that asking for a private talk was pretty embarrassing and threw me off balance. Maybe that partly explains why I wasn't more helpful than I was.

'I'm not too worried or anything,' he began, once he'd got me aside. 'But I wanted to play safe, that's all. We should never take chances with our health. I need someone to help, Kath.' He was, he explained, concerned about what he'd do in his sleep. He might easily bend his elbow in the night. 'I have these dreams all the time where I'm fighting loads of Roman soldiers.'

When I quizzed him a bit, it became obvious all kinds of people – people who hadn't been there that lunch-time – had been coming up to him to repeat Christopher H.'s warning. In fact, it seemed a few had carried the joke further: Tommy had been told of a student who'd gone to sleep with a cut on the elbow just like his and woken up to find his whole upper arm and hand skeletally exposed, the skin flopping about next to him 'like one of those long gloves in *My Fair Lady*'.

What Tommy was asking me now was to help tie a splint on the arm to keep it rigid through the night.

'I don't trust any of the others,' he said, holding up a thick ruler he wanted to use. 'They might deliberately do it so it comes undone in the night.'

He was looking at me in complete innocence and I didn't know what to say. A part of me wanted badly to tell him what was going on, and I suppose I knew that to do anything else would be to betray the trust we'd built up since the moment I'd reminded him about his polo shirt. And for me to strap up his arm in a splint would have meant my becoming one of the main perpetrators of the joke. I still feel ashamed I didn't tell him then. But you've got to remember I was still young, and that I only had a few seconds to decide. And when someone's asking you to do something in such a pleading way, everything goes against saying no.

I suppose the main thing was that I didn't want to upset him. Because I could see, for all his anxiety about his elbow, Tommy was touched by all the concern he believed had been shown him. Of course, I knew he'd find out the truth sooner or later, but at that moment I just couldn't tell him. The best I could do was to ask:

'Did Crow Face tell you you had to do this?'

'No. But imagine how angry she'd be if my elbow slipped out.'

I still feel bad about it, but I promised to strap his arm for him – in Room 14 half an hour before the night bell – and watched him go off grateful and reassured.

As it happened, I didn't have to go through with it because Tommy found out first. It was around eight in the evening, I was coming down the main staircase, and heard a burst of laughter rising up the stairwell from the ground floor. My heart sank because I knew immediately it was to do with Tommy. I paused on the first-floor landing and looked over the rail just as Tommy came out of the billiards room with thunderous footsteps. I remember thinking: 'At least he's not shouting.' And he didn't, the whole time he went to the cloakroom, got his things and left the main house. And all that time, laughter kept coming from the open doorway of the billiards room, and voices yelling things like: 'If you lose your temper, your elbow will *definitely* pop out!'

I thought about following him out into the evening and catching up with him before he got to his dorm hut, but then I remembered how I'd promised to put his arm in a splint for the night, and didn't move. I just kept saying to myself: 'At least he didn't have a tantrum. At least he kept hold of that temper.'

But I've gone off a bit. The reason I was talking about all this was because the idea of things 'unzipping' carried over from Tommy's elbow to become a running joke among us about the donations. The idea was that when the time came, you'd be able just to unzip a bit of yourself, a kidney or something would slide out, and you'd hand it over. It wasn't something we found so funny in itself; it was more a way of putting each other off our food. You unzipped your liver, say, and dumped it on someone's plate, that sort of thing. I remember once Gary B., who had this unbelievable appetite, coming back with a third helping of pudding, and virtually the whole table 'unzipping' bits of themselves and piling it all over Gary's bowl, while he went on determinedly stuffing himself.

Tommy never liked it much when the unzipping stuff came up again, but by then the days of his being teased were past and no one connected the joke with him any more. It was just done to get a laugh, to put someone off their dinner – and, I suppose, as some way of acknowledging what was in front of us. And this was my original point. By that time in our lives, we no longer shrank from the subject of donations as we'd have done a year or two earlier; but neither did we think about it very seriously, or discuss it. All that business about 'unzipping', that was typical of the way the whole subject impinged on us when we were thirteen.

So I'd say Miss Lucy had it about right when she said, a couple of years later, that we'd been 'told and not told'. And what's more, now I think about it, I'd say what Miss Lucy said to us that afternoon led to a real shift in our attitudes. It was after that day, jokes about donations faded away, and we started to think properly about things. If anything, the donations went back to being a subject to be avoided, but not in the way it had been when we were younger. This time round it wasn't awkward or embarrassing any more; just sombre and serious.

'It's funny,' Tommy said to me when we were remembering it all again a few years ago. 'None of us stopped to think about how *she* felt, Miss Lucy herself. We never worried if she'd got into trouble, saying what she did to us. We were so selfish back then.'

'But you can't blame us,' I said. 'We'd been taught to think about each other, but never about the guardians. The idea the guardians had differences between them, that never occurred to us.'

'But we were old enough,' Tommy said. 'By that age, it *should* have occurred to us. But it didn't. We didn't think about poor Miss Lucy at all. Not even after that time, you know, when you saw her.'

I knew straight away what he meant. He was talking about the morning early in our last summer at Hailsham, when I'd stumbled across her up in Room 22. Thinking about it now, I'd say Tommy had a point. After that moment it should have been clear, even to us, how troubled Miss Lucy had become. But as he said, we never considered anything from her viewpoint, and it never occurred to us to say or do anything to support her.

CHAPTER EIGHT

Many of us had turned sixteen by then. It was a morning of brilliant sunshine and we'd all just come down to the courtyard after a lesson in the main house, when I remembered something I'd left in the classroom. So I went back up to the third floor and that's how the thing with Miss Lucy happened.

In those days I had this secret game. When I found myself alone, I'd stop and look for a view – out of a window, say, or through a doorway into a room – any view so long as there were no people in it. I did this so that I could, for a few seconds at least, create the illusion the place wasn't crawling with students, but that instead Hailsham was this quiet, tranquil house where I lived with just five or six others. To make this work, you had to get yourself into a sort of dream, and shut off all the stray noises and voices. Usually you had to be pretty patient too: if, say, you were focusing from a window on one particular bit of the playing field, you could wait ages for those couple of seconds when there wasn't anyone at all in your frame. Anyway, that was what I was doing that morning after I'd fetched whatever it was I'd left in the classroom and come back out onto the third-floor landing.

I was keeping very still near a window looking down onto a section of the courtyard where I'd been standing only moments before. My friends had gone, and the courtyard was steadily emptying, so I was waiting for my trick to work, when I heard behind me what sounded like gas or steam escaping in sharp bursts.

It was a hissing noise that would go on for about ten seconds, pause, then come again. I wasn't alarmed exactly, but since I seemed to be the only person around, I thought I'd better go and investigate.

I went across the landing towards the sound, along the corridor past the room I'd just been in, and down to Room 22, second from the end. The door was partly open, and just as I came up to it, the hissing started up again with a new intensity. I don't know what I expected to discover as I cautiously pushed the door, but I was properly surprised to find Miss Lucy.

Room 22 was hardly used for classes because it was so small and, even on a day like that one, hardly any light got in. The guardians sometimes went in there to mark our work or get on with reading. That morning the room was darker than ever because the blinds had been pulled almost all the way down. There were two tables pushed together for a group to sit around, but Miss Lucy was there alone near the back. I could see several loose sheets of dark, shiny paper scattered over the table in front of her. She herself was leaning over in concentration, forehead very low, arms up on the surface, scrawling furious lines over a page with a pencil. Underneath the heavy black lines I could see neat blue handwriting. As I watched, she went on scrubbing the pencil point over the paper, almost in the way we did shading in Art, except her movements were much more angry, as if she didn't mind gouging right through the sheet. Then I realised, in the same instant, that this was the source of the odd noise, and that what I'd taken for dark shiny paper on the table had also, not long before, been pages of neat handwriting.

She was so lost in what she was doing, it took a while for her to realise I was there. When she looked up with a start, I could see her face was flushed, but there were no traces of tears. She stared at me, then put down her pencil.

'Hello, young lady,' she said, then took a deep breath. 'What can I do for you?'

I think I turned away so I didn't have to look at her or at

the papers over the desk. I can't remember if I said very much – if I explained about the noise and how I'd worried about it being gas. In any case, there was no proper conversation: she didn't want me there and neither did I. I think I made some apology and went out, half expecting her to call me back. But she didn't, and what I remember now is that I went down the staircase burning with shame and resentment. At that moment I wished more than anything that I hadn't seen what I'd just seen, though if you'd asked me to define just what I was so upset about, I wouldn't have been able to explain. Shame, as I say, had a lot to do with it, and also fury, though not exactly at Miss Lucy herself. I was very confused, and that's probably why I didn't say anything about it to my friends until much later.

After that morning I became convinced something else – perhaps something awful – lay around the corner to do with Miss Lucy, and I kept my eyes and ears open for it. But the days passed and I heard nothing. What I didn't know at the time was that something pretty significant *had* happened only a few days after I'd seen her in Room 22 – something between Miss Lucy and Tommy that had left him upset and disorientated. There would have been a time not so much earlier when Tommy and I would have immediately reported to each other any news of this sort; but just around that summer, various things were going on which meant we weren't talking so freely.

That's why I didn't hear about it for so long. Afterwards I could have kicked myself for not guessing, for not seeking Tommy out and getting it out of him. But as I've said, there was a lot going on around then, between Tommy and Ruth, a whole host of other stuff, and I'd put all the changes I'd noticed in him down to that.

It's probably going too far to say Tommy's whole act fell apart that summer, but there were times when I got seriously worried he was turning back into the awkward and changeable figure from several years before. Once, for instance, a few of us were going back from the pavilion towards the dorm huts and found ourselves walking behind Tommy and a couple of other boys. They were just a few paces ahead, and all of them – Tommy included – looked to be in good form, laughing and shoving each other. In fact, I'd say Laura, who was walking beside me, took her cue from the way the boys were larking about. The thing was, Tommy must have been sitting on the ground earlier, because there was a sizeable chunk of mud stuck on his rugby shirt near the small of his back. He was obviously unaware of it, and I don't think his friends had seen it either or they'd surely have made something of it. Anyway, Laura being Laura shouted out something like: 'Tommy! You got poo-poo on your back! What have you been doing?'

She'd done this in a completely friendly way, and if some of the rest of us made a few noises too, it wasn't anything more than the sort of thing students did the whole time. So it was a complete shock when Tommy came to a dead halt, wheeled round and stared at Laura with a face like thunder. We all stopped too – the boys looking as bewildered as we were – and for a few seconds I thought Tommy was going to blow for the first time in years. But then he abruptly stalked off, leaving us all swapping looks and shrugging.

Nearly as bad was the time I showed him Patricia C.'s calendar. Patricia was two years below us but everyone was in awe of her drawing skills, and her stuff was always sought after at the Art Exchanges. I'd been particularly pleased with the calendar, which I'd managed to get at the last Exchange, because word had been going round about it from weeks before. It wasn't anything like, say, Miss Emily's flappy colour calendars of the English counties. Patricia's calendar was tiny and dumpy, and for each month there was a stunning little pencil sketch of a scene from Hailsham life. I wish I still had it now, especially since in some of the pictures – like the ones for June and for September – you can make out the faces of particular students and guardians. It's one of the things I lost when I left the Cottages, when my mind was elsewhere and I wasn't being so careful what I took with me – but I'll come to all that in its place. My point now is that Patricia's calendar was a real catch, I was proud of it, and that's why I wanted to show it to Tommy.

I'd spotted him standing in the late afternoon sunshine beside the big sycamore near the South Playing Field, and since my calendar was there in my bag – I'd been showing it off during our music lesson – I'd gone over to him.

He was absorbed in a football match involving some younger boys over in the next field and at this stage his mood seemed just fine, tranquil even. He smiled when I came up to him and we chatted for a minute about nothing in particular. Then I said: 'Tommy, look what I managed to get.' I didn't try to keep the triumph out of my voice, and I may even have gone 'dah-dah!' as I brought it out and handed it to him. When he took the calendar, there was still a smile on his features, but as he flicked through I could see something closing off inside him.

'That Patricia,' I began to say, but I could hear my own voice changing. 'She's so clever . . .'

But Tommy was already handing it back to me. Then without another word he marched past me off towards the main house.

This last incident should have given me a clue. If I'd thought about it with half a brain, I should have guessed Tommy's recent moods had something to do with Miss Lucy and his old problems about 'being creative'. But with everything else going on just at that time, I didn't, as I say, think in these terms at all. I suppose I must have assumed those old problems had been left behind with our early teen years, and that only the big issues that now loomed so large could possibly preoccupy any of us.

So what had been going on? Well, for a start, Ruth and Tommy had had a serious bust-up. They'd been a couple for about six months by then; at least, that's how long they'd been 'public' about it – walking around with arms around each other, that kind of thing. They were respected as a couple because they weren't show-offs. Some others, Sylvia B. and Roger D., for example, could get stomach-churning, and you had to give them a chorus of vomiting noises just to keep them in order. But Ruth and Tommy never did anything gross in front of people, and if sometimes they cuddled or whatever, it felt like they were genuinely doing it for each other, not for an audience.

Looking back now, I can see we were pretty confused about this whole area around sex. That's hardly surprising, I suppose, given we were barely sixteen. But what added to the confusion – I can see it more clearly now – was the fact that the guardians were themselves confused. On the one hand we had, say, Miss Emily's talks, when she'd tell us how important it was not to be ashamed of our bodies, to 'respect our physical needs', how sex was 'a very beautiful gift' as long as both people really wanted it. But when it came down to it, the guardians made it more or less impossible for any of us actually to do much without breaking rules. We couldn't visit the boys' dorms after nine o'clock, they couldn't visit ours. The classrooms were all officially 'out of bounds' in the evenings, as were the areas behind the sheds and the pavilion. And you didn't want to do it in the fields even when it was warm enough, because you'd almost certainly discover afterwards you'd had an audience watching from the house passing around binoculars. In other words, for all the talk of sex being beautiful, we had the distinct impression we'd be in trouble if the guardians caught us at it.

I say this, but the only real case I personally knew of like that was when Jenny C. and Rob D. got interrupted in Room 14. They were doing it after lunch, right there over one of the desks, and Mr Jack had come in to get something. According to Jenny, Mr Jack had turned red and gone right out again, but they'd been put off and had stopped. They'd more or less dressed themselves when Mr Jack came back, just as though for the first time, and pretended to be surprised and shocked.

'It's very clear to me what you've been doing and it's not appropriate,' he'd said, and told them both to go and see Miss Emily. But once they'd got to Miss Emily's office, she'd told them she was on her way to an important meeting and didn't have time to talk to them.

'But you know you shouldn't have been doing whatever you were doing, and I don't expect you'll do it again,' she'd said, before rushing out with her folders.

Gay sex, incidentally, was something we were even more confused about. For some reason, we called it 'umbrella sex'; if you fancied someone your own sex, you were 'an umbrella'. I don't know how it was where you were, but at Hailsham we definitely weren't at all kind towards any signs of gay stuff. The boys especially could do the cruellest things. According to Ruth this was because quite a few of them had done things with each other when they'd been younger, before they'd realised what they were doing. So now they were ridiculously tense about it. I don't know if she was right, but for sure, accusing someone of 'getting all umbrella' could easily end in a fight.

When we discussed all these things – as we did endlessly back then – we couldn't decide whether or not the guardians wanted us to have sex or not. Some people thought they did, but that we kept trying to do it at all the wrong times. Hannah had the theory that it was their duty to make us have sex because otherwise we wouldn't be good donors later on. According to her, things like your kidneys and pancreas didn't work properly unless you kept having sex. Someone else said what we had to remember was that the guardians were 'normals'. That's why they were so odd about it; for them, sex was for when you wanted babies, and even though they knew, intellectually, that *we* couldn't have babies, they still felt uneasy about us doing it because deep down they couldn't quite believe we wouldn't end up with babies.

Annette B. had another theory: that the guardians were uncomfortable about us having sex with each other because *they'd* then want to have sex with us. Mr Chris in particular, she said, looked at us girls in that way. Laura said that what Annette really meant was *she* wanted to have sex with Mr Chris. We all cracked up at this because the idea of having sex with Mr Chris seemed absurd, as well as completely sick-making.

The theory I think came closest was the one put forward by Ruth. 'They're telling us about sex for after we leave Hailsham,' she said. 'They want us to do it properly, with someone we like and without getting diseases. But they really mean it for after we leave. They don't want us doing it here, because it's too much hassle for them.'

My guess, anyway, is that there wasn't nearly as much sex going on as people made out. A lot of snogging and touching up, maybe; and couples *hinting* they were having proper sex. But looking back, I wonder how much of it there really was. If everyone who claimed to be doing it really had been, then that's all you'd have seen when you walked about Hailsham – couples going at it left, right and centre.

What I remember is that there was this discreet agreement among us all not to quiz each other too much about our claims. If, say, Hannah rolled her eyes when you were discussing another girl and murmured: 'Virgin' – meaning 'Of course *we're* not, but she is, so what can you expect?' – then it definitely wasn't on to ask her: 'Who did you do it with? When? Where?' No, you just nodded knowingly. It was like there was some parallel universe we all vanished off to where we had all this sex.

I must have seen at the time how all these claims being made around me didn't add up. All the same, as that summer approached, I began to feel more and more the odd one out. In a way, sex had got like 'being creative' had been a few years earlier. It felt like if you hadn't done it yet, you ought to, and quickly. And in my case, the whole thing was made more complicated by the fact that two of the girls I was closest to definitely *had* done it. Laura with Rob D., even though they'd never been a proper couple. And Ruth with Tommy.

For all that, I'd been holding it off for ages, repeating to myself Miss Emily's advice – 'If you can't find someone with whom you truly wish to share this experience, then *don't!*' But around the spring of the year I'm talking about now, I started to think I wouldn't mind having sex with a boy. Not just to see what it was like, but also because it occurred to me I needed to get familiar with sex, and it would be just as well to practise first with a boy I didn't care about too much. Then later on, if I was with someone special, I'd have more chance of doing everything right. What I mean is, if Miss Emily was correct and sex was this really big deal between people, then I didn't want to be doing it for the first time when it was really important how well it went.

So I had my eye on Harry C. I chose him for a number of reasons. First, I knew he'd definitely done it before, with Sharon D. Next, I didn't fancy him that much, but I certainly didn't find him sick-making. Also, he was quiet and decent, so unlikely to go round gossiping afterwards if it was a complete disaster. And he'd hinted a few times he'd like to have sex with me. Okay, a lot of the boys were making flirty noises in those days, but it was clear by then what was a real proposition and what was the usual boys' stuff.

So I'd chosen Harry, and I only delayed those couple of months because I wanted to make sure I'd be all right physically. Miss Emily had told us it could be painful and a big failure if you didn't get wet enough and this was my one real worry. It wasn't being ripped apart down there, which we often joked about, and was the secret fear of quite a few girls. I kept thinking, as long as I got wet quick enough, there'd be no problem, and I did it a lot on my own just to make sure.

I realise this may sound like I was getting obsessive, but I remember I also spent a lot of time re-reading passages from books where people had sex, going over the lines again and again, trying to tease out clues. The trouble was, the books we had at Hailsham weren't at all helpful. We had a lot of nineteenth-century stuff by Thomas Hardy and people like that, which was more or less useless. Some modern books, by people like Edna O'Brien and Margaret Drabble, had some sex in them, but it wasn't ever very clear what was happening because the authors always assumed you'd already had a lot of sex before and there was no need to go into details. So I was having a frustrating time with the books, and the videos weren't much better. We'd got a video player in the billiards room a couple of years earlier, and by that spring had built up quite a good collection of movies. A lot of them had sex in them, but most scenes would end just as the sex was starting up, or else you'd only see their faces and their backs. And when there *was* a useful scene, it was difficult to see it more than fleetingly because there were usually twenty others in the room watching with you. We'd evolved this system where we called for particular favourite scenes to be played again – like, for instance, the moment the American jumps over the barbed wire on his bike in *The Great Escape*. There'd be a chant of: 'Rewind! Rewind!' until someone got the remote and we'd see the portion again, sometimes three, four times. But I could hardly, by myself, start shouting for rewinds just to see sex scenes again.

So I kept delaying week by week, while I went on preparing, until the summer came and I decided I was as ready as I'd ever be. By then, I was even feeling reasonably confident about it, and began dropping hints to Harry. Everything was going fine and according to plan, when Ruth and Tommy split up and it all got confused.

CHAPTER NINE

What happened was that a few days after they split, I was in the Art Room with some other girls, working on a still life. I remember it being stifling that day, even though we had the fan rattling behind us. We were using charcoal, and because someone had commandeered all the easels, we were having to work with our boards propped up on our laps. I was sitting beside Cynthia E., and we'd just been chatting and complaining about the heat. Then somehow we'd got onto the subject of boys, and she'd said, not looking up from her work:

'And Tommy. I knew it wouldn't last with Ruth. Well, I suppose you're the natural successor.'

She'd said it in a throwaway manner. But Cynthia was a perceptive person, and the fact that she wasn't part of our group just gave her remark more weight. What I mean is, I couldn't help thinking she represented what anyone with any distance on the subject would think. After all, I'd been Tommy's friend for years until all this couples stuff had come up. It was perfectly possible that to someone on the outside, I'd look like Ruth's 'natural successor'. I just let it go, though, and Cynthia, who wasn't trying to make any big point, said nothing else about it.

Then maybe a day or two later, I was coming out of the pavilion with Hannah when she suddenly nudged me and nodded towards a group of boys over on the North Playing Field.

'Look,' she said quietly. 'Tommy. Sitting by himself.'

I shrugged, as though to say: 'So what?'. And that's all there was to it. But afterwards I found myself thinking a lot about it. Maybe all Hannah had meant to do was point out how Tommy, since splitting with Ruth, looked a bit of a spare part. But I couldn't quite buy this; I knew Hannah too well. The way she'd nudged me and lowered her voice had made it all too obvious she too was expressing some assumption, probably doing the rounds, about me being the 'natural successor'.

All this did, as I say, put me in a bit of a confusion, because until then I'd been all set on my Harry plan. In fact, looking back now, I'm sure I *would* have had sex with Harry if it hadn't been for this 'natural successor' business. I'd had it all sorted, and my preparations had gone well. And I still think Harry was a good choice for that stage in my life. I think he would have been considerate and gentle, and have understood what I was wanting from him.

I saw Harry fleetingly a couple of years ago at the recovery centre in Wiltshire. He was being brought in after a donation. I wasn't in the best of moods because my own donor had just completed the night before. No one was blaming me for that – it had been a particularly untidy operation – but I wasn't feeling great all the same. I'd been up most of the night, sorting all the arrangements, and I was in the front reception getting ready to leave when I saw Harry coming in. He was in a wheelchair – because he was so weak, I found out later, not because he couldn't actually walk – and I'm not sure he recognised me when I went up and said hello. I suppose there's no reason I should have any special place in his memory. We'd never had much to do with each other apart from that one time. To him, if he remembered me at all, I'd just be this daft girl who came up to him once, asked if he wanted sex, then backed off. He must have been pretty mature for his age, because he didn't get annoyed or go round telling people I was a tease, or any of that. So when I saw him being brought in that day, I felt grateful to him and wished I was his carer. I looked about, but whoever *was* his carer wasn't even around. The orderlies were impatient to get him to his room, so I didn't talk with him long. I just said hello, that I hoped he'd feel better soon, and he smiled tiredly. When I mentioned Hailsham he did a thumbs-up, but I could tell he didn't recognise me. Maybe later, when he wasn't so tired, or when the medication wasn't so strong, he'd have tried to place me and remembered.

Anyway, I was talking about back then: about how after Ruth and Tommy split, all my plans got confused. Looking at it now, I feel a bit sorry for Harry. After all the hints I'd been dropping the previous week, there I was, suddenly whispering stuff to put him off. I suppose I must have assumed he was raring to go, that I had my work cut out just to hold him off. Because whenever I saw him, I'd always get something in quick, then rush off before he could say anything back. It was only much later, when I thought about it, it occurred to me he might not have had sex on his mind at all. For all I know, he might have been happy to forget the whole thing, except that every time he saw me, along a corridor or in the grounds, I'd come up and whisper some excuse why I didn't want sex with him just then. It must have looked pretty daft from his side, and if he hadn't been such a decent type, I'd have been a laughing stock in no time. Well, anyway, this era of putting Harry off lasted maybe a couple of weeks, and then came Ruth's request.

That summer, right up until the warm weather faded, we developed this odd way of listening to music together in the fields. Walkmans had started appearing at Hailsham since the previous year's Sales and by that summer there were at least six of them in circulation. The craze was for several people to sit on the grass around a single Walkman, passing the headset around. Okay, it sounds a stupid way to listen to music, but it created a really good feeling. You listened for maybe twenty seconds, took off the headset, passed it on. After a while, provided you kept the same tape going over and over, it was surprising how close it was to having heard all of it by yourself. As I say, the craze really took off that summer, and during the lunch breaks you'd see all these clusters of students lying about the grass around the Walkmans. The guardians weren't too keen, saying we'd spread ear infections, but they let us carry on. I can't remember that last summer without thinking about those afternoons around the Walkmans. Someone would wander up and ask: 'What's the sound?' and if they liked the answer, they'd sit down on the grass and wait their turn. There was almost always a good atmosphere around these sessions and I don't remember anyone being refused a share of the headset.

Anyway, that's what I was up to with a few other girls when Ruth came up to ask if we could have a talk. I could tell it was something important, so I left my other friends and the two of us walked off, all the way to our dorm hut. When we got to our room, I sat down on Ruth's bed, close to the window – the sun had warmed the blanket – and she sat on mine over by the back wall. There was a bluebottle buzzing around, and for a minute we had a laugh playing 'bluebottle tennis', throwing our hands about to make the demented creature go from one to the other of us. Then it found its way out of the window, and Ruth said:

'I want me and Tommy to get back together again. Kathy, will you help?' Then she asked: 'What's the matter?'

'Nothing. I was just a bit surprised, after what's happened. Of course I'll help.'

'I haven't told anybody else about wanting to get back with Tommy. Not even Hannah. You're the only one I trust.'

'What do you want me to do?'

'Just talk to him. You've always had this way with him. He'll listen to you. And he'll know you're not bullshitting about me.'

For a moment we sat there swinging our feet under our beds.

'It's really good you're telling me this,' I said eventually. 'I probably am the best person. Talking to Tommy and all that.'

'What I want is for us to make a fresh start. We're about evens now, we've both done daft things just to hurt each other, but it's enough now. Martha bloody H., I ask you! Maybe he did it just to give me a good laugh. Well you can tell him he succeeded, and the scores are all even again. It's time we grew up and started afresh. I know you can reason with him, Kathy. You'll deal with it the best way possible. Then if he's still not prepared to be sensible, I'll know there's no point carrying on with him.'

I shrugged. 'As you say, Tommy and I, we've always been able to talk.'

'Yeah, and he really respects you. I know because he's often talked about it. How you've got guts and how you always do what you say you're going to do. He told me once if he was in a corner, he'd rather have you backing him than any of the boys.' She did a quick laugh. 'Now you've got to admit, that's a *real* compliment. So you see, it's got to be you to our rescue. Tommy and I were made for each other and he'll listen to you. You'll do it for us, won't you, Kathy?'

I didn't say anything for a moment. Then I asked: 'Ruth, are you serious about Tommy? I mean, if I do persuade him, and you get back together, you won't hurt him again?'

Ruth gave an impatient sigh. 'Of course I'm serious. We're adults now. Soon we'll be leaving Hailsham. It's not a game any more.'

'Okay. I'll talk to him. Like you say, we'll be leaving here soon. We can't afford to waste time.'

After that, I remember us sitting on those beds, talking for some time. Ruth wanted to go over everything again and again: how stupid he was being, why they were really suited to each other, how differently they'd do things next time round, how they'd keep much more private, how they'd have sex in better places at better times. We talked about it all and she wanted my advice on everything. Then at one point, I was looking out of the window towards the hills in the distance, when I was startled to feel Ruth, suddenly beside me, squeeze my shoulders.

'Kathy, I knew we could depend on you,' she said. 'Tommy's right. You're just the person to have when you're in a corner.'

What with one thing and another, I didn't get a chance to talk to Tommy for the next few days. Then one lunch-time I spotted him on the edge of the South Playing Field practising with his football. He'd been having a kickabout earlier with two other boys, but now he was alone, juggling the ball about in the air. I went over and sat down on the grass behind him, putting my back against a fence post. This couldn't have been long after that time I'd shown him Patricia C.'s calendar and he'd marched off, because I remember we weren't sure how we stood with each other. He went on with his ball-juggling, scowling with concentration – knee, foot, head, foot – while I sat there picking away at clovers and gazing at the woods in the distance that we'd once been so frightened of. In the end I decided to break the deadlock and said:

'Tommy, let's talk now. There's something I want to talk to you about.'

As soon as I said this, he let the ball roll away and came to sit down beside me. It was typical of Tommy that once he knew I was willing to talk, there was suddenly no trace left of any sulkiness; just a kind of grateful eagerness that reminded me of the way we were back in the Juniors when a guardian who'd been telling us off went back to being normal. He was panting a bit, and though I knew this was from the football, it added to his overall impression of eagerness. In other words, before we'd said anything, he'd already got my back up. Then when I said to him: 'Tommy, I can tell. You haven't been too happy lately,' he said: 'What do you mean? I'm perfectly happy. I really am.' And he did a big beam, followed by this hearty laugh. That was what did it. Years later, when I saw a shadow of it every now and then, I'd just smile. But back then, it really used to get to me. If Tommy happened to say to you: 'I'm really upset about it,' he'd have to put on a long, downcast face, then and there, to back up his words. I don't mean he did this ironically. He actually thought he'd be more convincing. So now, to prove he was happy, here he was, trying to sparkle with bonhomie. As I say, there would come a time when I'd think this was sweet; but that summer all I could see was that it advertised what a child he still was, and how easily you could take advantage of him. I didn't know much then about the world that awaited us beyond Hailsham, but I'd guessed we'd need all our wits about us, and when Tommy did anything like this, I felt something close to panic. Until that afternoon I'd always let it go – it always seemed too difficult to explain – but this time I burst out, saying:

'Tommy, you look so *stupid*, laughing like that! If you want to pretend you're happy, you don't do it that way! Just take it from me, you don't do it that way! You definitely don't! Look, you've got to grow up. And you've got to get yourself back on track. Everything's been falling apart for you just lately, and we both know why.'

Tommy was looking puzzled. When he was sure I'd finished, he said: 'You're right. Things have been falling apart for me. But I don't see what you mean, Kath. What do you mean, we both know? I don't see how you could know. I haven't told anyone.'

'Obviously I don't have all the details. But we all know about you splitting with Ruth.'

Tommy still looked puzzled. Finally he did another little laugh, but this time it was a real one. 'I see what you mean,' he mumbled, then paused a moment to think something over. 'To be honest, Kath,' he said eventually, 'that's not really what's bothering me. It's really something else altogether. I just keep thinking about it all the time. About Miss Lucy.'

And that was how I came to hear about it, about what had happened between Tommy and Miss Lucy at the start of that summer. Later, when I'd had time to think it over, I worked out it must have happened no more than a few days after the morning I'd seen Miss Lucy up in Room 22 scrawling over her paperwork. And like I said, I felt like kicking myself I hadn't found out from him earlier.

It had been in the afternoon near the 'dead hour' – when the lessons were finished but there was still some time to go until supper. Tommy had seen Miss Lucy coming out of the main house, her arms loaded with flipcharts and box files, and because it looked like she'd drop something any moment, he'd run over and offered to help.

'Well, she gave me a few things to carry and said we were headed back to her study with it all. Even between the two of us there was too much and I dropped a couple of things on the way. Then when we were coming up to the Orangery, she suddenly stopped, and I thought she'd dropped something else. But she was looking at me, like *this*, straight in the face, all serious. Then she says we've got to have a talk, a good talk. I say fine, and so we go into the Orangery, into her study, put all the stuff down. And she tells me to sit down, and I end up exactly where I was the last time, you know, that time years ago. And I can tell she's remembering that time as well, because she starts talking about it like it was only the day before. No explanations, nothing, she just starts off saying something like: "Tommy, I made a mistake, when I said what I did to you. And I should have put you right about it long before now." Then she's saying I should forget everything she told me before. That she'd done me a big disservice telling me not to worry about being creative. That the other guardians had been right all along, and there was no excuse for my art being so rubbish . . .'

'Hold on, Tommy. Did she actually say your art was "rubbish"?'

'If it wasn't "rubbish" it was something like it. Negligible.

That might have been it. Or incompetent. She might as well have said rubbish. She said she was sorry she'd told me what she had the last time because if she hadn't, I might have sorted it all by now.'

'What were you saying through all this?'

'I didn't know *what* to say. In the end, she actually asked. She said: "Tommy, what are you thinking?" So I said I wasn't sure but that she shouldn't worry either way because I was all right now. And she said, no, I wasn't all right. My art was rubbish, and that was partly her fault for telling me what she had. And I said to her, but what does it matter? I'm all right now, no one laughs at me about that any more. But she keeps shaking her head saying: "It does matter. I shouldn't have said what I did." So it occurs to me she's talking about later, you know, about after we leave here. So I say: "But I'll be all right, Miss. I'm really fit, I know how to look after myself. When it's time for donations, I'll be able to do it really well." When I said this, she starts shaking her head, shaking it really hard so I'm worried she'll get dizzy. Then she says: "Listen, Tommy, your art, it *is* important. And not just because it's evidence. But for your own sake. You'll get a lot from it, just for yourself."'

'Hold on. What did she mean, "evidence"?'

'I don't know. But she definitely said that. She said our art was important, and "not just because it's evidence". God knows what she meant. I did actually ask her, when she said that. I said I didn't understand what she was telling me, and was it something to do with Madame and her gallery? And she did a big sigh and said: "Madame's gallery, yes, that's important. Much more important than I once thought. I see that now." Then she said: "Look, there are all kinds of things you don't understand, Tommy, and I can't tell you about them. Things about Hailsham, about your place in the wider world, all kinds of things. But perhaps one day, you'll try and find out. They won't make it easy for you, but if you want to, really want to, you might find out." She started shaking her head again after that, though not as bad as before, and she says: "But why should you be any different? The students who leave here, they never find out much. Why should you be any different?" I didn't know what she was talking about, so I just said again: "I'll be all right, Miss." She was quiet for a time, then she suddenly stood up and kind of bent over me and hugged me. Not in a sexy way. More like they used to do when we were little. I just kept as still as possible. Then she stood back and said again she was sorry for what she'd told me before. And that it wasn't too late, I should start straight away, making up the lost time. I don't think I said anything, and she looked at me and I thought she'd hug me again. But instead she said: "Just do it for my sake, Tommy." I told her I'd do my best, because by then I just wanted out of there. I was probably bright scarlet, what with her hugging me and everything. I mean, it's not the same, is it, now we've got bigger.'

Until this point I'd been so engrossed in Tommy's story, I'd forgotten my reason for having this talk with him. But this reference to our getting 'bigger' reminded me of my original mission.

'Look, Tommy,' I said, 'we'll have to talk this over carefully soon. It's really interesting and I can see how it must have made you miserable. But either way, you're going to have to pull yourself together a bit more. We're going to be leaving here this summer. You've got to get yourself sorted again, and there's one thing you can straighten out right now. Ruth told me she's prepared to call it quits and have you get back with her again. I think that's a good chance for you. Don't mess it up.'

He was quiet for a few seconds, then said: 'I don't know, Kath. There are all these other things to think about.'

'Tommy, just listen. You're really lucky. Of all the people here, you've got Ruth fancying you. After we leave, if you're with her, you won't have to worry. She's the best, you'll be fine so long as you're with her. She's saying she wants a fresh start. So don't blow it.'

I waited but Tommy gave no response, and again I felt something like panic coming over me. I leaned forward and said: 'Look, you fool, you're not going to get many more chances. Don't you realise, we won't be here together like this much longer?'

To my surprise Tommy's response, when it came, was calm and considered – the side of Tommy that was to emerge more and more in the years ahead.

'I do realise that, Kath. That's exactly why I can't rush back into it with Ruth. We've got to think about the next move really carefully.' Then he sighed and looked right at me. 'Like you say, Kath. We're going to be leaving here soon. It's not like a game any more. We've got to think carefully.'

I was suddenly lost for what to say and just sat there tugging away at the clovers. I could feel his eyes on me, but I didn't look up. We might have gone on that way for a while longer, except we were interrupted. I think the boys he'd been playing football with earlier came back, or maybe it was some students strolling by who came and sat down with us. Anyway, our little heart-to-heart was at an end and I came away feeling I hadn't done what I'd set out to do – that I'd somehow let Ruth down.

I never got to assess what kind of impact my talk with Tommy had had, because it was the very next day the news broke. It was midway through the morning and we'd been in yet another Culture Briefing. These were classes where we had to role play various people we'd find out there – waiters in cafés, policemen and so on. The sessions always got us excited and worried all at the same time, so we were pretty keyed up anyway. Then at the end of the lesson, as we were filing out, Charlotte F. came rushing into the room and the news about Miss Lucy leaving Hailsham spread through us in an instant. Mr Chris, who'd been taking the class and who must have known all along, shuffled off guiltily before we could ask him anything. At first we weren't sure if Charlotte was just reporting a rumour, but the more she told us, the clearer it became this was for real. Earlier in the morning, one of the other Senior classes had gone into Room 12 expecting Music Appreciation with Miss Lucy. But Miss Emily had been there instead and she'd told them Miss Lucy couldn't come just at that moment, so she would take the class. For the next twenty minutes or so everything had gone quite normally. Then suddenly – right in mid-sentence, apparently – Miss Emily had broken off from talking about Beethoven and announced that Miss Lucy had left Hailsham and wouldn't be returning. That class had finished several minutes early – Miss Emily had rushed off with a preoccupied frown – and the word had started to go round as soon as the students had come out.

I immediately set off to look for Tommy, because I desperately wanted him to hear it first from me. But when I stepped into the courtyard, I saw I was too late. There was Tommy, over on the far side, on the edge of a circle of boys, nodding to what was being said. The other boys were animated, maybe excited even, but Tommy's eyes looked empty. That very evening, Tommy and Ruth got back together again, and I remember Ruth finding me a few days later to thank me for 'sorting it all out so well'. I told her I probably hadn't helped much, but she was having none of that. I was most definitely in her good books. And that was more or less the way things stayed throughout our last days at Hailsham.

Part Two

CHAPTER TEN

Sometimes I'll be driving on a long weaving road across marshland, or maybe past rows of furrowed fields, the sky big and grey and never changing mile after mile, and I find I'm thinking about my essay, the one I was supposed to be writing back then, when we were at the Cottages. The guardians had talked to us about our essays on and off throughout that last summer, trying to help each of us choose a topic that would absorb us properly for anything up to two years. But somehow – maybe we could see something in the guardians' manner – no one really believed the essays were that important, and among ourselves we hardly discussed the matter. I remember when I went in to tell Miss Emily my chosen topic was Victorian novels, I hadn't really thought about it much and I could see she knew it. But she just gave me one of her searching stares and said nothing more.

Once we got to the Cottages, though, the essays took on a new importance. In our first days there, and for some of us a lot longer, it was like we were each clinging to our essay, this last task from Hailsham, like it was a farewell gift from the guardians. Over time, they would fade from our minds, but for a while those essays helped keep us afloat in our new surroundings.

When I think about my essay today, what I do is go over it in some detail: I may think of a completely new approach I could have taken, or about different writers and books I could have focused on. I might be having coffee in a service station, staring at the motorway through the big windows, and my essay will pop into my head for no reason. Then I quite enjoy sitting there, going through it all again. Just lately, I've even toyed with the idea of going back and working on it, once I'm not a carer any more and I've got the time. But in the end, I suppose I'm not really serious about it. It's just a bit of nostalgia to pass the time. I think about the essay the same way I might a rounders match at Hailsham I did particularly well in, or else an argument from long ago where I can now think of all the clever things I should have said. It's at that sort of level – daydream stuff. But as I say, that's not how it was when we first got to the Cottages.

Eight of us who left Hailsham that summer ended up at the Cottages. Others went to the White Mansion in the Welsh hills, or to Poplar Farm in Dorset. We didn't know then that all these places had only the most tenuous links with Hailsham. We arrived at the Cottages expecting a version of Hailsham for older students, and I suppose that was the way we continued to see them for some time. We certainly didn't think much about our lives beyond the Cottages, or about who ran them, or how they fitted into the larger world. None of us thought like that in those days.

The Cottages were the remains of a farm that had gone out of business years before. There was an old farmhouse, and around it, barns, outhouses, stables all converted for us to live in. There were other buildings, usually the outlying ones, that were virtually falling down, which we couldn't use for much, but for which we felt in some vague way responsible – mainly on account of Keffers. He was this grumpy old guy who turned up two or three times a week in his muddy van to look the place over. He didn't like to talk to us much, and the way he went round sighing and shaking his head disgustedly implied we weren't doing nearly enough to keep the place up. But it was never clear what more he wanted us to do. He'd shown us a list of chores when we'd first arrived, and the students who were already there – 'the veterans', as Hannah called them – had long since worked out a rota which we kept to conscientiously. There really wasn't much else we could do other than report leaking gutters and mop up after floods.

The old farmhouse – the heart of the Cottages – had a number of fireplaces where we could burn the split logs stacked in the outer barns. Otherwise we had to make do with big boxy heaters. The problem with these was they worked on gas canisters, and unless it was really cold, Keffers wouldn't bring many in. We kept asking him to leave a big supply with us, but he'd shake his head gloomily, like we were bound to use them up frivolously or else cause an explosion. So I remember a lot of the time, outside the summer months, being chilly. You went around with two, even three jumpers on, and your jeans felt cold and stiff. We sometimes kept our Wellingtons on the whole day, leaving trails of mud and damp through the rooms. Keffers, observing this, would again shake his head, but when we asked him what else we were supposed to do, the floors being in the state they were, he'd make no reply.

I'm making it sound pretty bad, but none of us minded the discomforts one bit – it was all part of the excitement of being at the Cottages. If we were honest, though, particularly near the beginning, most of us would have admitted missing the guardians. A few of us, for a time, even tried to think of Keffers as a sort of guardian, but he was having none of it. You went up to greet him when he arrived in his van and he'd stare at you like you were mad. But this was one thing we'd been told over and over: that after Hailsham there'd be no more guardians, so we'd have to look after each other. And by and large, I'd say Hailsham prepared us well on that score.

Most of the students I was close to at Hailsham ended up at the Cottages that summer. Cynthia E. – the girl who'd said about me being Ruth's 'natural successor' that time in the Art Room – I wouldn't have minded her, but she went to Dorset with the rest of her crowd. And Harry, the boy I'd nearly had sex with, I heard he went to Wales. But all our gang had stayed together. And if we ever missed the others, we could tell ourselves there was nothing stopping us going to visit them. For all our map lessons with Miss Emily, we had no real idea at that point about distances and how easy or hard it was to visit a particular place. We'd talk about getting lifts from the veterans when they were going on their trips, or else how in time we'd learn to drive ourselves and then we'd be able to see them whenever we pleased.

Of course, in practice, especially during the first months, we rarely stepped beyond the confines of the Cottages. We didn't even walk about the surrounding countryside or wander into the nearby village. I don't think we were afraid exactly. We all knew no one would stop us if we wandered off, provided we were back by the day and the time we entered into Keffers's ledgerbook. That summer we arrived, we were constantly seeing veterans packing their bags and rucksacks and going off for two or three days at a time with what seemed to us scary nonchalance. We'd watched them with astonishment, wondering if by the following summer we'd be doing the same. Of course, we were, but in those early days, it didn't seem possible. You have to remember that until that point we'd never been beyond the grounds of Hailsham, and we were just bewildered. If you'd told me then that within a year, I'd not only develop a habit of taking long solitary walks, but that I'd start learning to drive a car, I'd have thought you were mad.

Even Ruth looked daunted that sunny day the minibus dropped us in front of the farmhouse, circled round the little pond and disappeared up the slope. We could see hills in the distance that reminded us of the ones in the distance at Hailsham, but they seemed to us oddly crooked, like when you draw a picture of a friend and it's almost right but not quite, and the face on the sheet gives you the creeps. But at least it was the summer, not the way the Cottages would get a few months on, with all the puddles frozen over and the rough ground frosted bone hard. The place looked beautiful and cosy, with overgrown grass everywhere – a novelty to us. We stood together in a huddle, the eight of us, and watched Keffers go in and out of the farmhouse, expecting him to address us at any moment. But he didn't, and all we could catch was the odd irritated mutter about the students who already lived there. Once, as he went to get something from his van, he gave us a moody glance, then returned to the farmhouse and closed the door behind him.

Before too long, though, the veterans, who'd been having a bit of fun watching us being pathetic – we were to do much the same the following summer – came out and took us in hand. In fact, looking back, I see they really went out of their way helping us settle in. Even so, those first weeks were strange and we were glad we had each other. We'd always move about together and seemed to spend large parts of the day awkwardly standing outside the farmhouse, not knowing what else to do.

It's funny now recalling the way it was at the beginning, because when I think of those two years at the Cottages, that scared, bewildered start doesn't seem to go with any of the rest of it. If someone mentions the Cottages today, I think of easy-going days drifting in and out of each other's rooms, the languid way the afternoon would fold into evening then into night. I think of my pile of old paperbacks, their pages gone wobbly, like they'd once belonged to the sea. I think about how I read them, lying on my front in the grass on warm afternoons, my hair – which I was growing long then – always falling across my vision. I think about the mornings waking up in my room at the top of the Black Barn to the voices of students outside in the field, arguing about poetry or philosophy; or the long winters, the breakfasts in steamed-up kitchens, meandering discussions around the table about Kafka or Picasso. It was always stuff like that at breakfast; never who you'd had sex with the night before, or why Larry and Helen weren't talking to each other any more.

But then again, when I think about it, there's a sense in which that picture of us on that first day, huddled together in front of the farmhouse, isn't so incongruous after all. Because maybe, in a way, we didn't leave it behind nearly as much as we might once have thought. Because somewhere underneath, a part of us stayed like that: fearful of the world around us, and – no matter how much we despised ourselves for it – unable quite to let each other go.

The veterans, who of course knew nothing about the history of Tommy and Ruth's relationship, treated them as a long-established couple, and this seemed to please Ruth no end. For the first weeks after we arrived, she made a big deal of it, always putting her arm around Tommy, sometimes snogging him in the corner of a room while other people were still about. Well, this kind of thing might have been fine at Hailsham, but looked immature at the Cottages. The veteran couples never did anything showy in public, going about in a sensible sort of way, like a mother and father might do in a normal family.

There was, incidentally, something I noticed about these veteran couples at the Cottages – something Ruth, for all her close study of them, failed to spot – and this was how so many of their mannerisms were copied from the television. It first came to me watching this couple, Susie and Greg – probably the oldest students at the Cottages and generally thought to be 'in charge' of the place. There was this particular thing Susie did whenever Greg set off on one of his speeches about Proust or whoever: she'd smile at the rest of us, roll her eyes, and mouth very emphatically, but only just audibly: 'Gawd help us.' Television at Hailsham had been pretty restricted, and at the Cottages too – though there was nothing to stop us watching all day – no one was very keen on it. But there was an old set in the farmhouse and another in the Black Barn, and I'd watch every now and then. That's how I realised that this 'Gawd help us' stuff came from an American series, one of those with an audience laughing along at everything anyone said or did. There was a character – a large woman who lived next door to the main characters – who did exactly what Susie did, so when her husband went off on a big spiel, the audience would be waiting for her to roll her eyes and say 'Gawd help us' so they could burst out with this huge laugh. Once I'd spotted this, I began to notice all kinds of other things the veteran couples had taken from TV programmes: the way they gestured to each other, sat together on sofas, even the way they argued and stormed out of rooms.

Anyway, my point is, it wasn't long before Ruth realised the way she'd been carrying on with Tommy was all wrong for the Cottages, and she set about changing how they did things in front of people. And there was in particular this one gesture Ruth picked up from the veterans. Back at Hailsham, if a couple were parting, even for a few minutes, it had been an excuse for big embraces and snogging. At the Cottages, though, when a couple were saying goodbye to each other, there'd be hardly any words, never mind embraces or kisses. Instead, you slapped your partner's arm near the elbow, lightly with the back of your knuckles, the way you might do to attract someone's attention. Usually the girl did it to the boy, just as they were moving apart. This custom had faded out by the winter, but when we arrived, it was what was going on and Ruth was soon doing it to Tommy. Mind you, at first, Tommy didn't have a clue what was going on, and would turn abruptly to Ruth and go: 'What?', so that she'd have to glare furiously at him, like they were in a play and he'd forgotten his lines. I suppose she eventually had a word with him, because after a week or so they were managing to do it right, more or less exactly like the veteran couples.

I'd not actually seen the slap on the elbow on the television, but I was pretty sure that's where the idea had come from, and just as sure Ruth hadn't realised it. That was why, that afternoon I was reading *Daniel Deronda* on the grass and Ruth was being irritating, I decided it was time someone pointed it out to her.

It was nearly autumn and starting to get chilly. The veterans were spending more time indoors and generally going back to whatever routines they'd had before the summer. But those of us who'd arrived from Hailsham kept sitting outside on the uncut grass – wanting to keep going for as long as possible the only routine we'd got used to. Even so, by that particular afternoon, there were maybe only three or four apart from me reading in the field, and since I'd gone out of my way to find a quiet corner to myself, I'm pretty sure what happened between me and Ruth wasn't overheard.

I was lying on a piece of old tarpaulin reading, as I say, *Daniel Deronda*, when Ruth came wandering over and sat down beside me. She studied the cover of my book and nodded to herself. Then after about a minute, just as I knew she would, she began to outline to me the plot of *Daniel Deronda*. Until that point, I'd been in a perfectly okay mood, and had been pleased to see Ruth, but now I was irritated. She'd done this to me a couple of times before, and I'd seen her doing it to others. For one thing, there was the manner she put on: a kind of nonchalant but sincere one as though she expected people to be really grateful for her assistance. Okay, even at the time, I was vaguely aware what was behind it. In those early months, we'd somehow developed this idea that how well you were settling in at the Cottages – how well you were *coping* – was somehow reflected by how many books you'd read. It sounds odd, but there you are, it was just something that developed between us, the ones who'd arrived from Hailsham. The whole notion was kept deliberately hazy – in fact, it was pretty reminiscent of the way we'd dealt with sex at Hailsham. You could go around implying you'd read all kinds of things, nodding knowingly when someone mentioned, say, *War and Peace*, and the understanding was that no one would scrutinise your claim too rationally. You have to remember, since we'd been in each other's company constantly since arriving at the Cottages, it wasn't possible for any of us to have read *War and Peace* without the rest noticing. But just like with the sex at Hailsham, there was an unspoken agreement to allow for a mysterious dimension where we went off and did all this reading.

It was, as I say, a little game we all indulged in to some extent. Even so, it was Ruth who took it further than anyone else. She was the one always pretending to have finished anything anyone happened to be reading; and she was the only one with this notion that the way to demonstrate your superior reading was to go around telling people the plots of novels they were in the middle of. That's why, when she started on *Daniel Deronda*, even though I'd not been enjoying it much, I closed the book, sat up and said to her, completely out of the blue:

'Ruth, I've been meaning to ask you. Why do you always hit Tommy on the arm like that when you're saying goodbye? You know what I mean.'

Of course she claimed not to, so I patiently explained what I was talking about. Ruth heard me out then shrugged.

'I didn't realise I was doing it. I must have just picked it up.'

A few months before I might have let it go at that – or probably wouldn't have brought it up in the first place. But that afternoon I just pressed on, explaining to her how it was something from a television series. 'It's not something worth copying,' I told her. 'It's not what people really do out there, in normal life, if that's what you were thinking.'

Ruth, I could see, was now angry but unsure how to fight back. She looked away and did another shrug. 'So what?' she said. 'It's no big deal. A lot of us do it.'

'What you mean is Chrissie and Rodney do it.'

As soon as I said this I realised I'd made a mistake; that until I'd mentioned these two, I'd had Ruth in a corner, but now she was out. It was like when you make a move in chess and just as you take your finger off the piece, you see the mistake you've made, and there's this panic because you don't know yet the scale of disaster you've left yourself open to. Sure enough, I saw a gleam come into Ruth's eyes and when she spoke again it was in an entirely new voice.

'So that's it, that's what's upsetting poor little Kathy. Ruth isn't paying enough attention to her. Ruth's got big new friends and baby sister isn't getting played with so often . . .'

'Stop all that. Anyway that's not how it works in real families. You don't know anything about it.'

'Oh Kathy, the great expert on real families. So sorry. But that's what this is, isn't it? You've still got this idea. Us Hailsham lot, we have to stay together, a tight little bunch, must never make any new friends.'

'I've never said that. I'm just talking about Chrissie and Rodney. It looks daft, the way you copy everything they do.'

'But I'm right, aren't I?' Ruth went on. 'You're upset because I've managed to move on, make new friends. Some of the veterans hardly remember your name, and who can blame them? You never talk to anyone unless they're Hailsham. But you can't expect me to hold your hand the whole time. We've been here nearly two months now.'

I didn't take the bait, but said instead: 'Never mind me, never mind Hailsham. But you keep leaving Tommy in the lurch. I've watched you, you've done it a few times just this week. You leave him stranded, looking like a spare part. That's not fair. You and Tommy are supposed to be a couple. That means you look out for him.'

'Quite right, Kathy, we're a couple, like you say. And if you must intrude, I'll tell you. We've talked about this, and we've agreed. If he sometimes doesn't feel like doing things with Chrissie and Rodney, that's his choice. I'm not going to make him do anything he's not yet ready for. But we've agreed, he shouldn't hold me back. Nice of you to be concerned though.' Then she added, in a quite different voice: 'Come to think of it, I suppose you haven't been *that* slow making friends with at least *some* of the veterans.'

She watched me carefully, then did a laugh, as though to say: 'We're still friends, aren't we?' But I didn't find anything to laugh about in this last remark of hers. I just picked up my book and walked off without another word.

CHAPTER ELEVEN

I should explain why I got so bothered by Ruth saying what she did. Those early months at the Cottages had been a strange time in our friendship. We were quarrelling over all kinds of little things, but at the same time we were confiding in each other more than ever. In particular, we used to have these talks, the two of us, usually up in my room at the top of the Black Barn just before going to bed. You could say they were a sort of hangover from those talks in our dorm after lights out. Anyway, the thing was, however much we might have fallen out during the day, come bed-time, Ruth and I would still find ourselves sitting side by side on my mattress, sipping our hot drinks, exchanging our deepest feelings about our new life like nothing had ever come between us. And what made these heart-to-hearts possible – you might even say what made the whole friendship possible during that time – was this understanding we had that anything we told each other during these moments would be treated with careful respect: that we'd honour confidences, and that no matter how much we rowed, we wouldn't use against each other anything we'd talked about during those sessions. Okay, this had never been spelt out exactly, but it was definitely, as I say, an understanding, and until the afternoon of the *Daniel Deronda* business, neither of us had come anywhere near breaching it. That was why, when Ruth said what she did about my not being slow making friends with certain veterans, I wasn't just cross. To me, it was a betrayal. Because there wasn't any doubt what she'd meant by it; she was referring to something I'd confided in her one night about me and sex.

As you'd expect, sex was different at the Cottages from

how it had been at Hailsham. It was a lot more straightforward – more 'grown up'. You didn't go around gossiping and giggling about who'd been doing it with whom. If you knew two students had had sex, you didn't immediately start speculating about whether they'd become a proper couple. And if a new couple did emerge one day, you didn't go around talking about it like it was a big event. You just accepted it quietly, and from then on, when you referred to one, you also referred to the other, as in 'Chrissie and Rodney' or 'Ruth and Tommy'. When someone wanted sex with you, that too was much more straightforward. A boy would come up and ask if you wanted to spend the night in his room 'for a change', something like that, it was no big deal. Sometimes it was because he was interested in becoming a couple with you; other times it was just for a one-nighter.

The atmosphere, like I say, was much more grown up. But when I look back, the sex at the Cottages seems a bit functional. Maybe it was precisely because all the gossip and secrecy had gone. Or maybe it was because of the cold.

When I remember sex at the Cottages, I think about doing it in freezing rooms in the pitch dark, usually under a ton of blankets. And the blankets often weren't even blankets, but a really odd assortment – old curtains, even bits of carpet. Sometimes it got so cold you just had to pile anything you could over you, and if you were having sex at the bottom of it, it felt like a mountain of bedding was pounding at you, so that half the time you weren't sure if you were doing it with the boy or all that stuff.

Anyway, the point is, I'd had a few one-nighters shortly after getting to the Cottages. I hadn't planned it that way. My plan had been to take my time, maybe become part of a couple with someone I chose carefully. I'd never been in a couple before, and especially after watching Ruth and Tommy for a while, I was quite curious to give it a try for myself. As I say, that had been my plan, and when the one-nighters kept happening, it unsettled me a bit. That was why I'd decided to confide in Ruth that night.

It was in many ways a typical evening session for us. We'd brought up our mugs of tea, and we were sitting in my room, side by side on the mattress, our heads slightly stooped because of the rafters. We talked about the different boys at the Cottages, and whether any of them might be right for me. And Ruth had been at her best: encouraging, funny, tactful, wise. That's why I decided to tell her about the one-nighters. I told her how they'd happened without my really wanting them to; and how, even though we couldn't have babies from doing it, the sex had done funny things to my feelings, just as Miss Emily had warned. Then I said to her:

'Ruth, I wanted to ask you. Do you ever get so you just really have to do it? With anybody almost?'

Ruth shrugged, then said: 'I'm in a couple. So if I want to do it, I just do it with Tommy.'

'I suppose so. Maybe it's just me anyway. There might be something not quite right with me, down there. Because sometimes I just really, really need to do it.'

'That's strange, Kathy.' She fixed me with a concerned look, which made me feel all the more worried.

'So you don't ever get like that.'

She shrugged again. 'Not so as I'd do it with just anybody. What you're saying does sound a bit weird, Kathy. But maybe it'll calm down after a while.'

'Sometimes it won't be there for ages. Then it suddenly comes on. It was like that, the first time it happened. He started snogging me and I just wanted him to get off. Then suddenly it just came on, out of nowhere. I just really had to do it.'

Ruth shook her head. 'It does sound a bit weird. But it'll probably go away. It's probably just to do with the different food we're eating here.'

She hadn't been a huge help, but she'd been sympathetic and I'd felt a little better about it all afterwards. That's why it was such a jolt to have Ruth suddenly bring it up the way she did in the middle of the argument we were having that afternoon in the field. Okay, there was probably no one to overhear us, but even so, there was something not at all right about what she'd done. In those first months at the Cottages, our friendship had stayed intact because, on my side at least, I'd had this notion there were two quite separate Ruths. There was one Ruth who was always trying to impress the veterans, who wouldn't hesitate to ignore me, Tommy, any of the others, if she thought we'd cramp her style. This was the Ruth I wasn't pleased with, the one I could see every day putting on airs and pretending – the Ruth who did the slap-on-the-elbow gesture. But the Ruth who sat beside me in my little attic room at the day's close, legs outstretched over the edge of my mattress, her steaming mug held in both her hands, that was the Ruth from Hailsham, and whatever had been happening during the day, I could just pick up with her where we'd left off the last time we'd sat together like that. And until that afternoon in the field, there'd been a definite understanding these two Ruths wouldn't merge; that the one I confided in before bed was one I could absolutely trust. That's why when she said that, about my 'not being slow making friends with at least some of the veterans', I got so upset. That's why I just picked up my book and walked off.

But when I think about it now, I can see things more from Ruth's viewpoint. I can see, for instance, how she might have felt *I* had been the one to first violate an understanding, and that her little dig had just been a retaliation. This never occurred to me at the time, but I see now it's a possibility, and an explanation for what happened. After all, immediately before she made that remark, I'd been talking about the arm-slapping business. Now it's a bit hard to explain this, but some sort of understanding had definitely developed between the two of us about the way Ruth behaved in front of the veterans. Okay, she often bluffed and implied all sorts of things I knew weren't true. Sometimes, as I said, she did things to impress the veterans at our expense. But it seems to me Ruth believed, at some level, she was doing all this *on behalf of us all.* And my role, as her closest friend, was to give her silent support, as if I was in the front row of the audience when she was performing on stage. She was struggling to become someone else, and maybe felt the pressure more than the rest of us because, as I say, she'd somehow taken on the responsibility for all of us. In that case, then, the way I'd talked about her slap on the elbow thing could be seen as a betrayal, and she might well then have felt justified retaliating as she had. As I say, this explanation only occurred to me recently. At the time I didn't look at the larger picture or at my own part in it. I suppose, in general, I never appreciated in those days the sheer effort Ruth was making to move on, to grow up and leave Hailsham behind. Thinking about this now, I'm reminded of something she told me once, when I was caring for her in the recovery centre at Dover. We'd been sitting in her room, watching the sunset, as we so often did, enjoying the mineral water and biscuits I'd brought, and I'd been telling her how I still had most of my old Hailsham collection box safely stowed inside my pine chest in my bedsit. Then – I wasn't trying to lead onto anything, or make any kind of point – I just happened to say to her:

'You never had a collection after Hailsham, did you?'

Ruth, who was sitting up in bed, was quiet for a long time, the sunset falling over the tiled wall behind her. Then she said:

'Remember the guardians, before we left, how they kept reminding us we could take our collections with us. So I'd taken everything out of my box and put it into this holdall bag. My plan was I'd find a really good wooden box for it all once I got to the Cottages. But when we got there, I could see none of the veterans had collections. It was only us, it wasn't normal. We must all have realised it, I wasn't the only one, but we didn't really talk about it, did we? So I didn't go looking for a new box. My things all stayed in the holdall bag for months, then in the end I threw them away.'

I stared at her. 'You put your collection out with the rubbish?'

Ruth shook her head, and for the next few moments seemed to be going through in her mind all the different items in her collection. Finally she said:

'I put them all in a bin bag, but I couldn't stand the idea of putting them out with the rubbish. So I asked old Keffers, once when he was about to drive off, if he'd take the bin bag to a shop. I knew about charity shops, I'd found it all out. Keffers rummaged in the bag a bit, he didn't know what any of it was – why should he? – and he did this laugh and said no shop he knew would want stuff like that. And I said, but it's good stuff, really good stuff. And he could see I was getting a bit emotional, and he changed his tune then. He said something like: "All right, missy, I'll take it along to the Oxfam people." Then he made a real effort and said: "Now I've had a closer look, you're right, it *is* pretty good stuff!" He wasn't very convincing though. I suppose he just took it away and put it in some bin somewhere. But at least I didn't have to know that.' Then she smiled and said: 'You were different. I remember. You were never embarrassed about your collection and you kept it. I wish now I'd done that too.'

What I'm saying is that we were all of us struggling to adjust to our new life, and I suppose we all did things back then we later regretted. I was really upset by Ruth's remark at the time, but it's pointless now trying to judge her or anyone else for the way they behaved during those early days at the Cottages.

As the autumn came on, and I got more familiar with our surroundings, I began noticing things I'd missed earlier. There was, for instance, the odd attitude to students who'd recently left. The veterans were never slow coming out with funny anecdotes about characters they'd met on trips to the

White Mansion or to Poplar Farm; but they hardly ever mentioned students who, right up until just before we'd arrived, must have been their intimate friends.

Another thing I noticed – and I could see it tied in – was the big hush that would descend around certain veterans when they went off on 'courses' – which even we knew had to do with becoming carers. They could be gone for four or five days, but were hardly mentioned in that time; and when they came back, no one really asked them anything. I suppose they might have talked to their closest friends in private. But there was definitely an understanding that you didn't mention these trips out in the open. I can remember one morning watching, through the misted-up windows of our kitchen, two veterans leaving for a course, and wondering if by the next spring or summer, they'd have gone altogether, and we'd be taking care not to mention them.

But it's perhaps stretching it to claim students who'd left were an actual taboo. If they had to be mentioned, they got mentioned. Most commonly, you'd hear them referred to indirectly, in connection with an object or a chore. For example, if repairs were needed to a downpipe, there'd be a lot of discussion about 'the way Mike used to do it'. And there was a tree stump outside the Black Barn everyone called 'Dave's stump' because for over three years, until a few weeks before our arrival, he'd sat on it to read and write, sometimes even when it was raining or cold. Then, maybe most memorably, there was Steve. None of us ever discovered anything much about the sort of person Steve had been – except that he'd liked porn magazines.

Every now and again, you'd come across a porn mag at the Cottages, thrown behind a sofa or amidst a pile of old newspapers. They were what you'd call 'soft' porn, though we didn't know about such distinctions then. We'd never come across anything like that before and didn't know what to think. The veterans usually laughed when one showed up and flicked through it quickly in a blasé way before throwing it aside, so we did the same. When Ruth and I were remembering all this a few years ago, she claimed there were dozens of these magazines circulating around the Cottages. 'No one admitted to liking them,' she said. 'But you remember how it was. If one turned up in a room, everyone pretended to find it dead boring. Then you came back half an hour later and it would always be gone.'

Anyway, my point is that whenever one of these magazines turned up, people would claim it was a left-over from 'Steve's collection'. Steve, in other words, was responsible for every porn mag that ever showed up. As I say, we never found out much else about Steve. We did, though, see the funny side of it even then, so that when someone pointed and said: 'Oh look, one of Steve's magazines,' they did it with a bit of irony.

These magazines, incidentally, used to drive old Keffers mad. There was a rumour that he was religious and dead against not just porn, but sex in general. Sometimes he'd work himself into a complete state – you could see his face under his grey whiskers blotchy with fury – and he'd go thudding around the place, barging into people's rooms without knocking, determined to round up every one of 'Steve's magazines'. We did our best to find him amusing on these occasions, but there was something truly scary about him in these moods. For one thing, the grumbling he usually kept up suddenly stopped and this silence alone gave him an alarming aura.

I remember one particular time when Keffers had collected up six or seven of 'Steve's mags' and stormed out with them to his van. Laura and I were watching him from up in my room, and I'd been laughing at something Laura had just said. Then I saw Keffers opening his van door, and maybe because he needed both hands to move some stuff about, he put the mags down on top of some bricks stacked outside the boiler hut – some veterans had tried to build a barbecue there a few months earlier. Keffers's figure, bent forwards, his head and shoulders hidden in the van, went on rummaging about for ages, and something told me that, for all his fury of a moment ago, he'd now forgotten about the magazines. Sure enough, a few minutes later, I saw him straighten, climb in behind the wheel, slam the door and drive off.

When I pointed out to Laura that Keffers had left the magazines behind, she said: 'Well, they won't stay put for long. He'll just have to collect them all up again, next time he decides on a purge.'

But when I found myself strolling past the boiler hut about half an hour later, I saw the magazines hadn't been touched. I thought for a moment about taking them up to my room, but then I could see if they were ever found there, I'd get no end of teasing; and how there was no way people would understand my reasons for doing such a thing. That was why I picked up the magazines and went inside the boiler hut with them.

The boiler hut was really just another barn, built onto the end of the farmhouse, filled with old mowers and pitchforks – stuff Keffers reckoned wouldn't catch alight too easily if one day the boiler decided to blow up. Keffers also kept a workbench in there, and so I put the magazines down on it, pushed aside some old rags and heaved myself up to sit on the tabletop. The light wasn't too good, but there was a grimy window somewhere behind me, and when I opened the first magazine I found I could see well enough.

There were lots of pictures of girls holding their legs open or sticking their bottoms out. I'll admit, there have been times when I've looked at pictures like that and felt excited, though I've never fancied doing it with a girl. But that's not what I was after that afternoon. I moved through the pages quickly, not wanting to be distracted by any buzz of sex coming off those pages. In fact, I hardly saw the contorted bodies, because I was focusing on the faces. Even in the little adverts for videos or whatever tucked away to the side, I checked each model's face before moving on.

It wasn't until I was nearing the end of the pile that I became certain there was somebody standing outside the barn, just beside the doorway. I'd left the door open because that's how it was normally, and because I wanted the light; and twice already I'd found myself glancing up, thinking I'd heard some small noise. But there'd been no one there, and I'd just gone on with what I was doing. Now I was certain, though, and lowering my magazine I made a heavy sighing sound that would be clearly audible.

I waited for giggling, or maybe for two or three students to come bursting into the barn, eager to make the best of having caught me with a pile of porn mags. But nothing happened. So I called out, in what I tried to make a weary tone:

'Delighted you could join me. Why be so shy?'

There was a little chuckle, then Tommy appeared at the threshold. 'Hi, Kath,' he said sheepishly.

'Come on in, Tommy. Join in the fun.'

He came towards me cautiously, then stopped a few steps away. Then he looked over to the boiler, and said: 'I didn't know you liked that sort of stuff.'

'Girls are allowed too, aren't we?'

I kept going through the pages, and for the next few seconds he stayed silent. Then I heard him say:

'I wasn't trying to spy on you. But I saw you from my room. I saw you come out here and pick up that pile Keffers left.'

'You're very welcome to them when I've finished.'

He laughed awkwardly. 'It's just sex stuff. I expect I've seen them all already.' He did another laugh, but then when I glanced up, I saw he was watching me with a serious expression. Then he asked:

'Are you looking for something, Kath?'

'What do you mean? I'm just looking at dirty pictures.'

'Just for kicks?'

'I suppose you could say that.' I put down one mag and started on the next one.

Then I heard Tommy's steps coming nearer until he was right up to me. When I looked up again, his hands were hovering fretfully in the air, like I was doing a complicated manual task and he was itching to help.

'Kath, you don't . . . Well, if it's for kicks, you don't do it like that. You've got to look at the pictures much more carefully. It doesn't really work if you go that fast.'

'How do you know what works for girls? Or maybe you've looked these over with Ruth. Sorry, not thinking.'

'Kath, what are you looking for?'

I ignored him. I was nearly at the end of the pile and I was now keen to finish. Then he said:

'I saw you doing this once before.'

This time I did stop and look at him. 'What's going on here, Tommy? Has Keffers recruited you for his porn patrol?'

'I wasn't trying to spy on you. But I did see you, that time last week, after we'd all been up in Charley's room. There was one of these mags there, and you thought we'd all left and gone. But I came back to get my jumper, and Claire's doors were open so I could see straight through to Charley's room. That's how I saw you in there, going through the magazine.'

'Well, so what? We all have to get our kicks some way.'

'You weren't doing it for kicks. I could tell, just like I can now. It's your face, Kath. That time in Charley's room, you had a strange face. Like you were sad, maybe. And a bit scared.'

I jumped off the workbench, gathered up the mags and dumped them in his arms. 'Here. Give these to Ruth. See if they do anything for her.'

I walked past him and out of the barn. I knew he'd be disappointed I hadn't told him anything, but at that point I hadn't thought things through properly myself and wasn't ready to tell anyone. But I hadn't minded him coming into the boiler hut after me. I hadn't minded at all. I'd felt comforted, protected almost. I did tell him eventually, but that wasn't until a few months later, when we went on our Norfolk trip.

CHAPTER TWELVE

I want to talk about the Norfolk trip, and all the things that happened that day, but I'll first have to go back a bit, to give you the background and explain why it was we went.

Our first winter was just about over by then and we were all feeling much more settled. For all our little hiccups, Ruth and I had kept up our habit of rounding off the day in my room, talking over our hot drinks, and it was during one of those sessions, when we were larking around about something, that she suddenly said:

'I suppose you've heard what Chrissie and Rodney have been saying.'

When I said I hadn't, she did a laugh and continued: 'They're probably just having me on. Their idea of a joke. Forget I mentioned it.'

But I could see she wanted me to drag it out of her, so I kept pressing until in the end she said in a lowered voice:

'You remember last week, when Chrissie and Rodney were away? They'd been up to this town called Cromer, up on the north Norfolk coast.'

'What were they doing there?'

'Oh, I think they've got a friend there, someone who used to live here. That's not the point. The point is, they claim they saw this . . . person. Working there in this open-plan office. And, well, you know. They reckon this person's a *possible*. For me.'

Though most of us had first come across the idea of 'possibles' back at Hailsham, we'd sensed we weren't supposed to discuss it, and so we hadn't – though for sure, it had both intrigued and disturbed us. And even at the Cottages, it wasn't a topic you could bring up casually. There was definitely more awkwardness around any talk of possibles than there was around, say, sex. At the same time, you could tell people were fascinated – obsessed, in some cases – and so it kept coming up, usually in solemn arguments, a world away from our ones about, say, James Joyce.

The basic idea behind the possibles theory was simple, and didn't provoke much dispute. It went something like this. Since each of us was copied at some point from a normal person, there must be, for each of us, somewhere out there, a model getting on with his or her life. This meant, at least in theory, you'd be able to find the person you were modelled from. That's why, when you were out there yourself – in the towns, shopping centres, transport cafés – you kept an eye out for 'possibles' – the people who might have been the models for you and your friends.

Beyond these basics, though, there wasn't much consensus. For a start, no one could agree what we were looking for when we looked for possibles. Some students thought you should be looking for a person twenty to thirty years older than yourself – the sort of age a normal parent would be. But others claimed this was sentimental. Why would there be a 'natural' generation between us and our models? They could have used babies, old people, what difference would it have made? Others argued back that they'd use for models people at the peak of their health, and that's why they were likely to be 'normal parent' age. But around here, we'd all sense we were near territory we didn't want to enter, and the arguments would fizzle out.

Then there were those questions about why we wanted to track down our models at all. One big idea behind finding your model was that when you did, you'd glimpse your future. Now I don't mean anyone really thought that if your model turned out to be, say, a guy working at a railway station, that's what you'd end up doing too. We all realised it wasn't that simple. Nevertheless, we all of us, to varying degrees, believed that when you saw the person you were copied from, you'd get *some* insight into who you were deep down, and maybe too, you'd see something of what your life held in store.

There were some who thought it stupid to be concerned about possibles at all. Our models were an irrelevance, a technical necessity for bringing us into the world, nothing more than that. It was up to each of us to make of our lives what we could. This was the camp Ruth always claimed to side with, and I probably did too. All the same, whenever we heard reports of a possible – whoever it was for – we couldn't help getting curious.

The way I remember it, sightings of possibles tended to come in batches. Weeks could go by with no one mentioning the subject, then one reported sighting would trigger off a whole spate of others. Most of them were obviously not worth pursuing: someone seen in a car going by, stuff like that. But every now and then, a sighting seemed to have substance to it – like the one Ruth told me about that night.

According to Ruth, Chrissie and Rodney had been busy exploring this seaside town they'd gone to and had split up for a while. When they'd met up again, Rodney was all excited and had told Chrissie how he'd been wandering the side-streets off the High Street, and had gone past an office with a large glass front. Inside had been a lot of people, some of them at their desks, some walking about and chatting. And that's where he'd spotted Ruth's possible.

'Chrissie came and told me as soon as they got back. She made Rodney describe everything, and he did his best, but it was impossible to tell anything. Now they keep talking about driving me up there, but I don't know. I don't know if I ought to do anything about it.'

I can't remember exactly what I said to her that night, but I was at that point pretty sceptical. In fact, to be honest, my guess was that Chrissie and Rodney had made the whole thing up. I don't really want to suggest Chrissie and Rodney were bad people – that would be unfair. In many ways, I actually liked them. But the fact was, the way they regarded us newcomers, and Ruth in particular, was far from straightforward.

Chrissie was a tall girl who was quite beautiful when she stood up to her full height, but she didn't seem to realise this and spent her time crouching to be the same as the rest of us. That's why she often looked more like the Wicked Witch than a movie star – an impression reinforced by her irritating way of jabbing you with a finger the second before she said something to you. She always wore long skirts rather than jeans, and little glasses pressed too far into her face. She'd been one of the veterans who'd really welcomed us when we'd first arrived in the summer, and I'd at first been really taken by her and looked to her for guidance. But as the weeks had passed, I'd begun to have reservations. There was something odd about the way she was always mentioning the fact that we'd come from Hailsham, like that could explain almost anything to do with us. And she was always asking us questions about Hailsham – about little details, much like my donors do now – and although she tried to make out these were very casual, I could see there was a whole other dimension to her interest. Another thing that got to me was the way she always seemed to want to separate us: taking one of us aside when a few of us were doing something together, or else inviting two of us to join in something while leaving another two stranded – that sort of thing.

You'd hardly ever see Chrissie without her boyfriend, Rodney. He went around with his hair tied back in a ponytail, like a rock musician from the seventies, and talked a lot about things like reincarnation. I actually got to quite like him, but he was pretty much under Chrissie's influence. In any discussion, you knew he'd back up Chrissie's angle, and if Chrissie ever said anything mildly amusing, he'd be chortling and shaking his head like he couldn't believe how funny it was.

Okay, I'm maybe being a bit hard on these two. When I was remembering them with Tommy not so long ago, he thought they were pretty decent people. But I'm telling you all this now to explain why I was so sceptical about their reported sighting of Ruth's possible. As I say, my first instinct was not to believe it, and to suppose Chrissie was up to something.

The other thing that made me doubtful about all this had to do with the actual description given by Chrissie and Rodney: their picture of a woman working in a nice glass-fronted office. To me, at the time, this seemed just too close a match to what we then knew to be Ruth's 'dream future'.

I suppose it was mainly us newcomers who talked about 'dream futures' that winter, though a number of veterans did too. Some older ones – especially those who'd started their training – would sigh quietly and leave the room when this sort of talk began, but for a long time we didn't even notice this happening. I'm not sure what was going on in our heads during those discussions. We probably knew they couldn't be serious, but then again, I'm sure we didn't regard them as fantasy either. Maybe once Hailsham was behind us, it was possible, just for that half year or so, before all the talk of becoming carers, before the driving lessons, all those other things, it was possible to forget for whole stretches of time who we really were; to forget what the guardians had told us; to forget Miss Lucy's outburst that rainy afternoon at the pavilion, as well as all those theories we'd developed amongst ourselves over the years. It couldn't last, of course, but like I say, just for those few months, we somehow managed to live in this cosy state of suspension in which we could ponder our lives without the usual boundaries. Looking back now, it feels like we spent ages in that steamed-up kitchen after breakfast, or huddled around half-dead fires in the small hours, lost in conversation about our plans for the future.

Mind you, none of us pushed it *too* far. I don't remember anyone saying they were going to be a movie star or anything like that. The talk was more likely to be about becoming a postman or working on a farm. Quite a few students wanted to be drivers of one sort or other, and often, when the conversation went this way, some veterans would begin comparing particular scenic routes they'd travelled, favourite roadside cafés, difficult roundabouts, that sort of thing. Today, of course, I'd be able to talk the lot of them under the table on those topics. Back then, though, I used to just listen, not saying a thing, drinking in their talk. Sometimes, if it was late, I'd close my eyes and nestle against the arm of a sofa – or of a boy, if it was during one of those brief phases I was officially 'with' someone – and drift in and out of sleep, letting images of the roads move through my head.

Anyway, to get back to my point, when this sort of talk was going on, it was often Ruth who took it further than anybody – especially when there were veterans around. She'd been talking about offices right from the start of the winter, but when it really took on life, when it became her 'dream future', was after that morning she and I walked into the village.

It was during a bitterly cold spell, and our boxy gas heaters had been giving us trouble. We'd spend ages trying to get them to light, clicking away with no result, and we'd had to give up on more and more – and along with them, the rooms they were supposed to heat. Keffers refused to deal with it, claiming it was our responsibility, but in the end, when things were getting really cold, he'd handed us an envelope with money and a note of some igniter fuel we had to buy. So Ruth and I had volunteered to walk to the village to get it, and that's why we were going down the lane that frosty morning. We'd reached a spot where the hedges were high on both sides, and the ground was covered in frozen cow-pats, when Ruth suddenly stopped a few steps behind me.

It took me a moment to realise, so that by the time I turned back to her she was breathing over her fingers and looking down, engrossed by something beside her feet. I thought maybe it was some poor creature dead in the frost, but when I came up, I saw it was a colour magazine – not one of 'Steve's magazines', but one of those bright cheerful things that come free with newspapers. It had fallen open at this glossy double page advert, and though the paper had gone soggy and there was mud at one corner, you could see it well enough. It showed this beautifully modern open-plan office with three or four people who worked in it having some kind of joke with each other. The place looked sparkling and so did the people. Ruth was staring at this picture and, when she noticed me beside her, said: 'Now *that* would be a *proper* place to work.'

Then she got self-conscious – maybe even cross that I'd caught her like that – and set off again much faster than before.

But a few evenings later, when several of us were sitting around a fire in the farmhouse, Ruth began telling us about the sort of office she'd ideally work in, and I immediately recognised it. She went into all the details – the plants, the gleaming equipment, the chairs with their swivels and castors – and it was so vivid everyone let her talk uninterrupted for ages. I was watching her closely, but it never seemed to occur to her I might make the connection – maybe she'd even forgotten herself where the image had come from. She even talked at one point about how the people in her office would all be 'dynamic, go-ahead types', and I remembered clearly those same words written in big letters across the top of the advert: 'Are you the dynamic, go-ahead type?' – something like that. Of course, I didn't say anything. In fact, listening to her, I even started wondering if maybe it was all feasible: if one day we might all of us move into a place like that and carry on our lives together.

Chrissie and Rodney were there that night, of course, hanging onto every word. And then for days afterwards, Chrissie kept trying to get Ruth to talk some more about it.

I'd pass them sitting together in the corner of a room and Chrissie would be asking: 'Are you sure you wouldn't put each other off, working all together in a place like that?' just to get Ruth going on it again.

The point about Chrissie – and this applied to a lot of the veterans – was that for all her slightly patronising manner towards us when we'd first arrived, she was awestruck about our being from Hailsham. It took me a long time to realise this. Take the business about Ruth's office: Chrissie would never herself have talked about working in *any* office, never mind one like that. But because Ruth was from Hailsham, somehow the whole notion came within the realms of the possible. That's how Chrissie saw it, and I suppose Ruth did say a few things every now and then to encourage the idea that, sure enough, in some mysterious way, a separate set of rules applied to us Hailsham students. I never heard Ruth actually lie to veterans; it was more to do with not denying certain things, implying others. There were occasions when I could have brought the whole thing down over her head. But if Ruth was sometimes embarrassed, catching my eye in the middle of some story or other, she seemed confident I wouldn't give her away. And of course, I didn't.

So that was the background to Chrissie and Rodney's claim to have seen Ruth's 'possible', and you can maybe see now why I was wary about it. I wasn't keen on Ruth going with them to Norfolk, though I couldn't really say why. And once it became clear she was completely set on going, I told her I'd come too. At first, she didn't seem too delighted, and there was even a hint that she wouldn't let Tommy come with her either. In the end, though, we all went, the five of us: Chrissie, Rodney, Ruth, Tommy and me.

CHAPTER THIRTEEN

Rodney, who had a driver's licence, had made an arrangement to borrow a car for the day from the farm-workers at Metchley a couple of miles down the road. He'd regularly got cars this way in the past, but this particular time, the arrangement broke down the day before we were due to set off. Though things got sorted out fairly easily – Rodney walked over to the farm and got a promise on another car – the interesting thing was the way Ruth responded during those few hours when it looked like the trip might have to be called off.

Until then, she'd been making out the whole thing was a bit of a joke, that if anything she was going along with it to please Chrissie. And she'd talked a lot about how we weren't exploring our freedom nearly enough since leaving Hailsham; how anyway she'd always wanted to go to Norfolk to 'find all our lost things'. In other words, she'd gone out of her way to let us know she wasn't very serious about the prospect of finding her 'possible'.

That day before we went, I remember Ruth and I had been out for a stroll, and we came into the farmhouse kitchen where Fiona and a few veterans were making a huge stew. And it was Fiona herself, not looking up from what she was doing, who told us how the farm boy had come in earlier with the message. Ruth was standing just in front of me, so I couldn't see her face, but her whole posture froze up. Then without a word, she turned and pushed past me out of the cottage. I got a glimpse of her face then, and that's when I realised how upset she was. Fiona started to say something like: 'Oh, I didn't know . . .' But I said quickly: 'That's not what Ruth's upset about. It's about something else, something that happened earlier on.' It wasn't very good, but it was the best I could do on the spur of the moment.

In the end, as I said, the vehicle crisis got resolved, and early the next morning, in the pitch dark, the five of us got inside a bashed but perfectly decent Rover car. The way we sat was with Chrissie up front next to Rodney, and the three of us in the back. That was what had felt natural, and we'd got in like that without thinking about it. But after only a few minutes, once Rodney had brought us out of the dark winding lanes onto the proper roads, Ruth, who was in the middle, leaned forward, put her hands on the front seats, and began talking to the two veterans. She did this in a way that meant Tommy and I, on either side of her, couldn't hear anything they were saying, and because she was between us, couldn't talk to or even see each other. Sometimes, on the rare occasions she did lean back, I tried to get something going between the three of us, but Ruth wouldn't pick up on it, and before long, she'd be crouched forwards again, her face stuck between the two front seats.

After about an hour, with day starting to break, we stopped to stretch our legs and let Rodney go for a pee. We'd pulled over beside a big empty field, so we jumped over the ditch and spent a few minutes rubbing our hands together and watching our breaths rise. At one point, I noticed Ruth had drifted away from the rest of us and was gazing across the field at the sunrise. So I went over to her and made the suggestion that, since she only wanted to talk to the veterans, she swap seats with me. That way she could go on talking at least with Chrissie, and Tommy and I could have some sort of conversation to while away the journey. I'd hardly finished before Ruth said in a whisper:

'Why do you have to be difficult? Now of all times! I don't get it. Why do you want to make trouble?' Then she yanked me round so both our backs were to the others and they wouldn't see if we started to argue. It was the way she did this, rather than her words, that suddenly made me see things her way; I could see that Ruth was making a big effort to present not just herself, but all of us, in the right way to Chrissie and Rodney; and here I was, threatening to undermine her and start an embarrassing scene. I saw all this, and so I touched her on the shoulder and went off back to the others. And when we returned to the car, I made sure the three of us sat exactly as before. But now, as we drove on, Ruth stayed more or less silent, sitting right back in her seat, and even when Chrissie or Rodney shouted things to us from the front, responded only in sulky monosyllables.

Things cheered up considerably, though, once we arrived in our seaside town. We got there around lunch-time and left the Rover in a car park beside a mini-golf course full of fluttering flags. It had turned into a crisp, sunny day, and my memory of it is that for the first hour we all felt so exhilarated to be out and about we didn't give much thought to what had brought us there. At one point Rodney actually let out a few whoops, waving his arms around as he led the way up a road climbing steadily past rows of houses and the occasional shop, and you could sense just from the huge sky, that you were walking towards the sea.

Actually, when we did reach the sea, we found we were standing on a road carved into a cliff edge. It seemed at first there was a sheer drop down to the sands, but once you leant over the rail, you could see zigzagging footpaths leading you down the cliff-face to the seafront.

We were starving by now and went into a little café perched on the cliff just where one of the footpaths began. When we went in, the only people inside were the two chubby women in aprons who worked there. They were smoking cigarettes at one of the tables, but they quickly got up and disappeared into the kitchen, so then we had the place to ourselves.

We took the table right at the back – which meant the one stuck out closest to the cliff edge – and when we sat down it felt like we were virtually suspended over the sea. I didn't have anything to compare it with at the time, but I realise now the café was tiny, with just three or four little tables. They'd left a window open – probably to stop the place filling up with frying smells – so that every now and then a gust would pass through the room making all the signs advertising their good deals flutter about. There was one cardboard notice pinned over the counter that had been done in coloured felt-tips, and at the top of it was the word 'look' with a staring eye drawn inside each 'o'. I see the same thing so often these days I don't even register it, but back then I hadn't seen it before. So I was looking at it admiringly, then caught Ruth's eye, and realised she too was looking at it amazed, and we both burst out laughing. That was a cosy little moment, when it felt like we'd left behind the bad feeling that had grown between us in the car. As it turned out, though, it was just about the last moment like that between me and Ruth for the rest of that outing.

We hadn't mentioned the 'possible' at all since arriving in the town, and I'd assumed when we sat down we'd finally discuss the matter properly. But once we'd started on our sandwiches, Rodney began talking about their old friend, Martin, who'd left the Cottages the year before and was now living somewhere in the town. Chrissie eagerly took up the subject and soon both veterans were coming out with anecdotes about all the hilarious things Martin had got up to. We couldn't follow much of it, but Chrissie and Rodney were really enjoying themselves. They kept exchanging glances and laughing, and although they pretended it was for our benefit, it was clear they were remembering for each other. Thinking about it now, it occurs to me the near-taboo at the Cottages surrounding people who'd left might well have stopped them talking about their friend even to each other, and it was only once we'd come away they'd felt able to indulge themselves in this way.

Whenever they laughed, I laughed too just to be polite. Tommy seemed to be understanding things even less than me and was letting out hesitant little half-laughs that lagged some way behind. Ruth, though, was laughing and laughing, and kept nodding to everything being said about Martin just like she too was remembering them. Then once, when Chrissie made a really obscure reference – she'd said something like: 'Oh, yes, the time he put out his jeans!' – Ruth gave a big laugh and signalled in our direction, as though to say to Chrissie: 'Go on, explain it to them so they can enjoy it too.' I let this all go, but when Chrissie and Rodney started discussing whether we should go round to Martin's flat, I finally said, maybe a bit coldly:

'What exactly is he doing here? Why's he got a flat?'

There was a silence, then I heard Ruth let out an exasperated sigh. Chrissie leaned over the table towards me and said quietly, like she was explaining to a child: 'He's being a carer. What else do you think he'd be doing here? He's a proper carer now.'

There was a bit of shifting, and I said: 'That's what I mean. We can't just go and visit him.'

Chrissie sighed. 'Okay. We're not *supposed* to visit carers. Absolutely strictly speaking. Certainly not encouraged.'

Rodney chuckled and added: 'Definitely not encouraged. Naughty naughty to go and visit him.'

'Very naughty,' Chrissie said and made a tutting noise.

Then Ruth joined in, saying: 'Kathy *hates* to be naughty. So we'd better not go and visit him.'

Tommy was looking at Ruth, clearly puzzled about whose side she'd taken, and I wasn't sure either. It occurred to me she didn't want the expedition side-tracked and was reluctantly siding with me, so I smiled at her, but she didn't return my look. Then Tommy asked suddenly:

'Whereabouts was it you saw Ruth's possible, Rodney?'

'Oh . . .' Rodney didn't seem nearly so interested in the possible now we were in the town, and I could see anxiety cross Ruth's face. Finally Rodney said: 'It was a turning off the High Street, somewhere up the other end. Of course, it might be her day off.' Then when no one said anything, he added: 'They do have days off, you know. They're not always at their work.'

For a moment, as he said this, the fear passed through me that we'd misjudged things badly; that for all we knew, veterans often used talk of possibles just as a pretext to go on trips, and didn't really expect to take it any further. Ruth might well have been thinking along the same lines, because she was now looking definitely worried, but in the end she did a little laugh, like Rodney had made a joke.

Then Chrissie said in a new voice: 'You know, Ruth, we might be coming here in a few years' time to visit *you*. Working in a nice office. I don't see how anyone could stop us visiting you then.'

'That's right,' Ruth said quickly. 'You can all come and see me.'

'I suppose,' Rodney said, 'there aren't any rules about visiting people if they're working in an office.' He laughed suddenly. 'We don't know. It hasn't really happened with us before.'

'It'll be all right,' Ruth said. 'They let you do it. You can all come and visit me. Except Tommy, that is.'

Tommy looked shocked. 'Why can't I come?'

'Because you'll already be with me, stupid,' Ruth said. 'I'm keeping you.'

We all laughed, Tommy again a little behind the rest of us.

'I heard about this girl up in Wales,' Chrissie said. 'She was Hailsham, maybe a few years before you lot. Apparently she's working in this clothes shop right now. A really smart one.'

There were murmurs of approval and for a while we all looked dreamily out at the clouds.

'That's Hailsham for you,' Rodney said eventually, and shook his head as though in amazement.

'And then there was that other person' – Chrissie had turned to Ruth – 'that boy you were telling us about the other day. The one a couple of years above you who's a park keeper now.'

Ruth was nodding thoughtfully. It occurred to me that I should shoot Tommy a warning glance, but by the time I'd turned to him, he'd already started to speak.

'Who was that?' he asked in a bewildered voice.

'You know who it is, Tommy,' I said quickly. It was too risky to kick him, or even to make my voice wink-wink: Chrissie would have picked it up in a flash. So I said it dead straight, with a bit of weariness, like we were all fed up with Tommy forgetting all the time. But this just meant Tommy still didn't twig.

'Someone *we* knew?'

'Tommy, let's not go through this again,' I said. 'You'll have to have your brains tested.'

At last the penny seemed to drop, and Tommy shut up.

Chrissie said: 'I know how lucky I am, getting to be at the Cottages. But you Hailsham lot, you're *really* lucky. You know . . .' She lowered her voice and leaned forward again. 'There's something I've been wanting to talk to you lot about. It's just that back there, at the Cottages, it's impossible. Everyone always listening in.'

She looked around the table, then fixed her gaze on Ruth. Rodney suddenly tensed and he too leaned forward. And something told me we were coming to what was, for Chrissie and Rodney, the central purpose of this whole expedition.

'When Rodney and I, we were up in Wales,' she said. 'The same time we heard about this girl in the clothes shop. We heard something else, something about Hailsham students. What they were saying was that some Hailsham students in the past, in special circumstances, had managed to get a deferral. That this was something you could do if you were a Hailsham student. You could ask for your donations to be put back by three, even four years. It wasn't easy, but just sometimes they'd let you do it. So long as you could convince them. So long as you *qualified*.'

Chrissie paused and looked at each of us, maybe for dramatic effect, maybe to check us for signs of recognition. Tommy and I probably had puzzled looks, but Ruth had on one of her faces where you couldn't tell what was going on.

'What they said,' Chrissie continued, 'was that if you were a boy and a girl, and you were in love with each other, really, properly in love, and if you could show it, then the people who run Hailsham, they sorted it out for you. They sorted it out so you could have a few years together before you began your donations.'

There was now a strange atmosphere around the table, a kind of tingle going round.

'When we were in Wales,' Chrissie went on, 'the students at the White Mansion. They'd heard of this Hailsham couple, the guy had only a few weeks left before he became a carer. And they went to see someone and got everything put back three years. They were allowed to go on living there together, up at the White Mansion, three years straight, didn't have to go on with their training or anything. Three years just to themselves, because they could prove they were properly in love.'

It was at this point I noticed Ruth nodding with a lot of authority. Chrissie and Rodney noticed too and for a few seconds they watched her like they were hypnotised. And I had a kind of vision of Chrissie and Rodney, back at the Cottages, in the months leading up to this moment, probing and prodding this subject between them. I could see them bringing it up, at first very tentatively, shrugging, putting it to one side, bringing it up again, never able quite to leave it alone. I could see them toying with the idea of talking to us about it, see them refining how they'd do it, what exactly they'd say. I looked again at Chrissie and Rodney in front of me, gazing at Ruth, and tried to read their faces. Chrissie looked both afraid and hopeful. Rodney looked on edge, like he didn't trust himself not to blurt out something he wasn't supposed to.

This wasn't the first time I'd come across the rumour about deferrals. Over the past several weeks, I'd caught more and more snatches of it at the Cottages. It was always veterans talking among themselves, and when any of us showed up, they'd look awkward and go quiet. But I'd heard enough to get the gist of it; and I knew it had specifically to do with us Hailsham students. Even so, it was only that day, in that seafront café, that it really came home to me how important this whole notion had become for some veterans.

'I suppose,' Chrissie went on, her voice wobbling slightly, 'you lot would know about it. The rules, all that sort of thing.'

She and Rodney looked at each of us in turn, then their gazes settled back on Ruth.

Ruth sighed and said: 'Well, they told us a few things, obviously. But' – she gave a shrug – 'it's not something we know much about. We never talked about it really. Anyway, we should get going soon.'

'Who is it you go to?' Rodney suddenly asked. 'Who did they say you had to go to if you wanted, you know, to *apply*?'

Ruth shrugged again. 'Well, I told you. It wasn't something we talked about much.' Almost instinctively she looked to me and Tommy for support, which was probably a mistake, because Tommy said:

'To be honest, I don't know what you're all talking about. What rules are these?'

Ruth stared daggers at him, and I said quickly: 'You know, Tommy. All that talk that used to go round at Hailsham.'

Tommy shook his head. 'I don't remember it,' he said flatly. And this time I could see – and Ruth could too – that he wasn't being slow. 'I don't remember anything like that at Hailsham.'

Ruth turned away from him. 'What you've got to realise,'

she said to Chrissie, 'is that even though Tommy was at Hailsham, he isn't like a real Hailsham student. He was left out of everything and people were always laughing at him. So there's no point in asking him about anything like this. Now, I want to go and find this person Rodney saw.'

A look had appeared in Tommy's eyes that made me catch my breath. It was one I hadn't seen for a long time and that belonged to the Tommy who'd had to be barricaded inside a classroom while he kicked over desks. Then the look faded, he turned to the sky outside and let out a heavy breath.

The veterans hadn't noticed anything because Ruth, at the same moment, had risen to her feet and was fiddling with her coat. Then there was a bit of confusion as the rest of us all moved back our chairs from the little table all at once. I'd been put in charge of the spending money, so I went up to pay. The others filed out behind me, and while I was waiting for the change, I watched them through one of the big misty windows, shuffling about in the sunshine, not talking, looking down at the sea.

CHAPTER FOURTEEN

When I got outside, it was obvious the excitement from when we'd first arrived had evaporated completely. We walked in silence, Rodney leading the way, through little backstreets hardly penetrated by the sun, the pavements so narrow we often had to shuffle along in single file. It was a relief to come out onto the High Street where the noise made our rotten mood less obvious. As we crossed at a pelican to the sunnier side, I could see Rodney and Chrissie conferring about something and I wondered how much of the bad atmosphere had to do with their believing we were holding back on some big Hailsham secret, and how much was just to do with Ruth's having a go at Tommy.

Then once we'd crossed the High Street, Chrissie announced she and Rodney wanted to go shopping for birthday cards. Ruth was stunned by this, but Chrissie just went on:

'We like buying them in big batches. It's always cheaper in the long run. And you've always got one handy when it's someone's birthday.' She pointed to the entrance of a Woolworth's shop. 'You can get pretty good cards in there really cheap.'

Rodney was nodding, and I thought there was something a little bit mocking around the edges of his smile. 'Of course,' he said, 'you end up with a lot of cards the same, but you can put your own illustrations on them. You know, personalise them.'

Both veterans were now standing in the middle of the pavement, letting people with pushchairs move round them, waiting for us to put up a challenge. I could tell Ruth was furious, but without Rodney's co-operation there wasn't much that could be done anyway.

So we went into the Woolworth's, and immediately I felt much more cheerful. Even now, I like places like that: a large store with lots of aisles displaying bright plastic toys, greeting cards, loads of cosmetics, maybe even a photo booth. Today, if I'm in a town and find myself with some time to kill, I'll stroll into somewhere just like that, where you can hang around and enjoy yourself, not buying a thing, and the assistants don't mind at all.

Anyway, we went in and before long we'd wandered apart to look at different aisles. Rodney had stayed near the entrance beside a big rack of cards, and further inside, I spotted Tommy under a big pop-group poster, rummaging through the music cassettes. After about ten minutes, when I was somewhere near the back of the store, I thought I heard Ruth's voice and wandered towards it. I'd already turned into the aisle – one with fluffy animals and big boxed jigsaws – before I realised Ruth and Chrissie were standing together at the end of it, having some sort of tête-à-tête. I wasn't sure what to do: I didn't want to interrupt, but it was time we were leaving and I didn't want to turn and walk off again. So I just stopped where I was, pretended to examine a jigsaw and waited for them to notice me.

That was when I realised they were back on the subject of this rumour. Chrissie was saying, in a lowered voice, something like:

'But all that time you were there, I'm amazed you didn't think more about how you'd do it. About who you'd go to, all of that.'

'You don't understand,' Ruth was saying. 'If you were from Hailsham, then you'd see. It's never been such a big deal for us. I suppose we've always known if we ever wanted to look into it, all we'd have to do is get word back to Hailsham . . .'

Ruth saw me and broke off. When I lowered the jigsaw and turned to them, they were both looking at me angrily. At the same time, it was like I'd caught them doing something they shouldn't, and they moved apart self-consciously.

'It's time we were off,' I said, pretending to have heard nothing.

But Ruth wasn't fooled. As they came past, she gave me a really dirty look.

So by the time we set off again, following Rodney in search of the office where he'd seen Ruth's possible the month before, the atmosphere between us was worse than ever. Things weren't helped either by Rodney repeatedly taking us down the wrong streets. At least four times, he led us confidently down a turning off the High Street, only for the shops and offices to run out, and we'd have to turn and come back. Before long, Rodney was looking defensive and on the verge of giving up. But then we found it.

Again, we'd turned and were heading back towards the High Street, when Rodney had stopped suddenly. Then he'd indicated silently an office on the other side of the street.

There it was, sure enough. It wasn't exactly like the magazine advert we'd found on the ground that day, but then it wasn't so far off either. There was a big glass front at street-level, so anyone going by could see right into it: a large open-plan room with maybe a dozen desks arranged in irregular L-patterns. There were the potted palms, the shiny machines and swooping desk lamps. People were moving about between desks, or leaning on a partition, chatting and sharing jokes, while others had pulled their swivel chairs close to each other and were enjoying a coffee and sandwich.

'Look,' Tommy said. 'It's their lunch break, but they don't go out. Don't blame them either.'

We kept on staring, and it looked like a smart, cosy, self-contained world. I glanced at Ruth and noticed her eyes moving anxiously around the faces behind the glass.

'Okay, Rod,' Chrissie said. 'So which one's the possible?'

She said this almost sarcastically, like she was sure the whole thing would turn out to be a big mistake on his part.

But Rodney said quietly, with a tremor of excitement:

'There. Over in that corner. In the blue outfit. Her, talking now to the big red woman.'

It wasn't obvious, but the longer we kept looking, the more it seemed he had something. The woman was around fifty, and had kept her figure pretty well. Her hair was darker than Ruth's – though it could have been dyed – and she had it tied back in a simple pony-tail the way Ruth usually did. She was laughing at something her friend in the red outfit was saying, and her face, especially when she was finishing her laugh with a shake of her head, had more than a hint of Ruth about it.

We all kept on watching her, not saying a word. Then we became aware that in another part of the office, a couple of the other women had noticed us. One raised a hand and gave us an uncertain wave. This broke the spell and we took to our heels in giggly panic.

We stopped again further down the street, talking excitedly all at once. Except for Ruth, that is, who remained silent in the middle of it. It was hard to read her face at that moment: she certainly wasn't disappointed, but then she wasn't elated either. She had on a half-smile, the sort a mother might have in an ordinary family, weighing things up while the children jumped and screamed around her asking her to say, yes, they could do whatever. So there we were, all coming out with our views, and I was glad I could say honestly, along with the others, that the woman we'd seen was by no means out of the question. The truth was, we were all relieved: without quite realising it, we'd been bracing ourselves for a let-down. But now we could go back to the Cottages, Ruth could take encouragement from what she'd seen, and the rest of us could back her up. And the office life the woman appeared to be leading was about as close as you could hope to the one Ruth had often described for herself. Regardless of what had been going on between us that day, deep down, none of us wanted Ruth to return home despondent, and at that moment we thought we were safe. And so we would have been, I'm pretty sure, had we put an end to the matter at that point.

But then Ruth said: 'Let's sit over there, over on that wall. Just for a few minutes. Once they've forgotten about us, we can go and have another look.'

We agreed to this, but as we walked towards the low wall around the small car park Ruth had indicated, Chrissie said, perhaps a little too eagerly:

'But even if we don't get to see her again, we're all agreed she's a possible. And it's a lovely office. It really is.'

'Let's just wait a few minutes,' Ruth said. 'Then we'll go back.'

I didn't sit on the wall myself because it was damp and crumbling, and because I thought someone might appear any minute and shout at us for sitting there. But Ruth did sit on it, knees on either side like she was astride a horse. And today I have these vivid images of the ten, fifteen minutes we waited there. No one's talking about the possible any more. We're pretending instead that we're just killing a bit of time, maybe at a scenic spot during a carefree day-trip. Rodney's doing a little dance to demonstrate what a good feeling there is. He gets up on the wall, balances along it then deliberately falls off. Tommy's making jokes about some passers-by, and though they're not very funny, we're all laughing. Just Ruth, in the middle, astride the wall, remains silent. She keeps the smile on her face, but hardly moves. There's a breeze messing up her hair, and the bright winter sun's making her crinkle up her eyes, so you're not sure if she's smiling at our antics, or just grimacing in the light. These are the pictures I've kept of those moments we waited by that car park. I suppose we were waiting for Ruth to decide when it was time to go back for a second look. Well, she never got to make that decision because of what happened next.

Tommy, who had been mucking about on the wall with Rodney, suddenly jumped down and went still. Then he said: 'That's her. That's the same one.'

We all stopped what we were doing and watched the figure coming from the direction of the office. She was now wearing a cream-coloured overcoat, and struggling to fasten her brief-case as she walked. The buckle was giving her trouble, so she kept slowing down and starting again. We went on watching her in a kind of trance as she went past on the other side. Then as she was turning into the High Street, Ruth leapt up and said: 'Let's see where she goes.'

We came out of our trance and were off after her. In fact, Chrissie had to remind us to slow down or someone would think we were a gang of muggers going after the woman. We followed along the High Street at a reasonable distance, giggling, dodging past people, separating and coming together again. It must have been around two o'clock by then, and the pavement was busy with shoppers. At times we nearly lost sight of her, but we kept up, loitering in front of window displays when she went into a shop, squeezing past pushchairs and old people when she came out again.

Then the woman turned off the High Street into the little lanes near the seafront. Chrissie was worried she'd notice us away from the crowds, but Ruth just kept going, and we followed behind her.

Eventually we came into a narrow side-street that had the occasional shop, but was mainly just ordinary houses. We had to walk again in single file, and once when a van came the other way, we had to press ourselves into the houses to let it pass. Before long there was only the woman and us in the entire street, and if she'd glanced back, there was no way she wouldn't have noticed us. But she just kept walking, a dozen or so steps ahead, then went in through a door – into 'The Portway Studios'.

I've been back to the Portway Studios a number of times since then. It changed owners a few years ago and now sells all kinds of arty things: pots, plates, clay animals. Back then, it was two big white rooms just with paintings – beautifully displayed with plenty of spaces between them. The wooden sign hanging over the door is still the same one though. Anyway, we decided to go in after Rodney pointed out how suspicious we looked in that quiet little street. Inside the shop, we could at least pretend we were looking at the pictures.

We came in to find the woman we'd been following talking to a much older woman with silver hair, who seemed to be in charge of the place. They were sitting on either side of a small desk near the door, and apart from them, the gallery was empty. Neither woman paid much attention as we filed past, spread out and tried to look fascinated by the pictures.

Actually, preoccupied though I was with Ruth's possible, I did begin to enjoy the paintings and the sheer peacefulness of the place. It felt like we'd come a hundred miles from the High Street. The walls and ceilings were peppermint, and here and there, you'd see a bit of fishing net, or a rotted piece from a boat stuck up high near the cornicing. The paintings too – mostly oils in deep blues and greens – had sea themes. Maybe it was the tiredness suddenly catching up with us – after all, we'd been travelling since before dawn – but I wasn't the only one who went off into a bit of a dream in there. We'd all wandered into different corners, and were staring at one picture after another, only occasionally making the odd hushed remark like: 'Come and look at this!' All the time, we could hear Ruth's possible and the silver-haired lady talking on and on. They weren't especially loud, but in that place, their voices seemed to fill the entire space. They were discussing some man they both knew, how he didn't have a clue with his children. And as we kept listening to them, stealing the odd glance in their direction, bit by bit, something started to change. It did for me, and I could tell it was happening for the others. If we'd left it at seeing the woman through the glass of her office, even if we'd followed her through the town then lost her, we could still have gone back to the Cottages excited and triumphant. But now, in that gallery, the woman was too close, much closer than we'd ever really wanted. And the more we heard her and looked at her, the less she seemed like Ruth. It was a feeling that grew among us almost tangibly, and I could tell that Ruth, absorbed in a picture on the other side of the room, was feeling it as much as anyone. That was probably why we went on shuffling around that gallery for so long; we were delaying the moment when we'd have to confer.

Then suddenly the woman had left, and we all kept standing about, avoiding each other's eyes. But none of us had thought to follow the woman, and as the seconds kept ticking on, it became like we were agreeing, without speaking, about how we now saw the situation.

Eventually the silver-haired lady came out from behind her desk and said to Tommy, who was the nearest to her: 'That's a *particularly* lovely work. That one's a favourite of mine.'

Tommy turned to her and let out a laugh. Then as I was hurrying over to help him out, the lady asked: 'Are you art students?'

'Not exactly,' I said before Tommy could respond. 'We're just, well, keen.'

The silver-haired lady beamed, then started to tell us how the artist whose work we were looking at was related to her, and all about the artist's career thus far. This had the effect, at least, of breaking the trance-like state we'd been in, and we gathered round her to listen, the way we might have done at Hailsham when a guardian started to speak. This really got the silver-haired lady going, and we kept nodding and exclaiming while she talked about where the paintings had been done, the times of day the artist liked to work, how some had been done without sketches. Then there came a kind of natural end to her lecture, and we all gave a sigh, thanked her and went out.

The street outside being so narrow, we couldn't talk properly for a while longer, and I think we were all grateful for that. As we walked away from the gallery in single file, I could see Rodney, up at the front, theatrically stretching out his arms, like he was exhilarated the way he'd been when we'd first arrived in the town. But it wasn't convincing, and once we came out onto a wider street, we all shuffled to a halt.

We were once again near a cliff edge. And like before, if you peered over the rail, you could see the paths zigzagging down to the seafront, except this time you could see the promenade at the bottom with rows of boarded-up stalls.

We spent a few moments just looking out, letting the wind hit us. Rodney was still trying to be cheerful, like he'd decided not to let any of this business spoil a good outing. He was pointing out to Chrissie something in the sea, way off on the horizon. But Chrissie turned away from him and said:

'Well, I think we're agreed, aren't we? That *isn't* Ruth.' She gave a small laugh and laid a hand on Ruth's shoulder. 'I'm sorry. We're all sorry. But we can't blame Rodney really. It wasn't that wild a try. You've got to admit, when we saw her through those windows, it did look . . .' She trailed off, then touched Ruth on the shoulder again.

Ruth said nothing, but gave a little shrug, almost as if to shrug off the touch. She was squinting into the distance, at the sky rather than the water. I could tell she was upset, but someone who didn't know her well might well have supposed she was being thoughtful.

'Sorry, Ruth,' Rodney said, and he too gave Ruth a pat on the shoulder. But he had a smile on his face like he didn't expect for one moment to be blamed for anything. It was the way someone apologised when they'd tried to do you a favour, but it hadn't worked out.

Watching Chrissie and Rodney at that moment, I remember thinking, yes, they were okay. They were kind in their way and were trying to cheer Ruth up. At the same time, though, I remember feeling – even though they were the ones doing the talking, and Tommy and I were silent – a sort of resentment towards them on Ruth's behalf. Because however sympathetic they were, I could see that deep down they were relieved. They were relieved things had turned out the way they had; that they were in a position to comfort Ruth, instead of being left behind in the wake of a dizzying boost to her hopes. They were relieved they wouldn't have to face, more starkly than ever, the notion which fascinated and nagged and scared them: this notion of theirs that there were all kinds of possibilities open to us Hailsham students that weren't open to them. I remember thinking then how different they actually were, Chrissie and Rodney, from the three of us.

Then Tommy said: 'I don't see what difference it makes. It was just a bit of fun we were having.'

'A bit of fun for you maybe, Tommy,' Ruth said coldly, still gazing straight ahead of her. 'You wouldn't think so if it was *your* possible we'd been looking for.'

'I think I would,' Tommy said. 'I don't see how it matters. Even if you found your possible, the actual model they got you from. Even then, I don't see what difference it makes to anything.'

'Thank you for your profound contribution, Tommy,' said Ruth.

'But I think Tommy's right,' I said. 'It's daft to assume you'll have the same sort of life as your model. I agree with Tommy. It's just a bit of fun. We shouldn't get so serious about it.'

I too reached out and touched Ruth on the shoulder. I wanted her to feel the contrast to when Chrissie and Rodney had touched her, and I deliberately chose exactly the same spot. I expected some response, some signal that she accepted understanding from me and Tommy in a way she didn't from the veterans. But she gave me nothing, not even the shrug she'd given Chrissie.

Somewhere behind me I could hear Rodney pacing about, making noises to suggest he was getting chilly in the strong wind. 'How about going to visit Martin now?' he said. 'His flat's just over there, behind those houses.'

Ruth suddenly sighed and turned to us. 'To be honest,' she said, 'I knew all along it was stupid.'

'Yeah,' said Tommy, eagerly. 'Just a bit of fun.'

Ruth gave him an irritated look. 'Tommy, please shut up with all this "bit of fun" stuff. No one's listening.' Then turning to Chrissie and Rodney she went on: 'I didn't want to say when you first told me about this. But look, it was never on. They don't ever, *ever*, use people like that woman. Think about it. Why would she want to? We all know it, so why don't we all face it. We're not modelled from that sort . . .'

'Ruth,' I cut in firmly. 'Ruth, don't.'

But she just carried on: 'We all know it. We're modelled from *trash*. Junkies, prostitutes, winos, tramps. Convicts, maybe, just so long as they aren't psychos. That's what we come from. We all know it, so why don't we say it? A woman like that? Come on. Yeah, right, Tommy. A bit of fun. Let's have a bit of fun pretending. That other woman in there, her friend, the old one in the gallery. *Art* students, that's what she thought we were. Do you think she'd have talked to us like that if she'd known what we really were? What do you think she'd have said if we'd asked her? "Excuse me, but do you think your friend was ever a clone model?" She'd have thrown us out. We know it, so we might as well just say it. If you want to look for possibles, if you want to do it properly, then you look in the gutter. You look in rubbish bins. Look down the toilet, that's where you'll find where we all came from.'

'Ruth' – Rodney's voice was steady and had a warning in it – 'let's forget about it and go and see Martin. He's off this afternoon. You'll like him, he's a real laugh.'

Chrissie put an arm around Ruth. 'Come on, Ruth. Let's

do what Rodney says.'

Ruth got to her feet and Rodney started to walk.

'Well, you lot can go,' I said quietly. 'I'm not going.'

Ruth turned and looked at me carefully. 'Well, what do you know? Who's the upset one now?'

'I'm not upset. But sometimes you speak garbage, Ruth.'

'Oh, look who's upset now. Poor Kathy. She never likes straight talking.'

'It's nothing to do with that. I don't want to visit a carer. We're not supposed to and I don't even know this guy.'

Ruth shrugged and exchanged glances with Chrissie. 'Well,' she said, 'there's no reason we've got to go round together the whole time. If little Miss here doesn't want to join us, she doesn't have to. Let her go off by herself.' Then she leaned over to Chrissie and said in a stage whisper: 'That's always the best way when Kathy's in a mood. Leave her alone and she'll walk it off.'

'Be back at the car by four o'clock,' Rodney said to me. 'Otherwise you'll have to hitch-hike.' Then he did a laugh. 'Come on, Kathy, don't get in a sulk. Come with us.'

'No. You go on. I don't feel like it.'

Rodney shrugged and started to move off again. Ruth and Chrissie followed, but Tommy didn't move. Only when Ruth stared at him did he say:

'I'll stay with Kath. If we're splitting, then I'll stay with Kath.'

Ruth glared at him in fury, then turned and strode off. Chrissie and Rodney looked at Tommy awkwardly, then they too began walking again.

CHAPTER FIFTEEN

Tommy and I leaned on the rail and stared at the view until the others had gone out of sight.

'It's just talk,' he said eventually. Then after a pause: 'It's just what people say when they're feeling sorry for themselves. It's just talk. The guardians never told us anything like that.'

I started to walk – the opposite way to the others – and let Tommy fall in step beside me.

'It's not worth getting upset about,' Tommy went on. 'Ruth's always doing things like that now. It's just her letting off steam. Anyway, like we were telling her, even if it's true, even a little bit true, I don't see how it makes any difference. Our models, what they were like, that's nothing to do with us, Kath. It's just not worth getting upset about.'

'Okay,' I said, and deliberately bumped my shoulder into his. 'Okay, okay.'

I had the impression we were walking towards the town centre, though I couldn't be sure. I was trying to think of a way to change the subject, when Tommy said first:

'You know when we were in that Woolworth's place earlier? When you were down at the back with the others? I was trying to find something. Something for you.'

'A present?' I looked at him in surprise. 'I'm not sure Ruth would approve of that. Not unless you got her a bigger one.'

'A sort of present. But I couldn't find it. I wasn't going to tell you, but now, well, I've got another chance to find it. Except you might have to help me. I'm not very good at shopping.'

'Tommy, what are you talking about? You want to get me a present, but you want me to help you choose it . . .'

'No, I know what it is. It's just that . . .' He laughed and shrugged. 'Oh, I might as well tell you. In that shop we were in, they had this shelf with loads of records and tapes. So I was looking for the one you lost that time. Do you remember, Kath? Except I couldn't remember what it was any more.'

'My tape? I didn't realise you ever knew about it, Tommy.'

'Oh yeah. Ruth was getting people to look for it and saying you were really upset about losing it. So I tried to find it. I never told you at the time, but I did try really hard. I thought there'd be places I could look where you couldn't. In boys' dorms, stuff like that. I remember looking for ages, but I couldn't find it.'

I glanced at him and felt my rotten mood evaporating. 'I never knew that, Tommy. That was really sweet of you.'

'Well, it didn't help much. But I really wanted to find it for you. And when it looked in the end like it wasn't going to turn up, I just said to myself, one day I'll go to Norfolk and I'll find it there for her.'

'The lost corner of England,' I said, and looked around me. 'And here we are!'

Tommy too looked around him, and we came to a halt. We were in another side-street, not as narrow as the one with the gallery. For a moment we both kept glancing around theatrically, then giggled.

'So it wasn't such a daft idea,' Tommy said. 'That Woolworth's shop earlier, it had all these tapes, so I thought they were bound to have yours. But I don't think they did.'

'You don't *think* they did? Oh, Tommy, you mean you didn't even look properly!'

'I did, Kath. It's just that, well, it's really annoying but I couldn't remember what it was called. All that time at Hailsham, I was opening boys' collection chests and everything, and now I can't remember. It was Julie Bridges or something . . .'

'Judy Bridgewater. *Songs After Dark*.'

Tommy shook his head solemnly. 'They definitely didn't have that.'

I laughed and punched his arm. He looked puzzled so I said: 'Tommy, they wouldn't have something like that in Woolworth's. They have the latest hits. Judy Bridgewater, she's someone from ages ago. It just happened to turn up, at one of our Sales. It's not going to be in Woolworth's now, you idiot!'

'Well, like I said, I don't know about things like that. But they had so many tapes . . .'

'They had *some*, Tommy. Oh, never mind. It was a sweet idea. I'm really touched. It was a great idea. This is Norfolk, after all.'

We started walking again and Tommy said hesitantly: 'Well, that's why I had to tell you. I wanted to surprise you, but it's useless. I don't know where to look, even if I do know the name of the record. Now I've told you, you can help me. We can look for it together.'

'Tommy, what are you talking about?' I was trying to sound reproachful, but I couldn't help laughing.

'Well, we've got over an hour. This is a real chance.'

'Tommy, you idiot. You really believe it, don't you? All this lost-corner stuff.'

'I don't necessarily believe it. But we might as well look now we're here. I mean, you'd like to find it again, wouldn't you? What have we got to lose?'

'All right. You're a complete idiot, but all right.'

He opened his arms out helplessly. 'Well, Kath, where do we go? Like I say, I'm no good at shopping.'

'We have to look in second-hand places,' I said, after a moment's thought. 'Places full of old clothes, old books. They'll sometimes have a box full of records and tapes.'

'Okay. But where are these shops?'

When I think of that moment now, standing with Tommy in the little side-street about to begin our search, I feel a warmth welling up through me. Everything suddenly felt perfect: an hour set aside, stretching ahead of us, and there wasn't a better way to spend it. I had to really hold myself back from giggling stupidly, or jumping up and down on the pavement like a little kid. Not long ago, when I was caring for Tommy, and I brought up our Norfolk trip, he told me he'd felt exactly the same. That moment when we decided to go searching for my lost tape, it was like suddenly every cloud had blown away, and we had nothing but fun and laughter before us.

At the start, we kept going into the wrong sort of places: second-hand bookshops, or shops full of old vacuum cleaners, but no music at all. After a while Tommy decided I didn't know any better than he did and announced he would lead the way. As it happened, by sheer luck really, he discovered straight away a street with four shops of just the kind we were after, standing virtually in a row. Their front windows were full of dresses, handbags, children's annuals, and when you went inside, a sweet stale smell. There were piles of creased paperbacks, dusty boxes full of postcards or trinkets. One shop specialised in hippie stuff, while another had war medals and photos of soldiers in the desert. But they all had somewhere a big cardboard box or two with LPs and cassette tapes. We rummaged around those shops, and in all honesty, after the first few minutes, I think Judy Bridgewater had more or less slipped from our minds. We were just enjoying looking through all those things together; drifting apart then finding ourselves side by side again, maybe competing for the same box of bric-a-brac in a dusty corner lit up by a shaft of sun.

Then of course I found it. I'd been flicking through a row of cassette cases, my mind on other things, when suddenly there it was, under my fingers, looking just the way it had all those years ago: Judy, her cigarette, the coquettish look for the barman, the blurred palms in the background.

I didn't exclaim, the way I'd been doing when I'd come across other items that had mildly excited me. I stood there quite still, looking at the plastic case, unsure whether or not I was delighted. For a second, it even felt like a mistake. The tape had been the perfect excuse for all this fun, and now it had turned up, we'd have to stop. Maybe that was why, to my own surprise, I kept silent at first; why I thought about pretending never to have seen it. And now it was there in front of me, there was something vaguely embarrassing about the tape, like it was something I should have grown out of. I actually went as far as flicking the cassette on and letting its neighbour fall on it. But there was the spine, looking up at me, and in the end I called Tommy over.

'Is that it?' He seemed genuinely sceptical, perhaps because I wasn't making more fuss. I pulled it out and held it in both hands. Then suddenly I felt a huge pleasure – and something else, something more complicated that threatened to make me burst into tears. But I got a hold of the emotion, and just gave Tommy's arm a tug.

'Yes, this is it,' I said, and for the first time smiled excitedly. 'Can you believe it? We've really found it!'

'Do you think it could be the same one? I mean, the *actual* one. The one you lost?'

As I turned it in my fingers, I found I could remember all the design details on the back, the titles of the tracks, everything.

'For all I know, it might be,' I said. 'But I have to tell you, Tommy, there might be thousands of these knocking about.'

Then it was my turn to notice Tommy wasn't as triumphant as he might be.

'Tommy, you don't seem very pleased for me,' I said, though in an obviously jokey voice.

'I *am* pleased for you, Kath. It's just that, well, I wish I'd found it.' Then he did a small laugh and went on: 'Back then, when you lost it, I used to think about it, in my head, what it would be like, if I found it and brought it to you. What you'd say, your face, all of that.'

His voice was softer than usual and he kept his eyes on the

plastic case in my hand. And I suddenly became very conscious of the fact that we were the only people in the shop, except for the old guy behind the counter at the front engrossed in his paperwork. We were right at the back of the shop, on a raised platform where it was darker and more secluded, like the old guy didn't want to think about the stuff in our area and had mentally curtained it off. For several seconds, Tommy stayed in a sort of trance, for all I know playing over in his mind one of these old fantasies of giving me back my lost tape. Then suddenly he snatched the case out of my hand.

'Well at least I can *buy* it for you,' he said with a grin, and before I could stop him, he'd started down the floor towards the front.

I went on browsing around the back of the shop while the old guy searched around for the tape to go with the case. I was still feeling a pang of regret that we'd found it so quickly, and it was only later, when we were back at the Cottages and I was alone in my room, that I really appreciated having the tape – and that song – back again. Even then, it was mainly a nostalgia thing, and today, if I happen to get the tape out and look at it, it brings back memories of that afternoon in Norfolk every bit as much as it does our Hailsham days.

As we came out of the shop, I was keen to regain the carefree, almost silly mood we'd been in before. But when I made a few little jokes, Tommy was lost in his thoughts and didn't respond.

We began going up a steeply climbing path, and we could see – maybe a hundred yards further up – a kind of viewing area right on the cliff edge with benches facing out to sea. It would have made a nice spot in the summer for an ordinary family to sit and eat a picnic. Now, despite the chilly wind, we found ourselves walking up towards it, but when there was still some way left to go, Tommy slowed to a dawdle and said to me:

'Chrissie and Rodney, they're really obsessed with this idea. You know, the one about people having their donations deferred if they're really in love. They're convinced we know all about it, but no one said anything like that at Hailsham. At least, I never heard anything like that, did you, Kath? No, it's just something going around recently among the veterans. And people like Ruth, they've been stoking it up.'

I looked at him carefully, but it was hard to tell if he'd just spoken with mischievous affection or else a kind of disgust. I could see anyway there was something else on his mind, nothing to do with Ruth, so I didn't say anything and waited. Eventually he came to a complete halt and started to poke around with his foot a squashed paper cup on the ground.

'Actually, Kath,' he said, 'I've been thinking about it for a while. I'm sure we're right, there was no talk like that when we were at Hailsham. But there were a lot of things that didn't make sense back then. And I've been thinking, if it's true, this rumour, then it could explain quite a lot. Stuff we used to puzzle over.'

'What do you mean? What sort of stuff?'

'The Gallery, for instance.' Tommy had lowered his voice and I stepped in closer, just as though we were still at Hailsham, talking in the dinner queue or beside the pond. 'We never got to the bottom of it, what the Gallery was for. Why Madame took away all the best work. But now I think I know. Kath, you remember that time everyone was arguing about tokens? Whether they should get them or not to make up for stuff they'd had taken away by Madame? And Roy J. went in to see Miss Emily about it? Well, there was something Miss Emily said then, something she let drop, and that's what's been making me think.'

Two women were passing by with dogs on leads, and although it was completely stupid, we both stopped talking until they'd gone further up the slope and out of earshot. Then I said:

'What thing, Tommy? What thing Miss Emily let drop?'

'When Roy J. asked her why Madame took our stuff away. Do you remember what she's supposed to have said?'

'I remember her saying it was a privilege, and we should be proud . . .'

'But that wasn't all.' Tommy's voice was now down to a whisper. 'What she told Roy, what she let slip, which she probably didn't mean to let slip, do you remember, Kath? She told Roy that things like pictures, poetry, all that kind of stuff, she said they *revealed what you were like inside.* She said *they revealed your soul.*'

When he said this, I suddenly remembered a drawing Laura had done once of her intestines and laughed. But something was coming back to me.

'That's right,' I said. 'I remember. So what are you getting at?'

'What I think,' said Tommy slowly, 'is this. Suppose it's true, what the veterans are saying. Suppose some special arrangement *has* been made for Hailsham students. Suppose two people say they're truly in love, and they want extra time to be together. Then you see, Kath, there has to be a way to judge if they're really telling the truth. That they aren't just saying they're in love, just to defer their donations. You see how difficult it could be to decide? Or a couple might really believe they're in love, but it's just a sex thing. Or just a crush. You see what I mean, Kath? It'll be really hard to judge, and it's probably impossible to get it right every time. But the point is, whoever decides, Madame or whoever it is, *they need something to go on.*'

I nodded slowly. 'So that's why they took away our art . . .'

'It could be. Madame's got a gallery somewhere filled with stuff by students from when they were tiny. Suppose two people come up and say they're in love. She can find the art they've done over years and years. She can see if they go. If they match. Don't forget, Kath, what she's got reveals our souls. She could decide for herself what's a good match and what's just a stupid crush.'

I started to walk slowly again, hardly looking in front of me. Tommy fell in step, waiting for my response.

'I'm not sure,' I said in the end. 'What you're saying could certainly explain Miss Emily, what she said to Roy. And I suppose it explains too why the guardians always thought it was so important for us, to be able to paint and all of that.'

'Exactly. And that's why . . .' Tommy sighed and went on with some effort. 'That's why Miss Lucy had to admit she'd been wrong, telling me it didn't really matter. She'd said that because she was sorry for me at the time. But she knew deep down it *did* matter. The thing about being from Hailsham was that you had this special chance. And if you didn't get stuff into Madame's gallery, then you were as good as throwing that chance away.'

It was after he said this that it suddenly dawned on me, with a real chill, where this was leading. I stopped and turned to him, but before I could speak, Tommy let out a laugh.

'If I've got this right, then, well, it looks like I might have blown my chance.'

'Tommy, did you *ever* get anything into the Gallery? When you were much younger maybe?'

He was already shaking his head. 'You know how useless I was. And then there was that stuff with Miss Lucy. I know she meant well. She was sorry for me and she wanted to help me. I'm sure she did. But if my theory's right, well . . .'

'It's only a theory, Tommy,' I said. 'You know what your theories are like.'

I'd wanted to lighten things a bit, but I couldn't get the tone right, and it must have been obvious I was still thinking hard about what he'd just said. 'Maybe they've got all sorts of ways to judge,' I said after a moment. 'Maybe the art's just one out of all kinds of different ways.'

Tommy shook his head again. 'Like what? Madame never got to know us. She wouldn't remember us individually.

Besides, it's probably not just Madame that decides. There's probably people higher up than her, people who never set foot in Hailsham. I've thought about this a lot, Kath. It all fits. That's why the Gallery was so important, and why the guardians wanted us to work so hard on our art and our poetry. Kath, what are you thinking?'

Sure enough, I'd drifted off a bit. Actually, I was thinking about that afternoon I'd been alone in our dorm, playing the tape we'd just found; how I'd been swaying around, clutching a pillow to my breast, and how Madame had been watching me from the doorway, tears in her eyes. Even this episode, for which I'd never yet found a convincing explanation, seemed to fit Tommy's theory. In my head, I'd been imagining I was holding a baby, but of course, there'd have been no way for Madame to know that. She'd have supposed I was holding a lover in my arms. If Tommy's theory was right, if Madame was connected to us for the sole purpose of deferring our donations when, later on, we fell in love, then it made sense – for all her usual coldness towards us – she'd be really moved stumbling on a scene like that. All this flashed through my mind, and I was on the point of blurting it all out to Tommy. But I held back because I wanted now to play down his theory.

'I was just thinking over what you said, that's all,' I said. 'We should start going back now. It might take us a while to find the car park.'

We began to retrace our steps down the slope, but we knew we still had time and didn't hurry.

'Tommy,' I asked, after we'd been walking for a while. 'Have you said any of this to Ruth?'

He shook his head and went on walking. Eventually he said: 'The thing is, Ruth believes it all, everything the veterans are saying. Okay, she likes to pretend she knows much more than she does. But she does believe it. And sooner or later, she's going to want to take it further.'

'You mean, she'll want to . . .'

'Yeah. She'll want to apply. But she hasn't thought it through yet. Not the way we just did.'

'You've never told her your theory about the Gallery?'

He shook his head again, but said nothing.

'If you tell her your theory,' I said, 'and she buys it . . . Well, she's going to be furious.'

Tommy seemed thoughtful, but still didn't say anything. It wasn't until we were back down in the narrow side-streets that he spoke again, and then his voice was suddenly sheepish.

'Actually, Kath,' he said, 'I *have* been doing some stuff. Just in case. I haven't told anyone, not even Ruth. It's just a start.'

That was when I first heard about his imaginary animals. When he started to describe what he'd been doing – I didn't actually see anything until a few weeks later – I found it hard to show much enthusiasm. In fact, I have to admit, I was reminded of the original elephant-in-the-grass picture that had started off all Tommy's problems at Hailsham. The inspiration, he explained, had come from an old children's book with the back cover missing which he'd found behind one of the sofas at the Cottages. He'd then persuaded Keffers to give him one of the little black notebooks he scribbled his figures in, and since then, Tommy had finished at least a dozen of his fantastic creatures.

'The thing is, I'm doing them really small. Tiny. I'd never thought of that at Hailsham. I think maybe that's where I went wrong. If you make them tiny, and you have to because the pages are only about this big, then everything changes. It's like they come to life by themselves. Then you have to draw in all these different details for them. You have to think about how they'd protect themselves, how they'd reach things. Honest, Kath, it's nothing like anything I ever did at Hailsham.'

He started describing his favourites, but I couldn't really concentrate; the more excited he got telling me about his animals, the more uneasy I was growing. 'Tommy,' I wanted to say to him, 'you're going to make yourself a laughing stock all over again. Imaginary animals? What's up with you?' But I didn't. I just looked at him cautiously and kept saying: 'That sounds really good, Tommy.'

Then he said at one point: 'Like I said, Kath, Ruth doesn't know about the animals.' And when he said this, he seemed to remember everything else, and why we'd been talking about his animals in the first place, and the energy faded from his face. Then we were walking in silence again, and as we came out onto the High Street, I said:

'Well, even if there's something to your theory, Tommy, there's a lot more we'll have to find out. For one thing, how's a couple supposed to apply? What are they supposed to do? There aren't exactly forms lying about.'

'I've been wondering about all of that too.' His voice was quiet and solemn again. 'As far as I can see, there's only one obvious way forward. And that's to find Madame.'

I gave this a think, then said: 'That might not be so easy. We don't really know a thing about her. We don't even know her name. And you remember how she was? She didn't like us even coming near her. Even if we did ever track her down, I don't see her helping much.'

Tommy sighed. 'I know,' he said. 'Well, I suppose we've got time. None of us are in any particular hurry.'

By the time we got back to the car park, the afternoon had clouded over and was growing pretty chilly. There was no sign of the others yet, so Tommy and I leaned against our car and looked towards the mini-golf course. No one was playing and the flags were fluttering away in the wind. I didn't want to talk any more about Madame, the Gallery or any of the rest of it, so I got the Judy Bridgewater tape out from its little bag and gave it a good look-over.

'Thanks for buying this for me,' I said.

Tommy smiled. 'If I'd got to that tape box and you were

on the LPs, I'd have found it first. It was bad luck for poor old Tommy.'

'It doesn't make any difference. We only found it because you said to look for it. I'd forgotten about all this lost-corner stuff. After Ruth going on like that, I was in such a mood. Judy Bridgewater. My old friend. It's like she's never been away. I wonder who stole it back then?'

For a moment, we turned towards the street, looking for the others.

'You know,' Tommy said, 'when Ruth said what she did earlier on, and I saw how upset you looked . . .'

'Leave it, Tommy. I'm all right about it now. And I'm not going to bring it up with her when she comes back.'

'No, that's not what I was getting at.' He took his weight off the car, turned and pressed a foot against the front tyre as though to test it. 'What I meant was, I realised then, when Ruth came out with all that, I realised why you keep looking through those porn mags. Okay, I haven't *realised*. It's just a theory. Another of my theories. But when Ruth said what she did earlier on, it kind of clicked.'

I knew he was looking at me, but I kept my eyes straight ahead and made no response.

'But I still don't really get it, Kath,' he said eventually. 'Even if what Ruth says is right, and I don't think it is, why are you looking through old porn mags for your possibles? Why would your model have to be one of those girls?'

I shrugged, still not looking at him. 'I don't claim it makes sense. It's just something I do.' There were tears filling my eyes now and I tried to hide them from Tommy. But my voice wobbled as I said: 'If it annoys you so much, I won't do it any more.'

I don't know if Tommy saw the tears. In any case, I'd got them under control by the time he came close to me and gave my shoulders a squeeze. This was something he'd done before from time to time, it wasn't anything special or new. But somehow I did feel better and gave a little laugh.

He let go of me then, but we stayed almost touching, side by side again, our backs to the car.

'Okay, there's no sense in it,' I said. 'But we all do it, don't we? We all wonder about our model. After all, that's why we came out here today. We all do it.'

'Kath, you know, don't you, I haven't told anyone. About that time in the boiler hut. Not Ruth, not anyone. But I just don't get it. I don't get what it's about.'

'All right, Tommy. I'll tell you. It may not make any more sense after you've heard it, but you can hear it anyway. It's just that sometimes, every now and again, I get these really strong feelings when I want to have sex. Sometimes it just comes over me and for an hour or two it's scary. For all I know, I could end up doing it with old Keffers, it's that bad. That's why . . . that's the only reason I did it with Hughie. And with Oliver. It didn't mean anything deep down. I don't even like them much. I don't know what it is, and afterwards, when it's passed over, it's just scary. That's why I started thinking, well, it has to come from somewhere. It must be to do with the way I am.' I stopped, but when Tommy didn't say anything, I went on: 'So I thought if I find her picture, in one of those magazines, it'll at least explain it. I wouldn't want to go and find her or anything. It would just, you know, kind of explain why I am the way I am.'

'I get it too sometimes,' said Tommy. 'When I really feel like doing it. I reckon everyone does, if they're honest. I don't think there's anything different about you, Kath. In fact, I get like that quite a lot . . .' He broke off and laughed, but I didn't laugh with him.

'What I'm talking about's different,' I said. 'I've watched other people. They get in the mood for it, but that doesn't make them do things. They never do things like I've done, going with people like that Hughie . . .'

I might have started crying again, because I felt Tommy's arm going back around my shoulders. Upset as I was, I remained conscious of where we were, and I made a kind of check in my mind that if Ruth and the others came up the street, even if they saw us at that moment, there'd be no room for misunderstanding. We were still side by side, leaning against the car, and they'd see I was upset about something and Tommy was just comforting me. Then I heard him say:

'I don't think it's necessarily a bad thing. Once you find someone, Kath, someone you really want to be with, then it could be really good. Remember what the guardians used to tell us? If it's with the right person, it makes you feel really good.'

I made a movement with my shoulder to get Tommy's arm off me, then took a deep breath. 'Let's forget it. Anyway, I've got much better at controlling these moods when they come on. So let's just forget it.'

'All the same, Kath, it's stupid looking through those magazines.'

'It's stupid, okay. Tommy, let's leave it. I'm all right now.'

I don't remember what else we talked about until the others showed up. We didn't discuss any more of those serious things, and if the others sensed something still in the air, they didn't remark on it. They were in good spirits, and Ruth in particular seemed determined to make up for the bad scene earlier on. She came up and touched my cheek, making some joke or other, and once we got in the car, she made sure the jovial mood kept going. She and Chrissie had found everything about Martin comical and were relishing the chance to laugh openly about him now they'd left his flat. Rodney looked disapproving, and I realised Ruth and Chrissie were making a song and dance of it mainly to tease him. It all seemed good-natured enough. But what I noticed was that whereas before Ruth would have taken the opportunity to keep me and Tommy in the dark about all the jokes and references, throughout the journey back, she kept turning to me and explaining carefully everything they were talking about. In fact it got a bit tiring after a while because it was like everything being said in the car was for our – or at least my – special benefit. But I was pleased Ruth was making such a fuss. I understood – as did Tommy – that she'd recognised she'd behaved badly before, and this was her way of admitting it. We were sitting with her in the middle, just as we'd done on the journey out, but now she spent all her time talking to me, turning occasionally to her other side to give Tommy a little squeeze or the odd kiss. It was a good atmosphere, and no one brought up Ruth's possible or anything like that. And I didn't mention the Judy Bridgewater tape Tommy had bought me. I knew Ruth would find out about it sooner or later, but I didn't want her to find out just yet. On that journey home, with the darkness setting in over those long empty roads, it felt like the three of us were close again and I didn't want anything to come along and break that mood.

CHAPTER SIXTEEN

The odd thing about our Norfolk trip was that once we got back, we hardly talked about it. So much so that for a while all kinds of rumours went around about what we'd been up to. Even then, we kept pretty quiet, until eventually people lost interest.

I'm still not sure why this happened. Perhaps we felt it was up to Ruth, that it was her call how much got told, and we were waiting to take our cue from her. And Ruth, for one reason or another – maybe she was embarrassed how things had turned out with her possible, maybe she was enjoying the mystery – had remained completely closed on the subject. Even among ourselves, we avoided talking about the trip.

This air of secrecy made it easier for me to keep from telling Ruth about Tommy buying me the Judy Bridgewater tape. I didn't go as far as actually hiding the thing. It was always there in my collection, in one of my little piles next to the skirting board. But I always made sure not to leave it out or on top of a pile. There were times when I wanted badly to tell her, when I wanted us to reminisce about Hailsham with the tape playing in the background. But the further away we got from the Norfolk trip, and I still hadn't told her, the more it came to feel like a guilty secret. Of course, she did spot the tape in the end, much later, and it was probably a much worse time for her to find it, but that's the way your luck sometimes goes.

As spring came on, there seemed to be more and more veterans leaving to start their training, and though they left without fuss in the usual way, the increased numbers made them impossible to ignore. I'm not sure what our feelings were, witnessing these departures. I suppose to some extent we envied the people leaving. It did feel like they were headed for a bigger, more exciting world. But of course, without a doubt, their going made us increasingly uneasy.

Then, I think it was around April, Alice F. became the first of our Hailsham bunch to leave, and not long after that Gordon C. did too. They'd both asked to start their training, and went off with cheerful smiles, but after that, for our lot anyway, the atmosphere at the Cottages changed forever.

Many veterans, too, seemed affected by the flurry of departures, and maybe as a direct result, there was a fresh spate of rumours of the sort Chrissie and Rodney had spoken about in Norfolk. Talk went around of students, somewhere else in the country, getting deferrals because they'd shown they were in love – and now, just sometimes, the talk was of students with no connections to Hailsham. Here again, the five of us who'd been to Norfolk backed away from these topics: even Chrissie and Rodney, who'd once been at the centre of just this sort of talk, now looked awkwardly away when these rumours got going.

The 'Norfolk effect' even got to me and Tommy. I'd been assuming, once we were back, we'd be taking little opportunities, whenever we were alone, to exchange more thoughts on his theory about the Gallery. But for some reason – and it wasn't any more him than me – this never really happened. The one exception, I suppose, was that time in the goosehouse, the morning when he showed me his imaginary animals.

The barn we called the goosehouse was on the outer fringes of the Cottages, and because the roof leaked badly and the door was permanently off its hinges, it wasn't used for anything much other than as a place for couples to sneak off to in the warmer months. By then I'd taken to going for long solitary walks, and I think I was setting out on one of these, and had just gone past the goosehouse, when I heard Tommy calling me. I turned to see him in his bare feet, perched awkwardly on a bit of dry ground surrounded by huge puddles, one hand on the side of the barn to keep his balance.

'What happened to your Wellies, Tommy?' I asked. Aside from his bare feet, he was dressed in his usual thick jumper and jeans.

'I was, you know, *drawing* . . .' He laughed, and held up a little black notebook similar to the ones Keffers always went around with. It was by then over two months since the Norfolk trip, but I realised as soon as I saw the notebook what this was about. But I waited for him to say:

'If you like, Kath, I'll show you.'

He led the way into the goosehouse, hopping over the jaggy ground. I'd expected it to be dark inside, but the sunlight was pouring through the skylights. Pushed against one wall were various bits of furniture heaved out over the past year or so – broken tables, old fridges, that kind of thing. Tommy appeared to have dragged into the middle of the floor a two-seater settee with stuffing poking out of its black plastic, and I guessed he'd been sitting in it doing his drawing when I'd gone past. Just nearby, his Wellingtons were lying fallen on their sides, his football socks peeking out of the tops.

Tommy jumped back onto the settee, nursing his big toe. 'Sorry my feet poo a bit. I took everything off without realising. I think I've cut myself now. Kath, do you want to see these? Ruth looked at them last week, so I've been meaning to show you ever since. No one's seen them apart from Ruth. Have a look, Kath.'

That was when I first saw his animals. When he'd told me about them in Norfolk, I'd seen in my mind scaled-down versions of the sort of pictures we'd done when we were small. So I was taken aback at how densely detailed each one was. In fact, it took a moment to see they were animals at all. The first impression was like one you'd get if you took the back off a radio set: tiny canals, weaving tendons, miniature screws and wheels were all drawn with obsessive precision, and only when you held the page away could you see it was some kind of armadillo, say, or a bird.

'It's my second book,' Tommy said. 'There's no way anyone's seeing the first one! It took me a while to get going.'

He was lying back on the settee now, tugging a sock over his foot and trying to sound casual, but I knew he was anxious for my reaction. Even so, for some time, I didn't come up with wholehearted praise. Maybe it was partly my worry that any artwork was liable to get him into trouble all over again. But also, what I was looking at was so different from anything the guardians had taught us to do at Hailsham, I didn't know how to judge it. I did say something like:

'God, Tommy, these must take so much concentration. I'm surprised you can see well enough in here to do all this tiny stuff.' And then, as I flicked through the pages, perhaps because I was still struggling to find the right thing to say, I came out with: 'I wonder what Madame would say if she saw these.'

I'd said it in a jokey tone, and Tommy responded with a little snigger, but then there was something hanging in the air that hadn't been there before. I went on turning the pages of the notebook – it was about a quarter full – not looking up at him, wishing I'd never brought up Madame. Finally I heard him say:

'I suppose I'll have to get a lot better before *she* gets to see any of it.'

I wasn't sure if this was a cue for me to say how good the drawings were, but by this time, I was becoming genuinely drawn to these fantastical creatures in front of me. For all their busy, metallic features, there was something sweet, even vulnerable about each of them. I remembered him telling me, in Norfolk, that he worried, even as he created them, how they'd protect themselves or be able to reach and fetch things, and looking at them now, I could feel the same sort of concerns. Even so, for some reason I couldn't fathom, something continued to stop me coming out with praise. Then Tommy said:

'Anyway, it's not only because of all that I'm doing the animals. I just like doing them. I was wondering, Kath, if I should go on keeping it secret. I was thinking, maybe there's no harm in people knowing I do these. Hannah still does her watercolours, a lot of the veterans do stuff. I don't mean I'm going to go round *showing* everyone exactly. But I was thinking, well, there's no reason why I should keep it all secret any more.'

At last I was able to look up at him and say with some conviction: 'Tommy, there's no reason, no reason at all. These are good. Really, really good. In fact, if that's why you're hiding in here now, it's really daft.'

He didn't say anything in response, but a kind of smirk appeared over his face, like he was enjoying a joke with himself, and I knew how happy I'd made him. I don't think we spoke much more to each other after that. I think before long he got his Wellingtons on, and we both left the goosehouse. As I say, that was about the only time Tommy and I touched directly on his theory that spring.

Then the summer came, and the one year point from when we'd first arrived. A batch of new students turned up in a minibus, much as we'd done, but none of them were from Hailsham. This was in some ways a relief: I think we'd all been getting anxious about how a fresh lot of Hailsham students might complicate things. But for me at least, this non-appearance of Hailsham students just added to a feeling that Hailsham was now far away in the past, and that the ties binding our old crowd were fraying. It wasn't just that people like Hannah were always talking about following Alice's example and starting their training; others, like Laura, had found boyfriends who weren't Hailsham and you could almost forget they'd ever had much to do with us.

And then there was the way Ruth kept pretending to forget things about Hailsham. Okay, these were mostly trivial things, but I got more and more irritated with her. There was the time, for instance, we were sitting around the kitchen table after a long breakfast, Ruth, me and a few veterans. One of the veterans had been talking about how eating cheese late at night always disturbed your sleep, and I'd turned to Ruth to say something like: 'You remember how Miss Geraldine always used to tell us that?' It was just a casual aside, and all it needed was for Ruth to smile or nod. But she made a point of staring back at me blankly, like she didn't have the faintest what I was talking about. Only when I said to the veterans, by way of explanation: 'One of our guardians,' did Ruth give a frowning nod, as though she'd just that moment remembered.

I let her get away with it that time. But there was another occasion when I didn't, that evening we were sitting out in the ruined bus shelter. I got angry then because it was one thing to play this game in front of veterans; quite another when it was just the two of us, in the middle of a serious talk. I'd referred, just in passing, to the fact that at Hailsham, the short-cut down to the pond through the rhubarb patch was out of bounds. When she put on her puzzled look, I abandoned whatever point I'd been trying to make and said: 'Ruth, there's no way you've forgotten. So don't give me that.'

Perhaps if I hadn't pulled her up so sharply – perhaps if I'd just made a joke of it and carried on – she'd have seen how absurd it was and laughed. But because I'd snapped at her, Ruth glared back and said:

'What does it matter anyway? What's the rhubarb patch got to do with any of this? Just get on with what you were saying.'

It was getting late, the summer evening was fading, and the old bus shelter felt musty and damp after a recent thunderstorm. So I didn't have the head to go into why it mattered so much. And though I did just drop it and carry on with the discussion we'd been having, the atmosphere had gone chilly, and could hardly have helped us get through the difficult matter in hand.

But to explain what we were talking about that evening, I'll have to go back a little bit. In fact, I'll have to go back several weeks, to the earlier part of the summer. I'd been having a relationship with one of the veterans, a boy called Lenny, which, to be honest, had been mainly about the sex. But then he'd suddenly opted to start his training and left. This unsettled me a little, and Ruth had been great about it, watching over me without seeming to make a fuss, always ready to cheer me up if I seemed gloomy. She also kept doing little favours for me, like making me sandwiches, or taking on parts of my cleaning rota.

Then about a fortnight after Lenny had gone, the two of us were sitting in my attic room some time after midnight chatting over mugs of tea, and Ruth got me really laughing about Lenny. He hadn't been such a bad guy, but once I'd started telling Ruth some of the more intimate things about him, it did seem like everything to do with him was hilarious, and we just kept laughing and laughing. Then at one point Ruth was running a finger up and down the cassettes stacked in little piles along my skirting board. She was doing this in an absent-minded sort of way while she kept laughing, but afterwards, I went through a spell of suspecting it hadn't been by chance at all; that she'd noticed it there maybe days before, perhaps even examined it to make sure, then had waited for the best time to 'find' it. Years later, I gently hinted this to Ruth, and she didn't seem to know what I was talking about, so maybe I was wrong. Anyway, there we were, laughing and laughing each time I came out with another detail about poor Lenny, and then suddenly it was like a plug had been pulled out. There was Ruth, lying on her side across my rug, peering at the spines of the cassettes in the low light, and then the Judy Bridgewater tape was in her hands. After what seemed an eternity, she said:

'So how long have you had this again?'

I told her, as neutrally as I could, about how Tommy and I had come across it that day while she'd been gone with the others. She went on examining it, then said:

'So Tommy found it for you.'

'No. I found it. I saw it first.'

'Neither of you told me.' She shrugged. 'At least, if you did, I never heard.'

'The Norfolk thing was true,' I said. 'You know, about it being the lost corner of England.'

It did flash through my mind Ruth would pretend not to remember this reference, but she nodded thoughtfully.

'I should have remembered at the time,' she said. 'I might have found my red scarf then.'

We both laughed and the uneasiness seemed to pass. But there was something about the way Ruth put the tape back without discussing it any further that made me think it wasn't finished with yet.

I don't know if the way the conversation went after that was something controlled by Ruth in the light of her discovery, or if we were headed that way anyway, and that it was only afterwards Ruth realised she could do with it what she did. We went back to discussing Lenny, in particular a lot of stuff about how he had sex, and we were laughing away again. At that point, I think I was just relieved she'd finally found the tape and not made a huge scene about it, and so maybe I wasn't being as careful as I might have been. Because before long, we'd drifted from laughing about Lenny to laughing about Tommy. At first it had all felt good-natured enough, like we were just being affectionate towards him. But then we were laughing about his animals.

As I say, I've never been sure whether or not Ruth deliberately moved things round to this. To be fair, I can't even say for certain she was the one who first mentioned the animals. And once we started, I was laughing just as much as she was – about how one of them looked like it was wearing underpants, how another had to have been inspired by a squashed hedgehog. I suppose I should have said in there somewhere that the animals were good, that he'd done really well to have got where he had with them. But I didn't. That was partly because of the tape; and maybe, if I have to be honest, because I was pleased by the notion that Ruth wasn't taking the animals seriously, and everything that implied. I think when we eventually broke up for the night, we felt as close as we'd ever done. She touched my cheek on her way out, saying: 'It's really good the way you always keep your spirits up, Kathy.'

So I wasn't prepared at all for what happened at the churchyard several days later. Ruth had discovered that summer a lovely old church about half a mile from the Cottages, which had behind it rambling grounds with very old gravestones leaning in the grass. Everything was overgrown, but it was really peaceful and Ruth had taken to doing a lot of her reading there, near the back railings, on a bench under a big willow. I hadn't at first been too keen on this development, remembering how the previous summer we'd all sat around together in the grass right outside the Cottages. All the same, if I was headed that way on one of my walks, and I knew Ruth was likely to be there, I'd find myself going through the low wooden gate and along the overgrown path past the gravestones. On that afternoon, it was warm and still, and I'd come down the path in a dreamy mood, reading off names on the stones, when I saw not only Ruth, but Tommy on the bench under the willow.

Ruth was actually sitting on the bench, while Tommy was standing with one foot up on its rusty armrest, doing a kind of stretching exercise as they talked. It didn't look like they were having any big conversation and I didn't hesitate to go up to them. Maybe I should have picked up something in the way they greeted me, but I'm sure there wasn't anything obvious. I had some gossip I was dying to tell them – something about one of the newcomers – and so for a while it was just me blabbing on while they nodded and asked the odd question. It was some time before it occurred to me something wasn't right, and even then, when I paused and asked: 'Did I interrupt something here?' it was in a jokey sort of way.

But then Ruth said: 'Tommy's been telling me about his big theory. He says he's already told you. Ages ago. But now, very kindly, he's allowing me to share in it too.'

Tommy gave a sigh and was about to say something, but Ruth said in a mock whisper: 'Tommy's big Gallery theory!'

Then they were both looking at me, like I was now in charge of everything and it was up to me what happened next.

'It's not a bad theory,' I said. 'It might be right, I don't know. What do you think, Ruth?'

'I had to really dig it out of Sweet Boy here. Not very keen at all on letting me in on it, were you, sweety gums? It was only when I kept pressing him to tell me what was behind all this *art*.'

'I'm not doing it just for that,' Tommy said sulkily. His foot was still up on the armrest and he kept on with his stretching. 'All I said was, if it *was* right, about the Gallery, then I could always try and put in the animals . . .'

'Tommy, sweety, don't make a fool of yourself in front of our friend. Do it to me, that's all right. But not in front of our dear Kathy.'

'I don't see why it's such a joke,' Tommy said. 'It's as good a theory as anyone else's.'

'It's not the *theory* people will find funny, sweety gums. They might well buy the theory, right enough. But the idea that you'll swing it by showing Madame your little animals . . .' Ruth smiled and shook her head.

Tommy said nothing and continued with his stretching. I wanted to come to his defence and was trying to think of just the right thing that would make him feel better without making Ruth even more angry. But that was when Ruth said what she did. It felt bad enough at the time, but I had no idea in the churchyard that day how far-reaching the repercussions would be. What she said was:

'It's not just me, sweety. Kathy here finds your animals a complete hoot.'

My first instinct was to deny it, then just to laugh. But there was a real authority about the way Ruth had spoken, and the three of us knew each other well enough to know there had to be something behind her words. So in the end I stayed silent, while my mind searched back frantically, and with a cold horror, settled on that night up in my room with our mugs of tea. Then Ruth said:

'As long as people think you're doing those little creatures as a kind of joke, fine. But don't give out you're serious about it. Please.'

Tommy had stopped his stretching and was looking questioningly at me. Suddenly he was really child-like again, with no front whatsoever, and I could see too something dark and troubling gathering behind his eyes.

'Look, Tommy, you've got to understand,' Ruth went on. 'If Kathy and I have a good laugh about you, it doesn't really matter. Because that's just us. But please, let's not bring everyone else in on it.'

I've thought about those moments over and over. I should have found something to say. I could have just denied it, though Tommy probably wouldn't have believed me. And to try to explain the thing truthfully would have been too complicated. But I could have done something. I could have challenged Ruth, told her she was twisting things, that even if I might have laughed, it wasn't in the way she was implying. I could even have gone up to Tommy and hugged him, right there in front of Ruth. That's something that came to me years later, and probably wasn't a real option at the time, given the person I was, and the way the three of us were with each other. But that might have done it, where words would only have got us in deeper.

But I didn't say or do anything. It was partly, I suppose, that I was so floored by the fact that Ruth would come out with such a trick. I remember a huge tiredness coming over me, a kind of lethargy in the face of the tangled mess before me. It was like being given a maths problem when your brain's exhausted, and you know there's some far-off solution, but you can't work up the energy even to give it a go. Something in me just gave up. A voice went: 'All right, let him think the absolute worst. Let him think it, let him think it.' And I suppose I looked at him with resignation, with a face that said: 'Yes, it's true, what else did you expect?' And I can recall now, as fresh as anything, Tommy's own face, the anger receding for the moment, being replaced by an expression almost of wonder, like I was a rare butterfly he'd come across on a fence-post.

It wasn't that I thought I'd burst into tears or lose my temper or anything like that. But I decided just to turn and go. Even later that day, I realised this was a bad mistake. All I can say is that at the time what I feared more than anything was that one or the other of them would stalk off first, and I'd be left with the remaining one. I don't know why, but it didn't seem an option for more than one of us to storm off, and I wanted to make sure that one was me. So I turned and marched back the way I'd come, past the gravestones towards the low wooden gate, and for several minutes, I felt as though I'd triumphed; that now they'd been left in each other's company, they were suffering a fate they thoroughly deserved.

CHAPTER SEVENTEEN

As I've said, it wasn't until a long time afterwards – long after I'd left the Cottages – that I realised just how significant our little encounter in the churchyard had been. I was upset at the time, yes. But I didn't believe it to be anything so different from other tiffs we'd had. It never occurred to me that our lives, until then so closely interwoven, could unravel and separate over a thing like that.

But the fact was, I suppose, there were powerful tides tugging us apart by then, and it only needed something like that to finish the task. If we'd understood that back then – who knows? – maybe we'd have kept a tighter hold of one another.

For one thing, more and more students were going off to be carers, and among our old Hailsham crowd, there was a growing feeling this was the natural course to follow. We still had our essays to finish, but it was well known we didn't really have to finish them if we chose to start our training. In our early days at the Cottages, the idea of not finishing our essays would have been unthinkable. But the more distant Hailsham grew, the less important the essays seemed. I had this idea at the time – and I was probably right – that if our sense of the essays being important was allowed to seep away, then so too would whatever bound us together as Hailsham students. That's why I tried for a while to keep going our enthusiasm for all the reading and note-taking. But with no reason to suppose we'd ever see our guardians again, and with so many students moving on, it soon began to feel like a lost cause.

Anyway, in the days after that talk in the churchyard, I did what I could to put it behind us. I behaved towards both Tommy and Ruth as though nothing special had occurred, and they did much the same. But there was always something there now, and it wasn't just between me and them. Though they still made a show of being a couple – they still did the punching-on-the-arm thing when they parted – I knew them well enough to see they'd grown quite distant from each other.

Of course I felt bad about it all, especially about Tommy's animals. But it wasn't as simple any more as going to him and saying sorry and explaining how things really were. A few years earlier, even six months earlier, it might have worked out that way. Tommy and I would have talked it over and sorted it out. But somehow, by that second summer, things were different. Maybe it was because of this relationship with Lenny, I don't know. Anyway, talking to Tommy wasn't so easy any more. On the surface, at least, it was much like before, but we never mentioned the animals or what had happened in the churchyard.

So that was what had been happening just before I had that conversation with Ruth in the old bus shelter, when I got so annoyed with her for pretending to forget about the rhubarb patch at Hailsham. Like I said, I'd probably not have got nearly so cross if it hadn't come up in the middle of such a serious conversation. Okay, we'd got through a lot of the meat of it by then, but even so, even if we were just easing off and chatting by that point, that was still all part of our trying to sort things with each other, and there was no room for any pretend stuff like that.

What had happened was this. Although something had come between me and Tommy, it hadn't quite got like that with Ruth – or at least that's what I'd thought – and I'd decided it was time I talked with her about what had happened in the churchyard. We'd just had one of those summer days of rain and thunderstorms, and we'd been cooped up indoors despite the humidity. So when it appeared to clear for the evening, with a nice pink sunset, I suggested to Ruth we get a bit of air. There was a steep footpath I'd discovered leading up along the edge of the valley and just where it came out onto the road was an old bus shelter. The buses had stopped coming ages ago, the bus stop sign had been taken away, and on the wall at the back of the shelter, there was left only the frame of what must have once been a glassed-in notice displaying all the bus times. But the shelter itself – which was like a lovingly constructed wooden hut with one side open to the fields going down the valleyside – was still standing, and even had its bench intact. So that's where Ruth and I were sitting to get our breath back, looking at the cobwebs up on the rafters and the summer evening outside. Then I said something like:

'You know, Ruth, we should try and sort it out, what happened the other day.'

I'd made my voice conciliatory, and Ruth responded. She said immediately how daft it was, the three of us having rows over the most stupid things. She brought up other times we'd rowed and we laughed a bit about them. But I didn't really want Ruth just to bury the thing like that, so I said, still in the least challenging voice I could:

'Ruth, you know, I think sometimes, when you're in a couple, you don't see things as clearly as maybe someone can from the outside. Just sometimes.'

She nodded. 'That's probably right.'

'I don't want to interfere. But sometimes, just lately, I think Tommy's been quite upset. You know. About certain things you've said or done.'

I was worried Ruth would get angry, but she nodded and sighed. 'I think you're right,' she said in the end. 'I've been thinking about it a lot too.'

'Then maybe I shouldn't have brought it up. I should have known you'd see what was happening. It's not my business really.'

'But it is, Kathy. You're really one of us, and so it's always your business. You're right, it hasn't been good. I know what you mean. That stuff the other day, about his animals.

That wasn't good. I told him I was sorry about that.'

'I'm glad you talked it over. I didn't know if you had.'

Ruth had been picking at some moulding flakes of wood on the bench beside her, and for a moment she seemed completely absorbed in this task. Then she said:

'Look, Kathy, it's good we're talking now about Tommy. I've been wanting to tell you something, but I've never quite known how to say it, or when, really. Kathy, promise you won't be too cross with me.'

I looked at her and said: 'As long as it's not about those T-shirts again.'

'No, seriously. Promise you won't get too cross. Because I've got to tell you this. I wouldn't forgive myself if I kept quiet much longer.'

'Okay, what is it?'

'Kathy, I've been thinking this for some time. You're no fool, and you can see that maybe me and Tommy, we might not be a couple for ever. That's no tragedy. We were right for each other once. Whether we always will be, that's anyone's guess. And now there's all this talk, about couples getting deferrals if they can prove, you know, that they're really right. Okay, look, what I wanted to say, Kathy, is this. It'd be completely natural if you'd thought about, you know, what would happen if me and Tommy decided we shouldn't be together any more. We're not about to split, don't get me wrong. But I'd think it was completely normal if you at least wondered about it. Well, Kathy, what you have to realise is that Tommy doesn't see you like that. He really, really likes you, he thinks you're really great. But I know he doesn't see you like, you know, a proper girlfriend. Besides . . .' Ruth paused, then sighed. 'Besides, you know how Tommy is. He can be fussy.'

I stared at her. 'What do you mean?'

'You must know what I mean. Tommy doesn't like girls who've been with . . . well, you know, with this person and that. It's just a thing he has. I'm sorry, Kathy, but it wouldn't be right not to have told you.'

I thought about it, then said: 'It's always good to know these things.'

I felt Ruth touch my arm. 'I knew you'd take it the right way. What you've got to understand, though, is that he thinks the world of you. He really does.'

I wanted to change the subject, but for the moment my mind was a blank. I suppose Ruth must have picked up on this, because she stretched out her arms and did a kind of yawn, saying:

'If I ever learn to drive a car, I'd take us all on a trip to some wild place. Dartmoor, say. The three of us, maybe Laura and Hannah too. I'd love to see all the bogs and stuff.'

We spent the next several minutes talking about what we'd do on a trip like that if we ever went on one. I asked where we'd stay, and Ruth said we could borrow a big tent. I pointed out the wind could get really fierce in places like that and our tent could easily blow away in the night. None of this was that serious. But it was around here I remembered the time back at Hailsham, when we'd still been Juniors and we were having a picnic by the pond with Miss Geraldine. James B. had been sent to the main house to fetch the cake we'd all baked earlier, but as he was carrying it back, a strong gust of wind had taken off the whole top layer of sponge, tossing it into the rhubarb leaves. Ruth said she could only vaguely remember the incident, and I'd said, trying to clinch it for her memory:

'The thing was, he got into trouble because that proved he'd been coming down through the rhubarb patch.'

And that was when Ruth looked at me and said: 'Why? What was wrong with that?'

It was just the way she said it, suddenly so false even an onlooker, if there'd been one, would have seen through it. I sighed with irritation and said:

'Ruth, don't give me that. There's no way you've forgotten. You know that route was out of bounds.'

Maybe it was a bit sharp, the way I said it. Anyway, Ruth didn't back down. She continued pretending to remember nothing, and I got all the more irritated. And that was when she said:

'What does it matter anyway? What's the rhubarb patch got to do with anything? Just get on with what you were saying.'

After that I think we went back to talking in a more or less friendly way, and then before long we were making our way down the footpath in the half-light back to the Cottages. But the atmosphere never quite righted itself, and when we said our goodnights in front of the Black Barn, we parted without our usual little touches on the arms and shoulders.

It wasn't long after that I made my decision, and once I'd made it, I never wavered. I just got up one morning and told Keffers I wanted to start my training to become a carer. It was surprisingly easy. He was walking across the yard, his Wellingtons covered in mud, grumbling to himself and holding a piece of piping. I went up and told him, and he just looked at me like I'd bothered him about more firewood. Then he mumbled something about coming to see him later that afternoon to go through the forms. It was that easy.

It took a little while after that, of course, but the whole thing had been set in motion, and I was suddenly looking at everything – the Cottages, everybody there – in a different light. I was now one of the ones leaving, and soon enough, everyone knew it. Maybe Ruth thought we'd be spending hours talking about my future; maybe she thought she'd have a big influence on whether or not I changed my mind. But I kept a certain distance from her, just as I did from Tommy. We didn't really talk properly again at the Cottages, and before I knew it, I was saying my goodbyes.

Part Three

CHAPTER EIGHTEEN

For the most part being a carer's suited me fine. You could even say it's brought the best out of me. But some people just aren't cut out for it, and for them the whole thing becomes a real struggle. They might start off positively enough, but then comes all that time spent so close to the pain and the worry. And sooner or later a donor doesn't make it, even though, say, it's only the second donation and no one anticipated complications. When a donor completes like that, out of the blue, it doesn't make much difference what the nurses say to you afterwards, and neither does that letter saying how they're sure you did all you could and to keep up the good work. For a while at least, you're demoralised. Some of us learn pretty quick how to deal with it. But others – like Laura, say – they never do.

Then there's the solitude. You grow up surrounded by crowds of people, that's all you've ever known, and suddenly you're a carer. You spend hour after hour, on your own, driving across the country, centre to centre, hospital to hospital, sleeping in overnights, no one to talk to about your worries, no one to have a laugh with. Just now and again you run into a student you know – a carer or donor you recognise from the old days – but there's never much time. You're always in a rush, or else you're too exhausted to have a proper conversation. Soon enough, the long hours, the travelling, the broken sleep have all crept into your being and become part of you, so everyone can see it, in your posture, your gaze, the way you move and talk.

I don't claim I've been immune to all of this, but I've learnt to live with it. Some carers, though, their whole attitude lets them down. A lot of them, you can tell, are just going through the motions, waiting for the day they're told they can stop and become donors. It really gets me, too, the way so many of them 'shrink' the moment they step inside a hospital. They don't know what to say to the whitecoats, they can't make themselves speak up on behalf of their donor. No wonder they end up feeling frustrated and blaming themselves when things go wrong. I try not to make a nuisance of myself, but I've figured out how to get my voice heard when I have to. And when things go badly, of course I'm upset, but at least I can feel I've done all I could and keep things in perspective.

Even the solitude, I've actually grown to quite like. That's not to say I'm not looking forward to a bit more companionship come the end of the year when I'm finished with all of this. But I do like the feeling of getting into my little car, knowing for the next couple of hours I'll have only the roads, the big grey sky and my daydreams for company. And if I'm in a town somewhere with several minutes to kill, I'll enjoy myself wandering about looking in the shop windows. Here in my bedsit, I've got these four desk-lamps, each a different colour, but all the same design – they have these ribbed necks you can bend whichever way you want. So I might go looking for a shop with another lamp like that in its window – not to buy, but just to compare with my ones at home.

Sometimes I get so immersed in my own company, if I unexpectedly run into someone I know, it's a bit of a shock and takes me a while to adjust. That's the way it was the morning I was walking across the windswept car park of the service station and spotted Laura, sitting behind the wheel of one of the parked cars, looking vacantly towards the motorway. I was still some way away, and just for a second, even though we hadn't met since the Cottages seven years before, I was tempted to ignore her and keep walking. An odd reaction, I know, considering she'd been one of my closest friends. As I say, it may have been partly because I didn't like being bumped out of my daydreams. But also, I suppose, when I saw Laura slumped in her car like that, I saw immediately she'd become one of these carers I've just been describing, and a part of me just didn't want to find out much more about it.

But of course I did go to her. There was a chilly wind blowing against me as I walked over to her hatchback, parked away from the other vehicles. Laura was wearing a shapeless blue anorak, and her hair – a lot shorter than before – was sticking to her forehead. When I tapped on her window, she didn't start, or even look surprised to see me after all that time. It was almost like she'd been sitting there waiting, if not for me precisely, then for someone more or less like me from the old days. And now I'd shown up, her first thought seemed to be: 'At last!' Because I could see her shoulders move in a kind of sigh, then without further ado, she reached over to open the door for me.

We talked for about twenty minutes: I didn't leave until the last possible moment. A lot of it was about her, how exhausted she'd been, how difficult one of her donors was, how much she loathed this nurse or that doctor. I waited to see a flash of the old Laura, with the mischievous grin and inevitable wisecrack, but none of that came. She talked faster than she used to, and although she seemed pleased to see me, I sometimes got the impression it wouldn't have mattered much if it wasn't me, but someone else, so long as she got to talk.

Maybe we both felt there was something dangerous about bringing up the old days, because for ages we avoided any mention of them. In the end, though, we found ourselves talking about Ruth, who Laura had run into at a clinic a few years earlier, when Ruth was still a carer. I began quizzing her about how Ruth had been, but she was so unforthcoming, in the end I said to her:

'Look, you must have talked about *something*.'

Laura let out a long sigh. 'You know how it gets,' she said.

'We were both in a hurry.' Then she added: 'Anyway, we hadn't parted the best of friends, back at the Cottages. So maybe we weren't so delighted to see one another.'

'I didn't realise you'd fallen out with her too,' I said.

She shrugged. 'It wasn't any big deal. You remember the way she was back then. If anything, after you left, she got worse. You know, always telling everyone what to do. So I was keeping out of her way, that was all. We never had a big fight or anything. So you haven't seen her since then?'

'No. Funny, but I've never even glimpsed her.'

'Yeah, it's funny. You'd think we'd all run into each other much more. I've seen Hannah a few times. And Michael H. too.' Then she said: 'I heard this rumour, that Ruth had a really bad first donation. Just a rumour, but I heard it more than once.'

'I heard that too,' I said.

'Poor Ruth.'

We were quiet for a moment. Then Laura asked: 'Is it right, Kathy? That they let you choose your donors now?'

She'd not asked in the accusing way people do sometimes, so I nodded and said: 'Not every time. But I did well with a few donors, so yeah, I get to have a say every now and then.'

'If you can choose,' Laura said, 'why don't you become Ruth's carer?'

I shrugged. 'I've thought about it. But I'm not sure it's such a great idea.'

Laura looked puzzled. 'But you and Ruth, you were so close.'

'Yeah, I suppose so. But like with you, Laura. She and I weren't such great friends by the end.'

'Oh, but that was back then. She's had a bad time. And I've heard she's had trouble with her carers too. They've had to change them around a lot for her.'

'Not surprising really,' I said. 'Can you imagine? Being Ruth's carer?'

Laura laughed, and for a second a look came into her eyes

that made me think she was finally going to come out with a crack. But then the light died, and she just went on sitting there looking tired.

We talked a little more about Laura's problems – in particular about a certain nursing sister who seemed to have it in for her. Then it was time for me to go, and I reached for the door and was telling her we'd have to talk more the next time we met. But we were both of us by then acutely aware of something we'd not yet mentioned, and I think we both sensed there'd be something wrong about us parting like that. In fact, I'm pretty sure now, at that moment, our minds were running along exactly the same lines. Then she said:

'It's weird. Thinking it's all gone now.'

I turned in my seat to face her again. 'Yeah, it's really strange,' I said. 'I can't really believe it's not there any more.'

'It's so weird,' Laura said. 'I suppose it shouldn't make any difference to me now. But somehow it does.'

'I know what you mean.'

It was that exchange, when we finally mentioned the closing of Hailsham, that suddenly brought us close again, and we hugged, quite spontaneously, not so much to comfort one another, but as a way of affirming Hailsham, the fact that it was still there in both our memories. Then I had to hurry off to my own car.

I'd first started hearing rumours about Hailsham closing a year or so before that meeting with Laura in the car park. I'd be talking to a donor or a carer and they'd bring it up in passing, like they expected me to know all about it. 'You were at Hailsham, weren't you? So is it really true?' That sort of thing. Then one day I was coming out of a clinic in Suffolk and ran into Roger C., who'd been in the year below, and he told me with complete certainty it was about to happen. Hailsham was going to close any day and there were plans to sell the house and grounds to a hotel chain. I remember my first response when he told me this. I said: 'But what'll happen to all the students?' Roger obviously thought I'd meant the ones still there, the little ones dependent on their guardians, and he put on a troubled face and began speculating how they'd have to be transferred to other houses around the country, even though some of these would be a far cry from Hailsham. But of course, that wasn't what I'd meant. I'd meant *us*, all the students who'd grown up with me and were now spread across the country, carers and donors, all separated now but still somehow linked by the place we'd come from.

That same night, trying to get to sleep in an overnight, I kept thinking about something that had happened to me a few days earlier. I'd been in a seaside town in North Wales. It had been raining hard all morning, but after lunch, it had stopped and the sun had come out a bit. I was walking back to where I'd left my car, along one of those long straight seafront roads. There was hardly anyone else about, so I could see an unbroken line of wet paving stones stretching on in front of me. Then after a while a van pulled up, maybe thirty yards ahead of me, and a man got out dressed as a clown. He opened the back of the van and took out a bunch of helium balloons, about a dozen of them, and for a moment, he was holding the balloons in one hand, while he bent down and rummaged about in his vehicle with the other. As I came closer, I could see the balloons had faces and shaped ears, and they looked like a little tribe, bobbing in the air above their owner, waiting for him.

Then the clown straightened, closed up his van and started walking, in the same direction I was walking, several paces ahead of me, a small suitcase in one hand, the balloons in the other. The seafront continued long and straight, and I was walking behind him for what seemed like ages. Sometimes I felt awkward about it, and I even thought the clown might turn and say something. But since that was the way I had to go, there wasn't much else I could do. So we just kept walking, the clown and me, on and on along the deserted pavement still wet from the morning, and all the time the balloons were bumping and grinning down at me. Every so often, I could see the man's fist, where all the balloon strings converged, and I could see he had them securely twisted together and in a tight grip. Even so, I kept worrying that one of the strings would come unravelled and a single balloon would sail off up into that cloudy sky.

Lying awake that night after what Roger had told me, I kept seeing those balloons again. I thought about Hailsham closing, and how it was like someone coming along with a pair of shears and snipping the balloon strings just where they entwined above the man's fist. Once that happened, there'd be no real sense in which those balloons belonged with each other any more. When he was telling me the news about Hailsham, Roger had made a remark, saying he supposed it wouldn't make so much difference to the likes of us any more. And in certain ways, he might have been right. But it was unnerving, to think things weren't still going on back there, just as always; that people like Miss Geraldine, say, weren't leading groups of Juniors around the North Playing Field.

In the months after that talk with Roger, I kept thinking about it a lot, about Hailsham closing and all the implications. And it started to dawn on me, I suppose, that a lot of things I'd always assumed I'd plenty of time to get round to doing, I might now have to act on pretty soon or else let them go forever. It's not that I started to panic, exactly. But it definitely felt like Hailsham's going away had shifted everything around us. That's why what Laura said to me that day, about my becoming Ruth's carer, had such an impact on me, even though I'd stone-walled her at the time. It was almost like a part of me had already made that decision, and Laura's words had simply pulled away a veil that had been covering it over.

I first turned up at Ruth's recovery centre in Dover – the modern one with the white tiled walls – just a few weeks after that talk with Laura. It had been around two months since Ruth's first donation – which, as Laura had said, hadn't gone at all well. When I came into her room, she was sitting on the edge of her bed in her night-dress and gave me a big smile. She got up to give me a hug, but almost immediately sat down again. She told me I was looking better than ever, and that my hair suited me really well. I said nice things about her too, and for the next half hour or so, I think we were genuinely delighted to be with each other. We talked about all kinds of things – Hailsham, the Cottages, what we'd been doing since then – and it felt like we could talk and talk forever. In other words, it was a really encouraging start – better than I'd dared expect.

Even so, that first time, we didn't say anything about the way we'd parted. Maybe if we'd tackled it at the start, things would have played out differently, who knows? As it was, we just skipped over it, and once we'd been talking for a while, it was as if we'd agreed to pretend none of that had ever happened.

That may have been fine as far as that first meeting was concerned. But once I officially became her carer, and I began to see her regularly, the sense of something not being right grew stronger and stronger. I developed a routine of coming in three or four times a week in the late afternoon, with mineral water and a packet of her favourite biscuits, and it should have been wonderful, but at the beginning it was anything but that. We'd start talking about something, something completely innocent, and for no obvious reason we'd come to a halt. Or if we did manage to keep up a conversation, the longer we went on, the more stilted and guarded it became.

Then one afternoon, I was coming down her corridor to see her and heard someone in the shower room opposite her door. I guessed it was Ruth in there, so I let myself into her room, and was standing waiting for her, looking at the view from her window over all the rooftops. About five minutes passed, then she came in wrapped in a towel. Now to be fair, she wasn't expecting me for another hour, and I suppose we all feel a bit vulnerable after a shower with just a towel on. Even so, the look of alarm that went across her face took me aback. I have to explain this a bit. Of course, I was expecting her to be a little surprised. But the thing was, after she'd taken it in and seen it was me, there was a clear second, maybe more, when she went on looking at me if not with fear, then with a real wariness. It was like she'd been waiting and waiting for me to do something to her, and she thought the time had now come.

The look was gone the next instant and we just carried on as usual, but that incident gave us both a jolt. It made me realise Ruth didn't trust me, and for all I know, maybe she herself hadn't fully realised it until that moment. In any case, after that day, the atmosphere got even worse. It was like we'd let something out into the open, and far from clearing the air, it had made us more aware than ever of everything that had come between us. It got to the stage where before I went in to see her, I'd sit in my car for several minutes working myself up for the ordeal. After one particular session, when we did all the checks on her in stony silence, then afterwards just sat there in more silence, I was about ready to report to them that it hadn't worked out, that I should stop being Ruth's carer. But then everything changed again, and that was because of the boat.

God knows how these things work. Sometimes it's a particular joke, sometimes a rumour. It travels from centre to centre, right the way across the country in a matter of days, and suddenly every donor's talking about it. Well, this time it was to do with this boat. I'd first heard about it from a couple of my donors up in North Wales. Then a few days later, Ruth too started telling me about it. I was just relieved we'd found something to talk about, and encouraged her to go on.

'This boy on the next floor,' she said. 'His carer's actually been to see it. He says it's not far from the road, so anyone can get to it without much bother. This boat, it's just sitting there, stranded in the marshes.'

'How did it get there?' I asked.

'How do I know? Maybe they wanted to dump it, whoever owned it. Or maybe sometime, when everything was flooded, it just drifted in and got itself beached. Who knows? It's supposed to be this old fishing boat. With a little cabin for a couple of fishermen to squeeze into when it's stormy.'

The next few times I came to see her, she always managed to bring up the boat again. Then one afternoon, when she began telling me how one of the other donors at the centre had been taken by her carer to see it, I said to her:

'Look, it's not particularly near, you know. It would take an hour, maybe an hour and a half to drive.'

'I wasn't suggesting anything. I know you've got other donors to worry about.'

'But you'd like to see it. You'd like to see this boat, wouldn't you, Ruth?'

'I suppose so. I suppose I would. You spend day after day in this place. Yeah, it'd be good to see something like that.'

'And do you suppose' – I said this gently, without a hint of sarcasm – 'if we're driving all that way, we should think about calling in on Tommy? Seeing his centre's just down the road from where this boat's meant to be?'

Ruth's face didn't show anything at first. 'I suppose we could think about it,' she said. Then she laughed and added: 'Honest, Kathy, that wasn't the only reason I've been going on about the boat. I do want to see it, for its own sake. All this time in and out of hospital. Then cooped up here. Things like that matter more than they once did. But all right, I did know. I knew Tommy was at the Kingsfield centre.'

'Are you sure you want to see him?'

'Yes,' she said, no hesitation, looking straight at me. 'Yes, I do.' Then she said quietly: 'I haven't seen that boy for a long time. Not since the Cottages.'

Then, at last, we talked about Tommy. We didn't go into things in a big way and I didn't learn much I didn't know already. But I think we both felt better we'd finally brought him up. Ruth told me how, by the time she left the Cottages the autumn after me, she and Tommy had more or less drifted apart.

'Since we were going different places to do our training anyway,' she said, 'it didn't seem worth it, to split up properly. So we just stayed together until I left.'

And at that stage, we didn't say much more about it than that.

As for the trip out to see the boat, I neither agreed nor disagreed to it, that first time we discussed it. But over the next couple of weeks, Ruth kept bringing it up, and our plans somehow grew firmer, until in the end, I sent a message to Tommy's carer through a contact, saying that unless we heard from Tommy telling us not to, we'd show up at the Kingsfield on a particular afternoon the following week.

CHAPTER NINETEEN

I'd hardly ever been to the Kingsfield in those days, so Ruth and I had to consult the map a number of times on the way and we still arrived several minutes late. It's not very well-appointed as recovery centres go, and if it wasn't for the associations it now has for me, it's not somewhere I'd look forward to visiting. It's out of the way and awkward to get to, and yet when you're there, there's no real sense of peace and quiet. You can always hear traffic on the big roads beyond the fencing, and there's a general feeling they never properly finished converting the place. A lot of the donors' rooms you can't get to with a wheelchair, or else they're too stuffy or too draughty. There aren't nearly enough bathrooms and the ones there are are hard to keep clean, get freezing in winter and are generally too far from the donors' rooms. The Kingsfield, in other words, falls way short of a place like Ruth's centre in Dover, with its gleaming tiles and double-glazed windows that seal at the twist of a handle.

Later on, after the Kingsfield became the familiar and precious place it did, I was in one of the admin buildings and came across a framed black-and-white photo of the place the way it was before it was converted, when it was still a holiday camp for ordinary families. The picture was probably taken in the late fifties or early sixties, and shows a big rectangular swimming pool with all these happy people – children, parents – splashing about having a great time. It's concrete all around the pool, but people have set up deck chairs and sun loungers, and they've got large parasols to keep them in the shade. When I first saw this, it took me a while to realise I was looking at what the donors now call 'the Square' – the place where you drive in when you first arrive at the centre. Of course, the pool's filled in now, but the outline's still there, and they've left standing at one end – an example of this unfinished atmosphere – the metal frame for the high diving board. It was only when I saw the photo it occurred to me what the frame was and why it was there, and today, each time I see it, I can't help picturing a swimmer taking a dive off the top only to crash into the cement.

I might not have easily recognised the Square in the photo, except for the white bunker-like two-storey buildings in the background, on all three visible sides of the pool area. That must have been where the families had their holiday apartments, and though I'd guess the interiors have changed a lot, the outsides look much the same. In some ways, I suppose, the Square today isn't so different to what the pool was back then. It's the social hub of the place, where donors come out of their rooms for a bit of air and a chat. There are a few wooden picnic benches around the Square, but – especially when the sun's too hot, or it's raining – the donors prefer to gather under the overhanging flat roof of the recreation hall at the far end behind the old diving board frame.

That afternoon Ruth and I went to the Kingsfield, it was overcast and a bit chilly, and as we drove into the Square it was deserted except for a group of six or seven shadowy figures underneath that roof. As I brought the car to a stop somewhere over the old pool – which of course I didn't know about then – one figure detached itself from the group and came towards us, and I saw it was Tommy. He had on a faded green track-suit top and looked about a stone heavier than when I'd last seen him.

Beside me Ruth, for a second, seemed to panic. 'What do we do?' she went. 'Do we get out? No, no, let's not get out. Don't move, don't move.'

I don't know what I'd been intending to do, but when Ruth said this, for some reason, without really thinking about it, I just stepped out of the car. Ruth stayed where she was, and that was why, when Tommy came up to us, his gaze fell on me and why it was me he hugged first. I could smell a faint odour of something medical on him which I couldn't identify. Then, though we hadn't yet said anything to each other, we both sensed Ruth watching us from the car and pulled away.

There was a lot of sky reflected in the windscreen, so I couldn't make her out very well. But I got the impression Ruth had on a serious, almost frozen look, like Tommy and I were people in a play she was watching. There was something odd about the look and it made me uneasy. Then Tommy was walking past me to the car. He opened a rear door, got into the back seat, and then it was my turn to watch them, inside the car, exchanging words, then polite little kisses on the cheeks.

Across the Square, the donors under the roof were also watching, and though I felt nothing hostile about them, I suddenly wanted to get out of there quickly. But I made myself take my time getting back into the car, so that Tommy and Ruth could have a little longer to themselves.

We began by driving through narrow, twisting lanes. Then we came out into open, featureless countryside and travelled on along a near-empty road. What I remember about that part of our trip to the boat was that for the first time in ages the sun started to shine weakly through the greyness; and whenever I glanced at Ruth beside me, she had on a quiet little smile. As for what we talked about, well, my memory is that we behaved much as if we'd been seeing each other regularly, and there was no need to talk about anything other than what we had immediately in front of us. I asked Tommy if he'd been to see the boat already, and he said no, he hadn't, but a lot of the other donors at the centre had. He'd had a few opportunities, but hadn't taken them.

'I wasn't *not* wanting to go,' he said, leaning forward from the back. 'I couldn't be bothered really. I was going to go once, with a couple of others and their carers, but then I got a bit of bleeding and couldn't go any more. That was ages ago now. I don't get any trouble like that any more.'

Then a little further on, as we continued across the empty countryside, Ruth turned right round in her seat until she was facing Tommy, and just kept looking at him. She still had on her little smile, but said nothing, and I could see in my mirror Tommy looking distinctly uncomfortable. He kept looking out of the window beside him, then back at her, then back out of the window again. After a while, without taking her gaze off him, Ruth started on a rambling anecdote about someone or other, a donor at her centre, someone we'd never heard of, and all the time she kept looking at Tommy, the gentle smile never leaving her face. Perhaps because I was getting bored by her anecdote, perhaps because I wanted to help Tommy out, I interrupted after a minute or so, saying:

'Yeah, okay, we don't need to hear every last thing about her.'

I said this without any malice, and really hadn't intended anything by it. But even before Ruth paused, almost as I was still speaking, Tommy made a sudden laughing noise, a kind of explosion, a noise I'd never heard him make before. And he said:

'That's exactly what I was about to say. I lost track of it a while ago.'

My eyes were on the road, so I wasn't sure if he'd addressed me or Ruth. In any case, Ruth stopped talking and slowly turned back in her seat until she was facing the front again. She didn't seem particularly upset, but the smile had gone, and her eyes looked far away, fixed somewhere on the sky ahead of us. But I have to be honest: at that instant I wasn't really thinking about Ruth. My heart had done a little leap, because in a single stroke, with that little laugh of agreement, it felt as though Tommy and I had come close together again after all the years.

I found the turning we needed around twenty minutes after we'd set off from the Kingsfield. We went down a narrow curving road shrouded by hedges, and parked beside a clump of sycamores. I led the way to where the woods began, but then, faced with three distinct paths through the trees, had to stop to consult the sheet of directions I'd brought with me. While I stood there trying to decipher the person's handwriting, I was suddenly conscious of Ruth and Tommy standing behind me, not talking, waiting almost like children to be told which way to go.

We entered the woods, and though it was pretty easy walking, I noticed Ruth's breath coming less and less easily. Tommy, by contrast, didn't seem to be experiencing any difficulty, though there was a hint of a limp in his gait. Then we came to a barbed wire fence, which was tilted and rusted, the wire itself yanked all over the place. When Ruth saw it, she came to an abrupt halt.

'Oh no,' she said, anxiously. Then she turned to me: 'You didn't say anything about this. You didn't say we had to get past barbed wire!'

'It's not going to be difficult,' I said. 'We can go under it. We just have to hold it for each other.'

But Ruth looked really upset and didn't move. And it was then, as she stood there, her shoulders rising and falling with her breathing, that Tommy seemed to become aware for the first time just how frail she was. Maybe he'd noticed before, and hadn't wanted to take it in. But now he stared at her for a good few seconds. Then I think what happened next – though of course I can't know for certain – was that the both of us, Tommy and I, we remembered what had happened in the car, when we'd more or less ganged up on her. And almost as an instinct, we both went to her. I took an arm, Tommy supported her elbow on the other side, and we began gently guiding her towards the fence.

I let go of Ruth only to pass through the fence myself. Then I held up the wire as high as I could, and Tommy and

I both helped her through. It wasn't so difficult for her in the end: it was more a confidence thing, and with us there for support, she seemed to lose her fear of the fence. On the other side, she actually made a go of helping me hold up the wire for Tommy. He came through without any bother, and Ruth said to him:

'It's only bending down like that. I'm sometimes not so clever at it.'

Tommy was looking sheepish, and I wondered if he was embarrassed by what had just happened, or if he was remembering again our ganging up on Ruth in the car. He nodded towards the trees in front of us and said:

'I suppose it's through that way. Is that right, Kath?'

I glanced at my sheet and began to lead the way again. Further into the trees, it grew quite dark and the ground became more and more marshy.

'Hope we don't get lost,' I heard Ruth say to Tommy with a laugh, but I could see a clearing not far away. And now with time to reflect, I realised why I was so bothered by what had happened in the car. It wasn't simply that we'd ganged up on Ruth: it was the way she'd just taken it. In the old days, it was inconceivable she'd have let something like that happen without striking back. As this point sunk in, I paused on the path, waited for Ruth and Tommy to catch up, and put my arm around Ruth's shoulders.

This didn't seem so soppy; it just looked like carer stuff, because by now there *was* something uncertain about her walk, and I wondered if I'd badly underestimated how weak she still was. Her breathing was getting quite laboured, and as we walked together, she'd now and then lurch into me. But then we were through the trees and into the clearing, and we could see the boat.

Actually, we hadn't really stepped into a clearing: it was more that the thin woods we'd come through had ended, and now in front of us there was open marshland as far as we could see. The pale sky looked vast and you could see it reflected every so often in the patches of water breaking up the land. Not so long ago, the woods must have extended further, because you could see here and there ghostly dead trunks poking out of the soil, most of them broken off only a few feet up. And beyond the dead trunks, maybe sixty yards away, was the boat, sitting beached in the marshes under the weak sun.

'Oh, it's just like my friend said it was,' Ruth said. 'It's really beautiful.'

We were surrounded by silence and when we started to move towards the boat, you could hear the squelch under our shoes. Before long I noticed my feet sinking beneath the tufts of grass, and called out: 'Okay, this is as far as we can go.'

The other two, who were behind me, raised no objection, and when I glanced over my shoulder, I saw Tommy was again holding Ruth by the arm. It was clear, though, this was just to steady her. I took long strides to the nearest dead tree trunk, where the soil was firmer, and held onto it for balance. Following my example, Tommy and Ruth made their way to another tree trunk, hollow and more emaciated than mine, a short way behind to my left. They perched on either side of it and seemed to settle. Then we gazed at the beached boat. I could now see how its paint was cracking, and how the timber frames of the little cabin were crumbling away. It had once been painted a sky blue, but now looked almost white under the sky.

'I wonder how it got here,' I said. I'd raised my voice to let it get to the others and had expected an echo. But the sound was surprisingly close, like I was in a carpeted room.

Then I heard Tommy say behind me: 'Maybe this is what Hailsham looks like now. Do you think?'

'Why would it look like this?' Ruth sounded genuinely puzzled. 'It wouldn't turn into marshland just because it's closed.'

'I suppose not. Wasn't thinking. But I always see Hailsham being like this now. No logic to it. In fact, this is pretty close to the picture in my head. Except there's no boat, of course. It wouldn't be so bad, if it's like this now.'

'That's funny,' Ruth said, 'because I was having this dream the other morning. I was dreaming I was up in Room 14. I knew the whole place had been shut down, but there I was, in Room 14, and I was looking out of the window and everything outside was flooded. Just like a giant lake. And I could see rubbish floating by under my window, empty drinks cartons, everything. But there wasn't any sense of panic or anything like that. It was nice and tranquil, just like it is here. I knew I wasn't in any danger, that it was only like that because it had closed down.'

'You know,' Tommy said, 'Meg B. was at our centre for a while. She's left now, gone up north somewhere for her third donation. I never heard how she got on. Have either of you heard?'

I shook my head, and when I didn't hear Ruth say anything, turned to look at her. At first I thought she was still staring at the boat, but then I saw her gaze was on the vapour trail of a plane in the far distance, climbing slowly into the sky. Then she said:

'I'll tell you something I heard. I heard about Chrissie. I heard she completed during her second donation.'

'I heard that as well,' said Tommy. 'It must be right. I heard exactly the same. A shame. Only her second as well. Glad that didn't happen to me.'

'I think it happens much more than they ever tell us,' Ruth said. 'My carer over there. She probably knows that's right. But she won't say.'

'There's no big conspiracy about it,' I said, turning back to the boat. 'Sometimes it happens. It was really sad about Chrissie. But that's not common. They're really careful these days.'

'I bet it happens much more than they tell us,' Ruth said again. 'That's one reason why they keep moving us around between donations.'

'I ran into Rodney once,' I said. 'It wasn't so long after Chrissie completed. I saw him in this clinic, up in North Wales. He was doing okay.'

'I bet he was cut up about Chrissie though,' said Ruth. Then to Tommy: 'They don't tell you the half of it, you see?'

'Actually,' I said, 'he wasn't too bad about it. He was sad, obviously. But he was okay. They hadn't seen each other for a couple of years anyway. He said he thought Chrissie wouldn't have minded too much. And I suppose he should know.'

'Why would he know?' Ruth said. 'How could he possibly know what Chrissie would have felt? What she would have wanted? It wasn't him on that table, trying to cling onto life. How would he know?'

This flash of anger was more like the old Ruth, and made me turn to her again. Maybe it was just the glare in her eyes, but she seemed to be looking back at me with a hard, stern expression.

'It can't be good,' Tommy said. 'Completing at the second donation. Can't be good.'

'I can't believe Rodney was okay about it,' Ruth said. 'You only spoke to him for a few minutes. How can you tell anything from that?'

'Yeah,' said Tommy, 'but if like Kath says, they'd already split up . . .'

'That wouldn't make any difference,' Ruth cut in. 'In some ways that might have made it worse.'

'I've seen a lot of people in Rodney's position,' I said. 'They do come to terms with it.'

'How would you know?' said Ruth. 'How could you possibly know? You're still a carer.'

'I get to see a lot as a carer. An awful lot.'

'She wouldn't know, would she, Tommy? Not what it's really like.'

For a moment we were both looking at Tommy, but he just went on gazing at the boat. Then he said:

'There was this guy, at my centre. Always worried he wouldn't make it past his second. Used to say he could feel it in his bones. But it all turned out fine. He's just come through his third now, and he's completely all right.' He put up a hand to shield his eyes. 'I wasn't much good as a carer. Never learnt to drive even. I think that's why the notice for my first came so early. I know it's not supposed to work that way, but I reckon that's what it was. Didn't mind really. I'm a pretty good donor, but I was a lousy carer.'

No one spoke for a while. Then Ruth said, her voice quieter now:

'I think I was a pretty decent carer. But five years felt about enough for me. I was like you, Tommy. I was pretty much ready when I became a donor. It felt right. After all, it's what we're *supposed* to be doing, isn't it?'

I wasn't sure if she expected me to respond to this. She hadn't said it in any obviously leading way, and it's perfectly possible this was a statement she'd come out with just out of habit – it was the sort of thing you hear donors say to each other all the time. When I turned to them again, Tommy still had his hand up to shade his eyes.

'Pity we can't go closer to the boat,' he said. 'One day when it's drier, maybe we could come back.'

'I'm glad to have seen it,' Ruth said, softly. 'It's really nice. But I think I want to go back now. This wind's quite chilly.'

'At least we've seen it now,' Tommy said.

We chatted much more freely on our walk back to the car than on the way out. Ruth and Tommy were comparing notes on their centres – the food, the towels, that kind of thing – and I was always part of the conversation because they kept asking me about other centres, if this or that was normal. Ruth's walk was much steadier now and when we came to the fence, and I held up the wire, she hardly hesitated.

We got in the car, again with Tommy in the back, and for a while there was a perfectly okay feeling between us.

Maybe, looking back, there was an atmosphere of something being held back, but it's possible I'm only thinking that now because of what happened next.

The way it began, it was a bit like a repeat of earlier. We'd got back onto the long near-empty road, and Ruth made some remark about a poster we were passing. I don't even remember the poster now, it was just one of those huge advertising images on the roadside. She made the remark almost to herself, obviously not meaning much by it. She said something like: 'Oh my God, look at that one. You'd think they'd at least *try* to come up with something new.'

But Tommy said from the back: 'Actually I quite like that one. It's been in the newspapers as well. I think it's got something.'

Maybe I was wanting that feeling again, of me and Tommy being brought close together. Because although the walk to the boat had been fine in itself, I was starting to feel that apart from our first embrace, and that moment in the car earlier on, Tommy and I hadn't really had much to do with each other. Anyway, I found myself saying:

'Actually, I like it too. It takes a lot more effort than you'd think, making up these posters.'

'That's right,' Tommy said. 'Someone told me it takes weeks and weeks putting something like that together. Months even. People sometimes work all night on them, over and over, until they're just right.'

'It's too easy,' I said, 'to criticise when you're just driving by.'

'Easiest thing in the world,' Tommy said.

Ruth said nothing, and kept looking at the empty road in front of us. Then I said:

'Since we're on the subject of posters. There was one I noticed on the way out. It should be coming up again pretty soon. It'll be on our side this time. It should come up any time now.'

'What's it of?' Tommy asked.

'You'll see. It'll be coming up soon.'

I glanced at Ruth beside me. There was no anger in her eyes, just a kind of wariness. There was even a sort of hope, I thought, that when the poster appeared, it would be perfectly innocuous – something that reminded us of Hailsham, something like that. I could see all of this in her face, the way it didn't quite settle on any one expression, but hovered tentatively. All the time, her gaze remained fixed in front of her.

I slowed down the car and pulled over, bumping up onto the rough grass verge.

'Why are we stopping, Kath?' Tommy asked.

'Because you can see it best from here. Any nearer, we have to look up at it too much.'

I could hear Tommy shifting behind us, trying to get a better view. Ruth didn't move, and I wasn't even sure she was looking at the poster at all.

'Okay, it's not exactly the same,' I said after a moment. 'But it reminded me. Open-plan office, smart smiling people.'

Ruth stayed silent, but Tommy said from the back: 'I get it. You mean, like that place we went to that time.'

'Not only that,' I said. 'It's a lot like that ad. The one we found on the ground. You remember, Ruth?'

'I'm not sure I do,' she said quietly.

'Oh, come on. You remember. We found it in a magazine in some lane. Near a puddle. You were really taken by it. Don't pretend you don't remember.'

'I think I do.' Ruth's voice was now almost a whisper. A lorry went past, making our car wobble and, for a few seconds, obscuring our view of the hoarding. Ruth bowed her head, as though she hoped the lorry had removed the image forever, and when we could see it clearly again, she didn't raise her gaze.

'It's funny,' I said, 'remembering it all now. Remember how you used to go on about it? How you'd one day work in an office like that one?'

'Oh yeah, that was why we went that day,' Tommy said,

like he'd only that second remembered. 'When we went to Norfolk. We went to find your possible. Working in an office.'

'Don't you sometimes think,' I said to Ruth, 'you should have looked into it more? All right, you'd have been the first. The first one any of us would have heard of getting to do something like that. But you might have done it. Don't you wonder sometimes, what might have happened if you'd tried?'

'How could I have tried?' Ruth's voice was hardly audible. 'It's just something I once dreamt about. That's all.'

'But if you'd at least looked into it. How do you know? They might have let you.'

'Yeah, Ruth,' Tommy said. 'Maybe you should at least have tried. After going on about it so much. I think Kath's got a point.'

'I didn't *go on* about it, Tommy. At least, I don't remember going on about it.'

'But Tommy's right. You should at least have tried. Then you could see a poster like that one, and remember that's what you wanted once, and that you at least looked into it . . .'

'How could I have looked into it?' For the first time, Ruth's voice had hardened, but then she let out a sigh and looked down again. Then Tommy said:

'You kept talking like you might qualify for special treatment. And for all you know, you might have done. You should have asked at least.'

'Okay,' Ruth said. 'You say I should have looked into it. How? Where would I have gone? There wasn't a way to look into it.'

'Tommy's right though,' I said. 'If you believed yourself special, you should at least have asked. You should have gone to Madame and asked.'

As soon as I said this – as soon as I mentioned Madame – I realised I'd made a mistake. Ruth looked up at me and I saw something like triumph flash across her face. You see it in films sometimes, when one person's pointing a gun at another person, and the one with the gun's making the other one do all kinds of things. Then suddenly there's a mistake, a tussle, and the gun's with the second person. And the second person looks at the first person with a gleam, a kind of can't-believe-my-luck expression that promises all kinds of vengeance. Well, that was how suddenly Ruth was looking at me, and though I'd said nothing about deferrals, I'd mentioned Madame, and I knew we'd stumbled into some new territory altogether.

Ruth saw my panic and shifted round in her seat to face me. So I was preparing myself for her attack; busy telling myself that no matter what she came at me with, things were different now, she wouldn't get her way like she'd done in the past. I was telling myself all of this, and that's why I wasn't at all ready for what she did come out with.

'Kathy,' she said, 'I don't really expect you to forgive me ever. I can't even see why you should. But I'm going to ask you to all the same.'

I was so thrown by this, all I could find to say was a rather limp: 'Forgive you for what?'

'Forgive me for what? Well, for starters, there's the way I always lied to you about your urges. When you used to tell me, back then, how sometimes it got so you wanted to do it with virtually anyone.'

Tommy shifted again behind us, but Ruth was leaning forward now, looking straight at me, like for the moment Tommy wasn't with us in the car at all.

'I knew how it worried you,' she said. 'I should have told you. I should have said how it was the same for me too, just the way you described it. You realise all of this now, I know. But you didn't back then, and I should have said. I should have told you how even though I was with Tommy, I couldn't resist doing it with other people sometimes. At least three others when we were at the Cottages.'

She said this still without looking Tommy's way. But it wasn't so much like she was ignoring him, than that she was trying so intensely to get through to me everything else had been blurred out.

'I almost did tell you a few times,' she went on. 'But I didn't. Even then, at the time, I realised you'd look back one day and realise and blame me for it. But I still didn't say anything to you. There's no reason you should ever forgive me for that, but I want to ask now because . . .' She stopped suddenly.

'Because what?' I asked.

She laughed and said: 'Because nothing. I'd like you to forgive me, but I don't expect you to. Anyway, that's not the half of it, not even a small bit of it, actually. The main thing is, I kept you and Tommy apart.' Her voice had dropped again, almost to a whisper. 'That was the worst thing I did.'

She turned a little, taking Tommy in her gaze for the first time. Then almost immediately, she was looking just at me again, but now it was like she was talking to the both of us.

'That was the worst thing I did,' she said again. 'I'm not even asking you to forgive me about that. God, I've said all this in my head so many times, I can't believe I'm really doing it. It should have been you two. I'm not pretending I didn't always see that. Of course I did, as far back as I can remember. But I kept you apart. I'm not asking you to forgive me for that. That's not what I'm after just now. What I want is for you to put it right. Put right what I messed up for you.'

'How d'you mean, Ruth?' Tommy asked. 'How d'you mean, put it right?' His voice was gentle, full of child-like curiosity, and I think that was what started me sobbing.

'Kathy, listen,' Ruth said. 'You and Tommy, you've got to try and get a deferral. If it's you two, there's got to be a chance. A real chance.'

She'd reached out a hand and put it on my shoulder, but I shook her off roughly and glared at her through the tears.

'It's too late for that. Way too late.'

'It's not too late. Kathy, listen, it's not too late. Okay, so

Tommy's done two donations. Who says that has to make any difference?'

'It's too late for all that now.' I'd started to sob again. 'It's stupid even thinking about it. As stupid as wanting to work in that office up there. We're all way beyond that now.'

Ruth was shaking her head. 'It's not too late. Tommy, you tell her.'

I was leaning on the steering wheel, so couldn't see Tommy at all. He made a kind of puzzled humming sound, but didn't say anything.

'Look,' Ruth said, 'both of you, listen. I wanted us all to do this trip, because I wanted to say what I just said. But I also wanted it because I wanted to give you something.' She'd been rummaging in the pockets of her anorak, and now she held out a crumpled piece of paper. 'Tommy, you'd better take this. Look after it. Then when Kathy changes her mind, you'll have it.'

Tommy reached forward between the seats and took the paper. 'Thanks, Ruth,' he said, like she'd given him a chocolate bar. Then after a few seconds, he said: 'What is it? I don't get it.'

'It's Madame's address. It's like you were saying to me just now. You've at least got to try.'

'How d'you find it?' Tommy asked.

'It wasn't easy. It took me a long time, and I ran a few risks. But I got it in the end, and I got it for you two. Now it's up to you to find her and try.'

I'd stopped sobbing by now and started the engine. 'That's enough of all this,' I said. 'We've got to get Tommy back. Then we need to be getting back ourselves.'

'But you will think about it, both of you, won't you?'

'I just want to get back now,' I said.

'Tommy, you'll keep that address safe? In case Kathy comes round.'

'I'll keep it,' Tommy said. Then, much more solemnly than the last time: 'Thanks, Ruth.'

'We've seen the boat,' I said, 'but now we've got to get back. It might be over two hours back to Dover.'

I put the car on the road again, and my memory of it is that we didn't talk much more on the way back to the Kingsfield. There was still a small group of donors huddled under the roof as we came into the Square. I turned the car before letting Tommy out. Neither of us hugged or kissed him, but as he walked away towards his fellow donors, he paused and gave us a big smile and wave.

It might seem odd, but on the journey back to Ruth's centre, we didn't really discuss any of what had just happened. It was partly because Ruth was exhausted – that last conversation on the roadside seemed to have drained her. But also, I think we both sensed we'd done enough serious talking for one day, and that if we tried any more of it, things would start going wrong. I'm not sure how Ruth was feeling on that drive home, but as for me, once all the strong emotions had settled, once the night began to set in and all the lights came on along the roadside, I was feeling okay. It was like something that had been hanging over me for a long time had gone, and even if things were still far from sorted, it felt like there was now at least a door open to somewhere better. I'm not saying I was elated or anything like that. Everything between the three of us seemed really delicate and I felt tense, but it wasn't altogether a bad tension.

We didn't even discuss Tommy beyond saying how he looked okay, and wondering how much weight he'd put on. Then we spent large stretches of the journey watching the road together in silence.

It wasn't until a few days later I came to see what a difference that trip had made. All the guardedness, all the suspicions between me and Ruth evaporated, and we seemed to remember everything we'd once meant to each other. And that was the start of it, that era, with the summer coming on, and Ruth's health at least on an even keel, when I'd come in the evenings with biscuits and mineral water, and we'd sit side by side at her window, watching the sun go down over the roofs, talking about Hailsham, the Cottages, anything that drifted into our minds. When I think about Ruth now, of course, I feel sad she's gone; but I also feel really grateful for that period we had at the end.

There was, even so, one topic we never discussed properly, and that was about what she'd said to us on the roadside that day. Just every now and then, Ruth would allude to it. She'd come out with something like:

'Have you thought any more about becoming Tommy's carer? You know you could arrange it, if you wanted to.'

Soon, it was this idea – of my becoming Tommy's carer – that came to stand in for all the rest of it. I'd tell her I was thinking about it, that anyway it wasn't so simple, even for me, to arrange such a thing. Then we'd usually let the topic drop. But I could tell it was never far from Ruth's mind, and that's why, that very last time I saw her, even though she wasn't able to speak, I knew what it was she wanted to say to me.

That was three days after her second donation, when they finally let me in to see her in the small hours of the morning. She was in a room by herself, and it looked like they'd done everything they could for her. It had become obvious to me by then, from the way the doctors, the co-ordinator, the nurses were behaving, that they didn't think she was going to make it. Now I took one glance at her in that hospital bed under the dull light and recognised the look on her face, which I'd seen on donors often enough before. It was like she was willing her eyes to see right inside herself, so she could patrol and marshal all the better the separate areas of pain in her body – the way, maybe, an anxious carer might rush between three or four ailing donors in different parts of the country. She was, strictly speaking, still conscious, but she wasn't accessible to me as I stood there beside her metal bed. All the same, I pulled up a chair and sat with her hand in both of mine, squeezing whenever another flood of pain made her twist away from me.

I stayed beside her like that for as long as they let me, three hours, maybe longer. And as I say, for almost all of that time, she was far away inside herself. But just once, as she was twisting herself in a way that seemed scarily unnatural, and I was on the verge of calling the nurses for more painkillers, just for a few seconds, no more, she looked straight at me and she knew exactly who I was. It was one of those little islands of lucidity donors sometimes get to in the midst of their ghastly battles, and she looked at me, just for that moment, and although she didn't speak, I knew what her look meant. So I said to her: 'It's okay, I'm going to do it, Ruth. I'm going to become Tommy's carer as soon as I can.' I said it under my breath, because I didn't think she'd hear the words anyway, even if I shouted them. But my hope was that with our gazes locked as they were for those few seconds, she'd read my expression exactly as I'd read hers. Then the moment was over, and she was away again. Of course, I'll never know for sure, but I think she did understand. And even if she didn't, what occurs to me now is that she probably knew all along, even before I did, that I'd become Tommy's carer, and that we'd 'give it a try', just as she'd told us to in the car that day.

CHAPTER TWENTY

I became Tommy's carer almost a year to the day after that trip to see the boat. It wasn't long after Tommy's third donation, and though he was recovering well, he was still needing a lot of time to rest, and as it turned out, that wasn't a bad way at all for us to start this new phase together. Before long, I was getting used to the Kingsfield, growing to like it even.

Most donors at the Kingsfield get their own room after third donation, and Tommy was given one of the largest singles in the centre. Some people assumed afterwards I'd fixed it for him, but that wasn't the case; it was just luck, and anyway, it wasn't that great a room. I think it had been a bathroom back in the holiday camp days, because the only window had frosted glass and was really high up near the ceiling. You could only look out by standing on a chair and holding open the pane, and then you only got a view down onto the dense shrubbery. The room was L-shaped, which meant they could get in, as well as the usual bed, chair and wardrobe, a little school desk with a lift-up lid – an item that proved a real bonus, as I'll explain.

I don't want to give the wrong idea about that period at the Kingsfield. A lot of it was really relaxed, almost idyllic. My usual time to arrive was after lunch, and I'd come up to find Tommy stretched out on the narrow bed – always fully clothed because he didn't want to 'be like a patient'. I'd sit in the chair and read to him from various paperbacks I'd bring in, stuff like *The Odyssey* or *One Thousand and One Nights*. Otherwise we'd just talk, sometimes about the old days, sometimes about other things. He'd often doze off in the late afternoon, when I'd catch up on my reports over at his school desk. It was amazing really, the way the years seemed to melt away, and we were so easy with each other.

Obviously, though, not everything was like before. For a start, Tommy and I finally started having sex. I don't know how much Tommy had thought about us having sex before we started. He was still recovering, after all, and maybe it wasn't the first thing on his mind. I wasn't wanting to force it on him, but on the other hand it had occurred to me if we left it too long, just when we were starting out together again, it would just get harder and harder to make it a natural part of us. And my other thought, I suppose, was that if our plans went along the lines Ruth had wanted, and we did find ourselves going for a deferral, it might prove a real drawback if we'd never had sex. I don't mean I thought this was necessarily something they'd ask us about. But my worry was that it would show somehow, in a kind of lack of intimacy.

So I decided to start it off one afternoon up in that room, in a way he could take or leave. He'd been lying on the bed as usual, staring at the ceiling while I read to him. When I finished, I went over, sat on the edge of the bed, and slid a hand under his T-shirt. Pretty soon I was down around his stuff, and though it took a while for him to get hard, I could tell straight away he was happy about it. That first time, we still had stitches to worry about, and anyway, after all the years of knowing each other and not having sex, it was like we needed some intermediary stage before we could get into it in a full-blown way. So after a while I just did it for him with my hands, and he just lay there not making any attempt to feel me up in return, not even making any noises, but just looking peaceful.

But even that first time, there was something there, a feeling, right there alongside our sense that this was a beginning, a gateway we were passing through. I didn't want to acknowledge it for a long time, and even when I did, I tried to persuade myself it was something that would go away along with his various aches and pains. What I mean is, right from that first time, there was something in Tommy's manner that was tinged with sadness, that seemed to say: 'Yes, we're doing this now and I'm glad we're doing it now. But what a pity we left it so late.'

And in the days that followed, when we had proper sex and we were really happy about it, even then, this same nagging feeling would always be there. I did everything to keep it away. I had us going at it all stops out, so that everything would become a delirious blur, and there'd be no room for anything else. If he was on top, I'd put my knees right up for him; whatever other position we used, I'd say anything, do anything I thought would make it better, more passionate, but it still never quite went away.

Maybe it was to do with that room, the way the sun came in through the frosted glass so that even in early summer, it felt like autumn light. Or maybe it was because the stray sounds that would occasionally reach us as we lay there were of donors milling about, going about their business around the grounds, and not of students sitting in a grassy field, arguing about novels and poetry. Or maybe it had to do with how sometimes, even after we'd done it really well and were lying in each other's arms, bits of what we'd just done still drifting through our heads, Tommy would say something like: 'I used to be able to do it twice in a row easy. But I can't any more.' Then that feeling would come right to the fore and I'd have to put my hand over his mouth, whenever he said things like that, just so we could go on lying there in peace. I'm sure Tommy felt it too, because we'd always hold each other very tight after times like that, as though that way we'd manage to keep the feeling away.

For the first few weeks after I arrived, we hardly brought up Madame or that conversation with Ruth in the car that day. But the very fact of my having become his carer served as a reminder that we weren't there to mark time. And so too, of course, did Tommy's animal drawings.

I'd often wondered about Tommy's animals over the years, and even that day we'd gone to see the boat, I'd been tempted to ask him about them. Was he still drawing them? Had he kept the ones from the Cottages? But the whole history around them had made it difficult for me to ask.

Then one afternoon, maybe about a month after I'd started, I came up to his room and found him at his school desk, carefully going over a drawing, his face nearly touching the paper. He'd called for me to come in when I'd knocked, but now he didn't raise his head or stop what he was doing, and just a glance told me he was working on one of his imaginary creatures. I stopped in the doorway, uncertain whether I should come in, but eventually he looked up and closed his notebook – which I noticed looked identical to the black books he'd got from Keffers all those years ago. I came in then and we began talking about something else entirely, and after a while he put away his notebook without us mentioning it. But after that, I'd often come in and see it left on the desk or tossed beside his pillow.

Then one day we were up in his room with several minutes to kill before we set off for some checks, and I noticed something odd coming into his manner: something coy and deliberate which made me think he was after some sex. But then he said:

'Kath, I just want you to tell me. Tell me honestly.'

Then the black notebook came out of his desk, and he showed me three separate sketches of a kind of frog – except with a long tail as though a part of it had stayed a tadpole. At least, that's what it looked like when you held it away from you. Close up, each sketch was a mass of minute detail, much like the creatures I'd seen years before.

'These two I did thinking they were made of metal,' he said. 'See, everything's got shiny surfaces. But this one here, I thought I'd try making him rubbery. You see? Almost blobby. I want to do a proper version now, a really good one, but I can't decide. Kath, be honest, what do you think?'

I can't remember what I answered. What I do remember is the strong mix of emotions that engulfed me at that moment. I realised immediately this was Tommy's way of putting behind us everything that had happened around his drawings back at the Cottages, and I felt relief, gratitude, sheer delight. But I was aware too why the animals had emerged again, and of all the possible layers behind Tommy's apparently casual query. At the least, I could see, he was showing me he hadn't forgotten, even though we'd hardly discussed anything openly; he was telling me he wasn't complacent, and that he was busy getting on with his part of the preparations.

But that wasn't all I felt looking at those peculiar frogs that day. Because it was there again, only faint and in the background at first, but growing all the while, so that afterwards it was what I kept thinking about. I couldn't help it, as I looked at those pages, the thought went through my mind, even as I tried to grab it and put it away. It came to me that Tommy's drawings weren't as fresh now. Okay, in many ways these frogs were a lot like what I'd seen back at the Cottages. But something was definitely gone, and they looked laboured, almost like they'd been copied. So that feeling came again, even though I tried to keep it out: that we were doing all of this too late; that there'd once been a time for it, but we'd let that go by, and there was something ridiculous, reprehensible even, about the way we were now thinking and planning.

Now I'm going over this again, it occurs to me that might have been another reason we were so slow to talk openly to each other about our plans. It was certainly the case that none of the other donors at the Kingsfield were ever heard talking about deferrals or anything like that, and we were probably vaguely embarrassed, almost like we shared a shameful secret. We might even have been scared of what might happen if word got out to the others.

But as I say, I don't want to paint too gloomy a view of

that time at the Kingsfield. For a lot of it, especially after that day he asked me about his animals, there seemed to be no more shadows left from the past, and we really settled into each other's company. And though he never asked me again for advice about his pictures, he was happy to work on them in front of me, and we'd often spend our afternoons like that: me on the bed, maybe reading aloud; Tommy at the desk, drawing.

Perhaps we'd have been happy if things had stayed that way for a lot longer; if we could have whiled away more afternoons chatting, having sex, reading aloud and drawing. But with the summer drawing to an end, with Tommy getting stronger, and the possibility of notice for his fourth donation growing ever more distinct, we knew we couldn't keep putting things off indefinitely.

It had been an unusually busy period for me, and I'd not been to the Kingsfield for almost a week. I arrived in the morning that day, and I remember it was bucketing down. Tommy's room was almost dark, and you could hear a gutter splashing away near his window. He'd been down to the main hall for breakfast with his fellow donors, but had come back up again and was now sitting on his bed, looking vacant, not doing anything. I came in exhausted – I'd not had a proper night's sleep for ages – and just collapsed onto his narrow bed, pushing him against the wall. I lay like that for a few moments, and might easily have fallen asleep if Tommy hadn't kept prodding my knees with a toe. Then finally I sat up beside him and said:

'I saw Madame yesterday, Tommy. I never spoke to her or anything. But I saw her.'

He looked at me, but stayed quiet.

'I saw her come up the street and go into her house. Ruth got it right. The right address, right door, everything.'

Then I described to him how the previous day, since I was down on the south coast anyway, I'd gone to Littlehampton in the late afternoon, and just as I'd done the last two times, walked down that long street near the seafront, past rows of terraced houses with names like 'Wavecrest' and 'Sea View', until I'd come to the public bench beside the phone box. And I'd sat down and waited – again, the way I'd done before – with my eyes fixed on the house over the street.

'It was just like detective stuff. The previous times, I'd sat there for over half an hour each go, and nothing, absolutely nothing. But something told me I'd be lucky this time.'

I'd been so tired, I'd nearly nodded off right there on the bench. But then I'd looked up and she was there, coming down the street towards me.

'It was really spooky,' I said, 'because she looked exactly the same. Maybe her face was slightly older. But otherwise, there was no real difference. Same clothes even. That smart grey suit.'

'It couldn't *literally* have been the same suit.'

'I don't know. It looked like it was.'

'So you didn't try and speak to her?'

'Of course not, stupid. Just one step at a time. She was never exactly nice to us, remember.'

I told him how she'd walked right past me on the opposite side, never glancing over to me; how for a second I thought she would also go past the door I'd been watching – that Ruth had got the wrong address. But Madame had turned sharply at the gate, covered the tiny front path in two or three steps and vanished inside.

After I'd finished, Tommy stayed quiet for some time. Then he said:

'You sure you won't get into trouble? Always driving out to places you're not supposed to be?'

'Why do you think I'm so tired? I've been working all kinds of hours to get everything in. But at least we've found her now.'

The rain kept splashing outside. Tommy turned onto his side and put his head on my shoulder.

'Ruth did well for us,' he said, softly. 'She got it right.'

'Yeah, she did well. But now it's up to us.'

'So what's the plan, Kath? Have we got one?'

'We just go there. We just go there and ask her. Next week, when I take you for the lab tests. I'll get you signed out for the whole day. Then we can go to Littlehampton on the way back.'

Tommy gave a sigh and put his head deeper into my shoulder. Someone watching might have thought he was being unenthusiastic, but I knew what he was feeling. We'd been thinking about the deferrals, the theory about the Gallery, all of it, for so long – and now, suddenly, here we were. It was definitely a bit scary.

'If we get this,' he said, eventually. 'Just suppose we do. Suppose she lets us have three years, say, just to ourselves. What do we do exactly? See what I mean, Kath? Where do we go? We can't stay here, this is a centre.'

'I don't know, Tommy. Maybe she'll tell us to go back to the Cottages. But it'd be better somewhere else. The White Mansion, maybe. Or perhaps they've got some other place. Somewhere separate for people like us. We'll just have to see what she says.'

We lay quietly on the bed for a few more minutes, listening to the rain. At some stage, I began prodding him with a foot, the way he'd been doing to me earlier. Eventually he retaliated and pushed my feet off the bed altogether.

'If we're really going,' he said, 'we'll have to decide about the animals. You know, choose the best ones to take along. Maybe six or seven. We'll have to do it quite carefully.'

'Okay,' I said. Then I stood up and stretched out my arms. 'Maybe we'll take more. Fifteen, twenty even. Yeah, we'll go and see her. What can she do to us? We'll go and talk to her.'

CHAPTER TWENTY-ONE

From days before we went, I'd had in my mind this picture of me and Tommy standing in front of that door, working up the nerve to press the bell, then having to wait there with hearts thumping. The way it turned out, though, we got lucky and were spared that particular ordeal.

We deserved a bit of luck by then, because the day hadn't been going at all well. The car had played up on the journey out and we were an hour late for Tommy's tests. Then a mix-up at the clinic had meant Tommy having to re-do three of the tests. This had left him feeling pretty woozy, so when we finally set off for Littlehampton towards the end of the afternoon, he began to feel carsick and we had to keep stopping to let him walk it off.

We finally arrived just before six o'clock. We parked the car behind the bingo hall, took out from the boot the sports bag containing Tommy's notebooks, then set off towards the town centre. It had been a fine day and though the shops were all closing, a lot of people were hanging about outside the pubs, talking and drinking. Tommy began to feel better the more we walked, until eventually he remembered how he'd had to miss lunch because of the tests, and declared he'd have to eat before facing what was in front of us. So we were searching for some place to buy a takeaway sandwich, when he suddenly grabbed my arm, so hard I thought he was having some sort of attack. But then he said quietly into my ear:

'That's her, Kath. Look. Going past the hairdressers.'

And sure enough there she was, moving along the opposite pavement, dressed in her neat grey suit, just like the ones she'd always worn.

We set off after Madame at a reasonable distance, first through the pedestrian precinct, then along the near-deserted High Street. I think we were both reminded of that day we'd followed Ruth's possible through another town. But this time things proved far simpler, because pretty soon she'd led us onto that long seafront street.

Because the road was completely straight, and because the setting sun was falling on it all the way down to the end, we found we could let Madame get quite a way ahead – till she wasn't much more than a dot – and there'd still be no danger of losing her. In fact, we never even stopped hearing the echo of her heels, and the rhythmic thudding of Tommy's bag against his leg seemed to be a kind of answer.

We went on like that for a long time, past the rows of identical houses. Then the houses on the opposite pavement ran out, areas of flat lawn appeared in their place, and you could see, beyond the lawns, the tops of the beach huts lining the seafront. The water itself wasn't visible, but you could tell it was there, just from the big sky and the seagull noises.

But the houses on our side continued without a change, and after a while I said to Tommy:

'It's not long now. See that bench over there? That's the one I sit on. The house is just over from it.'

Until I said this, Tommy had been pretty calm. But now something seemed to get into him, and he began to walk much faster, like he wanted to catch up with her. But now there was no one between Madame and us, and as Tommy kept closing the gap, I had to grab his arm to slow him down. I was all the time afraid she'd turn and look at us, but she didn't, and then she was going in through her little gateway. She paused at her door to find her keys in her handbag, and then there we were, standing by her gate, watching her. She still didn't turn, and I had an idea that she'd been aware of us all along and was deliberately ignoring us. I thought too that Tommy was about to shout something to her, and that it would be the wrong thing. That was why I called from the gate, so quickly and without hesitation.

It was only a polite 'Excuse me!' but she spun round like I'd thrown something at her. And as her gaze fell on us, a chill passed through me, much like the one I'd felt years ago that time we'd waylaid her outside the main house. Her eyes were as cold, and her face maybe even more severe than I remembered. I don't know if she recognised us at that point; but without doubt, she saw and decided in a second *what we were,* because you could see her stiffen – as if a pair of large spiders was set to crawl towards her.

Then something changed in her expression. It didn't become warmer exactly. But that revulsion got put away somewhere, and she studied us carefully, squinting in the setting sun.

'Madame,' I said, leaning over the gate. 'We don't want to shock you or anything. But we were at Hailsham. I'm Kathy H., maybe you remember. And this is Tommy D. We haven't come to give you any trouble.'

She came a few steps back towards us. 'From Hailsham,' she said, and a small smile actually went across her face. 'Well, this is a surprise. If you aren't here to give me trouble, then why are you here?'

Suddenly Tommy said: 'We have to talk with you. I've brought some things' – he raised his bag – 'some things you might want for your gallery. We've got to talk with you.'

Madame went on standing there, hardly moving in the low sun, her head tilted as though listening for some sound from the seafront. Then she smiled again, though the smile didn't seem to be for us, but just herself.

'Very well then. Come inside. Then we'll see what it is you wish to talk about.'

As we went in, I noticed the front door had coloured glass panels, and once Tommy closed it behind us, everything got pretty dark. We were in a hallway so narrow you felt you'd be able to touch the walls on either side just by stretching out your elbows. Madame had stopped in front of us, and was standing still, her back to us, again like she was listening. Peering past her, I saw that the hallway, narrow as it was, divided further: to the left was a staircase going upstairs; to the right, an even narrower passage leading deeper into the house.

Following Madame's example, I listened too, but there was only silence in the house. Then, maybe from somewhere upstairs, there was a faint thump. That small noise seemed to signify something to her, because she now turned to us and pointing into the darkness of the passage, said:

'Go in there and wait for me. I'll be down shortly.'

She began to climb the stairs, then seeing our hesitation, leaned over the banister and pointed again into the dark.

'In there,' she said, then vanished upstairs.

Tommy and I wandered forward and found ourselves in what must have been the front room of the house. It was like a servant of some sort had got the place ready for the night-time, then left: the curtains were closed and there were dim table lamps switched on. I could smell the old furniture, which was probably Victorian. The fireplace had been sealed off with a board, and where the fire would have been, there was a picture, woven like a tapestry, of a strange owl-like bird staring out at you. Tommy touched my arm and pointed to a framed picture hanging in a corner over a little round table.

'It's Hailsham,' he whispered.

We went up to it, but then I wasn't so sure. I could see it was a pretty nice watercolour, but the table lamp beneath it had a crooked shade covered with cobweb traces, and instead of lighting up the picture, it just put a shine over the murky glass, so you could hardly make it out at all.

'It's the bit round the back of the duck pond,' Tommy said.

'What do you mean?' I whispered back. 'There's no pond. It's just a bit of countryside.'

'No, the pond's behind you.' Tommy seemed surprisingly irritated. 'You must be able to remember. If you're round the back with the pond behind you, and you're looking over towards the North Playing Field . . .'

We went silent again because we could hear voices somewhere in the house. It sounded like a man's voice, maybe coming from upstairs. Then we heard what was definitely Madame's voice coming down the stairs, saying: 'Yes, you're quite right. Quite right.'

We waited for Madame to come in, but her footsteps went past the door and to the back of the house. It flashed through my mind she was going to prepare tea and scones and bring it all in on a trolley, but then I decided that was rubbish, that she'd just as likely forgotten about us, and now she'd suddenly remember, come in and tell us to leave. Then a gruff male voice called something from upstairs, so muffled it might have been two floors up. Madame's footsteps came back into the hallway, then she called up: 'I've told you what to do. Just do as I explained.'

Tommy and I waited several more minutes. Then the wall at the back of the room began to move. I saw almost immediately it wasn't really a wall, but a pair of sliding doors which you could use to section off the front half of what was otherwise one long room. Madame had rolled back the doors just part of the way, and she was now standing there staring at us. I tried to see past her, but it was just darkness. I thought maybe she was waiting for us to explain why we were there, but in the end, she said:

'You told me you were Kathy H. and Tommy D. Am I correct? And you were at Hailsham how long ago?'

I told her, but there was no way of telling if she remembered us or not. She just went on standing there at the threshold, as though hesitating to come in. But now Tommy spoke again:

'We don't want to keep you long. But there's something we have to talk to you about.'

'So you say. Well then. You'd better make yourselves comfortable.'

She reached out and put her hands on the backs of two matching armchairs just in front of her. There was something odd about her manner, like she hadn't really invited us to sit down. I felt that if we did as she was suggesting and sat on those chairs, she'd just go on standing behind us, not even taking her hands away from the backs. But when we made a move towards her, she too came forwards, and – perhaps I imagined it – tucked her shoulders in tightly as she passed between us. When we turned to sit down, she was over by the windows, in front of the heavy velvet curtains, holding us in a glare, like we were in a class and she was a teacher. At least, that's the way it looked to me at that moment. Tommy, afterwards, said he thought she was about to burst into song, and that those curtains behind her would open, and instead of the street and the flat grassy expanse leading to the seafront, there'd be this big stage set, like the ones we'd had at Hailsham, with even a chorus line to back her up. It was funny, when he said that afterwards, and I could see her again then, hands clasped, elbows out, sure enough like she was getting ready to sing. But I doubt if Tommy was really thinking anything like that at the time. I remember noticing how tense he'd got, and worrying he'd blurt out something completely daft. That was why, when she asked us, not unkindly, what it was we wanted, I stepped in quickly.

It probably came out pretty muddled at first, but after a while, as I became more confident she'd hear me out, I calmed down and got a lot clearer. I'd been turning over in my mind for weeks and weeks just what I'd say to her. I'd gone over it during those long car journeys, and while sitting at quiet tables in service-station cafés. It had seemed so difficult then, and I'd eventually resorted to a plan: I'd memorised word for word a few key lines, then drawn a mental map of how I'd go from one point to the next. But now she was there in front of me, most of what I'd prepared seemed either unnecessary or completely wrong. The strange thing was – and Tommy agreed when we discussed it afterwards – although at Hailsham she'd been like this hostile stranger from the outside, now that we were facing her again, even though she hadn't said or done anything to suggest any warmth towards us, Madame now appeared to me like an intimate, someone much closer to us than anyone new we'd met over the recent years. That's why suddenly all the things I'd been preparing in my head just went, and I spoke to her honestly and simply, almost as I might have done years ago to a guardian. I told her what we'd heard, the rumours about Hailsham students and deferrals; how we realised the rumours might not be accurate, and that we weren't banking on anything.

'And even if it *is* true,' I said, 'we know you must get tired of it, all these couples coming to you, claiming to be in love. Tommy and me, we never would have come and bothered you if we weren't really sure.'

'Sure?' It was the first time she'd spoken for ages and we both jolted back a bit in surprise. 'You say you're *sure*? Sure that you're in love? How can you know it? You think love is so simple? So you are in love. Deeply in love. Is that what you're saying to me?'

Her voice sounded almost sarcastic, but then I saw, with a kind of shock, little tears in her eyes as she looked from one to the other of us.

'You believe this? That you're deeply in love? And therefore you've come to me for this . . . this deferral? Why? Why did you come to me?'

If she'd asked this in a certain way, like the whole idea was completely crazy, then I'm sure I'd have felt pretty devastated. But she hadn't quite said it like that. She'd asked it almost like it was a test question she knew the answer to; as if, even, she'd taken other couples through an identical routine many times before. That was what kept me hopeful. But Tommy must have got anxious, because he suddenly burst in:

'We came to see you because of your gallery. We think we know what your gallery's for.'

'My gallery?' She leaned back on the window ledge, causing the curtains to sway behind her, and took a slow breath. 'My gallery. You must mean my collection. All those paintings, poems, all those things of yours I gathered over the years. It was hard work for me, but I believed in it, we all did in those days. So you think you know what it was for, why we did it. Well, that would be most interesting to hear. Because I have to say, it's a question I ask myself all the time.' She suddenly switched her gaze from Tommy to me. 'Do I go too far?' she asked.

I didn't know what to say, so just replied: 'No, no.'

'I go too far,' she said. 'I'm sorry. I often go too far on this subject. Forget what I just said. Young man, you were going to tell me about my gallery. Please, let me hear.'

'It's so you could tell,' Tommy said. 'So you'd have something to go on. Otherwise how would you know when students came to you and said they were in love?'

Madame's gaze had drifted over to me again, but I had the feeling she was staring at something on my arm. I actually looked down to see if there was birdshit or something on my sleeve. Then I heard her say:

'And this is why you think I gathered all those things of yours. My *gallery*, as all of you always called it. I laughed when I first heard that's what you were calling it. But in time, I too came to think of it as that. My gallery. Now why, young man, explain it to me. Why would my gallery help in telling which of you were really in love?'

'Because it would help show you what we were like,' Tommy said. 'Because . . .'

'Because of course' – Madame cut in suddenly – 'your art will reveal your inner selves! That's it, isn't it? Because your art will display your *souls*!' Then suddenly she turned to me again and said: 'I go too far?'

She'd said this before, and I again had the impression she was staring at a spot on my sleeve. But by this point a faint suspicion I'd had ever since the first time she'd asked 'I go too far?' had started to grow. I looked at Madame carefully, but she seemed to sense my scrutiny and she turned back to Tommy.

'All right,' she said. 'Let us continue. What was it you were telling me?'

'The trouble is,' Tommy said, 'I was a bit mixed up in those days.'

'You were saying something about your art. How art bares the soul of the artist.'

'Well, what I'm trying to say,' Tommy persisted, 'is that I was so mixed up in those days, I didn't really do any art. I didn't do anything. I know now I should have done, but I was mixed up. So you haven't got anything of mine in your gallery. I know that's my fault, and I know it's probably way too late, but I've brought some things with me now.' He raised his bag, then began to unzip it. 'Some of it was done recently, but some of it's from quite a long time ago. You should have Kath's stuff already. She got plenty into the Gallery. Didn't you, Kath?'

For a moment they were both looking at me. Then Madame said, barely audibly:

'Poor creatures. What did we do to you? With all our schemes and plans?' She let that hang, and I thought I could see tears in her eyes again. Then she turned to me and asked: 'Do we continue with this talk? You wish to go on?'

It was when she said this that the vague idea I'd had before became something more substantial. 'Do I go too far?' And now: 'Do we continue?' I realised, with a little chill, that these questions had never been for me, or for Tommy, but for someone else – someone listening behind us in the darkened half of the room.

I turned round quite slowly and looked into the darkness.

I couldn't see anything, but I heard a sound, a mechanical one, surprisingly far away – the house seemed to go much further back into the dark than I'd guessed. Then I could make out a shape moving towards us, and a woman's voice said: 'Yes, Marie-Claude. Let us carry on.'

I was still looking into the darkness when I heard Madame let out a kind of snort, and she came striding past us and on into the dark. Then there were more mechanical sounds, and Madame emerged pushing a figure in a wheelchair. She passed between us again, and for a moment longer, because Madame's back was blocking the view, I couldn't see the person in the wheelchair. But then Madame steered it around to face us and said:

'You speak to them. It's you they've come to speak to.'

'I suppose it is.'

The figure in the wheelchair was frail and contorted, and it was the voice more than anything that helped me recognise her.

'Miss Emily,' Tommy said, quite softly.

'You speak to them,' Madame said, as though washing her hands of everything. But she remained standing behind the wheelchair, her eyes blazing towards us.

CHAPTER TWENTY-TWO

'Marie-Claude is correct,' Miss Emily said. 'I'm the one to whom you should be speaking. Marie-Claude worked hard for our project. And the way it all ended has left her feeling somewhat disillusioned. As for myself, whatever the disappointments, I don't feel so badly about it. I think what we achieved merits some respect. Look at the two of you. You've turned out well. I'm sure you have much you could tell me to make me proud. What did you say your names were? No, no, wait. I think I shall remember. You're the boy with the bad temper. A bad temper, but a big heart. Tommy. Am I right? And you, of course, are Kathy H. You've done well as a carer. We've heard a lot about you. I remember, you see. I dare say I can remember you all.'

'What good does it do you or them?' Madame asked, then strode away from the wheelchair, past the two of us and into the darkness, for all I know to occupy the space Miss Emily had been in before.

'Miss Emily,' I said, 'it's very nice to see you again.'

'How kind of you to say so. I recognised you, but you may well not have recognised me. In fact, Kathy H., once not so long ago, I passed you sitting on that bench out there, and you certainly didn't recognise me then. You glanced at George, the big Nigerian man pushing me. Oh yes, you had quite a good look at him, and he at you. I didn't say a word, and you didn't know it was me. But tonight, in context, as it were, we know each other. You both look rather shocked at the sight of me. I've not been well recently, but I'm hoping this contraption isn't a permanent fixture. Unfortunately, my dears, I won't be able to entertain you for as long as I'd like just now, because in a short while some men are coming to take away my bedside cabinet. It's a quite wonderful object. George has put protective padding around it, but I've insisted I'll accompany it myself all the same. You never know with these men. They handle it roughly, hurl it around their vehicle, then their employer claims it was like that from the start. It happened to us before, so this time, I've insisted on going along with it. It's a beautiful object, I had it with me at Hailsham, so I'm determined to get a fair price. So when they come, I'm afraid that's when I shall have to leave you. But I can see, my dears, you've come on a mission close to your hearts. I must say, it does cheer me to see you. And it cheers Marie-Claude too, even though you'd never know it to look at her. Isn't that so, darling? Oh, she pretends it's not so, but it is. She's touched that you've come to find us. Oh, she's in a sulk, ignore her, students, ignore her. Now, I'll try and answer your questions the best I can. I've heard this rumour countless times. When we still had Hailsham, we'd get two or three couples each year, trying to get in to talk to us. One even wrote to us. I suppose it's not so hard to find a large estate like that if you mean to break the rules. So you see, it's been there, this rumour, from long before your time.'

She stopped, so I said: 'What we want to know now, Miss Emily, is if the rumour's true or not.'

She went on gazing at us for a moment, then took a deep breath. 'Within Hailsham itself, whenever this talk started up, I made sure to stamp it out good and proper. But as for what students said after they'd left us, what could I do? In the end, I came to believe – and Marie-Claude believes this too, don't you, darling? – I came to believe that this rumour, it's not just a single rumour. What I mean is, I think it's one that gets created from scratch over and over. You go to the source, stamp it out, you'll not stop it starting again elsewhere. I came to this conclusion and ceased to worry about it. Marie-Claude never did worry about it. Her view was: "If they're so foolish, let them believe it." Oh yes, don't show me that sour face of yours. That's been your view of it from the beginning. After many years of it, I came not exactly to the same viewpoint. But I began to think, well, perhaps I shouldn't worry. It's not my doing, after all. And for the few couples who get disappointed, the rest will never put it to the test anyway. It's something for them to dream about, a little fantasy. What harm is there? But for the two of you, I can see this doesn't apply. You are serious. You've thought carefully. You've *hoped* carefully. For students like you, I do feel regret. It gives me no pleasure at all to disappoint you. But there it is.'

I didn't want to look at Tommy. I felt surprisingly calm, and even though Miss Emily's words should have crushed us, there was an aspect to them that implied something further, something being held back, that suggested we hadn't yet got to the bottom of things. There was even the possibility she wasn't telling the truth. So I asked:

'Is it the case, then, that deferrals don't exist? There's nothing you can do?'

She shook her head slowly from side to side. 'There's no truth in the rumour. I'm sorry. I truly am.'

Suddenly Tommy asked: 'Was it true once though? Before Hailsham closed?'

Miss Emily went on shaking her head. 'It was never true. Even before the Morningdale scandal, even back when Hailsham was considered a shining beacon, an example of how we might move to a more humane and better way of doing things, even then, it wasn't true. It's best to be clear about this. A wishful rumour. That's all it ever was. Oh dear, is that the men come for the cabinet?'

The doorbell had gone, and footsteps came down the stairs to answer it. There were men's voices out in the narrow hall, and Madame came out of the darkness behind us, crossed the room and went out. Miss Emily leaned forward in the wheelchair, listening intently. Then she said:

'It's not them. It's that awful man from the decorating company again. Marie-Claude will see to it. So, my dears, we have a few minutes more. Was there something else you wished to talk to me about? This is all strictly against regulations, of course, and Marie-Claude should never have asked you in. And naturally, I should have turned you out the second I knew you were here. But Marie-Claude doesn't care much for their regulations these days, and I must say, neither do I. So if you wish to stay a little longer, you're very welcome.'

'If the rumour was never true,' Tommy said, 'then why did you take all our art stuff away? Didn't the Gallery exist either?'

'The Gallery? Well, that rumour *did* have some truth to it. There *was* a gallery. And after a fashion, there still is. These days it's here, in this house. I had to prune it down, which I regret. But there wasn't room for all of it in here. But why did we take your work away? That's what you're asking, isn't it?'

'Not just that,' I said quietly. 'Why did we do all of that work in the first place? Why train us, encourage us, make us produce all of that? If we're just going to give donations anyway, then die, why all those lessons? Why all those books and discussions?'

'Why Hailsham at all?' Madame had said this from the hallway. She came past us again and back into the darkened section of the room. 'It's a good question for you to ask.'

Miss Emily's gaze followed her, and for a moment, remained fixed behind us. I felt like turning to see what looks were being exchanged, but it was almost like we were back at Hailsham, and we had to keep facing the front with complete attention. Then Miss Emily said:

'Yes, why Hailsham at all? Marie-Claude likes to ask that a lot these days. But not so long ago, before the Morningdale scandal, she wouldn't have dreamt of asking a question like that. It wouldn't have entered her head. You know that's right, don't look at me like that! There was only one person in those days who would ask a question like that, and that was me. Long before Morningdale, right from the very beginning, I asked that. And that made it easy for the rest of them, Marie-Claude, all the rest of them, they could all carry on without a care. All you students too. I did all the worrying and questioning for the lot of you. And as long as I was steadfast, then no doubts ever crossed your minds, any of you. But you asked your questions, dear boy. Let's answer the simplest one, and perhaps it will answer all the rest. Why did we take your artwork? Why did we do that? You said an interesting thing earlier, Tommy. When you were discussing this with Marie-Claude. You said it was because your art would reveal what you were like. What you were like inside. That's what you said, wasn't it? Well, you weren't far wrong about that. We took away your art because we thought it would reveal your souls. Or to put it more finely, we did it to *prove you had souls at all.*'

She paused, and Tommy and I exchanged glances for the first time in ages. Then I asked:

'Why did you have to prove a thing like that, Miss Emily? Did someone think we didn't have souls?'

A thin smile appeared on her face. 'It's touching, Kathy, to see you so taken aback. It demonstrates, in a way, that we did our job well. As you say, why would anyone doubt you had a soul? But I have to tell you, my dear, it wasn't something commonly held when we first set out all those years ago. And though we've come a long way since then, it's still not a notion universally held, even today. You Hailsham students, even after you've been out in the world like this, you still don't know the half of it. All around the country, at this very moment, there are students being reared in deplorable conditions, conditions you Hailsham students could hardly imagine. And now we're no more, things will only get worse.'

She paused again, and for a moment she seemed to be inspecting us carefully through narrowed eyes. Finally she went on:

'Whatever else, we at least saw to it that all of you in our care, you grew up in wonderful surroundings. And we saw to it too, after you left us, you were kept away from the worst of those horrors. We were able to do that much for you at least. But this dream of yours, this dream of being able to *defer*. Such a thing would always have been beyond us to grant, even at the height of our influence. I'm sorry, I can see what I'm saying won't be welcome to you. But you mustn't be dejected. I hope you can appreciate how much we *were* able to secure for you. Look at you both now! You've had good lives, you're educated and cultured. I'm sorry we couldn't secure more for you than we did, but you must realise how much worse things once were. When Marie-Claude and I started out, there were no places like Hailsham in existence. We were the first, along with Glenmorgan House. Then a few years later came the Saunders Trust. Together, we became a small but very vocal movement, and we challenged the entire way the donations programme was being run. Most importantly, we demonstrated to the world that if students were reared in humane, cultivated environments, it was possible for them to grow to be as sensitive and intelligent as any ordinary human being. Before that, all clones – or *students*, as we preferred to call you – existed only to supply medical science. In the early days, after the war, that's largely all you were to most people. Shadowy objects in test tubes. Wouldn't you agree, Marie-Claude? She's being very quiet. Usually you can't get her to shut up on this subject. Your presence, my dears, appears to have tied her tongue. Very well. So to answer your question, Tommy. That was why we collected your art. We selected the best of it and put on special exhibitions. In the late seventies, at the height of our influence, we were organising large events all around the country. There'd be cabinet ministers, bishops, all sorts of famous people coming to attend. There were speeches, large funds pledged. "There, look!" we could say. "Look at this art! How dare you claim these children are anything less than fully human?" Oh yes, there was a lot of support for our movement back then, the tide was with us.'

For the next few minutes, Miss Emily went on reminiscing about different events from those days, mentioning a lot of people whose names meant nothing to us. In fact, for a moment, it was almost like we were listening to her again at one of her morning assemblies as she drifted off on tangents none of us could follow. She seemed to enjoy herself, though, and a gentle smile settled around her eyes. Then suddenly she came out of it and said in a new tone:

'But we never quite lost touch with reality, did we, Marie-Claude? Not like our colleagues at the Saunders Trust. Even during the best of times, we always knew what a difficult battle we were engaged in. And sure enough, the Morningdale business came along, then one or two other things, and before we knew it all our hard work had come undone.'

'But what I don't understand,' I said, 'is why people would want students treated so badly in the first place.'

'From your perspective today, Kathy, your bemusement is perfectly reasonable. But you must try and see it historically. After the war, in the early fifties, when the great breakthroughs in science followed one after the other so rapidly, there wasn't time to take stock, to ask the sensible questions. Suddenly there were all these new possibilities laid before us, all these ways to cure so many previously incurable conditions. This was what the world noticed the most, wanted the most. And for a long time, people preferred to believe these organs appeared from nowhere, or at most that they grew in a kind of vacuum. Yes, there *were* arguments. But by the time people became concerned about . . . about *students*, by the time they came to consider just how you were reared, whether you should have been brought into existence at all, well by then it was too late. There was no way to reverse the process. How can you ask a world that has come to regard cancer as curable, how can you ask such a world to put away that cure, to go back to the dark days? There was no going back. However uncomfortable people were about your existence, their overwhelming concern was that their own children, their spouses, their parents, their friends, did not die from cancer, motor neurone disease, heart disease. So for a long time you were kept in the shadows, and people did their best not to think about you. And if they did, they tried to convince themselves you weren't really like us. That you were less than human, so it didn't matter. And that was how things stood until our little movement came along. But do you see what we were up against? We were virtually attempting to square the circle. Here was the world, requiring students to donate. While that remained the case, there would always be a barrier against seeing you as properly human. Well, we fought that battle for many years, and what we won for you, at least, were many improvements, though of course, you were only a select few. But then came the Morningdale scandal, then other things, and before we knew it, the climate had quite changed. No one wanted to be seen supporting us any more, and our little movement, Hailsham, Glenmorgan, the Saunders Trust, we were all of us swept away.'

'What was this Morningdale scandal you keep mentioning, Miss Emily?' I asked. 'You'll have to tell us, because we don't know about it.'

'Well, I suppose there's no reason why you should. It was never such a large matter in the wider world. It concerned a scientist called James Morningdale, quite talented in his way. He carried on his work in a remote part of Scotland, where I suppose he thought he'd attract less attention. What he wanted was to offer people the possibility of having children with enhanced characteristics. Superior intelligence, superior athleticism, that sort of thing. Of course, there'd been others with similar ambitions, but this Morningdale fellow, he'd taken his research much further than anyone before him, far beyond legal boundaries. Well, he was discovered, they put an end to his work and that seemed to be that. Except, of course, it wasn't, not for us. As I say, it never became an enormous matter. But it did create a certain atmosphere, you see. It reminded people, reminded them of a fear they'd always had. It's one thing to create students, such as yourselves, for the donation programme. But a generation of created children who'd take their place in society? Children demonstrably *superior* to the rest of us? Oh no. That frightened people. They recoiled from that.'

'But Miss Emily,' I said, 'what did any of that have to do with us? Why did Hailsham have to close because of something like that?'

'We didn't see an obvious connection either, Kathy. Not at first. And I often think now, we were culpable not to do so. Had we been more alert, less absorbed with ourselves, if we'd worked very hard at that stage when the news about Morningdale first broke, we might have been able to avert it. Oh, Marie-Claude disagrees. She thinks it would have happened no matter what we did, and she might have a point. After all, it wasn't just Morningdale. There were other things at that time. That awful television series, for instance. All these things contributed, contributed to the turning of the tide. But I suppose when it comes down to it, the central flaw was this. Our little movement, we were always too fragile, always too dependent on the whims of our supporters. So long as the climate was in our favour, so long as a corporation or a politician could see a benefit in supporting us, then we were able to keep afloat. But it had always been a struggle, and after Morningdale, after the climate changed, we had no chance. The world didn't want to be reminded how the donation programme really worked. They didn't want to think about you students, or about the conditions you were brought up in. In other words, my dears, they wanted you back in the shadows. Back in the shadows where you'd been before the likes of Marie-Claude and myself ever came along. And all those influential people who'd once been so keen to help us, well of course, they all vanished. We lost our sponsors, one after the other, in a matter of just over a year. We kept going for as long as we could, we went on for two years more than Glenmorgan. But in the end, as you know, we were obliged to close, and today there's hardly a trace left of the work we did. You won't find anything like Hailsham anywhere in the country now. All you'll find, as ever, are those vast government "homes", and even if they're somewhat better than they once were, let me tell you, my dears, you'd not sleep for days if you saw what still goes on in some of those places. And as for Marie-Claude and me, here we are, we've retreated to this house, and upstairs we have a mountain of your work. That's what we have to remind us of what we did. And a mountain of debt too, though that's not nearly so welcome. And the memories, I suppose, of all of you. And the knowledge that we've given you better lives than you would have had otherwise.'

'Don't try and ask them to thank you,' Madame's voice said from behind us. 'Why should they be grateful? They came here looking for something much more. What we gave them, all the years, all the fighting we did on their behalf, what do they know of that? They think it's God-given. Until they came here, they knew nothing of it. All they feel now is disappointment, because we haven't given them everything possible.'

Nobody spoke for a while. Then there was a noise outside and the doorbell rang again. Madame came out of the darkness and went out into the hall.

'This time it *must* be the men,' Miss Emily said. 'I shall have to get ready. But you can stay a little longer. The men have to bring the thing down two flights of stairs. Marie-Claude will see they don't damage it.'

Tommy and I couldn't quite believe that was the end of it. We neither of us stood up, and anyway, there was no sign of anyone helping Miss Emily out of her wheelchair. I wondered for a moment if she was going to try and get up by herself, but she remained still, leaning forward as before, listening intently. Then Tommy said:

'So there's definitely nothing. No deferral, nothing like that.'

'Tommy,' I murmured, and glared at him. But Miss Emily said gently:

'No, Tommy. There's nothing like that. Your life must now run the course that's been set for it.'

'So, what you're saying, Miss,' Tommy said, 'is that everything we did, all the lessons, everything. It was all about what you just told us? There was nothing more to it than that?'

'I can see,' Miss Emily said, 'that it might look as though you were simply pawns in a game. It can certainly be looked at like that. But think of it. You were lucky pawns. There was a certain climate and now it's gone. You have to accept that sometimes that's how things happen in this world. People's opinions, their feelings, they go one way, then the other. It just so happens you grew up at a certain point in this process.'

'It might be just some trend that came and went,' I said. 'But for us, it's our life.'

'Yes, that's true. But think of it. You were better off than many who came before you. And who knows what those who come after you will have to face. I'm sorry, students, but I must leave you now. George! George!'

There had been a lot of noise out in the hallway, and perhaps this had stopped George from hearing, because there was no response. Tommy asked suddenly:

'Is that why Miss Lucy left?'

For a while I thought Miss Emily, whose attention was on what was going on in the hallway, hadn't heard him. She leaned back in her wheelchair and began moving it gradually towards the door. There were so many little coffee tables and chairs there didn't seem a way through. I was about to get up and clear a path, when she stopped suddenly.

'Lucy Wainright,' she said. 'Ah yes. We had a little trouble with her.' She paused, then adjusted her wheelchair back to face Tommy. 'Yes, we had a little trouble with her. A disagreement. But to answer your question, Tommy. The disagreement with Lucy Wainright wasn't to do with what I've just been telling you. Not directly, anyway. No, that was more, shall we say, an internal matter.'

I thought she was going to leave it at that, so I asked: 'Miss Emily, if it's all right, we'd like to know about it, about what happened with Miss Lucy.'

Miss Emily raised her eyebrows. 'Lucy Wainright? She was important to you? Forgive me, dear students, I'm forgetting again. Lucy wasn't with us for long, so for us she's just a peripheral figure in our memory of Hailsham. And not an altogether happy one. But I appreciate, if you were there during just those years . . .' She laughed to herself and seemed to be remembering something. In the hall, Madame was telling the men off really loudly, but Miss Emily now seemed to have lost interest. She was going through her memories with a look of concentration. Finally she said: 'She was a nice enough girl, Lucy Wainright. But after she'd been with us for a while, she began to have these ideas. She thought you students had to be made more aware. More aware of what lay ahead of you, who you were, what you were for. She believed you should be given as full a picture as possible. That to do anything less would be somehow to cheat you. We considered her view and concluded she was mistaken.'

'Why?' Tommy asked. 'Why did you think that?'

'Why? She meant well, I'm sure of that. I can see you were fond of her. She had the makings of an excellent guardian. But what she was wanting to do, it was too *theoretical*. We had run Hailsham for many years, we had a sense of what could work, what was best for the students in the long run, beyond Hailsham. Lucy Wainright was idealistic, nothing wrong with that. But she had no grasp of practicalities. You see, we were able to give you something, something which even now no one will ever take from you, and we were able to do that principally by *sheltering* you. Hailsham would not have been Hailsham if we hadn't. Very well, sometimes that meant we kept things from you, lied to you. Yes, in many ways we *fooled* you. I suppose you could even call it that. But we sheltered you during those years, and we gave you your childhoods. Lucy was well-meaning enough. But if she'd had her way, your happiness at Hailsham would have been shattered. Look at you both now! I'm so proud to see you both. You built your lives on what we gave you. You wouldn't be who you are today if we'd not protected you. You wouldn't have become absorbed in your lessons, you wouldn't have lost yourselves in your art and your writing. Why should you have done, knowing what lay in store for each of you? You would have told us it was all pointless, and how could we have argued with you? So she had to go.'

We could hear Madame now shouting at the men. She hadn't lost her temper exactly, but her voice was frighteningly stern, and the men's voices, which until this point had been arguing with her, fell silent.

'Perhaps it's just as well I've remained in here with you,' Miss Emily said. 'Marie-Claude does this sort of thing so much more efficiently.'

I don't know what made me say it. Maybe it was because I knew the visit would have to finish pretty soon; maybe I was getting curious to know how exactly Miss Emily and Madame felt about each other. Anyway, I said to her, lowering my voice and nodding towards the doorway:

'Madame never liked us. She's always been afraid of us. In the way people are afraid of spiders and things.'

I waited to see if Miss Emily would get angry, no longer caring much if she did. Sure enough, she turned to me sharply, as if I'd thrown a ball of paper at her, and her eyes flashed in a way that reminded me of her Hailsham days. But her voice was even and soft when she replied:

'Marie-Claude has given *everything* for you. She has

worked and worked and worked. Make no mistake about it, my child, Marie-Claude is on your side and will always be on your side. Is she afraid of you? We're *all* afraid of you. I myself had to fight back my dread of you all almost every day I was at Hailsham. There were times I'd look down at you all from my study window and I'd feel such revulsion . . .' She stopped, then something in her eyes flashed again. 'But I was determined not to let such feelings stop me doing what was right. I fought those feelings and I won. Now, if you'd be so good as to help me out of here, George should be waiting with my crutches.'

With us at each elbow, she walked carefully into the hall, where a large man in a nursing uniform started with alarm and quickly produced a pair of crutches.

The front door was open to the street and I was surprised to see there was still daylight left. Madame's voice was coming from outside, talking more calmly now to the men. It felt like time for Tommy and me to slip away, but the George man was helping Miss Emily with her coat, while she stood steadily between her crutches; there was no way we could get past, so we just waited. I suppose, too, we were waiting to say goodbye to Miss Emily; maybe, after everything else, we wanted to thank her, I'm not sure. But she was now preoccupied with her cabinet. She began to make some urgent point to the men outside, then left with George, not looking back at us.

Tommy and I stayed in the hall for a while longer, not sure what to do. When we did eventually wander outside, I noticed the lamps had come on all the way down the long street, even though the sky wasn't yet dark. A white van was starting up its engine. Right behind was a big old Volvo with Miss Emily in the passenger seat. Madame was crouching by the window, nodding to something Miss Emily was saying, while George closed up the boot and moved round to the driver's door. Then the white van moved off, and Miss Emily's car followed.

Madame watched the departing vehicles for a long time. Then she turned as though to go back into the house, and seeing us there on the pavement, stopped abruptly, almost shrinking back.

'We're going now,' I said. 'Thank you for talking to us. Please say goodbye to Miss Emily for us.'

I could see her studying me in the fading light. Then she said:

'Kathy H. I remember you. Yes, I remember.' She fell silent, but went on looking at me.

'I think I know what you're thinking about,' I said, in the end. 'I think I can guess.'

'Very well.' Her voice was dreamy and her gaze had slightly lost focus. 'Very well. You are a mind-reader. Tell me.'

'There was a time you saw me once, one afternoon, in the dormitories. There was no one else around, and I was playing this tape, this music. I was sort of dancing with my eyes closed and you saw me.'

'That's very good. A mind-reader. You should be on the stage. I only recognised you just now. But yes, I remember that occasion. I still think about it from time to time.'

'That's funny. So do I.'

'I see.'

We could have ended the conversation there. We could have said goodbye and left. But she stepped closer to us, looking into my face all the time.

'You were much younger then,' she said. 'But yes, it's you.'

'You don't have to answer this if you don't want to,' I said. 'But it's always puzzled me. May I ask you?'

'You read my mind. But I cannot read yours.'

'Well, you were . . . upset that day. You were watching me, and when I realised, and I opened my eyes, you were watching me and I think you were crying. In fact, I know you were. You were watching me and crying. Why was that?'

Madame's expression didn't change and she kept staring into my face. 'I was weeping,' she said eventually, very quietly, as though afraid the neighbours were listening, 'because when I came in, I heard your music. I thought some foolish student had left the music on. But when I came into your dormitory, I saw you, by yourself, a little girl, dancing. As you say, eyes closed, far away, a look of yearning. You were dancing so very sympathetically. And the music, the song. There was something in the words. It was full of sadness.'

'The song,' I said, 'it was called "Never Let Me Go".' Then I sang a couple of lines quietly under my breath for her. *'Never let me go. Oh, baby, baby. Never let me go . . .'*

She nodded as though in agreement. 'Yes, it was that song. I've heard it once or twice since then. On the radio, on the television. And it's taken me back to that little girl, dancing by herself.'

'You say you're not a mind-reader,' I said. 'But maybe you were that day. Maybe that's why you started to cry when you saw me. Because whatever the song was really about, in my head, when I was dancing, I had my own version. You see, I imagined it was about this woman who'd been told she couldn't have babies. But then she'd had one, and she was so pleased, and she was holding it ever so tightly to her breast, really afraid something might separate them, and she's going baby, baby, never let me go. That's not what the song's about at all, but that's what I had in my head that time. Maybe you read my mind, and that's why you found it so sad. I didn't think it was so sad at the time, but now, when I think back, it does feel a bit sad.'

I'd spoken to Madame, but I could sense Tommy shifting next to me, and was aware of the texture of his clothes, of everything about him. Then Madame said:

'That's most interesting. But I was no more a mind-reader then than today. I was weeping for an altogether different reason. When I watched you dancing that day, I saw something else. I saw a new world coming rapidly. More scientific, efficient, yes. More cures for the old sicknesses. Very good. But a harsh, cruel world. And I saw a little girl, her eyes tightly closed, holding to her breast the old kind world, one that she knew in her heart could not remain, and she was holding it and pleading, never to let her go. That is what I saw. It wasn't really you, what you were doing, I know that. But I saw you and it broke my heart. And I've never forgotten.'

Then she came forward until she was only a step or two from us. 'Your stories this evening, they touched me too.' She looked now to Tommy, then back at me. 'Poor creatures. I wish I could help you. But now you're by yourselves.'

She reached out her hand, all the while staring into my face, and placed it on my cheek. I could feel a trembling go all through her body, but she kept her hand where it was, and I could see again tears appearing in her eyes.

'You poor creatures,' she repeated, almost in a whisper. Then she turned and went back into her house.

We hardly discussed our meeting with Miss Emily and Madame on the journey back. Or if we did, we talked only about the less important things, like how much we thought they'd aged, or the stuff in their house.

I kept us on the most obscure back roads I knew, where only our headlights disturbed the darkness. We'd occasionally encounter other headlights, and then I'd get the feeling they belonged to other carers, driving home alone, or maybe like me, with a donor beside them. I realised, of course, that other people used these roads; but that night, it seemed to me these dark byways of the country existed just for the likes of us, while the big glittering motorways with their huge signs and super cafés were for everyone else. I don't know if Tommy was thinking something similar. Maybe he was, because at one point, he remarked:

'Kath, you really know some weird roads.'

He did a little laugh as he said this, but then he seemed to fall deep into thought. Then as we were going down a particularly dark lane in the back of nowhere, he said suddenly:

'I think Miss Lucy was right. Not Miss Emily.'

I can't remember if I said anything to that. If I did, it certainly wasn't anything very profound. But that was the moment I first noticed it, something in his voice, or maybe his manner, that set off distant alarm bells. I remember taking my eyes off the twisting road to glance at him, but he was just sitting there quietly, gazing straight ahead into the night.

A few minutes later, he said suddenly: 'Kath, can we stop? I'm sorry, I need to get out a minute.'

Thinking he was feeling sick again, I pulled up almost immediately, hard against a hedge. The spot was completely unlit, and even with the car lights on, I was nervous another vehicle might come round the curve and run into us. That's why, when Tommy got out and disappeared into the blackness, I didn't go with him. Also, there'd been something purposeful about the way he'd got out that suggested even if he was feeling ill, he'd prefer to cope with it on his own. Anyway, that's why I was still in the car, wondering whether to move it a little further up the hill, when I heard the first scream.

At first I didn't even think it was him, but some maniac who'd been lurking in the bushes. I was already out of the car when the second and third screams came, and by then I knew it was Tommy, though that hardly lessened my urgency. In fact, for a moment, I was probably close to panic, not having a clue where he was. I couldn't really see anything, and when I tried to go towards the screams, I was stopped by an impenetrable thicket. Then I found an opening, and stepping through a ditch, came up to a fence. I managed to climb over it and I landed in soft mud.

I could now see my surroundings much better. I was in a field that sloped down steeply not far in front of me, and I could see the lights of some village way below in the valley.

The wind here was really powerful, and a gust pulled at me so hard, I had to reach for the fence post. The moon wasn't quite full, but it was bright enough, and I could make out in the mid-distance, near where the field began to fall away, Tommy's figure, raging, shouting, flinging his fists and kicking out.

I tried to run to him, but the mud sucked my feet down. The mud was impeding him too, because one time, when he kicked out, he slipped and fell out of view into the blackness. But his jumbled swear-words continued uninterrupted, and I was able to reach him just as he was getting to his feet again. I caught a glimpse of his face in the moonlight, caked in mud and distorted with fury, then I reached for his flailing arms and held on tight. He tried to shake me off, but I kept holding on, until he stopped shouting and I felt the fight go out of him. Then I realised he too had his arms around me. And so we stood together like that, at the top of that field, for what seemed like ages, not saying anything, just holding each other, while the wind kept blowing and blowing at us, tugging our clothes, and for a moment, it seemed like we were holding onto each other because that was the only way to stop us being swept away into the night.

When at last we pulled apart, he muttered: 'I'm really sorry, Kath.' Then he gave a shaky laugh and added: 'Good job there weren't cows in the field. They'd have got a fright.'

I could see he was doing his best to reassure me it was all okay now, but his chest was still heaving and his legs shaking. We walked together back towards the car, trying not to slip.

'You stink of cow poo,' I said, finally.

'Oh God, Kath. How do I explain this? We'll have to sneak in round the back.'

'You'll still have to sign in.'

'Oh God,' he said, and laughed again.

I found some rags in the car and we got the worst of the muck off. But I'd taken out of the boot, just while I was searching for the rags, the sports bag containing his animal pictures, and when we set off again, I noticed Tommy brought it inside with him.

We travelled some way, not saying much, the bag on his lap. I was waiting for him to say something about the pictures; it even occurred to me he was working up to another rage, when he'd throw all the pictures out of the window. But he held the bag protectively with both hands and kept staring at the dark road unfolding before us. After a long period of silence, he said:

'I'm sorry about just now, Kath. I really am. I'm a real idiot.' Then he added: 'What are you thinking, Kath?'

'I was thinking,' I said, 'about back then, at Hailsham, when you used to go bonkers like that, and we couldn't understand it. We couldn't understand how you could ever get like that. And I was just having this idea, just a thought really. I was thinking maybe the reason you used to get like that was because at some level you always *knew*.'

Tommy thought about this, then shook his head. 'Don't think so, Kath. No, it was always just me. Me being an idiot. That's all it ever was.' Then after a moment, he did a small laugh and said: 'But that's a funny idea. Maybe I did know, somewhere deep down. Something the rest of you didn't.'

CHAPTER TWENTY-THREE

Nothing seemed to change much in the week or so after that trip. I didn't expect it to stay that way though, and sure enough, by the start of October, I started noticing little differences. For one thing, though Tommy carried on with his animal pictures, he became cagey about doing them in my presence. We weren't quite back to how it was when I'd first become his carer and all the Cottages stuff was still hanging over us. But it was like he'd thought about it and come to a decision: that he'd continue with the animals as the mood took him, but if I came in, he'd stop and put them away. I wasn't that hurt by this. In fact, in many ways, it was a relief: those animals staring us in the face when we were together would have only made things more awkward.

But there were other changes I found less easy. I don't mean we weren't still having some good times up in his room. We were even having sex every now and then. But what I couldn't help noticing was how, more and more, Tommy tended to identify himself with the other donors at the centre. If, for instance, the two of us were reminiscing about old Hailsham people, he'd sooner or later move the conversation round to one of his current donor friends who'd maybe said or done something similar to what we were recalling. There was one time in particular, when I drove into the Kingsfield after a long journey and stepped out of the car. The Square was looking a bit like that time I'd come to the centre with Ruth the day we'd gone to see the boat. It was an overcast autumn afternoon, and there was no one about except for a group of donors clustered under the overhanging roof of the recreation building. I saw Tommy was with them – he was standing with a shoulder against a post – and was listening to a donor who was sitting crouched on the entrance steps. I came towards them a little way, then stopped and waited, there in the open, under the grey sky. But Tommy, though he'd seen me, went on listening to his friend, and eventually he and all the others burst out laughing. Even then, he carried on listening and smiling. He claimed afterwards he'd signalled to me to come over, but if he had, it hadn't been at all obvious. All I registered was him smiling vaguely in my direction, then going back to what his friend was saying. Okay, he was in the middle of something, and after a minute or so, he did come away, and the two of us went up to his room. But it was quite different to the way things would have happened before. And it wasn't just that he'd kept me waiting out in the Square. I wouldn't have minded that so much. It was more that I sensed for the first time that day something close to resentment on his part at having to come away with me, and once we were up in his room, the atmosphere between us wasn't so great.

To be fair, a lot of it might have been down to me as much as him. Because as I'd stood there watching them all talking and laughing, I'd felt an unexpected little tug; because there was something about the way these donors had arranged themselves in a rough semi-circle, something about their poses, almost studiedly relaxed, whether standing or sitting, as though to announce to the world how much each one of them was savouring the company, that reminded me of the way our little gang used to sit around our pavilion together. That comparison, as I say, tugged something inside me, and so maybe, once we were up in his room, it was as much me feeling resentful as the other way round.

I'd feel a similar little prickle of resentment each time he told me I didn't understand something or other because I wasn't yet a donor. But apart from one particular time, which I'll come to in a moment, a little prickle was all it was. Usually he'd say these things to me half-jokingly, almost affectionately. And even when there was something more to it, like the time he told me to stop taking his dirty washing to the laundry because he could do it himself, it hardly amounted to a row. That time, I'd asked him:

'What difference does it make, which one of us takes the towels down? I'm going out that way anyway.'

To which he'd shaken his head and said: 'Look, Kath, I'll sort out my own things. If you were a donor, you'd see.'

Okay, it did niggle, but it was something I could forget easily enough. But as I say, there was this one time he brought it up, about my not being a donor, that really riled me.

It happened about a week after the notice came for his fourth donation. We'd been expecting it and had already talked it through a lot. In fact, we'd had some of our most intimate conversations since the Littlehampton trip discussing the fourth donation. I've known donors to react in all sorts of ways to their fourth donation. Some want to talk about it all the time, endlessly and pointlessly. Others will only joke about it, while others refuse to discuss it at all. And then there's this odd tendency among donors to treat a fourth donation as something worthy of congratulations. A donor 'on a fourth', even one who's been pretty unpopular up till then, is treated with special respect. Even the doctors and nurses play up to this: a donor on a fourth will go in for a check and be greeted by whitecoats smiling and shaking their hand. Well, Tommy and I, we talked about all of this, sometimes jokingly, other times seriously and carefully. We discussed all the different ways people tried to handle it, and which ways made the best sense. Once, lying side by side on the bed with the dark coming on, he said:

'You know why it is, Kath, why everyone worries so much about the fourth? It's because they're not sure they'll really complete. If you knew for certain you'd complete, it would be easier. But they never tell us for sure.'

I'd been wondering for a while if this would come up, and I'd been thinking about how I'd respond. But when it did, I couldn't find much to say. So I just said: 'It's just a lot of rubbish, Tommy. Just talk, wild talk. It's not even worth thinking about.'

But Tommy would have known I had nothing to back up my words. He'd have known, too, he was raising questions to which even the doctors had no certain answers. You'll have heard the same talk. How maybe, after the fourth donation, even if you've technically completed, you're still conscious in some sort of way; how then you find there are more donations, plenty of them, on the other side of that line; how there are no more recovery centres, no carers, no friends; how there's nothing to do except watch your remaining donations until they switch you off. It's horror movie stuff, and most of the time people don't want to think about it. Not the whitecoats, not the carers – and usually not the donors. But now and again, a donor will bring it up, as Tommy did that evening, and I wish now we'd talked about it. As it was, after I dismissed it as rubbish, we both shrank back from the whole territory. At least, though, I knew it was on Tommy's mind after that, and I was glad he'd at least confided in me that far. What I'm saying is that all in all I was under the impression we were dealing with the fourth donation pretty well together, and that's why I was so knocked off balance by what he came out with that day we walked around the field.

The Kingsfield doesn't have much in the way of grounds. The Square's the obvious congregating point and the few bits behind the buildings look more like wasteland. The largest chunk, which the donors call 'the field', is a rectangle of overgrown weeds and thistles held in by wire-mesh fences. There's always been talk of turning it into a proper lawn for the donors, but they haven't done it yet, even now. It might not be so peaceful even if they did get round to it, because of the big road nearby. All the same, when donors get restless and need to walk it off, that's where they tend to go, scraping through all the nettles and brambles. The particular morning I'm talking about, it was really foggy, and I knew the field would be soaking, but Tommy had been insistent we go there for a walk. Not surprisingly, we were the only ones there – which probably suited Tommy fine. After crashing about the thickets for a few minutes, he stopped next to the fence and stared at the blank fog on the other side. Then he said:

'Kath, I don't want you to take this the wrong way. But I've been thinking it over a lot. Kath, I think I ought to get a different carer.'

In the few seconds after he said this, I realised I wasn't surprised by it at all; that in some funny way I'd been waiting for it. But I was angry all the same and didn't say anything.

'It's not just because the fourth donation's coming up,' he went on. 'It's not just about that. It's because of stuff like what happened last week. When I had all that kidney trouble. There's going to be much more stuff like that coming.'

'That's why I came and found you,' I said. 'That's exactly why I came to help you. For what's starting now. And it's what Ruth wanted too.'

'Ruth wanted that other thing for us,' Tommy said. 'She wouldn't necessarily have wanted you to be my carer through this last bit.'

'Tommy,' I said, and I suppose by now I was furious, but I kept my voice quiet and under control, 'I'm the one to help you. That's why I came and found you again.'

'Ruth wanted the other thing for us,' Tommy repeated. 'All this is something else. Kath, I don't want to be that way in front of you.'

He was looking down at the ground, a palm pressed against the wire-mesh fence, and for a moment he looked like he was listening intently to the sound of the traffic somewhere beyond the fog. And that was when he said it, shaking his head slightly:

'Ruth would have understood. She was a donor, so she would have understood. I'm not saying she'd necessarily have wanted the same thing for herself. If she'd been able to, maybe she'd have wanted you as her carer right to the end. But she'd have understood, about me wanting to do it differently. Kath, sometimes you just don't see it. You don't see it because you're not a donor.'

It was when he came out with this that I turned and walked off. As I said, I'd been almost prepared for the bit about not wanting me any more as his carer. But what had really stung, coming after all those other little things, like when he'd kept me standing in the Square, was what he'd said then, the way he'd divided me off yet again, not just from all the other donors, but from him and Ruth.

This never turned into a huge fight though. When I stalked off, there wasn't much else I could do other than go back up to his room, and then he came up himself several minutes later. I'd cooled down by then and so had he, and we were able to have a better conversation about it. It was a bit stiff, but we made peace, and even got into some of the practicalities of changing carers. Then, as we were sitting in the dull light, side by side on the edge of his bed, he said to me:

'I don't want us to fight again, Kath. But I've been wanting to ask you this a lot. I mean, don't you get tired of being a carer? All the rest of us, we became donors ages ago. You've been doing it for years. Don't you sometimes wish, Kath, they'd hurry up and send you your notice?'

I shrugged. 'I don't mind. Anyway, it's important there are good carers. And I'm a good carer.'

'But is it really that important? Okay, it's really nice to have a good carer. But in the end, is it really so important? The donors will all donate, just the same, and then they'll complete.'

'Of course it's important. A good carer makes a big difference to what a donor's life's actually like.'

'But all this rushing about you do. All this getting exhausted and being by yourself. I've been watching you. It's wearing you out. You must do, Kath, you must sometimes wish they'd tell you you can stop. I don't know why you don't have a word with them, ask them why it's been so long.' Then when I kept quiet, he said: 'I'm just saying, that's all. Let's not fight again.'

I put my head on his shoulder and said: 'Yeah, well. Maybe it won't be for much longer anyway. But for now, I have to keep going. Even if you don't want me around, there are others who do.'

'I suppose you're right, Kath. You *are* a really good carer. You'd be the perfect one for me too if you weren't you.' He did a laugh and put his arm round me, though we kept sitting side by side. Then he said: 'I keep thinking about this river somewhere, with the water moving really fast. And these two people in the water, trying to hold onto each other, holding on as hard as they can, but in the end it's just too much. The current's too strong. They've got to let go, drift apart. That's how I think it is with us. It's a shame, Kath, because we've loved each other all our lives. But in the end, we can't stay together forever.'

When he said this, I remembered the way I'd held onto him that night in the wind-swept field on the way back from Littlehampton. I don't know if he was thinking about that too, or if he was still thinking about his rivers and strong currents. In any case, we went on sitting like that on the side of the bed for a long time, lost in our thoughts. Then in the end I said to him:

'I'm sorry I blew up at you earlier. I'll talk to them. I'll try and see to it you get someone really good.'

'It's a shame, Kath,' he said again. And I don't think we talked any more about it that morning.

I remember the few weeks that came after that – the last few weeks before the new carer took over - as being surprisingly tranquil. Maybe Tommy and I were making a special effort to be nice to each other, but the time seemed to slip by in an almost carefree way. You might think there would have been an air of unreality about us being like that, but it didn't seem strange at the time. I was quite busy with a couple of my other donors in North Wales and that kept me from the Kingsfield more than I'd have wanted, but I still managed to come in three or four times a week. The weather grew colder, but stayed dry and often sunny, and we whiled away the hours in his room, sometimes having sex, more often just talking, or with Tommy listening to me read. Once or twice, Tommy even brought out his notebook and doodled away for new animal ideas while I read from the bed.

Then I came in one day and it was the last time. I arrived just after one o'clock on a crisp December afternoon. I went up to his room, half expecting some change – I don't know what. Maybe I thought he'd have put up decorations in his room or something. But of course, everything was as normal, and all in all, that was a relief. Tommy didn't look any different either, but when we started talking, it was hard to pretend this was just another visit. Then again, we'd talked over so much in the previous weeks, it wasn't as though we had anything in particular we *had* to get through. And I think we were reluctant to start any new conversation we'd regret not being able to finish properly. That's why there was a kind of emptiness to our talk that day.

Just once, though, after I'd been wandering aimlessly around his room for a while, I did ask him:

'Tommy, are you glad Ruth completed before finding out everything we did in the end?'

He was lying on the bed, and went on staring at the ceiling for a while before saying: 'Funny, because I was thinking about the same thing the other day. What you've got to remember about Ruth, when it came to things like that, she was always different to us. You and me, right from the start, even when we were little, we were always trying to find things out. Remember, Kath, all those secret talks we used to have? But Ruth wasn't like that. She always wanted to believe in things. That was Ruth. So yeah, in a way, I think it's best the way it happened.' Then he added: 'Of course, what we found out, Miss Emily, all of that, it doesn't change anything about Ruth. She wanted the best for us at the end. She really wanted the best for us.'

I didn't want to get into a big discussion about Ruth at that stage, so I just agreed with him. But now I've had more time to think about it, I'm not so sure how I feel. A part of me keeps wishing we'd somehow been able to share everything we discovered with Ruth. Okay, maybe it would have made her feel bad; made her see whatever damage she'd once done to us couldn't be repaired as easily as she'd hoped. And maybe, if I'm honest, that's a small part of my wishing she knew it all before she completed. But in the end, I think it's about something else, something much more than my feeling vengeful and mean-spirited. Because as Tommy said, she wanted the best for us at the end, and though she said that day in the car I'd never forgive her, she was wrong about that. I've got no anger left for her now. When I say I wish she'd found out the whole score, it's more because I feel sad at the idea of her finishing up different from me and Tommy. The way it is, it's like there's a line with us on one side and Ruth on the other, and when all's said and done, I feel sad about that, and I think she would too if she could see it.

Tommy and I, we didn't do any big farewell number that day. When it was time, he came down the stairs with me, which he didn't usually do, and we walked across the Square together to the car. Because of the time of year, the sun was already setting behind the buildings. There were a few shadowy figures, as usual, under the overhanging roof, but the Square itself was empty. Tommy was silent all the way to the car. Then he did a little laugh and said:

'You know, Kath, when I used to play football back at Hailsham. I had this secret thing I did. When I scored a goal,

I'd turn round like this' – he raised both arms up in triumph – 'and I'd run back to my mates. I never went mad or anything, just ran back with my arms up, like this.' He paused for a moment, his arms still in the air. Then he lowered them and smiled. 'In my head, Kath, when I was running back, I always imagined I was splashing through water. Nothing deep, just up to the ankles at the most. That's what I used to imagine, every time. Splash, splash, splash.' He put his arms up again. 'It felt really good. You've just scored, you turn, and then, splash, splash, splash.' He looked at me and did another little laugh. 'All this time, I never told a single soul.'

I laughed too and said: 'You crazy kid, Tommy.'

After that, we kissed – just a small kiss – then I got into the car. Tommy kept standing there while I turned the thing round. Then as I pulled away, he smiled and waved. I watched him in my rear-view, and he was standing there almost till the last moment. Right at the end, I saw him raise his hand again vaguely and turn away towards the overhanging roof. Then the Square had gone from the mirror.

I was talking to one of my donors a few days ago who was complaining about how memories, even your most precious ones, fade surprisingly quickly. But I don't go along with that. The memories I value most, I don't see them ever fading. I lost Ruth, then I lost Tommy, but I won't lose my memories of them.

I suppose I lost Hailsham too. You still hear stories about some ex-Hailsham student trying to find it, or rather the place where it used to be. And the odd rumour will go round sometimes about what Hailsham's become these days – a hotel, a school, a ruin. Myself, for all the driving I do, I've never tried to find it. I'm not really interested in seeing it, whatever way it is now.

Mind you, though I say I never go looking for Hailsham, what I find is that sometimes, when I'm driving around, I suddenly think I've spotted some bit of it. I see a sports pavilion in the distance and I'm sure it's ours. Or a row of poplars on the horizon next to a big woolly oak, and I'm convinced for a second I'm coming up to the South Playing Field from the other side. Once, on a grey morning, on a long stretch of road in Gloucestershire, I passed a broken-down car in a lay-by, and I was sure the girl standing in front of it, gazing emptily out towards the on-coming vehicles, was Susanna C., who'd been a couple of years above us and one of the Sales monitors. These moments hit me when I'm least expecting it, when I'm driving with something else entirely in my mind. So maybe at some level, I *am* on the lookout for Hailsham.

But as I say, I don't go searching for it, and anyway, by the end of the year, I won't be driving around like this any more. So the chances are I won't ever come across it now, and on reflection, I'm glad that's the way it'll be. It's like with my memories of Tommy and of Ruth. Once I'm able to have a quieter life, in whichever centre they send me to, I'll have Hailsham with me, safely in my head, and that'll be something no one can take away.

The only indulgent thing I did, just once, was a couple of weeks after I heard Tommy had completed, when I drove up to Norfolk, even though I had no real need to. I wasn't after anything in particular and I didn't go up as far as the coast. Maybe I just felt like looking at all those flat fields of nothing and the huge grey skies. At one stage I found myself on a road I'd never been on, and for about half an hour I didn't know where I was and didn't care. I went past field after flat, featureless field, with virtually no change except when occasionally a flock of birds, hearing my engine, flew up out of the furrows. Then at last I spotted a few trees in the distance, not far from the roadside, so I drove up to them, stopped and got out.

I found I was standing before acres of ploughed earth. There was a fence keeping me from stepping into the field, with two lines of barbed wire, and I could see how this fence and the cluster of three or four trees above me were the only things breaking the wind for miles. All along the fence, especially along the lower line of wire, all sorts of rubbish had caught and tangled. It was like the debris you get on a sea-shore: the wind must have carried some of it for miles and miles before finally coming up against these trees and these two lines of wire. Up in the branches of the trees, too, I could see, flapping about, torn plastic sheeting and bits of old carrier bags. That was the only time, as I stood there, looking at that strange rubbish, feeling the wind coming across those empty fields, that I started to imagine just a little fantasy thing, because this was Norfolk after all, and it was only a couple of weeks since I'd lost him. I was thinking about the rubbish, the flapping plastic in the branches, the shore-line of odd stuff caught along the fencing, and I half-closed my eyes and imagined this was the spot where everything I'd ever lost since my childhood had washed up, and I was now standing here in front of it, and if I waited long enough, a tiny figure would appear on the horizon across the field, and gradually get larger until I'd see it was Tommy, and he'd wave, maybe even call. The fantasy never got beyond that – I didn't let it – and though the tears rolled down my face, I wasn't sobbing or out of control. I just waited a bit, then turned back to the car, to drive off to wherever it was I was supposed to be.